KLOSTER LOCCUM

GESCHICHTEN

KLOSTER LOCCUM
GESCHICHTEN

Herausgegeben von
Horst Hirschler
und
Ludolf Ulrich

LVH

Bibliografische Information Der Deutschen Nationalbibliothek

Die Deutsche Nationalbibliothek verzeichnet diese Publikation in der Deutschen Nationalbibliografie; detaillierte bibliografische Daten sind im Internet über http://www.dnb.de abrufbar.

Lektorat: Susanne Ruge, Hannover
Umschlaggestaltung: Lüddecke Grafik, Hannover; nach einem Logo-Entwurf von Horst Hirschler, Loccum, und der Agentur Stankowski + Duschek, Stuttgart
Gesamtgestaltung: Lüddecke Grafik, Hannover
Druck und Bindung: MHD Druck und Service GmbH, Hermannsburg

ISBN 978-3-7859-1086-3 (Hardcover)
ISBN 978-3-7859-1106-8 (Leinenausgabe)

Printed in Germany

Inhaltsverzeichnis

Vorwort

Liebe Leserin, lieber Leser!

Das ist ein bunter Strauß, den wir Ihnen heute überreichen. Ein Strauß mit neuen Geschichten aus dem Kloster Loccum.

Ernst Berneburg und Horst Hirschler haben 1980 die erste Sammlung mit Geschichten, Studien, Dokumenten und Bildern herausgebracht. Vier Auflagen gab es. Nach 30 Jahren ist das Buch vergriffen. Es war in seiner Vielfalt und der Qualität vieler Aufsätze sicher ein gelungener Wurf. Wer es übrigens noch haben möchte, braucht es nur im Internet unter ZVAB (Zentralverzeichnis antiquarischer Bücher) zu suchen. Zu empfehlen ist die 3. oder 4. Auflage. Preisgünstig und zumeist gut erhalten.

Dieses Buch setzen wir voraus. Wer etwas zu Molanus, Gerhard Uhlhorn, Abt Salfeld oder über die Loccumer Hexenprozesse lesen möchte, sollte sich die „Geschichten aus dem Kloster Loccum" besorgen oder ausleihen. Lohnt sich allemal.

Dies neue Buch „Geschichten" enthält Texte, die es so vorher noch nicht gab. Unser Loccumer Kloster steckt ja voller unzähliger Geschichten. Sie sind gleichsam in den Gemäuern, Urkunden, Chroniken, Grabsteinen, in den Menschen, von denen berichtet wird, versteckt – wie alte Schätze. Aber auch, wenn man bei den heute Lebenden nachfragt, kommen lauter erzählenswerte Erfahrungen zum Vorschein.

So finden Sie in diesem neuen Buch ebenfalls eine Vielfalt von Beiträgen. Neben Erzählungen und Berichten stehen wissenschaftliche Studien, Dokumente, Interviews, Anekdoten und Bilder. Manches ist für Kenner der Geschichte spannend, anderes sind unterhaltsame Details aus der jüngeren Geschichte des Klosters. Ein buntes Kaleidoskop von Darstellungen. Alle kreisen um unser altes Zisterzienserkloster, das 2013 nun 850 Jahre alt wird.

Wenn Sie das Inhaltsverzeichnis durchsehen, werden Sie mühelos den Gliederungsversuch erkennen.

Nachdem unser Kloster über dreihundert Jahre lang gemeinsam mit anderen Predigerseminaren der Ausbildung künftiger Pfarrer der Hannoverschen Landeskirche gedient hat, befindet sich heute im Kloster das einzige Predigerseminar der Landeskirche. Inzwischen werden nicht nur die Vikarinnen und Vikare der Evangelisch-lutherischen Landeskirche Hannovers hier ausgebildet, sondern auch aus den Evangelisch-lutherischen Landeskirchen Braunschweigs, Oldenburgs, von Schaumburg-Lippe und der Bremischen Evangelischen Kirche.

Diejenigen Menschen, die unser Kloster besuchen, kommen in erster Linie deshalb, weil sie sich im Kloster etwas für ihre Seele erhoffen. Sie möchten in unserer unruhigen, von Technik und schneller Veränderung bestimmten Zeit, wie man das heute nennt, spirituelle Erfahrungen machen. Sie möchten ein wenig von der geistlichen Kraft solch eines alten Klosters mitnehmen. Über Pilgern in Loccum, Einkehrtagungen und das alte Stundengebet, die abendliche Hora, erzählt also ein weiteres Kapitel.

Das Kloster ist eine Stätte vieler Begegnungen. Es ist für den Ort Loccum und weit darüber hinaus das geistliche Zentrum. Davon erzählen die festlichen Gottesdienste und Höhepunkte im Leben der Loccumer Kirchengemeinde.

Die Evangelische Akademie, das Religionspädagogische Institut, das Pastoralkolleg nutzen das Kloster gern. Aber auch die vielen anderen Treffen, die im Kloster stattfinden, etwa die alljährlich im Sommer geplanten „Loccumer Gespräche", der „Tag der Freunde des Klosters Loccum" und das Treffen der etwas exotisch anmutenden „Gemeinschaft der Evangelischen Zisterzienserererben." In diesem Buch kann man eine Reihe solcher Begegnungen genauer studieren.

Ein ganzes Kapitel ist den vier letzten Loccumer Äbten gewidmet: Marahrens, Lilje, Lohse und Hirschler. Menschen, die nicht nur das Kloster, sondern auch ihre hannoversche Landeskirche stark mitgeprägt haben.

Die 850-jährige Geschichte enthält eine Fülle von Ereignissen, aus denen wir nur einige wenige herausgehoben haben – z. B. wie die Reformation in Loccum Fuß fasste und das Kloster evangelisch wurde; wie Abt Ebell die Brandkasse gründete und wie die Loccumer, bzw. die Münchehäger den Aufstand gegen ihr Kloster im Revolutionsjahr 1848 probten. Das wird im Folgenden anschaulich erzählt.

Die Anfänge, der Bau der Klosterkirche oder der feierliche Akt der Stiftung von Grund und Boden für das Kloster, der uns in einer uralten Urkunde überliefert ist, all das lohnt es sich zu studieren.

Auch Kunstwerke, die im Kloster zu finden sind, müssen vorgestellt und die Frage beantwortet werden, warum z. B. das Brunnenhaus im Innenhof, ein früheres Kleinod des Klosters, schon vor Jahrhunderten verschwunden ist.

Allen Autorinnen und Autoren, die an diesem Buch mitgewirkt haben, sagen wir unseren Dank. Er gilt auch Gerhard Isermann und Michael Kalla für ihre zeitaufwendige Hilfe und viele gute Ratschläge.

Wir wünschen Ihnen, liebe Leserinnen und Leser, eine vergnügliche Lektüre der „Geschichten".

Ihre
Horst Hirschler und Ludolf Ulrich

Die Zukunft Loccums als evangelisches Kloster

Eine Einjahreserfahrung als Landesbischof reicht nicht, um „evangelische Chancen" Loccums umfangreich zu skizzieren. Vom Loccumer Epiphaniasempfang bis zu den Loccumer Gesprächen, von der geistlichen Prägung in der Hora-Feier, den sonntäglichen Gottesdiensten bis zur Ausbildungsstätte für das Predigerseminar, all dieses und vieles mehr schreiben seit vielen Jahrzehnten schon einen evangelischen Geist in die Loccumer Mauern ein.

Doch sollte bei evangelischen Chancen eines Klosters zuerst einmal zurück auf Martin Luther geschaut werden. Denn seine Ablehnung des klösterlichen Lebens war vollständig und umfassend. Sein Urteil in der Schrift „De votis monasticis iudicium" von 1521 beendete faktisch das Mönchtum in der Reformation. Ist Loccum also ein nachreformatorischer Restbestand? Luther ging es in seiner Schrift zuerst um die Mönchsgelübde. In seiner Auseinandersetzung mit den Mönchsgelübden beschreibt er die Autorität der heiligen Schrift, die von einem Gelübde solcherart nichts berichtet. Zudem kritisiert er den ewig bindenden Charakter der Mönchsgelübde und stärkt damit den Charakter der Taufe, die dem Getauften eine Freiheit verleiht, welche durch keine kirchliche Einrichtung außer Kraft gesetzt werden kann. Faszinierend aber sind in dieser klosterkritischen Schrift seine Ausführungen zur Vernunft. Wie nur selten formuliert er dort die Leistungskraft der ratio als grundlegendes Instrument auch in Bezug auf die Erkenntnis Gottes.

„Auch wenn die ratio von sich aus nicht an das Licht und die Werke Gottes heranreicht, so dass ihr Urteil bei positiven Aussagen unzuverlässig ist, so ist ihr Urteil doch bei negativen Aussagen gewiss. Denn die ratio erfasst nicht was Gott ist; trotzdem erfasst sie mit Sicherheit, was Gott nicht ist." (WA 8,629, 23-27)

Noch wenige Jahre zuvor konnte sich Martin Luther nicht zu einer solch strikten Ablehnung des klösterlichen Lebens entschließen. In seiner ersten Psalmenvorlesung verstand er die Mönchsgelübde sogar noch als einen Ausdruck des Taufbundes und versuchte, damit einen neuen Zugang zum Mönchtum zu gewinnen. Deshalb empfahl er den mönchischen Weg auch noch 1519 in dem „Sermon von dem Sakrament der Taufe."

Wenn über den evangelischen Blick für Loccum nachgedacht werden soll, dann muss es auch um eine Wahrnehmung der klosterkritischen Positionen von Martin Luther gehen. Seine Kritik am mönchischen Leben gründet sich nicht auf schlechte eigene Erfahrungen oder allein einzelne Auswüchse des klösterlichen Lebens, sondern greift tiefer und fragt die Begründung des mönchischen Standes und seine Verbindlichkeit an. Nun hat sich eine mönchische Existenzweise in der Geschichte der Reformation fast vollständig aufgelöst, obwohl sich Luther für die Klöster und Stifte einen Bildungsauftrag durchaus noch vorstellen konnte: als Ausbildungsstätten könnten sie von Bedeutung bleiben. Welche Konsequenzen die Haltung Luthers in der evangelischen Kirche hatte, sieht man auch beim Durchblättern evangelischer Nachschlagewerke. Nur selten finden sich dort ausführliche Darstellungen über die Bedeutung des Klosters, dagegen werden die Geschichte des Mönchtums und die Ordenspraxis umfangreich geschildert. Von kulturellen Leistungen der klösterlichen „Betriebe" oder der bauhistorischen Bedeutung der Klosteranlagen, von religionsgeographischen Fragen oder einer theologischen Raumdeutung der Klöster kein einziges Wort. Der Blick auf das Klosterwesen scheint evangelisch durch die Auseinandersetzungen im 16. Jahrhundert nachhaltig eingeschränkt.

Vielleicht ist mit einem so kritischen Rückblick auf die Haltung Martin Luthers aber auch schon angedeutet, dass die „evangelischen Chancen“ Loccums nicht in einer Wiederholung der Gelübdekritik oder einer Überprüfung der Schriftgemäßheit bindender Verpflichtungen liegen können.

Die evangelischen Chancen des Klosters Loccum liegen für mich darin, dass es ökumenisch weit und protestantisch klar seine Zukunft beschreibt. Die Geschichte Loccums als Zisterzienserkloster ist seit ihrer Gründung eine ökumenische Geschichte. Die Ursprünge dieses Klosters und seine bauhistorischen Zeugnisse gehen zurück auf eine Kirche, die noch nicht nach Konfessionen getrennt war. Wenn heute die evangelische Kirche in lutherischer Tradition die Verantwortung für das Kloster trägt und auch die inhaltliche Arbeit bestimmt, dann fordert uns das heraus, ökumenisch zu denken. In diesen Mauern und in der Geschichte des Klosters finden sich Ansätze der ökumenischen Gemeinsamkeit, die künftig ausgebaut werden können. Loccum ist deshalb aufgrund seiner Geschichte besonders geeignet, das ökumenische Gespräch zu führen.

Wie sieht es aus mit „Verbindlichkeiten“, mit Regeln und Lebensordnungen des „geistlichen Standes, mit dem Verhältnis zur weltlichen Obrigkeit in einer säkularen Gesellschaft oder der Beziehung zu anderen Religionen? Dabei werden gerade die kritischen Punkte Luthers auch hierbei eine Rolle spielen: die Ratio in der Wahrnehmung der Wirklichkeit, aber auch in Bezug auf die Gottesfrage und einer kritischen Schriftauslegung, die Freiheit des Glaubens, die ohne kirchliche Anordnungen und Bevormundung existiert, die Bedeutung der Schrift. Solche Orte können Plätze einer ökumenischen Debatte und eines Dialogs mit der säkularen Welt sein.

Sollte das Kloster nicht nur zum außergewöhnlichen historischen Denkmal werden, muss es auch weiterhin den Geist der äußeren Mission in sich bergen. Ein geistlicher Ort, von dem missionarische Wirkung im Blick auf eine „evangelische“ Zukunft ausgehen kann, z.B. auf die Vielen, die das Kloster aufsuchen – Pilger, Gemeindegruppen, Einkehr Suchende und natürlich die vielen, die teilhaben an den Gottesdiensten in der Klosterkirche.

Die Aufgabe der inneren Mission dagegen liegt zentral in der Ausbildung angehender Pastorinnen und Pastoren. Darin bleibt die evangelische Existenz des Klosters erkennbar. Im Hinblick auf das Predigerseminar hat Loccum eine lange und große Tradition. Sie wird im Kloster in Verbindung mit den Vikariatsgemeinden, mit dem Religionspädagogischen Institut und mit der Evangelischen Akademie nicht nur für die Hannoversche Landeskirche, sondern inzwischen auch für andere Landeskirchen in Niedersachsen und Bremen in die Zukunft geführt.

Ralf Meister

Horst Hirschler

Die Klosterführung

Vor der Kirche

Meine sehr verehrten Damen und Herren!
Mit großem Vergnügen und dem alten Zisterzienserspruch

„porta patet – cor magis."
„Die Tür ist offen – das Herz noch mehr."

begrüße ich Sie im Kloster Loccum. Sie sind drüben durch das alte Torhaus hereingekommen.

Die alten Klostermauern umschließen noch das ganze Kloster. Das ist eine besondere Welt, ein Ort der Stille und der Besinnung.

Hinter mir sehen sie die Stiftskirche mit ihrem uralten Mauerwerk. Manches 800 Jahre alt. Der für Zisterzienserkirchen typische kreuzförmige Grundriss der Kirche, der Dachreiter, der ein Zeichen der Bescheidenheit sein sollte. Links hinten ist der Friedhof der Äbte und der im Kloster Mitwirkenden. Da liegen Abt Lilje und sein Vorgänger Abt Marahrens.

Das Kloster ist heute eine eigenständige Körperschaft öffentlichen Rechts innerhalb der Evangelisch-lutherischen Landeskirche Hannovers. Die Leitung liegt nach wie vor bei Abt, Prior und Konvent. Die müssen Pastoren der Landeskirche sein. Das Kloster beherbergt heute das Predigerseminar der hannoverschen Landeskirche, in dem fast alle künftigen Pastorinnen und Pastoren für Niedersachsen und Bremen ausgebildet werden.

In der Stiftskirche

Die Männer haben beim Betreten der Kirche die Mütze abgenommen, eine kleine Erinnerung daran, dass dies ein Gotteshaus ist. Hier sind seit 850 Jahren Psalmen zum Lobe Gottes gesungen, ist das Vaterunser gebetet worden. Immer wurden Texte der Bibel vorgelesen. Vorne im Altarraum steht eine brennende Kerze. Die Auferstehungskerze. Ein Zeichen, dass Christus das Licht der Welt ist, dass durch ihn die Macht des Todes in unserer Welt ihr Ende findet.

Am Taufstein

Bild rechts:
Abt Strackes Taufstein von 1601

1601, als das Kloster lutherisch wurde, wurde vom Abt Theodor Stracke dieser Taufstein in Auftrag gegeben und hier aufgestellt. Der Beginn der Existenz als Christenmensch ist, dass ich getauft bin auf den Namen des Vaters, des Sohnes und des Heiligen Geistes und bewusst unter Gottes Schutz gestellt bin.

Lassen Sie diesen Kirchenraum einen Augenblick auf sich wirken. Die drei Fenster vorne im hohen Chor – ein Hinweis auf die drei Erscheinungsweisen Gottes. Gott der Schöpfer, der Herr meines Schicksals. Gott der Sohn, Jesus Christus, mein Erlöser, Gott der Heilige Geist, der mir den inneren Halt gibt.

Wuchtig und schlicht, diese Kirche. Und karg. Das ist hier zwischen 1200 und 1250 entstanden. Keine Kathedrale, kein Dom, nur ein Oratorium, ein Haus des Gebets. Die Zisterzienser sind es gewesen. Als Protestorden verstanden sie sich.

1098 in Citeaux in Burgund gegründet. Sie protestieren gegen die Verweltlichung der Kirche, gegen die in ihren Augen geistlich verkommenen Klöster der Benediktiner. Sie sagen, zurück zu den Regeln des Benedikt aus der Zeit um 630. Wir halten seine Regeln rigoros ein. Rückzug aus der bösen Welt, weg aus den Städten, das Kloster in der Einöde gebaut, strenge Askese, fehlerlose, fast schon himmlische Liturgie, in der Nachfolge Jesu wahre Liebe untereinander. Wir bilden eine wirkliche familia dei, eine Familie Gottes. Keine bösen Gedanken über den anderen. Nach kurzer Zeit stehen die Zisterzienserklöster im Geruch großer Heiligkeit. Besonders auf junge Menschen, Adelige, machen sie gewaltigen Eindruck.

Der bedeutendste Abt der Frühzeit ist Bernhard von Fontaines, der 1112 mit 30 anderen Adeligen, z. T. seinen Verwandten, vier seiner Brüder, ins Kloster Citeaux eintritt. Er muss ein beachtlicher Mensch gewesen sein. Versuchen Sie mal, Ihre Verwandtschaft zu so etwas zu überreden. Nach drei Jahren, 1115 schon, gründet Bernhard mit zwölf jungen Mönchen das Kloster Clairvaux.

Bernhard von Clairvaux hieß er von da an. Er wurde die das 12. Jahrhundert bestimmende, überragende Persönlichkeit. Als er 1153 stirbt, gibt es in Europa an Zisterziensern fast vierhundert Männer- und ebenso viele Frauenklöster. Als sich das Jahrhundert zu Ende neigt, sind es insgesamt 1 500.

Diese Kirche sah in den frühen Zeiten ganz anders aus. Da war überall Chorgestühl. In der Mitte der Kirche, sie sehen oben im Gewölbebogen noch einen eisernen Ring aus dem Mauerwerk ragen, war früher das Tafelkreuz befestigt, was Sie jetzt vorne sehen. Es stand auf dem Lettner, einer etwa drei Meter hohen kunstvoll verzierten und durchbrochenen hölzernen Trennwand, die den Teil der Kirche, der den betenden Mönchen vorbehalten war, von dem Teil der Kirche, in dem die arbeitenden Mönche ihr Chorgestühl hatten, trennte. Man konnte sich hören, sang die gemein-

samen Stundengebete, konnte sich gegenseitig ein wenig sehen. Aber jeder hatte seinen eigenen Bereich. Am Lettner, der Trennwand, stand nach Westen gerichtet der Laienaltar, der heute im hohen Chor steht.

Es gab in den Klöstern bald nach der Gründung des Ordens zwei Sorten Mönche. Die zu Priestern geweihten betenden Mönche, die das Wesen des Klosters am deutlichsten zeigten. Sieben Stundengebete an jedem Tag: Die Laudes, das Morgengebet, 3.15 Uhr; 4.30 Uhr die Prim; 5.00 Beginn der Arbeit; 7.45 Uhr Terz; 8.00 Uhr Messe; 8.50 Uhr geistliche Lesung und Arbeit; 10.40 Uhr Sext; 11.00 Uhr Mittagessen und Mittagsruhe; 14.00 Uhr Non; 14.30 Uhr Arbeit; 18.00 Uhr Vesper; 18.40 Uhr Abendessen; 19.00 Uhr Komplet; 20.00 Uhr Bettruhe.

Urkunde des Papstes Lucius III., 1183, mit Bestätigung der Klosterstiftung und der Privilegien

Die andere Gruppe waren die arbeitenden Laienmönche, die für die wirtschaftliche und sich selbst versorgende Seite des Klosters, für die Feld-, Wald- und Gartenarbeiten, Maurer- und Schlosserarbeiten, für den gesamten Wirtschaftsbetrieb zuständig waren. Sie hatten jeden Tag drei Horen, morgens, mittags und abends.

Aber wenn z.B. die Ernte bei aufziehendem Gewitter schnell eingebracht werden musste, wurde die Zweiteilung durchbrochen. Dann nahmen alle, auch der Abt, die Forke in die Hand, warfen die Garben auf den Wagen. Die Zisterzienser waren für das selbstverständliche Mitarbeiten gerade auch der aus dem Adel stammenden Mönche berühmt. Adelige pflegten sonst arbeiten zu lassen. In der familia dei der Zisterzienser war die Handarbeit Gottesdienst.

Im Kloster hier waren in guten Zeiten etwa 80 betende und bis 120 arbeitende Mönche. Es galt das Prinzip der klösterlichen Selbstversorgung. Die Äcker, das Vieh, die vielen Fischteiche, alles trug zur Selbstversorgung bei.

Die Zisterzienser hatten lustigerweise einen prinzipiellen Konstruktionsfehler. Sie wollten gleichzeitig fromm, fleißig und arm sein.

Das ist ja etwas schwierig. Arm und fleißig, das beißt sich nach einiger Zeit. Das ist so, als versuchte ein guter Schwimmer zu ertrinken. Wenn noch dazu der Geruch der Heiligkeit kommt, brachte das unglaubliche Spenden. Wer Länderein sein eigen nannte, kam spätestens, wenn es ans Sterben ging, auf den Gedanken, dass er sich vielleicht den Himmel gnädig stimmen sollte, um da besser durchzukommen. Also spendete er ein paar Hufe ans Kloster. Loccum bekam gleich zu Beginn von Heinrich dem Löwen 120 Hufen gestiftet und von der Schaumburger Fürstin ebenfalls. Das Kloster selbst ist ja eine solche Stiftung.

Am Gründonnerstag, dem 21. März 1163, dem Todestag Benedikts von Nursia, erklärte nach der Messe in Anwesenheit des Mindener Bischofs der Graf Wulbrand von Hallermund mit seiner Frau Beatrix und seinen drei Söhnen feierlich, dass er das Land um die alte Burg Lucca samt einigen Dörfern, dem Zisterzienserorden stifte.

Wir besitzen noch fast alle die 1 000 Urkunden, die aus Anlass solcher Stiftungen ausgestellt wurden.

Die Mönche also persönlich arm. Das Kloster auf Dauer richtig reich. Wenn man sich die Akten der einmal im Jahr in Citeaux stattfindenden Generalkapitel, der Generalversammlungen der Äbte anschaut, dann ist es rührend zu lesen, wie dies Gremium sich bemüht, dafür zu sorgen, dass die Klöster trotz der Fülle an Stiftungen bescheiden bleiben. Nein, keine bunten Glasfenster, natürlich habt ihr genug Geld, aber es passt nicht zu uns. Nein, weiterhin keine teuer aus Stein gemeißelten Dämonen und Fratzen. Nur Pflanzen, mehr nicht. Heiligenfiguren mit Gold und Edelsteinen behängen? Nein, Bernhard hat gesagt: Gebt es den Armen, die haben es nötiger.

Es hat natürlich in solch einem Kloster gute und schlechte Zeiten gegeben. Es gab tüchtige und unfähige Äbte und Konventsmitglieder. Misswirtschaft und Vermögensverluste durch Schlamperei oder böse Zeiten. Dennoch ist das Problem der Zisterzienser eher der Reichtum als die Armut.

Eines der spannendsten Kapitel dieses Klosters ist das Jahrhundert der Reformation. Da ging es hier drunter und drüber. Der Abt Burchard Stöter wurde 1528, noch waren die jüngsten Bauernkriege erst drei Jahre vergangen, von einem Bauern aus Münchehagen nebenan ermordet. Der Grabstein steht links vorne im Nordschiff. Wegen der Holzdiebstähle der lutherischen Stolzenauer gab es eine richtige blutige Schlacht.

Wir haben im Archiv eine alte Urkunde, ausgefertigt beim Reichstag in Augsburg 1530. Das ist der Reichstag, auf dem am 24. Juni 1530 die der Reformation anhängenden Fürsten und Vertreter der Städte das Augsburger Bekenntnis vor dem widerstrebenden Kaiser Karl V. und den anderen Vertretern des Reiches vorlesen ließen. Ein umstürzendes Ereignis, auch wenn der Kaiser gleich eine Gegenerklärung in Auftrag gab.

Lustig ist, drei Monate später, im September, wird der Abt des Klosters Loccum mit drei Mönchen in Augsburg bei Karl V. vorstellig und bittet ihn, er möge das Kloster unter seinen Schutz stellen und ihm das Privileg der Reichsfreiheit ausstellen. Alle Herrschaften im Umkreis seien inzwischen lutherisch geworden. Der Kaiser – hocherfreut über solch eine Bitte – hat den Loccumern offenbar ganz schnell eine solche Urkunde mit seiner Unterschrift übergeben, in der es ausdrücklich heißt, dass alle Privilegien alter Zeit weiterhin geltend seien, also besonders die Befreiung von fremder Gerichtsbarkeit und Herrschaft. Das Kloster sei reichseigen und nur dem Papst und dem Kaiser unterstellt. Die Loccumer sind damit vergnügt heimgereist. Sie haben es erstaunlicherweise mit dieser Urkunde geschafft, die nächsten fünfzig Jahre altgläubig unter Kaiser und Papst zu bleiben. Dann kippte das langsam.

Wohl auch deshalb, weil das Augsburger Bekenntnis einfach eine zu gute christliche Grundlage war und Zustimmung auch unter vielen der Mönche fand. Im Übrigen, weil um 1593 der Schutz durch den Kaiser weit weg war und der Herzog in Wolfenbüttel nicht nur Druck auf das Kloster ausübte, sondern auch bereit war, ihm urkundlich die Eigenständigkeit und die alten Privilegien zu bestätigen. So wird das Kloster gegen Ende des 16. Jahrhunderts lutherisch.

Geht das, ein lutherisches Zisterzienserkloster? Was war zu machen, wenn die alten Mönche ausstarben und es evangelisch keinen Nachwuchs mehr geben konnte? Wer sollte das Kloster weiterhin tragen? Die geniale Idee war, die künftigen evangelischen Pfarrer, die in der Regel auf eine Pfarrstelle (Pfründe) bis zu zehn Jahre warten mussten, sich in dieser Zeit als Hauslehrer bei den Baronen muhsam über Wasser hielten, nicht heiraten konnten, ins Kloster als eine Art Mönche auf Zeit einzuladen. Die konnten in der Zeit den pastoralen Dienst in den Gemeinden übernehmen und sich auf ihr künftiges Amt vorbereiten. Daraus hat sich später das Predigerseminar entwickelt.

Vielleicht noch ein Blick auf die Grabmäler hinter uns. Links ein Grabmal eines der Herren von Münchhausen. Die hatten bei Winzlar, unserem alten Stiftsdorf, ihr Stammhaus und waren dem Kloster sehr zugetan.

In der Mitte der Abt Gerhardus Molanus, zu Deutsch Gerhard Müller, einer der für das Kloster bedeutendsten Äbte. 1677-1722 hat er als Abt gewirkt. Dieses Grabmal ließ er schon zu Lebzeiten vorne im

Hohen Chor aufstellen, man weiß ja nie, was die Bande nach dem Tod mit einem macht. Seinen schweren silbernen Krummstab, sein Kreuz und seinen Ring trägt der Abt noch heute bei feierlichen Konventsgottesdiensten.

Molanus hat großen Wert darauf gelegt, dass das Kloster die alte Zisterziensertradition nicht vergisst und hat entsprechende Regeln für ein evangelisch-lutherisches Kloster formuliert. Er war eine beeindruckende Persönlichkeit. Nach der Reformation versuchte er als erster lutherischer Amtsträger, durch Gespräche mit dem Unterhändler des Vatikans Spinola und Vertretern der Reformierten, die drei Konfessionen wieder zur Einheit zu führen. Als der Vatikan die Gespräche schließlich scheitern ließ, hatte er allerdings fast schon die lutherische Rechtfertigungslehre aufgegeben, um der Annäherung willen.

Erst vor einigen Jahren entdeckten wir, dass er ein Judenfan war. Er hat in seiner Bibliothek 250 jüdische theologische Werke gesammelt, darin gearbeitet und manchem Juden geholfen. Angesichts unserer NS-Vergangenheit ist es ganz schön, das zu wissen.

Rechts daneben das Grabmal von Abt Ebell, 50 Jahre später. Ein Abt, der viel für die bauliche Sanierung des Klosters getan hat. Ein fähiger Organisator. Er hat die Landschaftliche Brandkasse zu Hannover gegründet, die erste funktionierende Feuerversicherung in Deutschland, um der Bauern willen, denen die Höfe abgebrannt waren. Heute bildet sie zusammen mit der Provinzial die Versicherungsgruppe Hannover (VGH) Der jeweilige Abt von Loccum ist der geborene Präsident der Calenberger Landschaft, dem größten Träger der Brandkasse und dadurch ehrenamtlicher Vorsitzender der Trägerversammlung der VGH.

Hier stand früher eine Empore mit einer sehr guten Orgel. 1947 ist sie uns leider abgebrannt. Es war eine gefährliche Situation für die Klosterkirche. Über dem Brandherd zerplatzen aufgrund der Hitze die großen Steine des Gewölbes. Danach wurde die Orgel vorn für die Gemeinde sichtbar erbaut.

Durch den Wegfall der alten Orgel ist das Westfenster neu sichtbar geworden. Ein Glasfenster im Stil der 50er Jahre. Die von den Reformatoren besonders geliebte Szene: Die Taufe Jesu.

Jetzt gehen wir in der Kirche nach vorne, wenn Sie auf halbem Wege nach rechts sehen, erkennen Sie im Seitenschiff den alten Levitenstuhl, der seit ca. 1230 im Chorraum vorne rechts stand. Für den bei der Messe amtierenden Priester und die beiden Mönche rechts und links, welche die Funktionen des Diakons und Subdiakons ausübten. Bitte setzen Sie sich vorne rechts so ins Kirchengestühl, dass sie das alte Tafelkreuz und die neue Orgel gut sehen können.

Unter dem Kreuz

Das ist unser bestes Stück hier. Das alte Tafelkreuz der Zisterzienser. Eiche bemalt. Hergestellt vermutlich um 1250. Wie gesagt, ursprünglich auf dem Lettner. Es ist von beiden Seiten bemalt gewesen, damit es die betenden und die arbeitenden Mönche immer vor Augen hatten.

Wir haben uns ja längst an das Kreuz gewöhnt. Wenn jemand, der keine Ahnung vom christlichen Glauben hat, uns fragen würde: Warum hängt denn der da? Was würden wir wohl sagen?

Bernhard von Clairvaux beschreibt in einer Predigt, wie er solch ein Kreuz anschaut:

„Das ist einstweilen meine höchste Philosophie: Jesus zu kennen und zwar als Gekreuzigten ... Wenn ihr den Herrn ... vor Augen habt, werdet ihr gewiss angesichts seiner Not auch die eurige leichter tragen.

Dazu helfe euch er selbst, der Bräutigam der Kirche, der da ist Gott über alles, hoch gelobt in Ewigkeit. Amen.“

Martin Luther, der die Aussagen Bernhards zum Kreuz Christi zeitlebens hoch schätzte, hat zwei Jahre nach seinem berühmten Thesenanschlag den Bestseller des 16. Jahrhunderts geschrieben: „Die Bereitung zum Sterben“. (1519) Darin heißt es:

„Christus ist nichts als lauter Leben. Je tiefer und fester du dies Bild in dich hineinbildest und ansiehst, desto mehr

Tafelkreuz
der Zisterzienser,
um 1250

fällt das Todesbild ab. Der Gnade Bild ist nichts anderes als Christus am Kreuz. So ist Christus des Lebens und der Gnade Bild gegen des Todes und der Sünde Bild. Darum sieh Christus an, der um deinetwillen von Gott ist verlassen gewesen als einer, der verdammt sei ewiglich für dich, da er sprach am Kreuz: Mein Gott, mein Gott, warum hast du mich verlassen? Siehe, in dem Bilde ist überwunden deine Hölle, und deine ungewisse Zukunft gewiss gemacht.

Lass dir das nur nicht aus den Augen nehmen, und suche dich nur in Christus und nicht in dir, so wirst du dich ewig in ihm finden.“

Diese Darstellung des gekreuzigten Christus ist bis heute das entscheidende Bild für die Betenden hier in diesem Gotteshaus.

Sie wissen, dieser Jesus dort oben, der leidet für mich. Wie geht das? Wie kann jemand, der vor 2000 Jahren auf barbarische Weise umgebracht worden ist, für mich heute leiden?

Man muss sich das einen Augenblick klar machen. Dieser junge Jude Jesus aus Nazareth ist für die jungen Männer und Frauen, die mit ihm durch die Städte und Dörfer um den See Genezareth zogen, eine Verkörperung Gottes gewesen. Er hat ihnen den fernen Gott zum nahen Gott gemacht. „Abba“ hat er zu ihm gesagt beim Beten. Ganz und gar ungewöhnlich. Papa heißt das. Manchmal hatte man bei seinem Reden und seinen Taten das Gefühl, er verkörpere Gott selbst. Er ging ganz bewusst zu denen, die sich von Gott und allen guten Geistern verlassen vorkamen, zu den Aussätzigen, den Gelähmten, den Blinden, den reichen Zöllnern. Er hat ihnen gegenüber den ihnen zugewandten Gott verkörpert. Er hat ihnen die Gewissheit gegeben, dass Gott bei ihnen ist. Das muss ein paradiesisches Erleben gewesen sein.

Dann kam er, der doch Gott zu verkörpern schien, selbst unter die Räder. Kam zwischen die Mühlsteine von Religions- und Machtpolitik. Wurde verhört, gefoltert, gekreuzigt, umgebracht. Das hatte für sie, die ihn verloren hatten, den fürchterlichen Charakter einer negativen Gottesoffenbarung. Gott hatte seine Hand von ihm abgezogen. Dann war Gott doch nicht mit ihm. Dann war auch er verlassen, ja vielleicht der Verlassenste unter den Menschenkindern. Oder war er gar ein Scharlatan? War vielleicht der ganze Glaube Unsinn? Gott selbst vielleicht nicht da?

Der Karfreitag, also das, was da auf diesem Tafelkreuz dargestellt ist, war der schrecklichste Tag. Man muss das Markusevangelium (15,34ff.) das älteste Evangelium, dazu lesen. Er schreit mit lauter Stimme: „Mein Gott, mein Gott, warum hast du mich verlassen?“ Er stirbt schreiend. Aus! Dieser Jesus, der die Gottesnähe verkörpert hat, wird in die Erfahrung der Gottesabwesenheit hineingejagt. Warum nur?

Wer das innerlich zu begreifen versucht, wird seine eigenen Erlebnisse der Gottesferne durch Schuld und Schicksal hinzunehmen. All unsere Gottverlorenheit, alle Situationen, Lebensabschnitte, in denen wir Gott nicht erleben, uns nicht bei ihm geborgen wissen, sind mit diesem Kreuz dargestellt.

Dann aber, am dritten Tage, beim Aufgang der Sonne, ganz früh, da geht die Wahrheit des Glaubens auf. Die Frauen, die ihn einbalsamieren wollen, werden durch einen Gottesboten vom Grabe weg gewiesen. Petrus sieht den Auferstandenen, andere ebenfalls, zum Schluss Paulus. Wie das möglich war, wissen wir nicht. Es ist ein Widerfahrnis. Sie sagen, es ist von Gott her geschehen. Es fällt ihnen wie Schuppen von den Augen: Dann hat Gott ihn doch nicht verlassen!!! Zum Zeichen dafür zeigt er sich uns als Auferstandener. Das Kreuz steht von nun an im österlichen Licht. Es wird keineswegs abgeschafft. Es bleibt unser Grundsymbol. So ist unser Leben. Fragment. Voller Gottesferne. Aber nie sind wir wirklich verlassen. Das Kreuz steht nun im österlichen Licht.

Schauen Sie dieses alte Tafelkreuz an. Um den Körper des Gekreuzigten herum ein starkes goldenes Band. Da haben sie damals Baumharz genommen und Goldstaub hineingedrückt. Hält durch die Jahrhunderte. Wozu? Gold ist das Zeichen der Anwesenheit, der Nähe Gottes. Das goldene Band zeigt: Das Kreuz, das unsere Gottesferne darstellt, steht im österlichen Licht. Sie haben es erst nach und nach begriffen, die Jüngerinnen und Jünger Jesu. Zu denen im Dunkel ist er gegangen als Licht der Gottesnähe.

Sie sehen unter dem Kreuz die Blumen und Pflanzen. Hinweise auf den Baum des Lebens im Paradies. Durch das Kreuz im österlichen Licht haben wir den Zugang zum wahren Leben.

Wir haben in diesen Jahren ein neues Logo für unser Kloster geschaffen. Es ist aus einer alten Darstellung über der Tür der Frauenkapelle, die früher im Torhaus war, entwickelt: Im Vordergrund ein silbernes Kreuz. Das Kreuz Christi. Dahinter aber, etwas kleiner, gold, die österliche Sonne. Das Kreuz im österlichen Licht.

Und es ist gut, sich eine alte Geschichte aus den Anfängen der Zisterzienser einzuprägen. Bernhard von Clairvaux erzählt von einer traumähnlichen Vision: Er kniet vor dem Kreuz, sieht es an und betet. Da nimmt Christus die Hände vom Kreuz, beugt sich vor und umarmt ihn. Die Mönche, die hier saßen, kannten diese Geschichte, und wussten:

Werner Franzen, Amplexus: Der Gekreuzigte umarmt Bernhard von Clairvaux und Martin Luther

Im Ernstfall wird der die Hände vom Kreuz nehmen und mich umarmen. Sie wurden erfüllt von einer tiefen Christusliebe. Sie lernten, nie, auch nicht in der tiefsten Verzweiflung, können wir aus den Händen dieses Gottes, der uns in Jesus Christus erschienen ist, herausfallen.

Die neue Seifert-Orgel

Links sehen Sie unsere neue, von der Firma Seifert in Kavaelaer gebaute, in Zusammenarbeit mit dem Lüneburger Architekten von Mansberg gestaltete Orgel. Die vorige Orgel, 1950 von dem Göttinger Orgelbauer Paul Ott gebaut, stand auf einer Empore hier an der Ostwand. Um sie zu renovieren, hätten wir sehr viel Geld ausgeben müssen. So haben wir uns entschlossen, eine neue Orgel zu bauen und dafür um Spenden zu bitten. Das ist tatsächlich in großartiger Weise gelungen. Diese Orgel hat 37 Register und zusätzlich fünf weitere für eine eingebaute, in der Renaissance übliche Orgel in mitteltöniger Stimmung. Wir sind ganz begeistert von diesem schönen Instrument.

Nun gehen wir hinter die Orgel. Das ist die alte Totentür. Wenn ein Mönch gestorben war, wurde der feierliche Beerdigungsgottesdienst im hohen Chor gehalten. Danach wurde der Sarg durch diese Tür nach draußen auf den Friedhof getragen.

Dies Fenster hier oben rechts neben der Tür, da haben wir gemeint, das muss eigentlich ein Auferstehungsfenster werden.

Nun gehen wir in den Hohen Chor.

Im Hohen Chor

Nehmen Sie doch bitte Platz im Chorgestühl. Es ist der kärgliche Rest dessen, was früher im Kirchenschiff jenseits und diesseits des Lettners stand, das Chorgstühl für über 100 Mönche. Es ist echt über 750 Jahre alt. Die Fratzen oben drüber sind aus dem 19. Jahrhundert. Das hätte Bernhard nicht geduldet. Dieses

Laienaltar, um 1500

Chorgestühl ist ein Ort des Gebetes. Deshalb lese ich zuerst den 23. Psalm.

„Der HERR ist mein Hirte,
mir wird nichts mangeln.
Er weidet mich auf einer grünen Aue
und führet mich zum frischen Wasser.
Er erquicket meine Seele.
Er führet mich auf rechter Straße
um seines Namens willen.
Und ob ich schon wanderte im finstern Tal,
fürchte ich kein Unglück;
denn du bist bei mir,
dein Stecken und Stab trösten mich.
Du bereitest vor mir einen Tisch
im Angesicht meiner Feinde.
Du salbest mein Haupt mit Öl
und schenkest mir voll ein.
Gutes und Barmherzigkeit werden mir folgen
mein Leben lang,
und ich werde bleiben
im Hause des HERRN immerdar.“

Jetzt stehen die Mönche auf, verbeugen sich, und sprechen:

Ehre sei dem Vater und dem Sohne
und dem Heiligen Geiste,
jetzt und immerdar
und von Ewigkeit zu Ewigkeit. Amen.

In der Regel beginnt dann gleich der nächste Psalm. In einer Woche werden alle 150 Psalmen durchgebetet.

Wenn ich hier sitze, gehört es sich eigentlich, dass ich einen Augenblick nachdenklich werde: Wie schön, dass ich hier sein und leben darf, hab Dank du rätselhafter Gott. Durch Jesus Christus weiß ich, dass du auch bei mir bist, wenn ich im finstern Tal wandern muss.

An jedem Werktagabend, den Gott werden lässt, wird um 18.00 Uhr die Hora, die Vesper, gefeiert, seit 1163. Da beten wir, singen und lesen aus der Heiligen Schrift, aus der Bibel Alten und Neuen Testaments. Nach der Lesung schweigen wir vor Gott, sicher vier Minuten lang. Dann kommt das Angelusläuten. Drei mal drei Schläge der Glocke im Turm. Für jeden der neun Engelchöre einen. Oder auch für jede Bitte des Vaterunsers einen Schlag. Dann beten wir gemeinsam das Vaterunser.

Manchmal, wenn wir Gruppen im Kloster zu Gast haben, frage ich, war's gut hier? Sagen sie: Ja, sehr gut! Ich frage weiter: Was war denn gut? Dann sagen sie oft: die Hora. Was an der Hora? Dann sagen sie: Das Schweigen, das ist ganz irre, als wenn irgendwie Gott näher wäre. Erst weiß man nicht, was man in diesen einem endlos vorkommenden vier Minuten machen soll. Aber nach und nach begreift man's. Still sein vor Gott. Erst die unruhige Spatzenwelt meiner wirren Gedanken verscheuchen, dann ganz ruhig werden. „Will Gott reden, musst du schweigen", sagt Johannes Tauler. Mit Jesus reden wie mit einem Freund im Urlaub, mit langen Schweigephasen, ohne Stress. Die Hora, das Hören auf Gottes Wort, das Schweigen vor Gott, das ist das Stärkste, was wir in unserem Kloster als Erlebnis haben.

Übrigens, wenn Sie jetzt aufstehen, können Sie den Sitz hochklappen und sich draufsetzen, das sind die kleinen „Barmherzigkeiten", die Misericordien für die alten Mönche, die 37-jährigen. Wenn man sich wieder richtig hinsetzen will, muss man allerdings die Klappe richtig festhalten, sonst gibt es einen kräftigen Knall. Da muss man „die Klappe halten". Die Außenwange an der Nordseite des Chorgestühls ist kulturgeschichtlich interessant, erinnert ein bisschen an die Stabkirchen in Norwegen. Unten rechts in der Ecke der Fenriswolf bzw. der Hölle Rachen, auf Augenhöhe die Midgardschlange bzw. die Schlange im Paradies. Getaufte germanische Sagenwelt, enthält die Lehre, dass das Böse immer vor unseres Herzens Tür wartet.

Der Laienaltar

Dieser Altar stand früher im Laienteil, auf der westlichen Seite des Lettners. Die arbeitenden Mönche hatten ihn vor Augen. Später stand er immer der lutherischen Gemeinde vor Augen. Wahrscheinlich von einem Schüler des Osnabrücker Meisters um 1500 herum hergestellt. Schöne Figuren. In der Mitte die von den Zisterziensern besonders geliebte Jungfrau Maria mit dem Christuskind. Rechts außen Georg, beide Schutzpatrone des Klosters. Links oben Bernhard von Clairvaux. Rechts daneben der sein Schwert schwingende Erzengel Michael. Rechts von Maria der Evangelist Johannes. Die Reihe unten: Links Anna Selbdritt, die Mutter Marias hält die Tochter und die das Jesuskind auf dem Schoß. Daneben Ursula mit etlichen ihrer tausend Jungfrauen, die umgebracht worden sein sollen. In der Mitte Andreas, mit dem X-Kreuz, an dem er starb. Erasmus samt dem Gedärmerauswickelgerät, mit dem sie ihn töteten, und Lucia mit der Kirche ganz rechts außen.

Die Altarflügel sind um 1600 mit den Leidensszenen Jesu übermalt worden.

Rechts in der Ecke, die Maria, ist übrigens ein Zeichen, dass wir hier im Kloster keinen Bildersturm hatten. Sie galt als wundertätig.

Mondsichelmadonna, um 1460

An so etwas glaubt ein Protestant natürlich nicht. Obwohl manchmal, wenn die Vikarinnen und Vikare im Examen sitzen, hier eine einsame Kerze brennt.

Links vom Altar sehen Sie dies wunderschön ausgearbeitete, spätgotische Sakramentshäuschen. Das spricht im Stil natürlich eine ganz andere Sprache als die Kirche. Hier wurden die nach der Messfeier übrig gebliebenen Oblaten aufbewahrt.

Wir gehen vorsichtig die Stufen hinunter nach links zum Birgittenaltar und zum Reliquienschrein.

Birgittenaltar, 15. Jh.

Der Birgittenaltar

Von alters her war dies hier der Marienaltar. Freilich, die Marienfigur und die beiden Bilder auf den Seitentüren stammen aus dem 19. Jahrhundert. Die Figurenwelt um die Maria herum, die lesende Nonne, Kardinal, Papst, Kaiser und König stammen aus dem 15. Jahrhundert. Warum aber schielt der Kardinal nach der Papstkrone und warum schläft der Kaiser? Was soll in einem Zisterzienserkloster eine lesende Nonne? Wir haben uns das nicht erklären können.

Vor Jahren steht Jobst Reller, Dozent in Hermannsburg, hier und sagt: Das ist doch ein Birgittenaltar! Ich frage erstaunt: Was ist denn das? Bald danach ist in Bonn eine Ausstellung mittelalterlicher Buchmalerei. Mehrere Bilder ähnlich unserem Altar. Tatsächlich.

Birgitta von Schweden, 1304 bei Uppsala geboren, hat schon mit sieben Jahren Visionen gehabt. Mit 13 ist sie mit dem Adeligen Ulf Gudmarsson verheiratet, eine glückliche Ehe, acht Kinder. Fromm und freigiebig gegenüber den Armen. Im Alter von 38 Jahren macht sie mit ihrem Ehemann eine Pilgerwanderung nach Santiago de Compostella. Danach geht ihr Mann in ein Zisterzienserkloster und stirbt zwei Jahre später. Birgittas Visionen häufen sich. Sie sind in der Regel herrschafts- und gesellschaftskritisch und beeindruckend für den schwedischen König. Sie bekommt das Schloss „Vadstena“ in Südschweden geschenkt, gründet ihren ersten Orden, führt eine dem Augustinerorden ähnliche Ordensregel ein, die später von den Päpsten bestätigt wird. Sie stirbt am 23. Juli 1373 in Rom. Also, die Nonne hier ist Birgitta, die gerade den geistlichen und weltlichen Herrschern mit ihren kritischen Visionen die Leviten liest. Links ihre Anhänger und Anhängerinnen, rechts, die es noch werden können.

Was soll hier in Loccum ein solcher Birgittenaltaraufsatz? In Bremen gab es im 16. Jahrhundert ein Birgittenkloster. 2002 wurde es wiederbelebt. Hatten die Bremer Birgitten Schulden beim Kloster Loccum und haben mit dem Altar gezahlt? Wir wissen es nicht. Aber da er einen so schönen frommen und herrschafts- und sozialkritischen Hintergrund hat, mögen wir ihn.

Der Reliquienschrein

Dieser Schrein stand früher auf dem Hauptaltar. Wenn Sie sich die später hinzugekommenen sechs gotischen Türmchen wegdenken, haben Sie einen wunderschönen spätromanischen Reliquienschrein. Die hölzernen Edelsteinattrappen passen gut zu Bernhards Mahnung, die Heiligen nicht mit Gold und Edelsteinen zu behängen, sondern das Geld lieber den Armen zu geben. Das Ganze ist golden angemalte Eiche. Der Reliquienschrein war voll von sorgfältig, meist in beschriftetes Pergament eingetüteten Knochenresten von Märtyrern, Christenmenschen, die meist in den ersten drei Jahrhunderten um ihres Glaubens willen umgebracht, heilig gesprochen und verehrt wurden. Und deren Knochen, besonders in dieser Massierung, galten als wundertätig.

Der Abt Molanus hat um 1700 alles, was er an Reliquien noch auftreiben und ausgraben konnte, gesammelt, aufgezeichnet und zum Teil an den alten Ort wieder zurückgelegt. Wir haben noch 34 solcher Reliquien. Über die Echtheit kann man sicher streiten, aber wenn auf einer der Pergamenttüten in alter Schrift verzeichnet ist: „S. Bonifaciy Martyris", so könnte darin der Rest eines echten Knochens des in Fulda beigesetzten Missionsbischofs bewahrt worden sein.

Reliquienschrein, um 1250

Nun halten wir Evangelischen nicht so viel von solchen Reliquien. Martin Luther hat Friedrich dem Weisen, der zu seiner Zeit die wertvollste Reliquiensammlung überhaupt hatte, diese so gründlich in Frage gestellt, dass der sie bald nicht mehr mochte.

Natürlich gehen wir in Loccum sorgsam mit unseren wenigen Reliquien um, und wissen auch etwas von der Bedeutung solcher Erinnerungsstücke an vergangene Christuszeugen.

Schauen Sie, hier rechts ist die Treppe vom Slaphus herunter. Da oben haben die oft achtzig Mönche in einem großen Saal, jeder in seinem schrankähnlichen Bett voll Stroh, geschlafen. Wenn sie das südliche Seitenschiff Richtung Westen hinunterschauen, dann sehen Sie unten eine Tür, und darüber die rechteckige alte Eingangstür zum Slaphus der Laienmönche.

Nun gehen wir in den Kreuzgang nach rechts bis zur Adlerfigur.

Der Adler

Sie sollten keine Tier- und Dämonendarstellungen in Steine meißeln, um sich nicht ablenken zu lassen von der Gottesbeziehung. Aber hier im Lesegang ist ein ganz aus den Anfängen stammender Adler gemeißelt. Er trägt einen jungen Adler in den Krallen. Wir haben früher bei Führungen gesagt: Das ist ein Symbol für den Abt, der bringt den Novizen das „Fliegen" bei. Hier stand der Abt beim Sonnenuntergang und las aus den Kirchenvätern einen Abschnitt. Mir ist fraglich geworden, ob sich solch eine Durchbrechung der zisterziensischen Ordnung auf den Abt beziehen kann. Muss das nicht ein Gottessymbol sein? Ich habe meine Lutherbibel durchgesehen und nichts gefunden. Bis mir eines Tages einfiel, die hatten ja damals die Vulgata, die lateinische Bibelausgabe. Dazu reichte dann schon die katholische Einheitsübersetzung.

Da steht es!

5. Mose 32, 11:

„Der Herr behütet sein Volk wie seinen Augenstern, wie der Adler, der sein Nest beschützt und über seinen Jungen schwebt, der seine Schwingen ausbreitet, ein Junges ergreift und es flügelschlagend davonträgt."

Wer sich mit Adlern beschäftigt, weiß, dass die Jungen ungern das schützende Nest, in dem sie von Vater und Mutter gefüttert werden, verlassen. Dann nimmt Vater oder Mutter ein Junges, trägt es sehr hoch, und lässt es fallen. Das Junge versucht schreiend und flügelschlagend zurecht zu kommen. Dann lassen sich Vater oder

Kapitelsaal

Mutter Adler wie ein Stein fallen, schnappen sich ihr Junges, tragen es wiederum weit in die Höhe, lassen es wieder fallen, bis es gelernt hat, selbst zu fliegen. Nun denken Sie das als Gottessymbol. Gott, der uns fallen lässt, dass wir nur noch verzweifelt stürzen und nach Halt schreien, und uns auffängt, und erneut fallen lässt, bis wir es begriffen haben.

Nun gehen wir weiter durch den Kreuzgang. In der nordöstlichen Ecke der alte Altar, an dem wir uns mit Gastgruppen im Haus manchmal gegen 23.00 Uhr zum Nachtgebet versammeln.

Die Johanneskapelle
Daneben der Eingang zur Johanneskapelle, der alten Bußkapelle. Die eiserne Geißel an der Tür weist noch darauf hin. Während des Jubiläumsjahres 2013 werden hier an den Wänden vier große Gemälde von Hermann Buß, dem Künstler aus Ostfriesland, zu sehen sein.

Der Kapitelsaal
Wenn Sie sich die vier alten Säulen anschauen, merken Sie, das ist hier ganz alt. Wahrscheinlich ist es schon vor der Kirche fertig gewesen. Kapitelsaal heißt das hier, weil dies der Versammlungsraum aller betenden Mönche war und zu Beginn der Sitzung jeweils ein Kapitel aus der Regel des Benedikt vorgelesen wurde. Sie müssen sich drei hölzerne Bankreihen ringsum hintereinander ansteigend vorstellen. Da sitzen sie mit ihren schönen weiß-beigen Kutten und vorne und hinten dem schwarzen Skapulier (Überwurf), zusammengehalten von ihren breiten braunen Ledergürteln. Der Abt sitzt da am Fenster im Abtstuhl. Er oder der Prior nennt das Thema, über das zu beraten ist. Der jüngste Mönch beginnt zu reden, wie es Benedikt empfohlen hat, weil Gott manchmal den Jüngsten besondere Offenbarungen und Einsichten zuteil werden lässt. Nachdem alle, die es wollen, geredet haben, sagt der Abt, wie es gemacht wird. Eine ein wenig eingegrenzte Demokratie noch, aber jeder darf mitreden.

Hier am Fenster in der Mitte sind die Grabsteine der Stifter des Klosters: Graf Wulbrand von Hallermund und zwei seiner Söhne, ursprünglich auf der Luccaburg, südlich von hier im Klosterwald beigesetzt, bald danach um ihrer Seligkeit willen ins Kloster überführt. Wenn „die Freunde des Klosters Loccum" am Sonnabend nach Trinitatis ihr Treffen haben, legt der Abt kurz vor der Hora drei rote Wildrosen mit einem Gebet zum Gedenken und Dank hier nieder. Da können Sie einmal sehen, wie lange manche Stiftungen Bestand haben.

Für mich war hier im Kapitelsaal besonders eindrücklich der Januar 1977. Hanns Lilje, der bedeutende Bischof und Abt, der 1944 vor dem Volksgerichtshof stand, der das Sonntagsblatt 1948 gründete und 1952 die Evangelische Akademie nach Loccum holte, war am Epiphaniastag 1977 plötzlich gestorben. Am Tag vor dem großen Beerdigungsgottesdienst mit weit über 1 000 Gästen haben wir Hanns Lilje hier in der Mitte des Kapitelsaals aufgebahrt.

Die Menschen konnten Abschied nehmen. Die Hora haben wir hier gefeiert. Ich höre noch unser Abendlied: „Mein schönste Zier und Kleinod bist auf Erden du, Herr Jesu Christ." Bis in die Nacht haben wir die Totenwache gehalten.

Wenn ein neuer Abt eingeführt ist, begrüßt ihn hier im Kapitelsaal der Konvent, das Siegel seines Vorgängers wird zerbrochen und ihm sein neues Siegel überreicht.

Wir gehen nun durch die schmale Tür in den Innenhof.

Im Innenhof

Hier ist eine ganz andere Akustik. Dies war eine Art Paradies für die Mönche. Immer besonders schön mit Pflanzen und Blumen ausgestattet. Das Stück Himmel oben drüber.

Hier im Osten ist das Slaphus, mit dem großen Schlafsaal der betenden Mönche. Gegenüber, im Westteil, war das Slaphus der Laienmönche. Jetzt sehen Sie da das aus der Barockzeit stammende große Konventshaus. 1819 – Sie können noch die Jahreszahl sehen unten auf dem kleinen runden Fenster über der Tür, durch die wir gerade gekommen sind – wurde unter Abt Salfeld das damals neue Predigerseminar eingerichtet, das bis heute besteht.

Dies ist ein wunderschöner, bescheidender Innenhof. Drüben in der Südwestecke war einst das Brunnenhaus, vom Kreuzgang her zugänglich. Die alte bronzene Brunnenschale ist vor Jahrhunderten schon verschwunden. Erst vor kurzem haben wir uns entschlossen, eine Erinnerung an diese Stelle zu setzen. Herr Köster, dem die Obernkirchener Sandsteinwerke gehören, hat uns diese Brunnenschale gestiftet. Sie hat einen Durchmesser von 1,90 m. Mühsam wurde sie

Die neue Brunnenschale im Innenhof

aus einem großen Stein mit einer Riesenkreissäge voller Hartmetallsägezähnen herausgesägt. Die Herstellung brauchte große Sorgfalt und Steinmetzfähigkeiten. Ein großer Kran hat das Becken über das Dach gehievt.

Von hier aus können Sie den Dachreiter besonders schön sehen. Es ist der vierte im Lauf der Jahrhunderte. Wenn um 18.00 Uhr die Horaglocke läutet und später zum Abschluss des Schweigens nach der Schriftlesung das Angelusläuten – der neunmalige Anschlag – verklungen ist, wissen die Menschen im Dorf, jetzt sprechen sie im Kloster das Vaterunser auch für uns mit.

Wir gehen wieder in den Kreuzgang nach rechts zum Refektorium.

Schauen Sie, hier linker Hand haben wir vor Jahren diesen Dinosaurierstein aufgestellt. Das Kloster ist einst gebaut mit den Steinen aus unserem Steinbruch in Münchehagen. Wenn Sie die „Säulen der Erde“ (The pillars of the earth) von Ken Follett gelesen haben, wissen Sie, wie wichtig ein eigener Steinbruch in der Nähe eines Klosters ist. In den letzten Jahrzehnten hat sich dieser Steinbruch als eine Fundgrube von Dinosaurierspuren erwiesen. Dies ist der Fuß eines Iguanodons, 130 Millionen Jahre alt. Wir sind ja schon stolz auf unsere 850-Jahre-Kloster-Loccum. Vor 130 Millionen Jahren liefen hier Dinosaurierrudel herum. Suchten sich was zu Fressen, blökten nachts den Mond an und wussten nichts von der Frage nach dem Sinn ihres Daseins.

Die Tür hier an der Südostecke führt zur Bibliothek des Klosters. Wir sehen gleich einen kleinen Teil davon im Refektorium.

Gegenüber der Tür zum Refektorium das Bild des im Jahre 1600 gewählten ersten lutherischen Abtes Theodor Stracke (1600-1629), mit Halskrause, lutherischem Talar, links unten sein Wappen. In der Hand sein geliebtes Notizbuch, in dem er alles notierte, z. B. wie man Quittenmarmelade herstellt und zehn Punkte, warum die Welt immer schlechter wird. Er hat eine Chronik des Klosters Loccum, nach den jeweiligen Äbten geordnet, geschrieben. Sie wird gerade entziffert und soll 2013 veröffentlicht werden.

Das Refektorium

Schauen Sie sich diesen herrlichen Raum an. Das haben die Loccumer Mönche 1599 im Übergang zur evangelischen Zeit des Klosters hergestellt. Hier speisten der Abt, der Prior und der Konvent des Klosters.

Hundert Jahre später fanden hier Gespräche zwischen Abt Molanus und dem römisch-katholischen Abgesandten Spinola, oft unter Einschluss der Reformierten Vertreter, statt. Der erste Staatskirchenvertrag nach dem Kriege ist 1955 von Hanns Lilje und Hinrich Wilhelm Kopf, dem niedersächsischen Ministerpräsidenten, in diesem Raum unterzeichnet worden. Seit 1952 findet hier der berühmte Loccumer Empfang statt. Seit Hanns Liljes Tod 1977 sind wir von dem 28. Dezember auf den 6. Januar, Epiphanias, seinen Todestag, gegangen.

Für mich war der erste Empfang, an dem ich am 28. Dezember 1970 als junger Studiendirektor teilnahm, ein großes Erlebnis. Das war vier Wochen, nachdem Willy Brandt am Gedenkort des Warschauer Ghettos seinen Kranz niedergelegt hatte und dabei niederkniete. Ein später weltweit ergreifendes Ereignis. 1970 standen die hier versammelten eingeladenen 120 Präsidenten, Aufsichtsratsvorsitzenden, Minister der Ostpolitik Willy Brandts größtenteils ablehnend gegenüber. Da beginnt Hanns Lilje seine Ansprache mit dem Satz: Ich will heute nicht von Politik, wovon ich nichts verstehe (Gelächter), sondern ausschließlich von Versöhnung reden. Dann biblisch einige wuchtige Sätze über den Auftrag des Christenmenschen für Frieden und Versöhnung zu sorgen. Dann folgten Hanns Liljes persönliche Erfahrungen. 1944 im Gestapo-Gefängnis in Berlin mit zum Tode verurteilten Nationalpolen. Sein Besuch beim Bürgermeister in Warschau anlässlich der Grundsteinlegung der lutherischen Kirche 1948, wie der das Foto von dem Jungen mit den angstvoll erhobenen Armen und dem SS-Mann mit seiner Maschinenpistole dahinter aus der Schublade holt. Ein Beispiel nach dem anderen. Fazit: Wenn wir es nicht schaffen, mit den Polen und den Russen zu einer wirklichen dauerhaften Versöhnung zu gelangen, dann haben wir angesichts dieser historischen Aufgabe unser Leben umsonst gelebt.

In diesem Raum – die alten Stühle hier können hervorragend knarren – war es totenstill. Die meisten

Refektorium, um 1600 erbaut

hatten das nicht hören wollen und konnten sich doch einer solchen Ansprache nicht entziehen. Als die Gäste später schweigend durch den Kreuzgang in die 18.00-Uhr Hora gingen, spürte ich, wie sehr das allen unter die Haut gegangen war.

An den Wänden des Refektoriums sehen Sie einen kleinen Teil unserer Bibliothek, die etwa 80 000 Bände umfasst. Ihnen fällt vielleicht die etwas ungewöhnliche alte Methode der Aufstellung auf, die alten und neuen Bücher stehen nebeneinander. Das enthält die Chance, dass man beim Heraussuchen eines Buches von 2009 plötzlich entdeckt, dass daneben ein Buch über ein vergleichbares Thema aus dem Jahre 1800 steht. Man greift sich das und merkt, das Thema hat schon eine lange Geschichte.

Wir gehen jetzt hinüber in das Laienrefektorium. Die beiden alten Ölportraits hier: Am Fenster, das ist der Abt Ebell, dessen Grabmal wir in der Kirche sahen, der 1750 die Landschaftliche Brandkasse mit großer Energie durchgesetzt hat. Rechts Abt Böhmer.

Im Laienrefektorium

Dies ist ein Drittel des Refektoriums der Laienbrüder. Stellen Sie sich zwei oder drei solcher uralten Säulen zusätzlich vor. So ähnlich sah auch drüben das Refektorium der betenden Mönche vor 1599 aus. Hier also zwischen Säulen und Wand auf beiden Seiten, längs angeordnet, rustikale hölzerne Tische, lange Bänke rechts und links. Da sitzen sie, die manchmal 120 Laienbrüder. Niemand spricht. Neben der Tür ist eine

Kanzel, da steht der Vorleser. Er kündigt an, was er diesmal lesen wird: Aus den Schriften unseres Vaters, Bernhards von Clairvaux, vom Weg der Seele zu Gott. Er beginnt zu lesen. Die Dienst habenden Brüder bringen die Speisen und Getränke. Währenddessen wird vorgelesen. In der evangelischen Zeit wird dieser Raum als Teil der Küche genutzt.

Als die Hannoveraner und Österreicher 1866 den Krieg gegen die Preußen verloren hatten, wurde das Kloster Loccum dem König von Preußen unterstellt und bekam einen preußischen Kurator. Dieser, der Präsident des Preußischen Konsistoriums, Friedrich Wilhelm Barkhausen, verliebte sich prompt in das Kloster und hat – obwohl Preuße – segensreich gewirkt. Zwar hat er durchgesetzt, dass im Kloster Ölgemälde der drei preußischen Könige aufgehängt wurden. Das Kloster hat dafür einen besonderen Raum eingerichtet, der, wenn der Kurator anwesend war, natürlich geöffnet wurde. Aber sobald er abgereist war, wurde er wieder verschlossen. Eine milde Ausgabe welfischen Widerstandes. Barkhausen hat eine Reihe von Alumnaten, Schülerheimen, an verschiedenen Orten in Niedersachsen auf Kosten des damals nicht ganz armen Klosters eingerichtet. Besonders hat er dem Kloster die Rechte am Kur- und Badebetrieb auf Langeoog zugeschanzt. Bis 1927. Danach wollten die Langeooger die Einnahmen lieber selbst nutzen.

Barkhausen meinte, für die Kandidaten müsse es einen Raum geben, der sie bei ihren Studien geistlich inspiriert. Also wurde das alte Laienrefektorium ausgemalt. Der seinerzeit sehr angesehene Professor an der Düsseldorfer Kunstakademie Eduard von Gebhardt wurde dafür gewonnen. Von 1886-1891 hat er diesen Raum mit Bildern versehen. Sie sehen hier Jesus bei der Bergpredigt. Hinten der See Genezareth. Seltsam nur, wie große Ähnlichkeit er mit dem Steinhuder Meer hat, wenn man es von Bergkirchen aus betrachtet. Und sehen Sie sich nur die Leute an. Links oben mit den Baretten, die Kandidaten aus Loccum sind herübergekommen, um dem Herrn Jesus zu lauschen. Und rechts, der Jünger hinter Jesus, mit dem kräftigen Bart, der Apostel Petrus, sieht der nicht exakt aus wie der Konventual-Studiendirektor Pastor Hölscher.

Eduard von Gebhardt hat sich den Spaß gemacht, diese biblischen Szenen mit Porträts lebender Zeitgenossen auszustatten. Das sind weit über 100 solcher Portraits. Unterhalb des Sees Genezareth die Frau mit den Kindern und der Mann rechts daneben, der die Hand an dem Kinn hat, das ist Eduard von Gebhardt selbst mit Frau und Kindern. Schaut man den inneren Kreis der älteren Herren an mit ihren geröteten Nasen, merkt man, das sind die Kollegen der Düsseldorfer Kunstakademie, dem Rotwein nicht abhold. Das Mädchen mit dem Schaf hier links. 1970 hat mir eine über Neunzigjährige stolz gesagt: Düt Kind mit dem Schape, dat bin eck. Sie durften alle bei Gebhardt Portrait sitzen.

Das Gemälde gegenüber: Die Vertreibung der Händler aus dem Tempel. Jesus mit Geißel. „Mein Haus soll ein Bethaus sein, ihr aber habt eine Mördergrube daraus gemacht.“ (Markus 11,17) Vorne rettet der Schlachter Korte seinen Ochsen, der Direktor der Sparkasse zählt sein Geld. Hinten links steht Abt Uhlhorn mit Frau. Die werden nicht aus dem Tempel gejagt. Der Abt bezahlt ja den Maler.

Rechts die Hochzeit zu Kana. Mit roter Jacke der preußische Kurator Friedrich Wilhelm Barkhausen mit Frau und Sohn. Dass Jesus das Brautpaar getraut hat, ist eine Erfindung des Malers. An einem sonnenerfüllten kalten Wintertag kam ein Kandidat mit erhitztem Gesicht zu spät zum Essen. Von Gebhardt, der mit am Tisch sitzt, sieht ihn an und sagt spontan: Das ist der Bräutigam. Es war der Kandidat Kittel. Sitzt bald Portrait. Da aber die Zölibatsverpflichtung auf Zeit in Loccum gilt, wo soll man die Braut hernehmen? Von Gebhardt holt sie kurz entschlossen aus seinem Skizzenbuch. Seine Nichte aus Riga. Wird ein schönes Bild, die Kandidaten als Brautführer mit Fackeln. Ein Jahr nach der Fertigstellung der Bilder kommt dieser künftige Pastor nach Düsseldorf, denkt,

Die Hochzeit zu Kana, Gemälde von Eduard von Gebhardt

ich will doch unbedingt mal den netten von Gebhardt besuchen. Fragt sich durch, zieht die große Schelle. Jemand kommt die Treppe herab, öffnet das Tor. Die Nichte aus Riga ist zu Besuch beim Onkel Eduard! Wunderschön! Pastor coll. Kittel verliebt sich umgehend unsterblich. Verlobung. Bald Hochzeit. Eine über Jahrzehnte hoch geachtete Pastorenfamilie in Altencelle.

Das nächste Bild rechts, die Heilung des Gichtbrüchigen, Markus 2,1-12. Da die vier Freunde den Gichtbrüchigen nicht zu Jesus bringen können wegen der Menge, decken sie das Dach ab, wo Jesu steht, machen ein Loch und lassen das Bett, auf dem der Gelähmte mit seinen Gichtschmerzen lag, vor Jesus hinunter. Als Jesus den Glauben der vier Freunde sieht, sagt er zu dem Kranken: Deine Sünden sind dir vergeben. Wenn man sich die Gesichter der Leute ansieht, der Mann hinter dem Kranken ist der Gemeindevorsteher Kramer, kann man verstehen, dass die Loccumer gerne mit ihren Familien kommen und sich ihre Verwandten anschauen.

Das letzte Bild: „Jesus und die Ehebrecherin". Johannes 8. Sie brachten eine Frau zu ihm, die beim Ehebruch ertappt worden war. Sie fragen Jesus: Mose hat geboten, solche Frauen zu steinigen. Was sagst Du? Jesus sitzt auf der Erde und schreibt etwas. Er nickt und sagt dann: „Wer unter Euch ohne Sünde ist, werfe den ersten Stein." Dann lassen sie, die Loccumer, einer nach dem anderen den Stein fallen und verkrümeln sich. Von der Sünderin sieht man nur das Haar. Seltsam, wenn jemand beim Ehebruch ertappt wird, müssten es eigentlich zwei sein. Schon bei Markus fehlt der Mann. Ort ist die Loccumer Kirche. Links auf den Bänken sitzen die Loccumer Kandidaten als Schriftgelehrte und schreiben mit. Rechts im Chorgestühl sitzen die Konventualen des Klosters Loccum als Pharisäer. Die beiden Frauen oben links, die Alte und die Junge, die ihr gerade was steckt. In meinen jungen Jahren habe ich bei den Führungen vermutet, dass die Jüngere der Älteren die Sünden der Sünderin erzählt. Inzwischen – älter geworden – weiß ich, dass das Unsinn war. Die Jüngere sagt zu der Älteren: Nun sieh dir das bloß mal an, der Hinnerk ist auch mit dem Stein dabei. Der hat's nötig!! Die beiden Frauen reden natürlich über die Sünden der Männer.

Der lange Tisch hier ist genau für die Bedürfnisse der Kandidaten hergestellt. Am Kopfende und Fußende die beiden Plätze für den Konventual-Studiendirektor und den Studieninspektor. Rechts und links die Plätze für die zwölf Kandidaten.

Stellen Sie sich einmal vor, auch sie wären hier irgendwo portraitiert, und stünden neben Jesus. Das ist eine sehr gute Art der Vergegenwärtigung der biblischen Botschaft. Ich werde plötzlich mit den biblischen Geschichten gleichzeitig. Das sind nicht nur Erzählungen aus alter Zeit. Da wird auch mein Leben verhandelt.

Dieser Erfahrung dient unser Kloster: Der Vergegenwärtigung des heute unser Schicksal bestimmenden Gottes, den wir in Jesus Christus erfahren.

Vielen Dank für Ihre Aufmerksamkeit.

Theodor Heuss vor dem Marienaltar

Theodor Heuss besuchte im Januar 1954 das Kloster Loccum. Während einer Klosterführung zeigte ihm Konventual Theodor Laasch auch den Marienaltar mit Birgitta von Schweden, wie sie den geistlichen und weltlichen Ständen aus der Heiligen Schrift vorliest. Über den Ständen thronen auf der einen Seite Papst und Kardinal, auf der anderen Kaiser und König. Als Laasch den Bundespräsidenten darauf aufmerksam macht, dass der Thron der geistlichen Regenten den der weltlichen ein kleines Stückchen überragt, bemerkt Heuss jovial im schwäbischen Dialekt: „Des freut euch aber, gell!"

Aus mündlicher Überlieferung

Das Predigerseminar

Christian Stäblein

Das Predigerseminar im Kloster – Mit gutem Grund auf der Schwelle

Grundsätzliche Anmerkungen zur Ausbildung nebst einigen entscheidenden Markierungen bei der Wahrnehmung des Übergangs

Im Übergang

Das Predigerseminar im Kloster Loccum befindet sich seit einigen Jahren im Übergang. Sichtbar wird das an gewissen Markierungen, die die Ausbildungslandschaft verändert haben. So ist Loccum seit 2009 einziges Predigerseminar der Evangelisch-lutherischen Landeskirche Hannovers. Eine Integration der regionalen Traditionen, der vielfältigen geistlichen Prägungen, auch der unterschiedlichen Ausbildungskulturen, die es in der Landeskirche über die verschiedenen Predigerseminare gab, ist dabei selbstverständliches Ziel. Dieser Übergang wird manifest in Fahrten durch die Weite der schönen Landeskirche. Zwischen Hannoversch Münden und Norden-Norddeich, zwischen Dannenberg und Nordhorn sind Vikarinnen und Vikare, Vikariatsleiter und Studienleiterinnen des Loccumer Seminars unterwegs. Reisegespräche sind, ob im Auto oder in der Bahn, oft intensiv. Sie prägen die Ausbildung im Übergang.

Das Predigerseminar Loccum ist auch deshalb im Übergang, weil die letzte Ausbildungsreform 2005/2006 den steten räumlichen Wechsel zum Programm gemacht hat. Das frühere Studienjahr, das die Vikarinnen und Vikare eines Ausbildungskurses in der zweiten Hälfte des Vikariats zu einem gemeinsamen Jahr im Predigerseminar zusammengeführt hatte, ist abgeschafft worden. An die Stelle dieses Studienjahres sind mehrwöchige Einheiten im Predigerseminar getreten, sogenannte „Brückenpfeiler“, die die kontinuierliche Zeit in der Vikariatsgemeinde unterbrechen. Die Vorteile dieses neuen Kursmodells sind immens: Die Gemeinde und ihre Praxis wird erkennbar zur Grundlage des Vikariats. Die Reflexion im Predigerseminar wiederum dient dieser Praxis. Pastorale Kompetenz als Ziel des Vikariats wird im steten Wechsel von Wissen und Können, von Handeln und Überdenken erarbeitet.

Der Wechsel ist Programm und weckt bei allen Beteiligten jeweils neu Lust an der Ausbildung. Der häufige Übergang ist dabei nicht nur eine schlichte Begleiterscheinung. Er ist auch Herausforderung, die es zu nutzen gilt. „Mind the gap“ – „beachte die Lücke, achte den Übergang“ – dieses alte Motto in der Londoner U-Bahn ließe sich über die Ausbildung schreiben – aber natürlich auch über den Pfarrberuf insgesamt. Denn er findet seine zentrale Aufgabe nicht zuletzt an den Übergängen des Lebens, an ihren Markierungen, an den Schwellensituationen. Der Weg ins Leben, die Feier der Gemeinschaft, der Weg aus dem Leben heraus, der Glaube, dass all das bestimmt ist durch diesen Gott, dessen Wort stärker ist als der Tod und der in Kreuz und Auferstehung das Leben gewendet hat – das ist das „Hauptgeschäft“ der Pfarrerin, die an den Schwellen und Übergängen des Lebens hinzutritt. So heißt nicht zufällig ein gegenwärtiger Bestseller zum Verständnis des modernen Pfarramts programmatisch: „Auf der Schwelle“. „Mind the gap“ – Vikarinnen und Vikare sind heute ganz selbstverständlich Übergangsexperten, auch in ihrem Alltag, in dem der Wechsel der Orte, der Räume, der Netzwerke, in denen sie „verlinkt“ sind, fast schon allgegenwärtig ist.

Schließlich ist das Vikariat selbst ein Übergang. Es ist der Übergang vom Theologen zum Pastor, von der Theologin zur Geistlichen – in wacher Aufmerksamkeit dafür, dass Person und Amt nicht einfach eins sind, aber auch nicht auseinandergerissen werden können. Es geht um die Bildung einer individuellen pastoralen Haltung, einer – wie es in der bisweilen etwas sperrigen Fachterminologie heißt – ebenso handlungskompetenten wie reflektierten pastoralen Identität, wobei Identität hier nicht ein „Identisch-Sein" der ganz verschiedenen Pastorinnen und Pastoren, sondern das je individuelle Profil der einzelnen pastoralen Persönlichkeit meint.

So liegt ein Augenmerk des Vikariats auf der Gestaltung des Übergangs. Zu Beginn gibt es neben einer Einführungswoche Tage zur „pastoralen Identität", in denen in Texten und Rollenspielen das Verhältnis von Amt und Person sichtbar gemacht wird. Dann wird fröhlich „durchgespielt", was im Pfarrberuf Arbeitszeit ist, wenn die Pfarrerin, die gerade im Gemeindebrief die Einrichtung einer Sprechstunde angekündigt hat, nun an der Supermarktkasse zu hören bekommt, dass der Pfarrer früher ja doch irgendwie immer im Dienst war, jetzt aber wohl nur noch 90 Minuten die Woche.

Der Übergang am Ende des Vikariats in den Pfarrdienst wird als Schwelle mehrfach zur Geltung gebracht: Mit einer selbstgestalteten Abschlusswoche zu Themen des Pfarrerbildes in der Kirche an der Schwelle des dritten Jahrtausends – häufig im Fokus dabei die persönliche Frage, was sich in den zwei Jahren des Vikariats im eigenen Berufsbild entwickelt hat; als zweites mit einer Studienwoche, die den Übergang selbst – Ordination, erste Besuche, erste Aufgaben, erste Erwartungen, Leben im Wechsel – in den Blick nimmt. Und schließlich mit einer Kurswoche nach den ersten 100 Tagen im Amt, eine Woche, die gemeinsam mit der ‚Fortbildung in den ersten Amtsjahren' (FEA) gestaltet wird und im geschwisterlichen, kollegialen Miteinander die Erlebnisse des Beginns in der Gemeinde durch gemeinsame Reflexion zu – hoffentlich hilfreichen – Erfahrungen werden lässt.

Ich erinnere eine Szene, die für mich sinnbildlich die Ambivalenz des Übergangs aufnimmt und spielerisch umsetzt. In den alten Räumen des Konventshauses im Kloster Loccum gibt es im ersten Stock sehr markante Schwellen. Die alte Praxis der Doppeltür hat zwischen die beiden Türelemente eine etwas über zwanzig Zentimeter breite Schwelle gesetzt. Manches mal am Abend in gemütlicher Runde, wenn im „Drei-Kaiser-Zimmer" die Fragen von Gott und der Welt, von Beruf und Leben ebenso ernst wie fröhlich besprochen waren, ist jemand aus dem Kurs auf die Idee gekommen zu schauen, ob er zwischen die beiden Türen genau auf die Schwelle passt. Im ersten Augenblick denkt man, das geht gar nicht. Aber wenn ein anderer die zweite Tür schließt und auch wieder aufmacht, ist es tatsächlich möglich. Natürlich, irgendwie ein launiges Experiment, aber doch auch tiefer deutbar: Passe ich schon, passe ich noch, passe ich dahin: auf die Schwelle, an die Momente des Übergangs? Kann ich das aushalten? Können sich da Türen und Welten öffnen? Kann ich das zulassen?

Klassischer, geistlich verankert und zugleich alltäglicher ist die Gestaltung des Übergangs am Beginn einer jeden Studienwoche im Predigerseminar. Dann treffen sich am Montag um 10.40 Uhr die Vikarinnen und Vikare in der Johanniskapelle. Oft ist es mehr als ein Kurs, der im Hause ist. Nicht selten versammeln sich zwischen 25 und 50 Vikaren, die am Morgen von den Enden der Landeskirche angereist sind und feiern miteinander Andacht. Die Johanniskapelle ist auf ihre Art fast schmucklos, bilderlos, die alte Sakristei eben, der Raum des Übergangs. In Erinnerung an den Namensgeber Johannes den Täufer erinnern wir uns, die wir Andacht feiern, dass es unser Amt ist, jenseits aller Bilder – in der Ausbildung ja oft genug überfordernde Idealbilder – von uns weg- und auf Christus hinzuweisen. In der Freiheit der Kinder Gottes ist es alltägliche Herausforderung, jenseits von fixierenden Kirchen- und Berufsbildern für jenes Wort Gottes offen zu werden, das neu und aus dem Nichts schafft. Diese Zusage bildet sich in der gemeinsamen Andacht zum Wochenbeginn.

Bibliothekar Jörg Fiedler

Kerninhalte, Kernkompetenzen und kollegiales Gespräch – Bleibendes im Wandel

Die Ausbildung im Predigerseminar ist im Übergang begriffen. Womöglich ist das nur der Eindruck des Studiendirektors, der aus den aktuellen, oft eiligen Wechseln der Gegenwart hier zu berichten hat. Womöglich hätte jeder Studiendirektor zu jeder Zeit seine Betrachtung so überschreiben können, wenn er vor der Aufgabe stünde, das flüchtige Jetzt einzufangen. In gewisser Weise stehen sich die eiligen Verwandlungen des Medienzeitalters – nach gut zehn Jahren wird der als Innovation gefeierte Computerraum schon wieder aufgelöst, denn inzwischen hat jedes Zimmer eine drahtlose Funkverbindung ins Internet – und die Beständigkeit der Kernaufgaben des Pfarrberufs und seiner Vorbereitung gegenüber. Auch in früheren Generationen ging es um wenig anderes als die angemessene Vorbereitung darauf, das Wort Gottes von der Kanzel, im Gottesdienst, im Konfirmandenunterricht, im direkten Gespräch, in der kirchlichen Struktur und Organisation von Gemeinschaft und Gemeinde zu Gehör zu bringen. Die heute sogenannten „Kernkompetenzen" – Predigt, Gottesdienst, Unterricht, Seelsorge, Diakonie, Gemeindeleitung und Gemeindeaufbau – bestimmen fast wie ehedem die Inhalte der Ausbildung, die Herausforderung, sich die in diesen Bereichen hilfreichen Kunstregeln anzueignen steht im Zentrum des gemeinsamen Lernens.

Selbstverständlich müssen diese Kerninhalte stets erweitert und ergänzt werden. Öffentlichkeitsarbeit, Arbeit mit Ehrenamtlichen, Kirche in Kunst und Kultur, Kirchenrecht, weltweite Ökumene, christlich-jüdisches Gespräch, christlich-islamischer Dialog, Theologie der Religionen, „Religion" der Konfessionslosen, Arbeit mit jungen Seniorinnen und Senioren, ethische Urteilsbildung in medizinischen Grenzfragen, Kirche und Geld (Stichwort: Fundraising) – das sind nur einige der aktuellen Themen im Vikariat. Damit die Vorbereitung auf den Pfarrberuf nicht in schnell überholten Leitbildern erstarrt, gibt es in jedem neuen Vikariatskurs sogenannte „Wahlwochen", in denen der Inhalt erst kurzfristig und in Eigenregie der Vikarinnen und Vikare festgelegt wird. Diese Wochen sind Ausdruck der alten Loccumer Tradition, dass der kirchliche Vorbereitungsdienst in eigenverantworteten Lernprozessen zum Ziel kommt. Nur in verantwortlich wahrgenommener Freiheit kann auf ein Amt vorbereitet werden, das aus der Verantwortung seiner Personen und der Freiheit lebt, die ihm geschenkt ist.

Eine Ausbildung, die die Schwerpunkte in den klassischen Bereichen legt – Verkündigung, Gottesdienst, Seelsorge, Bildung, Leitung sind mehr als Arbeitsfelder, es sind Dimensionen, die allen pastoralen Vollzügen eigen sind (jede Predigt hat auch eine lehrende und eine seelsorgliche Seite) – begreift den Pfarrberuf nicht von einzelnen Tätigkeitsbereichen, sondern von der allen Einzelvollzügen zu Grunde liegenden Integrationsaufgabe: Gottes Wort durch einen Menschen in eine Situation hinein gesprochen, dargestellt, vermittelt. Aus dieser Freiheit, die in keiner technischen Machbarkeit aufgeht, und auf diese Freiheit hin ist die Ausbildung im Predigerseminar angelegt.

Dabei ist es Zeichen einer Zeit, die sich selbst als Übergang begreift, dass es nicht das eine Konzept gibt, das in den jeweiligen Bereichen den Ton angibt. Tiefenpsychologische, personenzentrierte, klinische (KSA) und systemische Seelsorgeansätze kommen in der Seelsorgeausbildung im Miteinander vor, konzeptionelle Offenheit ist sichtbar Programm. Auch Predigen wird nicht nach einer Vorstellung gelehrt, sondern in Auseinandersetzung mit verschiedenen homiletischen Ansätzen. In der konzeptoffenen – nicht: konzeptlosen – Herangehensweise steckt der implizite Aufruf, nicht Anhänger oder Anhängerin einer Schule zu werden, sondern als eigene, profilierte Persönlichkeit zu wachsen. So steht neben den gemeinsamen Kurswochen als weitere Säule des Vorbereitungsdienstes die individuelle Beratung. In der Regel vier Mal fahren die Studienleiterinnen und -leiter des Predigerseminars zu den Vikarinnen und Vikaren in die Gemeinden, hören, beraten, geben Rückmeldung auf Gottesdienste und versuchen so die Integration von Predigerseminar und Vikariatsgemeinde vor Ort.

Vieles ist im Übergang. So sehr, dass man sich fragen kann, ob das Predigerseminar in all dem Wechsel noch es selbst ist. Oder ob es vor allem darin unverwechselbar ist, dass es sich stets wandelt. In den Ausbildungswochen zur Predigt, die gewiss zu allen Zeiten ein zentrales Element im Predigerseminar gewesen sind, drängt sich mir folgendes Bild auf: Homiletische Konzepte kommen und gehen. Ob wir mehr erzählen oder weniger erzählen sollen, ob es drei Punkte sein dürfen, die eine Predigt strukturieren, oder gerade auf keinen Fall drei Punkte, ob es in der Abfolge von Gesetz und Evangelium oder eher in der Abfolge von Evangelium und Gesetz sein soll, in der Gottes Wort Gestalt gewinnt, ob es in freier Rede oder eher in aller Freiheit mit Manuskript sein soll, in der der Predigtvortrag erfolgt, all das ist nicht fest, darf es im Sinne einer lebendigen Ausbildung auch nicht sein. Homiletische Konzepte sind in den Jahrhunderten dieses Predigerseminars gegangen und gekommen. Auch Studienleiter und Studienleiterinnen haben gewechselt, mit ihnen sehr konkrete Vorstellungen einer guten Predigt. Das alles gehört zum Predigerseminar, das aber im Kern durch etwas besteht, das zu allen Zeiten gleich geblieben ist: Das Gespräch unter Kolleginnen und Kollegen über eigene Predigten, die wertschätzende Kritik, das Weiterdenken, die fachliche Rückmeldung, die gemeinsame Suche nach dem richtigen Wort unter den Wörtern. Es ist Wesen des Predigerseminars, in dieses Gespräch über Predigten um der Verkündigung von Gottes Wort willen einzuführen und einzuüben. Wer es zuspitzen möchte, könnte sogar sagen: Predigerseminar heißt zuallererst das: kollegialer Austausch über die angemessene Weise der Verkündigung. In allen Übergängen der Konzepte und Medien, der Verantwortlichen und der Räume hat sich hieran nichts geändert. In aller Freiheit geht es um das kollegiale, geschwisterliche Ringen um jene Worte, die in die Freiheit führen.

„Mind the gap" – achte die Differenz, beachte den Übergang. Zu den Räumen, die die Schwelle, um die es geht, in besonderer Weise sichtbar machen, gehört die Johanniskapelle. Daneben gewiss auch der sogenannte Gebhardt-Saal, der alte Kollegsaal des Predigerseminars, das vormalige Laienrefektorium, das im 19. Jahrhundert unter Abt Uhlhorn umgestaltet worden ist. Die Bilder an der Wand, in denen den Kandidaten damals für ihre Kollegstunden Leitbilder aus dem Leben Jesu vor Augen gemalt wurden, sind Bilder vom Prediger, vom Seelsorger und Diakon, vom Segensbringer in jedes Haus und am Ende von jenem Amt, das die Vergebung predigt und der Versöhnung dient. Mit diesen Bildern gehen wir oft in der ersten Kurswoche ins Nachdenken über pastorale Vorstellungen heute – achten auf die Weiterentwicklung der Leitbilder, auf die Differenz, auch auf die Relativität der Berufsbilder selbst. Vom Gebhardt-Saal und seinen monumentalen, modernen, auf Geschlossenheit setzenden Bebilderungen geht es wieder in die Johanniskapelle. Diese Kapelle wird – so ist es geplant – zum Jubiläum 2013 vorübergehend Bilder bekommen – Bilder, vergleichbar denen Eduard von Gebhardts. Der zeitgenössische Maler Hermann Buß bringt sie auf die Leinwand. Es sollen Bilder werden, die die Spannung des pastoralen Auftrags heute in sich tragen, gegenständlich, aber auch postmodern, nicht ohne Riss, nicht ohne Sichtbarmachen des Fragments, in der die Zeit des Übergangs zu erkennen ist. Und in diesem Übergang das Licht von Gottes Verheißung, hier sanft angedeutet, dort noch hinter Mauern verborgen. Die Bilder von Hermann Buß können für einige Zeit jenen Übergang bebildern, in dem sich die Ausbildung und das Predigerseminar seit jeher befinden.

Einweihung der Tagespflegestelle

Markierungen des Übergangs – Vom Sichtbarwerden der Schwellen

Markierung des Eingangs

Immer öfter finden sich auf dem Parkplatz Autos mit den Kennzeichen OL für Oldenburg, HB für Bremen, SHG für Schaumburg(-Lippe) und BS für Braunschweig. Die Ausbildung ist im Übergang, auch im Blick auf die an ihr beteiligten Kirchen. Viele Gastvikarinnen und Gastvikare weiten den allzu schnell aufs Eigene verengten Blick. Die Kirchen der Konföderation, dazu die Bremische Evangelische Kirche sind in diesen Jahren regelmäßig zu Gast im Predigerseminar. Das Miteinander in der Ausbildung tut der hannoverschen Kirche gut. Der Ausgang dieser Zusammenarbeit ist noch offen. Aber für das Predigerseminar im Kloster gilt, was seit jeher Übergang und Schwelle vor Ort charakterisiert hat: *„Porta patet, cor magis."*

Markierung der Zukunft

Zu den neuesten festen Einrichtungen im Predigerseminar gehört die Kindertagespflegestelle im Haus Marktstraße 9 – vor dem Torhaus. Die dortige Parterre-Wohnung ist seit September 2011 der Ort, zu dem Vikarinnen und Vikare verlässlich ihre Kinder in den Studienwochen bringen können. Die Erzieherinnen kümmern sich hier um die Kleinsten, damit Ausbildung und Familie sich nicht ausschließen, vielmehr gut verbinden lassen. Wenn der „rote Flitzer" – ein Schiebewagen mit Platz für sechs Kinder – über das Gelände fährt, kommt Leben ins Kloster. Ein Glück für alle!

Markierung des Miteinander

Mit der Auflösung des Predigerseminars in Celle hat Loccum den großen, überaus beliebten Celler Kaffeeautomaten geerbt. Er gibt inzwischen der Eingangshalle im Kloster sein Gepräge aus dem Duft geschäumter Milch und gerösteter Kaffeebohnen. Der Geräuschpegel bei der Herstellung des Kaffees ist hoch, die Schlange vor dem Gerät – bedingt durch die große Zahl der Vikarinnen und Vikare – zumeist lang. Es gibt wenig, was so kommunikativ ist, wie dieser Kaffeeautomat. Er ist fast ein eigener Ausbildungsort. Dennoch: Manchmal ist auch diese Maschine mit den gut 100 Vikarinnen und Vikaren, die in den verschiedenen Kursen sind, überfordert.

Markierung des Wandels

Am 15. Mai 2009 ist die bis dahin sog. Kolonie, das Haus Nr. 12 gegenüber vom Konventshaus, neu eingeweiht worden. Es ist das erste Haus auf dem Gelände, das – nachdem es nahezu gänzlich entkernt war – nun in allen Zimmern mit Nasszellen ausgestattet ist. Wir haben ihm den Namen „Friedrich-Köster-Haus" gegeben, benannt nach dem Konventual-Studiendirektor Köster, der unter Abt Saalfeld das Predigerseminar 1820 neu aufgebaut hat. Am 15. Mai 1820 war Köster – Sohn des ehemaligen Stiftspredigers, bis 1819 Privatdozent in Göttingen, später Professor für Praktische Theologie in Kiel und schließlich Generalsuperintendent in Stade – in sein Amt als Studiendirektor eingeführt worden. Im Slaphus waren vorher Wohn- und Schlafräume neu gebaut und eingerichtet worden. Das Kösterhaus mit seinen neuen Räumen ist 2009 das äußere, bauliche Zeichen, dass Platz geschaffen werden muss, nachdem das Predigerseminar Celle geschlossen ist. Die Zahl der Vikarinnen und Vikare in Loccum steigt, muss auch steigen, wenn die pfarramtliche „Versorgung" nicht eines Tages eine herbe Delle erhalten soll. Die Zahl der Baustellen auf dem Gelände steigt entsprechend – nicht zuletzt in Vorbereitung auf das Jubiläum. Ein Vikariatskurs kommt auf die Idee, sich mit Bauhelmen fotografieren zu lassen. Sie sagen: „Das Vikariat ist auch eine Baustelle, eine Werkstatt mit der eigenen Person: work in progress." Das ist richtig. Dennoch: der Baulärm gehört in diesen Jahren zum Alltag. Auf einer Tagung gestattet sich einer der Vikariatsleiter einen naheliegenden Witz: Er brüllt so laut er kann, um die Bohrer zu übertönen: „Herzlich willkommen zur Einkehr in Loccum!" Gelächter! Abends zur Hora allerdings, da ist die Ruhe wieder da, Matthias Claudius begleitet uns:

„Seht ihr den Mond dort stehen,
er ist nur halb zu sehen,
und ist doch rund und schön.
So sind wohl manche Sachen,
die wir getrost belachen,
weil unsere Augen sie nicht sehn."

Markierung der Gegenwart

Die Ausbildung arbeitet heute in vielfältiger Weise mit dem Kompetenzbegriff. Der ist ‚in', ist in vielem hilfreich – und doch auch kritisch einzugrenzen. Alternativ lassen sich die Herausforderungen des Pfarrberufs am Begriff der Präsenz durchspielen. Thomas Kabel, der Trainer in „Liturgischer Präsenz", der vor drei Jahrzehnten an den Predigerseminaren begonnen hat, angehenden Pastorinnen und Pastoren zu zeigen, um welche Details es geht, wenn wir ‚da sind', hat das Präsenztraining zu einem Markenzeichen der pastoralen Ausbildung gemacht. Auf der Schwelle, an den Übergängen, im eigenen Übergang gilt es immer wieder für diese Präsenz aufmerksam zu werden: Wie bin ich da? Was kommt durch mich in die Situation? Was wird durch mich präsent, präsentiert, repräsentiert? Dabei geht es um Stimmigkeit ebenso wie um ein Bewusstsein für alles notwendig Gebrochene im menschlichen Sein. Die Experten des Übergangs sind notwendig, manchmal auch notgedrungen, Experten für Präsenz wie für Abwesenheit. Wobei es zuerst und zuletzt um die Gegenwart Gottes geht. Um die Furcht, dass er sich verbergen könnte. Um den Segen, dass Gott da ist: An den Übergängen, auf der Schwelle, in der Mitte und im Wechsel des Lebens.

Ludolf Ulrich

Die klassische Ausbildung – Das Loccumer Seminar vor 1970

Wie sah die „klassische" Ausbildung der angehenden Pastoren im Loccumer Seminar aus? Gemeint ist die Ausbildung in der Zeit vor der Unruhe und den Veränderungen der 60er Jahre. Sie soll hier mit wenigen Strichen skizziert werden.

Die Gemeinschaft junger Männer (Frauen gehörten noch nicht dazu), die sich damals in Loccum auf den Pastorenberuf vorbereiteten, nannte sich nach altem Brauch „das Hospiz". Der Name bedeutet ursprünglich „gastliche Herberge" und ist ein Hinweis auf die beispielhafte Gastfreundschaft des Klosters, die schon die Mönche pflegten.

Nach sechsmonatigem Vikariat in einer Kirchengemeinde zogen die Kandidaten des Predigtamts oder Hospites, wie sie jetzt offiziell hießen, für zwei Studienjahre ins Kloster ein „bei freier Wohnung und Beköstigung".

Jeder Kandidat verpflichtete sich beim Einzug, „sich während der Zeit seiner Zugehörigkeit zum Hospiz des Klosters nicht zu verheiraten" – ein Hauch von mönchischem Zölibat. So wollte es die alte Klosterregel.

Zur Lebensform im Predigerseminar gehörte weiter die ständige Anwesenheit der Kandidaten im Kloster, auch am Wochenende. Natürlich abgesehen von den Ferien.

Jedes halbe Jahr kam ein neues Semester hinzu, in der Regel drei Herren. Insgesamt bestand das Hospiz aus zwölf Studierenden. Die neuen Kandidaten trafen also auf drei ältere Semester, die die Tradition verkörperten. Sicher ein Grund für die beharrende Kraft der Loccumer Regeln, aber auch für die Stabilität der Ausbildung.

Vormittags traf man sich zu Vorlesungen und Gruppenarbeit, immer montags, dienstags, donnerstags und freitags zwischen 11.00 und 13.00 Uhr.

In diesem Kolleg stellten die Kandidaten ihre theologischen Arbeiten zur Diskussion über Texte des Alten und Neuen Testaments, Probleme der theologischen Ethik, Fragen der Seelsorge usw.

In der Wahl ihrer Themen waren sie frei. Dies war ein wichtiger Punkt. Das Predigerseminar verstand sich nicht als Schule mit Lehrplan. Ein selbstbestimmtes Studium gehörte zum Kern der klassischen Ausbildung. Die künftigen Pastoren hatten für zwei Jahre die Chance, in der Ruhe des Klosters ihre theologischen Erkenntnisse in eigener Arbeit, aber auch im Gespräch mit anderen, zu vertiefen.

Ein Schwerpunkt lag zweifellos auf dem Predigen. Jeder Kandidat musste pro Semester einen öffentlichen Gottesdienst in Loccum oder einem der Stiftsdörfer gestalten. Die Predigt wurde mit einer schriftlichen Kritik des Studiendirektors und eines Kandidaten begleitet und anschließend in großer Runde eingehend diskutiert. Aus dieser gründlichen Besprechung konnte man für das eigene Predigen viel lernen. Aber die Kritik war auch gefürchtet. Mancher erlebte sie wie ein Fegefeuer.

Die Gemeinschaft der Vikare trug auch die Verantwortung für die liturgische Gestaltung der Hora, das tägliche Abendgebet im Hohen Chor der Kirche. An ihr nahmen in der Regel alle Kandidaten, oft auch Gäste und Besucher, teil.

So war es in den 60er Jahren möglich, die damals aus dem ökumenischen Kloster Taizé mit gebrachten Gesänge und Psalmen vierstimmig zu singen. Das klang eindrucksvoll und war ohne Frage eine Bereicherung der Hora. Einige der Taizé-Lieder werden bis heute in der Hora mehrstimmig gesungen.

Am Ende der 60er Jahre weht ein rauer Wind der Veränderung durch Kirche und Gesellschaft. Er lässt auch das Kloster nicht unberührt…

Fest der Ehemaligen
im Rahmen der
750-Jahr-Feier 1913

Michael Wohlgemuth

Unruhige Zeiten – Das Predigerseminar von 1970 bis 2003

Wie unberührt vom Zeitgeist erscheint vielen Besuchern das Kloster mit dem Predigerseminar in seinen Mauern auf den ersten Eindruck – als sei die Umwälzung der 60er Jahre an ihm vorübergegangen. Aber das täuscht: Auch hier griffen die Veränderungen. Am auffallendsten vielleicht dies: Die reine Männergesellschaft ist aufgebrochen. Vikarinnen bestimmen mehr und mehr das Bild, bald stellen sie fast die Hälfte der Kurse. Außerdem hört man Kinderstimmen aus den Vikarswohnungen – zum Beispiel aus dem ehemaligen Kindergarten am Torhaus oder aus dem Haus am Brauteich; denn manche Vikare sind mit Familie ins Kloster eingezogen. Die überkommene zweijährige Lebens- und Studiengemeinschaft mit ihrer hierarchischen Unterordnung der „Neuen", die alle halbe Jahre ins Predigerseminar eintraten, abgeschieden von kirchlicher Praxis bei „Zölibatsverpflichtung" bis zum Examen – das ließ sich seit 1967 nicht mehr durchsetzen. So zog seit 1972 immer ein kompletter Vikarsjahrgang ins Kloster ein, jeweils für das Studienjahr im Anschluss an das anderthalbjährige Gemeindevikariat. In den Neunzigerjahren wird auch die Studienleitung zu Teilen weiblich, als mit Gabriele Arndt-Sandrock und danach Susanne Briese-Roth die ersten Studieninspektorinnen berufen werden.

Eine andere Zeit prägt ihre Spur ein

Ein frischer Wind weht seit Ende der Sechzigerjahre durch Kirche und Gesellschaft. Auch in der Ausbildung im ältesten Predigerseminar der Hannoverschen Landeskirche ist das zu spüren: Die Vikare haben während der Praxiszeit in einer Kirchengemeinde bereits drei Monate lang in einer Schule Erfahrungen mit Religionsunterricht gesammelt. Daneben war regelmäßig Gelegenheit, Situationen der Seelsorge mit einem Ausbilder in kleinen Gruppen durchzusprechen. Und mit Hilfe der Pastoralsoziologen entwickelten sie einen gezielten Blick darauf, welche Menschen die Bevölkerung vor Ort ausmachen: Wie sind ihre Lebens- und Arbeitsverhältnisse, welche Bildungsvoraussetzungen gibt es oder fehlen, welche Milieus sind vertreten und wie kann eine Gemeindearbeit aussehen, die sich darauf einstellt? Der Aufschwung der Sozialwissenschaften, der Pädagogik und der Psychologie in den 70er Jahren des vorigen Jahrhunderts durchformt auch die Pastorenausbildung neu. Theorie und Praxis gegenseitig aufeinander zu beziehen, das haben die Vikarinnen und Vikare schon verinnerlicht, bevor sie in das abschließende Studienjahr im Predigerseminar Loccum kommen.

Überhaupt tritt die „handwerkliche" Seite des Pfarrerberufs immer mehr in den Vordergrund; die theologisch hochfliegende, leidenschaftliche Diskussion früherer Jahrzehnte verebbt dagegen. Dafür wundert sich anfangs noch das Hauspersonal, wenn es in der Kirche auf eine Vikarsgruppe trifft, die unter Anleitung eines Schauspielers mit seltsamen pantomimischen Bewegungen zu natürlichem körperlichen Ausdruck zurückzufinden versucht; denn die Natürlichkeit kann angehenden Pastorinnen und Pastoren in der Feierlichkeit eines mittelalterlichen Gotteshauses mit seinen weiten Räumen gründlich abhanden kommen. Aber bald hat man sich daran gewöhnt und auch schnell begriffen, dass die am helllichten Vormittag herumschlendernden Vikare keineswegs „blau machen", sondern Eindrücke sammeln, die sie anschließend in die Form eines kleinen Textes gießen werden. Unter Anleitung eines Schriftstellers heißt es für jeden, seine persönliche Sprache zu finden, die später hoffentlich auch die Predigten vor dem Abgleiten in abgegriffene Formeln und hohles Pathos bewahrt. Ein allwöchentliches Wechselbad gegensätzlicher Ausbildungsinhalte während des Jahres im Predigerseminar spiegelt wider, dass das Gemeindepfarramt ein Generalisten-Beruf ist: Da werden heute die Sachen gepackt für ein paar Tage im Kloster Wülfinghausen, um dort in zweitägigem Schweigen eingeführt zu werden in Grundlagen der Meditation. Und in der Woche darauf führt ein Referent in die Geheimnisse der Personalführung ein.

Das alte Loccumer Modell der Studiengemeinschaft, die von den Kandidaten selbst verantwortet wird und bei der die Studienleitung nur eine Moderatorenrolle einnimmt, hält sich zwar im Grundsatz durch, aber wird von regelrechten „Trainings“ zunehmend durchsetzt. Die veränderten Anforderungen im Pfarramt machen das unumgänglich. Anderes gerät ins Wanken in diesen Zeiten des gesellschaftlichen und kirchlichen Umbruchs: Das klassische Loccumer Alleinstellungsmerkmal, die tägliche Hora um 18.00 Uhr in der Klosterkirche, wird zeitweise nur mühsam von Konventualstudiendirektor und Studieninspektor noch aufrecht erhalten. Gemeinsames geistliches Leben fällt für Jahre dem Aufbegehren gegen die „Zwänge der Tradition“ weitgehend zum Opfer, verkümmert bis auf Restbestände und erfährt erst im letzten Jahrzehnt einen – dann allerdings erstaunlichen – Aufschwung.

Akzente in der Ausbildung

Das Studienjahr hinter Klostermauern im Anschluss an die Zeit als Vikarin oder Vikar in der Gemeinde war durchaus dazu gedacht, aus dem Abstand heraus vieles noch einmal in Ruhe und Abgeschiedenheit zu durchdenken. Aber eine hermetische Abriegelung von der Außenwelt konnte dennoch nicht im Sinn der Ausbildung zum Pfarramt sein. Denn da war und blieb die Vernetzung des Klosters Loccum mit seiner dörflichen Umgebung ein wichtiges Anliegen und ein reizvolles Lernfeld: Wenn es zum Beispiel galt, mit einer Loccumer Schulklasse den Schulgottesdienst zum Buß- und Bettag vorzubereiten. Oder: Über Jahre hinweg hieß es gleich zu Beginn des Vikariats: „Antrittsbesuch beim Ortsbürgermeister Lübkemann“ – um so zugleich den Knigge für Antrittsbesuche andernorts zu lernen, sei es in der Vikariatsgemeinde oder später im Gemeindepfarramt. Wiederum Kopfzerbrechen, aber auch Hochstimmung zuweilen, bereitete die alljährliche Aufgabe, als Vikarskurs eine humoristische Einlage für das Schützenfest vorzubereiten und dem Predigerseminar damit aufs Neue einen festen Platz in den Herzen der Loccumer zu sichern – gleichsam ein Schnellkurs in Volkstümlichkeit für Pastorinnen und Pastoren mit Bodenhaftung.

Hinzu trat der gezielte Blick nach draußen: Mit den monatlichen, von einem Vikars-Team vorbereiteten „Kaminabenden“ ging es über Jahre hinweg darum, interessante Persönlichkeiten – vom Intendanten des Schauspielhauses Hannover bis zum Personalchef von VW – unter einem Thema mit Biss zum Gespräch ins Kloster zu bitten. Eine Horizonterweiterung besonderer Art stellte sich im Rahmen der Studienfahrt ein, meist ins Ausland und vom Vikarskurs eigenständig organisiert: Das war die Chance eines Einblicks in die weltweite Kirche. Generationen von Vikaren haben hieraus lebenslange Eindrücke vom Christsein in anderen Kulturen empfangen, vom Leben einer Minderheitenkirche oder (bis 1989) von christlicher Randexistenz unter den politischen Verhältnissen eines Ostblocklandes.

Der Alltag im Predigerseminar verlief weniger spektakulär: Montags um 10.00 Uhr trifft sich der Vikarskurs im „Prendel“ (nach dem Klosterbaumeister Jan Prendel) genannten Hörsaal, bis Freitagmittag dauert die Studienwoche. Von 9.00 bis 12.30 Uhr und von 15.00 bis 18.00 Uhr ist Kolleg. Dienstag- und Donnerstagnachmittag sind freigehalten für eigene Studien und nicht zuletzt für die zahlreichen Projektgruppen zur Planung von Studienwochen.

Mit jedem Vikarskurs wird das Studienjahr aufs Neue geplant in seinen Bestandteilen aus Pflicht und Kür: Welche Interessenschwerpunkte setzt dieser Kurs? Wer engagiert sich für welche Themen-Studienwoche?

Wie wollen wir miteinander in den kommenden Monaten leben? – Nicht die Einzelkämpfer werden im Pfarramt gefragt sein, das ist die Leitvorstellung für die Strukturen im Studienjahr. Wird die Erfahrung, im Predigerseminar als Team etwas geplant und realisiert zu haben, sowie die Erfahrung mit gemeinsamem Leben einschließlich der dabei unvermeidlich zu bewältigenden Konflikte für ein Berufsleben fruchtbar werden? Schnell läuft es auf Isolation hinaus, wenn das Pfarramt die Einzelnen erst einmal in ihren Gemeinden voll beansprucht. Berichte von Ehemaligen ließen die Studienleitungen zuweilen daran zweifeln, ob die gemeinschaftlichen Arbeitsformen der Ausbildung auf die Berufspraxis auszustrahlen vermögen. Aber den Versuch wert war es doch. Denn was wäre die Alternative?

Und so mochte es dann aussehen, sagen wir an einem Dienstag, 15 Uhr, im Arbeitszimmer des Studiendirektors oder der Studieninspektorin: Zu dritt, zu viert wird die Studienwoche „Gemeinde-Entwicklung“ geplant, die in drei Monaten auf dem Plan steht. Beide Vikare haben jeweils spezielle Interessen: Sie hat Erfahrungen mit diakonischem Gemeindeaufbau – die Gemeindearbeit von den Nöten und Bedürfnissen der Menschen her entwickeln, so dass Kirche vor Ort auch als Hilfe bei der Bewältigung des Lebens und als tragende Gemeinschaft erlebbar wird. Er dagegen ist von der US-amerikanischen Willow-Creek-Mega-Kirche inspiriert worden: kreative Gottesdienste für Kritische auf der Suche nach Gott, Erfahrung mit dem Evangelium in Kleingruppen, Aufbau eines umfassenden Netzes von Dienstbereichen, die das Gemeindeleben initiieren und verantworten. Die Studienleitung steuert ihrerseits einen Ordner bei, der inhaltliche Eckpunkte und Literatur für die Gestaltung der Studienwoche enthält und Dokumentationen, wie Vorgänger-Kurse die Woche gestaltet haben. Wie kurz eine Woche auf einmal ist! Am liebsten würde man einen der beiden Selbststudien-Nachmittage streichen, um auch die Gemeinde auf dem Kronsberg in Hannover zu besuchen, die ganz neu anlässlich der Weltausstellung EXPO 2000 aufgebaut wurde. Aber das verbietet sich. Schade: Man reißt eigentlich alle Arbeitsfelder nur an! Aber vielleicht „infiziert“ das eine oder andere Element der Woche dann doch später dazu, einem Ansatz auf eigene Faust selbst weiter nachzuspüren.

Wie von Gott reden?

Auf solche Weise im Team entwickelte Studienwochen lassen sich nicht aus dem Boden stampfen, sondern brauchen Zeit. Referenten müssen mit dem nötigen Vorlauf gesucht und gewonnen werden. Darum passt es gut, zunächst vor Weihnachten noch drei Wochen Zeit zu haben für die Homiletik, die Arbeit an der Predigt, Kernaufgabe jedes Pastors: Predigtausbildung – wie geht das? Vieles wurde bereits im Studium und vor allem durch die regelmäßige Predigtaufgabe während des Gemeindevikariats gelernt.

Was liegt in diesen Adventswochen näher als ein spezieller Workshop „Festtagspredigt“? Zusammentragen: Was macht für uns selber, seit Kindheitstagen und heute, Weihnachten aus? Was erfahren wir aus dem Blick auf Freunde und Bekannte, aus der Werbung, aus den Medien darüber, was für andere das Wichtigste oder gar das Faszinierende an diesem Fest ist? Keine abstrakten Erörterungen möchten die Menschen am Heiligabend von der Kanzel hören, aber vielleicht eine Geschichte oder eine Erfahrung, in der die Botschaft auf den Punkt kommt – welche könnte das sein? Und wie verbindet sie sich mit dem biblischen Text, auf den die Predigerin zuvor gehorcht hatte, um keine allweihnachtlichen Allerweltsfloskeln aufgehübscht zum Besten zu geben? Andere Spezialthemen gesellen sich dazu, zum Beispiel: „Rundfunkandacht“, „Glaubensrede für Unfromme“, „Ethische Fragen in der Predigt“. Aber den größten Raum nehmen die täglichen Predigtbesprechungen ein: Einer hält seine Predigt, und alle halten für sich anschließend fest, wie es ihnen als Zuhörenden dabei erging – hat die Predigt

Liturgische Präsenz
Kurs 55

gut getan? Hat sie zum Nachdenken gebracht? Habe ich mich gelangweilt oder gar geärgert? Hat es mich überzeugt, wie hier von Gott geredet wurde? Konnte ich vor meinem inneren Auge etwas sehen, oder reihte sich nur Gedanke an Gedanke? Verstehe ich jetzt den biblischen Text besser? Und was höre ich meinen kirchenfremden Nachbarn dazu sagen? Hätte auch er die Chance, damit etwas anzufangen? – Darüber erfolgt nun ein ausgiebiger Austausch, bevor es in die nächste Runde geht: Im Predigtmanuskript heißt es nun auf Spurensuche danach zu gehen, wie es zu den genannten Auswirkungen kommen konnte. Hier wartet manches Aha-Erlebnis, bis hin zum Erstaunen darüber, dass der Prediger etwas ganz anders gesagt hat, als wir anderen es gehört haben. Wie konnte es dazu kommen? – Gar nicht so ohne, solches Coaching im Kollegenkreis: Nicht nur präzises Auf-den-Punkt-Bringen von Eindrücken ist gefragt, sondern entscheidend ist auch die Art und Weise, wie der Prediger dieses Tages dabei angesprochen wurde und wie er selbst mit Kritik umgehen kann. Wertvolle Lernchance oder entmutigender Pranger, das ist hier die Frage, die sich täglich stellt in diesen Wochen.

Pflicht und Kür lassen jedes Studienjahr zur Einzelanfertigung werden. Zur „Pflicht" zählen Studienwochen wie „Kirchenrecht und Verwaltung", „Seelsorge", „Gemeinde-Entwicklung". In der „Kür" setzen Kurse dagegen zum Beispiel ihren Schwerpunkt auf „Jugendarbeit", „Erwachsenenbildung", „Öffentlichkeitsarbeit". Ende des Jahrhunderts brechen in der Gesellschaft mehr und mehr ethische Fragen auf, zu denen auch die Kirche mit neuer Dringlichkeit gefragt ist angesichts des Umbruchs der Werte. Das schlägt sich nieder in einer Studienwoche „Ethik", in der diesmal vielleicht der gerade aktuellen Frage der Stammzellenforschung nachgegangen wird: Gibt es eine christliche Position dazu?

In all dem wirft das Zweite Theologische Examen seine Schatten voraus und zieht sich für die Vikarinnen und Vikare als roter Faden von Examensleistungen durch die Studienwochen: Vom Winter bis ins Frühjahr haben ein oder zwei von ihnen allsonntäglich ihren Examensgottesdienst zu halten. Und um auf dem Hintergrund eines kirchlichen Praxisfeldes zu-

Kurs 57 im Prendel

letzt auch die große Hausarbeit anfertigen zu können, beginnt bald schon die Suche nach einer Projektidee: „Entwicklung und Durchführung eines Glaubenskurses in der Gemeinde", „Seelsorge in der Justizvollzugsanstalt Vechta", „Jugendkultur in der Kirchenmusik", „Entstehung und Erarbeitung von City-Kirchenkonzepten", „Kirche im Internet" – so heißen Projekte, zu deren Durchführung die meisten dem Predigerseminar noch einmal für vier Wochen den Rücken kehren. Aus den Erfahrungen dieses Projekts erwächst – häufig nach intensivem Ringen – das Thema für die Examensarbeit. Selbstverantwortlichkeit ist gefragt: Schon bald wird in der Gemeinde gute Arbeit ja auch den eigenen Blick für das vor Ort Nötige und Mögliche erfordern, gepaart mit theologischem Urteilsvermögen und Innovationsgeist. Dafür soll auch das Examen die Weichen stellen, anstatt nur Wissensstände abzuprüfen.

Licht und Schatten – Geistliche Begleitung und „Theologen-Schwemme"

Seit Mitte der Achtzigerjahre hatte sich angedeutet, dass nicht mehr alle Studierenden sofort nach ihrem Ersten Theologischen Examen ins Vikariat übernommen werden könnten – gravierender noch: Dass nicht mehr alle zu Pastorinnen und Pastoren Ausgebildeten den Weg ins Pfarramt finden könnten. Geburtenstarke Jahrgänge, die zeitweilige Attraktivität von Theologiestudium und Pfarrberuf und gleichzeitig sinkende Kirchenmitgliederzahlen mit beginnendem Pfarrstellenrückgang führten dazu. Obwohl inzwischen – statt wie in der klassischen Zeit des alten Predigerseminars nur zwölf – bis zu 24 Vikarsplätze je Kurs geschaffen worden waren, hatte ein zunehmender Teil der Vikarinnen und Vikare bereits eine weitere Ausbildung absolviert oder war während der Wartezeit anderweitig erwerbstätig geworden. Lebens- und Berufserfahrungen flossen nun in weit höherem Maße ein als zuvor, und wer ins Vikariat kam, war häufig gegenüber früheren Jahren eine ausgereiftere Persönlichkeit und bereits in einer fortgeschrittenen Lebensphase. Da trafen die Dozentin der Volkshochschule, der gelernte Krankenpfleger und die Examenskandidatin von gestern zusammen: Das veränderte auch die Ausbildung, die Atmosphäre und die Horizonte des Lernens.

Hoch belastend aber wirkte sich nun aus, dass sich in den schlimmsten Jahren halbe Kurse innerlich darauf einstellen mussten, einen Beruf außerhalb der Kirche zu finden – trotz kirchlicher Anstrengungen, zusätzliche Stellen einzurichten zur Überbrückung der Zeit bis zur festen Übernahme ins Pfarramt. Lebensperspektiven brachen zusammen, die Infragestellung der persönlichen „Berufung" wirkte sich zwangsläufig auch auf den Glauben und das Verhältnis der einzelnen zu ihrer Kirche aus. Außerordentliche Solidarität untereinander prägte das Kursklima, aber auf einmal stand man auch in Konkurrenz zueinander und fand sich wieder in einer Atmosphäre des Misstrauens. Die Studienleitung geriet dabei allzu leicht zwischen die Fronten von Vikarskurs und Kirchenleitung und musste ihre Rolle finden. Welche Motivation konnte es für die Studienwoche „Kirchenrecht und Verwaltung" geben, wenn für einen selbst die Übernahme in den Pfarrdienst unwahrscheinlich war? Alle Ausbildungsinhalte gerieten unter den Legitimationsdruck: Welchen Nutzen haben sie für andere Berufswege? Für „Bewerbungstraining und Berufsfelderkundung" wurden nun zwei Studienwochen eingeplant, ins Predigerseminar kamen vermehrt Referenten aus außerkirchlichen Bereichen. „Professionalität" wurde zum Schlagwort und auch zum Maßstab der Ausbildung. Das war auch befruchtend, manche binnenkirchliche Betulichkeit wurde dabei entstaubt, während ungewohnte Außenperspektiven der Ausbildung neue Weite und heilsame Weltlichkeit vermittelten. Aber zeitweise waren Kursgruppen wie gelähmt in ihrer Arbeit, wehte ein scharfer Wind der Ablehnung gegen die Institution Kirche, und die seelsorgerliche Anforderung war mit Händen zu greifen, bis weit hinein in die Familien.

Auf dem Höhepunkt dieser Entwicklung erfasste auch die Ausbildung im Predigerseminar ein neu erwachtes Interesse an der gelebten Wirklichkeit des Glaubens. War der Austausch über persönliche Frömmigkeit und das Wie des Glaubens in den vergangenen beiden Jahrzehnten, zumal unter Theologen, nahezu tabuisiert und wurde er auch in der Seelsorgeausbildung mehr vorausgesetzt denn als Entwicklungsaufgabe erschlossen, so änderte sich das seit etwa 1990 sichtlich: Eine neue Freude an gemeinsamen Formen des Glaubens breitete sich in den Vikarskursen aus und ließ eine Vielfalt von traditionell-liturgischen oder kreativ-spontanen Andachtsformen erblühen. Vielleicht spielte auch eine Rolle, dass für eine zunehmende Zahl von Vikarinnen und Vikaren konkret gelebter Glaube kein selbstverständlicher Erfahrungshintergrund mehr war. Auf einmal wurde es neu und interessant, die Grundfragen zu stellen: Wie kommt es eigentlich zu Erfahrungen mit Gott? Wie verändert Glaube das Leben? Was sind persönliche oder auch gemeinsame Formen geistlichen Lebens, in denen der Glaube lebendig und unterwegs bleibt? Anfangs mit vorsichtiger Aufgeschlossenheit, bald aber mit freudiger Erwartung begaben sich die Vikarskurse für drei Tage ins Kloster Wülfinghausen zu Übungen in der Stille, angeleitet von Schwestern der Christusbruderschaft. Und im Loccumer Konventsgebäude, im obersten Gästeflur, entstand unter dem Dach ein Raum der Stille. Indessen nahm in der Studienleitungskonferenz der hannoverschen Predigerseminare das Konzept Gestalt an, ab dem Jahr 2000 jeden Vikarskurs mit dem Angebot „geistlicher Begleitung" auszustatten: Verbindlich für alle war seitdem die Wahl eines Geistlichen Begleiters oder einer Geistlichen Begleiterin aus der Liste des Predigerseminars oder aus eigenem Umfeld, um zumindest ein Erstgespräch zu führen, möglichst aber dann auch weiter das Vikariat hindurch im Kontakt zu bleiben. Thema dieser Gespräche sind alle Fragen des eigenen geistlichen Lebens und der Biographie, der Berufung und Berufswahl, der geistlichen Erfahrungen, Brüche und Entwicklungen bei den ersten Schritten des pastoralen Berufs. Anstöße dazu kamen seit 1995 aus den Reihen der Vikarinnen und Vikare selbst, auch wenn eine kleine Minderheit dem skeptisch bis ablehnend gegenüber stand.

Rückblickend will es scheinen, als habe es diese dreißig Jahre gebraucht, um aus einer Ablösebewegung zu neuer Gestalt der Ausbildung zu finden. Im Kloster Loccum mit seiner sichtbaren Tradition sieht man das möglicherweise deutlicher als andernorts.

Thomas Küttler

Ein ungewöhnlicher Aufbruch – Loccumer Vikar siedelt über in die DDR

Am 9. Mai 1965 wurde ich in der Klosterkirche zu Loccum ordiniert. Dieser Tag hat sich tief in mein Gedächtnis eingeprägt. Er hat mich auf meinem anschließenden, etwas ungewöhnlichen Weg begleitet und mir geholfen, darin einen Sinn zu sehen. Zweierlei war an diesem Sonntag Jubilate etwas Besonderes. Zum einen, dass meine Ordination in Loccum stattfand und nicht wie sonst üblich an dem Ort, wo wir nach der Zeit im Predigerseminar unsere erste Pfarrstelle in einer Kirchgemeinde bekommen hatten. Ich war ein Sonderfall. Ich wollte meinen Dienst in Sachsen beginnen, wo ich herstammte. Da keiner wusste, wie dieses Abenteuer ausgehen würde, wollte die hannoversche Landeskirche (mit meiner Zustimmung) zuvor geistliche und kirchenrechtlich verbindliche Tatsachen schaffen, und so erlebte die Loccumer Stiftsgemeinde ausnahmsweise die Ordination eines ihrer Kandidaten mit.

Mein Entschluss, in die DDR zu gehen, stand fest, seit ich dort die Frau kennen gelernt hatte, mit der ich mein Leben teilen wollte, und das ging nur in der DDR. Eine „legale Ausreise“ war nicht zu erreichen, und „illegal“ „Republikflucht“ zu begehen, um die Sprache des Machtapparates zu gebrauchen – das hätte hohe Risiken und Folgen, auch für unsere Familien, nach sich gezogen. Die Berliner Mauer stand bereits vier Jahre und sollte noch ein Vierteljahrhundert länger stehen. Doch das wusste damals keiner. Das hätte uns als Aussicht auch nicht viel genützt. Und so hatte ich mich in kühner Glaubenszuversicht entschlossen, den ungewöhnlichen Weg von West nach Ost zu gehen.

Auf diesem Hintergrund war es besonders passend, dass mein Ordinationstermin auf den 9. Mai 1965 fiel. An diesem Wochenende – und das ist die zweite Besonderheit, weshalb mir dieser Tag so wichtig ist – beging man in ganz Deutschland den zwanzigsten Jahrestag des Kriegsendes. Das war damals das letzte gemeinsame Geschichtsereignis für beide Teile Deutschlands. Freilich wurde das ganz unterschiedlich begangen: Im Osten schlug man sich dreist auf die Seite der Sieger und feierte am 8. Mai den „Tag der Befreiung“ durch die Rote Armee, als habe man selbst gesiegt. Im Westen erinnerte man am 9. Mai mit viel innerer Unsicherheit an das Ende des Krieges, also die totale Niederlage. Nach meiner Wahrnehmung begann damit jene Aufarbeitung der Geschichte, die als Voraussetzung für eine Zukunft unseres Volkes unabdingbar war.

Mein Ordinator, der hochverehrte Landessuperintendent Johannes Schulze DD, griff diesen Gedenktag in seiner Ansprache auf und stellte eine Beziehung her zwischen diesem Tag und meiner gleichsam gesamtdeutschen Ordination. Er gestaltete sie zu einer Art Entsendung von Loccum aus in den anderen Teil Deutschlands. Das hat mir damals sehr wohlgetan. Das Kloster war mir in den zwei Loccumer Jahren zu einem Stück Heimat geworden, von dem aus der Schritt in jene andere, mir doch sehr fremde Welt gewagt werden konnte. Dort stammte ich zwar her, aber immerhin hatte ich sechzehn Jahre in der Bundesrepublik gelebt. Es war nicht meine eigentliche Absicht, ihr den Rücken zu kehren. Vielmehr wollte ich „drüben“ (wie wir zu sagen pflegten) künftig das tun, worauf wir im Kloster zwei Jahre lang vorbereitet worden waren: Gemeinde bauen.

Für mich war die Klosterzeit mehr und mehr zu einer inneren Vorbereitung auf ein Pfarrerdasein in der DDR geworden, und ich glaube, das hat den gesamten Kandidatenkurs ein wenig mitbewegt. Unsere Überlegungen zum künftigen Beruf standen zumindest für mich unter der Frage: Wird sich das auch in den kirchenfeindlichen Verhältnissen der SED-Diktatur bewähren können? Zum Beispiel kamen mir diesbezüglich Fragen, als 1963 die 800-Jahrfeier des Klosters mit hohem gesellschaftlichen Aufwand und Anspruch begangen wurde. Wir haben gern mitgemacht, als es darum ging, Loccum als Ort einer besonderen evangelischen Tradition darzustellen, die sich der Gegenwart geöffnet hatte. Aber mir war doch klar, dass vieles davon in absehbarer Zeit nicht mehr zu meiner Welt gehören würde. Jede meiner kurzen Fahrten nach Berlin, wo ich mich im Ostsektor mit meiner Braut traf, machte mir das krass bewusst.

Eine besondere Bedeutung kam unter diesen Umständen drei Fahrten zu, die ich von Loccum aus miterlebte, um noch möglichst viel von der Welt zu sehen, bevor sich hinter mir der Stacheldraht schloss. Die eine Fahrt unternahm unser Semester, zu dem Gottfried Kawalla, Udo Titgemeyer, Udo Schlaudraff und ich gehörten, nach Burgund. Dort suchten wir die Quellen jenes monastischen Lebens, von dem unser Kloster ein durchaus lebendiger, wenn auch etwas skurriler Ausläufer war. Citeaux gehörte selbstverständlich zu unseren Zielen und Cluny, aber auch Taizé, das damals noch nicht in aller Munde war. Natürlich erfreuten wir uns auch an den Höhepunkten abendländischer Kultur wie Autun und Vezelay.

Noch bedeutsamer wurde für mich die Reise des Predigerseminars 1964 in den Staat Israel, der damals gerade erst 15 Jahre alt war und wo die Erinnerung an das, was man später Holocaust und Schoa nannte, noch sehr authentisch war. Unsere Jahrgänge waren mit die ersten, die nach Israel reisten. Beide Seiten, wir, die Gäste zumal, aber in gewisser Weise auch unsere Gastgeber, gingen mit einer gewissen Beklommenheit damit um. Die Israelis, die wir erlebten, waren jedenfalls viel lieber bereit, uns von den mutigen Taten und schlauen Tricks zu erzählen, mit denen sie den Befreiungskrieg, wie sie die Kämpfe 1948 nannten, gewonnen hatten. In der DDR war ich später viele Jahre wohl der einzige, der aus eigenem Erleben und mit eigenen Dias über diesen jungen Staat erzählen konnte, wohlgemerkt über Israel vor dem Sechs-Tage-Krieg.

Nicht weniger eindrücklich war die Reise des Hospizes im Jahr zuvor nach Prag. Sie führte mich schon ziemlich dicht an mein künftiges Umfeld. Auch das war damals ein etwas ausgefallenes Ziel, wohin zu gelangen es vieler diplomatischer Bemühungen bedurfte. Wir begegneten dem reformierten Theologen und Gründer der kommunismus-freundlichen Christlichen Friedenskonferenz Josef Hromádka. Er behauptete, er stehe in Kontakt mit sehr klugen reformfreudigen Parteimitgliedern. Wir blieben skeptisch und trauten eher dem Alttestamentler Milos Bič, der sich aus einer Festsitzung der theologischen Fakultät zum Jahrestag der Oktober-Revolution herausgeschlichen hatte, um uns in einer vertraulichen Runde reinen Wein über das Novotny-Regime einzuschenken. Beide Theologen behielten vier Jahre später durch den Prager Frühling und sein Ende eigentümlich Recht und Unrecht zugleich. Ich sah Prag im Novembergrau mit den vielen roten Fahnen und dachte: Auf der anderen Seite des Erzgebirges liegt deine künftige Landeskirche, und ich tröstete mich mit dem Gedanken: Dort gibt es nicht nur dieses Grau und Rot sondern etwas mehr Farbe denn doch, und vor allen Dingen: Dort wartet auf dich dein Glück.

Meine Übersiedlung war nicht ganz einfach. Bischof Lilje hatte veranlasst, dass mir die hannoversche Landeskirche zum Abschied einen roten VW-Käfer schenkte. Dem Landeskirchenamt in Dresden war das gar nicht so recht. Überhaupt war man dort voller Bedenken, mein Wechsel von West nach Ost könnte nur Unruhe in die eigenen Reihen bringen oder gar misslingen. Aber unser Abt ließ sich nicht beirren. Und so fuhr ich (noch fast ohne jede Fahrpraxis) mit meinem Käfer, vollbepackt vor allem mit Büchern, gen Helmstedt. Dort riet mir der Bundesgrenzschutzbeamte, meinen Reisepass zu hinterlegen, denn ich käme sicher bald wieder. Der Volkspolizist in Marienborn war sprachlos, als ich ihm mein Ansinnen eröffnete, und verschwand erst einmal für längere Zeit in seiner Baracke. Dann wies er mich an, umgehend in das Aufnahmeheim Eisenach zu fahren, wo alles weitere geklärt werde. Auf welchem Weg ich dorthin fahren müsse, hatte er mir nicht vorgeschrieben, und so steuerte ich erst einmal meine Eltern in Rochlitz an, lud dort mein Auto aus und begab mich mit ein paar Harmlosigkeiten nach Eisenach. Das „Aufnahmeheim" entpuppte sich als ehemaliges Kriegsgefangenenlager mit Stacheldraht ge-

sichert, ergänzt um einen nüchternen Neubau für die Stasi und das Rote Kreuz. Die Wartburg konnte ich von dort leider nicht sehen, aber ihre Nähe war mir tröstlich. Die Menschen in diesem Lager bildeten eine sonderbare Gruppe von Einzelexistenzen: Straftäter, junge Bräute, ein Franziskanermönch. Man glaubte mir meine Liebesgeschichte und entließ mich nach zwei Wochen in den DDR-Alltag. Als ich dann nach einigen Wochen in einer etwas verklemmten Feierlichkeit beim Rat des Kreises Rochlitz meinen normalen DDR-Personalausweis überreicht bekam, da rutschte dem Volkspolizisten beim Gratulieren die als Auflockerung gedachte, politisch gänzlich unkorrekte Bemerkung in breitestem Sächsisch heraus: „Da sieht man mal wieder, wozu einen die Frauen bringen können."

Er hatte Recht, auch wenn er meine Frau gar nicht kannte. Wir hatten inzwischen Hochzeit gefeiert und freuten uns auf unseren Einzug in das zweihundert Jahre alte Dorfpfarrhaus im sächsischen Marbach, das freilich gegenüber dem Wohnkomfort des mittelalterlichen Klosters Loccum ein krasser Abstieg war. Uns kümmerte das nicht. Meine Frau kannte als „gelernte DDR-Bürgerin" sowieso nichts Besseres und kümmerte sich in ihrer fröhlichen, lebensbejahenden Art nicht nur um Haus und Garten sondern auch um die Gemeinde, und bald auch um unsere vier Kinder. Die alten Loccumer Freundschaften hielten die Jahrzehnte hindurch und werden von uns bis heute durch regelmäßige Treffen gepflegt.

Über den Fortgang der Dinge kann und muss ich mich jetzt kürzer fassen. Neun Jahre blieben wir in Marbach. Dann schloss sich ein fünfjähriger Dienst im Predigerseminar St. Pauli zu Leipzig an, bevor wir 1979 nach Plauen zogen, wohin ich zum Superintendenten berufen wurde. Die DDR-Zeit war eine eigentümlich erfüllte Zeit. Uns fehlte vieles, vor allem die Meinungs- und die Reisefreiheit. Unsere Verwandten und Freunde im Westen unterstützten uns treu. Die Auseinandersetzung mit der SED-Diktatur war zwar ärgerlich und aufreibend, aber andererseits war unsere Existenz als Pfarrersleute irgendwie stimmig. Ich ließ mich in manche kirchlichen Gremien wählen. Viele Jahre gehörte ich der Landessynode und Kirchenleitung an und dann auch der Bundessynode und zuletzt der (schon recht freimütigen) Ökumenischen Versammlung und habe dort mit um den Weg unserer Kirche gerungen. Ich tat das als Lutheraner, dem an der Unterscheidung zwischen politischem und geistlichen Auftrag der Kirche lag. Dass ich nicht zuletzt aufgrund meines gesamtdeutschen Lebensweges immer wieder die Frage nach der Fortexistenz und Zukunft unseres Volkes stellte, hat mir nicht nur Freunde in meiner Kirche eingebracht. Auch ich habe nicht von der staatlichen Einheit gesprochen, da war ich mir nicht so sicher, aber dass wir, gerade wenn wir in zwei Staaten leben mussten, unsere nationale Identität zu wahren hatten, das schien mir auch geistlich geboten.

Mit umso größerer Freude erlebte ich, was im Herbst 1989 zu unser aller Überraschung geschah. Wie wir erst die Freiheit durch das Ablegen der Angst vor der Lügenherrschaft errangen und daraus ein Prozess entstand, aus dem sich auch die staatliche Einheit ergab – ohne Blutvergießen – das ist ein solches Wunder, dass wir wohl zugeben müssen, es gar nicht recht ausgeschöpft zu haben. Ich bin dankbar, dass ich diesen Umbruch an einem der Brennpunkte des Geschehens, in der mutigen Stadt Plauen, miterleben und mitgestalten durfte.

Für mich hat sich ein Kreis geschlossen. Was mir am 9. Mai 1965 in Loccum mit auf den Weg gegeben wurde, das hat sich erfüllt. Mein Lebensweg, der mich 1949 als Kind in den Westen geführt hatte und 1965 in den Osten gehen ließ, war kein Zick-Zack-Weg. Er mündete für mich nach fünfundzwanzig Jahren in das vereinte Deutschland. Im Sommer 1990 feierten wir unsere Silberhochzeit und bald darauf, am 3. Oktober, die Wiedervereinigung.

Horst Hirschler

Unser Partnerseminar in Leipzig-Gohlis

Ein regentrüber Tag. Ich stehe an der Haltestelle der Straßenbahn vor dem Hauptbahnhof Leipzig an einem Telefon und wähle die Nummer des Prediger-Collegs in Gohlis, eine Stimme meldet sich. Ich sage: „Hirschler, aus Hildesheim". Er unterbricht mich: „Wo stehen Sie?" Ich sage: „Vor dem Hauptbahnhof, wo die Straßenbahnen halten". Er sagt: „Bin gleich da!" und legt abrupt auf. Bald erscheint ein untersetzter, leicht korpulenter junger Mann. Ein Vikar. Er begrüßt mich sehr freundlich, entschuldigt sich für die Kürze am Telefon: „Es wird alles abgehört. Wir benutzen das Telefon kaum. Sind Sie an der Grenze sehr belästigt worden? Wir müssen zuerst ein Privatquartier für Sie besorgen. Die Behörden müssen nicht merken, dass Sie statt der Buchmesse in Wirklichkeit das Prediger-Colleg besuchen."

Drei Wochen nach dem Bau der Berliner Mauer am 13. August 1961 und der Abdichtung der Grenze zwischen Ost und West war das. Willy Brandt, der Berliner Regierende Bürgermeister, hatte in ohnmächtiger Wut bei einer Großkundgebung gerufen: „Ich sage nur, wer jetzt noch zur Leipziger Messe geht, der soll doch gleich dableiben!"

Von unserem Partnerseminar in Leipzig-Gohlis hatte ich nichts gewusst. Am Vorabend hatten wir Vikare im Predigerseminar in Hildesheim für vier Kandidaten, die ihr Examen bestanden hatten, ein lustiges Abschiedsfest gefeiert. Gegen 22.30 Uhr stößt der Gemeindepfarrer an St. Michael, Pastor Marzahn, zu uns. Durch den dichten Zigarettenqualm begrüßt er mich als Senior.

„Die warten auf Sie in Leipzig. Ich komme direkt von dort", sagt er. „Wer wartet auf mich in Leipzig?" frage ich erstaunt. „Ihr Partnerseminar in Leipzig-Gohlis, Blumenstraße 76." – „Partnerseminar? Darf man denn da rüber? Ist doch alles dicht!" – „Kein Problem. Sie besuchen die Buchmesse. Im Reisebüro Fröhlich in Hannover, gegenüber vom Bahnhof, holen Sie sich einen Messeausweis. Mehr ist nicht nötig." Am nächsten Morgen stand ich im Reisebüro Fröhlich. Mein Reisepass wurde ins Obergeschoss gebracht. Ich dachte mir nichts dabei, Messeausweis 10,- DM. Interzonenzug. Nachmittags in Leipzig.

Von Loccum war niemand da. Aber im März, während der Leipziger Frühjahrsmesse, als ich wiederum dort war, heißt es in dem Bericht, den der Loccumer Vikar Hans-Joachim Quantz bald danach verfasste: „Mit Hilfe des Stadtplans finde ich meinen Weg zum Predigerseminar St. Pauli, Blumenstraße 76, in einer ehemaligen (Jugendstil-) Villa eines Briefmarkenhändlers. Ich werde freundlich in die Abendbrotrunde aufgenommen. Überraschend für mich hat sich auch ein Hildesheimer hier eingefunden. Herr Hirschler."

Zwischen den Landeskirchen Ost und West war ein sehr wirksames Besuchssystem aufgebaut worden. Es konnte nur in einer Richtung wahrgenommen werden. Hannover und Braunschweig waren mit Sachsen partnerschaftlich verbunden. Jede Gemeinde hatte ihre Partnergemeinde. Die Predigerseminare Loccum und Hildesheim hatten Leipzig-Gohlis, Rotenburg/ Wümme hatte Lückendorf in der Oberlausitz. So etwas wird ja heute schnell vergessen. Es war jedoch eine fabelhafte, über die Jahrzehnte bis zum Fall der Mauer mit unglaublichem ehrenamtlichen Engagement und oft beachtlicher Kühnheit durchgeführte, systematische „Durchlöcherung" der Mauer. Was in den Jahren an praktischer Hilfe geschehen ist und an persönlichen Beziehungen zwischen Ost und West wuchs und welche Bedeutung das als Gegenmittel gegen die ideologisierte Feindpropaganda hatte, ist kaum zu überschätzen. Heute, wo wir uns gegenseitig mühelos besuchen können, wird nur noch ein Teil solcher Partnerschaften weitergeführt. Wo sie aber weiter bestehen, oft sogar erfolgreich in die nächste Generation überführt worden sind, werden die daraus erwachsenen gemeindlichen und persönlichen Beziehungen hoch gerühmt.

In jenem September 1961 und März 1962 – es kam noch der Vikar Klaus Buchholz aus Loccum mit Verspätung dazu, weil man ihn, der in der Ostzone aufgewachsen war und keine Ausreisegenehmigung vorweisen konnte, aus dem Interzonenzug geholt hatte und nach Verhör nur mit dem Bummelzug weiterfahren ließ – begrüßte uns der Leiter des Prediger-Collegs, Prof. Dr. Voigt, mit Herzlichkeit und Neugier. Im Seminar wohnte der Studieninspektor Dr. Johannes Hempel, mit dem und mit dessen Frau wir schnell zu sehr substantiellen Gesprächen über den Glauben in solch einem ideologischen Staatswesen kamen. Er ist bald danach Patenonkel unseres Jüngsten geworden. Dass wir uns später im bischöflichen Amt wieder trafen und die Freundschaft bis heute hält, gehört zu den schönen Kuriositäten unsres Lebens. Mit einem der sächsischen Vikarsehepaare, Wilhelm und Annette Schlemmer, auch durch Patenschaft verbunden, sind wir bis heute eng befreundet.

Hans-Joachim Quantz hat einen ausführlichen Bericht über seine Erlebnisse in Leipzig im März 1962 verfasst.

Spannend waren die Gespräche im Seminar. Schnell waren wir bei den theologischen Streitfragen Jungfrauengeburt, Auferstehung und leeres Grab. Es zeigte sich, dass – von Ausnahmen abgesehen – die Leipziger eher konservativ und wir viel kritischer an solche Themen herangingen. Wir meinten, man müsse doch in solch einer vom Staat her atheistisch aufgeladenen Situation die Themen des primitiven atheistischen Denkens, das Verhältnis von Naturwissenschaft und Glaube, die berechtigten atheistischen Anfragen an den Umgang mit der mythischen Bilderwelt der Bibel entschlossen anpacken und in die Öffentlichkeit bringen. Das wurde von den Leipziger Vikaren gehört, aber als realitätsfern beurteilt. Der Staat ließe keine Foren zu, auf denen das hätte diskutiert werden können. Die recht schlichten, ideologisch festgelegten antichristlichen Argumentationen ließen kaum Raum für ernsthafte Gespräche.

Das Verhältnis von Naturwissenschaft und Glaube aber war auch für die Vikare selbst wichtig. Es gab allerdings viele, die sich lieber in den Bereich der glaubenden Gemeinde zurückzogen, zumal der atheistische Staat sowieso das letzte Wort behielt.

Verblüffend war für uns der Umgang mit den offiziellen Medien. Das „Neue Deutschland", das wir bis dahin wegen seiner ideologischen Weltsicht nur verachtet hatten, wurde von einem der Leipziger Vikare aufs sorgfältigste analysiert und jede noch so kleine Veränderung in den offiziellen Texten der letzten Wochen genau herausgearbeitet und nach versteckten Hinweisen auf neue hoffnungsvollere Entwicklungen untersucht.

Natürlich war der Zorn über die Mauer allgemein. Als jemand erzählte, dass er in Hannover gewesen sei, und mit dem Wagen eines westdeutschen Freundes aus dem Königsworther Kreisel nicht mehr herausfand, sondern mehrere Runden drehen musste, bekam er zugerufen: „Da hätt'ste doch weiter im Kreisel fahr'n soll'n, dann wärste jetzt drieben!" und gab es großes, trübes Gelächter.

Mir fiel besonders auf, wie sorgfältig bei den Gesprächen im großen Kreis jeder auf seine Formulierungen achtete, als wenn ihm dauernd jemand über die Schulter schaute. Das war im kleineren Kreis anders, da wurde offen über die kleinen Alltagssiege und die großen Alltagsschwierigkeiten gesprochen, aber auch über die große Linie des Staates, die Kirche auf Dauer überflüssig zu machen. Die Fröhlichkeit und die Nachdenklichkeit dieser den staatlichen Repressionen ausgesetzten Brüder beeindruckte uns außerordentlich.

Wir sprachen mit den Vikaren natürlich über unsere und ihre kirchliche Situation. Man versuchte, sich mit dem atheistischen Staat und den Resten der Volkskirche zugleich zu arrangieren. Möglichst Jugendweihe und Konfirmation nacheinander, wobei die kirchlich

Prediger-Colleg St. Pauli in Leipzig-Gohlis

Verantwortlichen die nach der Jugendweihe geschehene Konfirmation als Absage an die Jugendweihe verstehen wollten.

Im Privatquartier wurde man schon am dritten Tag beim Frühstück von zwei Herren besucht, die sich als Abgesandte der Messe ausgaben und nach unseren Messeeindrücken fragten. Es war unschwer zu merken, dass sie in irgendeiner Weise mit der Staatssicherheit zusammen hingen. Auf diese Gespräche bereitete ich mich durch einen möglichst frühen Besuch bei der Buchmesse vor. Ich konzentrierte mich auf die Prager Kunstbücher und die Kinderbücher. Damit ließ sich die halbe Stunde, die sie uns stahlen, gut mit Gepräch füllen.

In späteren Jahren tauchte ich nur noch mit einer Bescheinigung der Heliand-Buchhandlung in Lüneburg und der Lutherhaus-Buchhandlung in Hannover auf und konnte mich so als Fachmann für Literaturfragen ausweisen.

Meistens gelang es, für das Prediger-Colleg unbemerkt Bücher durch die Grenzkontrollen zu bringen, die sie sonst nicht bekommen konnten. Natürlich wurde es aufregend, wenn man dabei erwischt wurde.

Auf Schritt und Tritt fielen einem die mit großsprecherischen Parolen versehenen Spruchbänder auf. In lächerlichem Gegensatz dazu stand die vielfach dem Verfall preisgegebene alte Bausubstanz. Die Schwächen des Systems waren nicht zu kaschieren. Die beiden Loccumer Vikare haben an Bibelarbeiten, der Wochenschlussandacht und anderen Veranstaltungen der Studentengemeinde teilgenommen und in den Gesprächen dort viel über die Abständigkeit der jungen Menschen gegenüber dem Regime erfahren.

Als der Westbesuch am Bahnhof in Leipzig fast vom ganzen Seminar abgewunken wurde, war klar, in einem halben Jahr treffen wir uns wieder. Während der Heimfahrt sicherten erstaunlich viele Bahnpolizisten mit Gewehren die Strecke. Wozu?

Als die Loccumer wieder im Kloster ankamen, berichtet Hans-Jürgen Quantz, brannten im Kapitelsaal Kerzen um einen Sarg. Der berühmte Prior Paul Fleisch war gestorben und jeweils zwei der Vikare hielten die Totenwache die Nacht hindurch.

Längere Zeit später rief der Mitvikar Quantz bei mir in Hildesheim an und berichtete, dass die Polizei bei ihnen gewesen sei und sie wegen Leipzig ausgefragt habe. Die kämen demnächst auch nach Hildesheim. Ich konnte nur sagen, dass sie schon da waren.

In der Tat – im Spätsommer 1962, ich bereitete mich in unserer gemeinsamen Kellerwohnung in der Heidesiedlung in Hannover-Kleefeld auf mein Zweites Theologisches Examen vor, hält eines Tages ein grauer VW-Käfer vor der Tür, dem ein ebenso grau gekleideter Herr mittleren Alters entsteigt. Er stellte sich als Angehöriger der politischen Kriminalpolizei vor und eröffnete mir, ich stünde im Verdacht, konspirative Gespräche in der sowjetisch besetzten Zone (SBZ) geführt zu haben. Ich war ganz verdutzt, dass es dergleichen auch bei uns gab.

Das hatte natürlich ein langes politisches Nachspiel bei uns. Wir beschwerten uns über den Landessuperintendenten Dr. Heintze beim Hildesheimer Regierungspräsidenten über diesen Besuch.

Natürlich wäre unser Verhalten in der DDR undenkbar gewesen. So gerne ich allein, oder meine Frau und ich gemeinsam in den über 25 Jahren in Leipzig und Dresden waren – es wurde uns in den Jahren zu einer Art zweiter Heimat –, so sehr atmeten wir jedes Mal auf, wenn wir wieder in der Bundesrepublik waren. Klare Rechtsverhältnisse sind ein hohes Gut.

Die Besuche im Prediger-Colleg in Leipzig waren jedenfalls für die Loccumer und die Hildesheimer Vikare die nachhaltige Wahrnehmung einer bedrückenden Welt. Die Christenmenschen, die allen Widrigkeiten zum Trotz, dort ihren Glauben lebten, Nachteile in Kauf nahmen, hatten es ungleich schwerer als wir. Wir bewunderten sie, durchlöcherten die Mauer gern und schlossen sie in unsere Fürbitte ein.

Heinrich Holze

Vom Hospiz zum Predigerseminar – Ein Streifzug durch die Geschichte des Klosters

Wer heute in der evangelischen Kirche Pfarrerin oder Pfarrer werden möchte, durchläuft einen Ausbildungsweg, der zwei Abschnitte umfasst: Den Auftakt bildet das wissenschaftliche Studium der Theologie an einer Universität; eine praktisch-theologisch orientierte Ausbildung in einem Seminar in kirchlicher Trägerschaft bildet den Abschluss. Diese Zweiteilung gab es jedoch nicht immer. Von der Reformation bis in die Zeit der Aufklärung reichte das Universitätsstudium aus, um als Pfarrer arbeiten zu können. Dass sich das änderte, hat mit dem Loccumer Predigerseminar zu tun. Warum wurde es gerade hier, abseits der Städte und in der Abgeschiedenheit des Landes, eingerichtet?

Zu Gast im Kloster – Das Hospiz

Die Geschichte des Loccumer Predigerseminars ist eng mit dem Kloster Loccum verbunden. Gegründet 1163 als Tochter des Klosters Volkenroda in Thüringen hatte das Kloster Loccum von früh an eine besondere Stellung im hannoverschen Land. Es gehörte zu den Zisterziensern, dem bedeutendsten Reformorden des Mittelalters. Die Mönche und ihre Laien-Mitarbeiter (die Konversen) bauten in der Einsamkeit ein stattliches Kloster auf, machten große Ländereien urbar, legten Fischteiche an und betrieben eine erfolgreiche ländliche Wirtschaft. Die Wittenberger Reformation wirkte sich auf das Klosterleben zunächst kaum aus. Das war erstaunlich, denn die evangelischen Kirchen wurden jetzt nicht mehr vom Papst und seinen Bischöfen, sondern von den in Hannover regierenden Fürsten geleitet. Mit dem Erlass einer Kirchenordnung 1542 wurde die Reformation im Fürstentum Calenberg eingeführt. Das Kloster war davon zunächst nicht betroffen. Die Reichsunmittelbarkeit sowie die Rechte des Klosters wurden auch von den evangelischen Landesherren anerkannt. Erst im Ausgang des 16. Jahrhunderts wurde der Wandel greifbar. Unter Abt Johannes Fenger (1591-1596) übernahm der Konvent das Augsburgische Bekenntnis. Als Zeichen des Neuanfangs beschloss er einen Dorflehrer anzustellen, der die Schüler des Stiftsbezirks im evangelischen Glauben unterweisen sollte. Im Kloster blieb jedoch vieles beim Alten. Auch wenn man in Lehre und Predigt evangelisch geworden war, gab man die katholischen Traditionen nicht auf und hielt daran fest, dem Zisterzienserorden anzugehören.

Gerhard Wolter Molanus (1633-1722) ist ein Zeuge dieser Übergangszeit. Molan war im ausgehenden 17. Jahrhundert der leitende Geistliche des hannoverschen Konsistoriums. Bevor er in der Landeshauptstadt Konsistorialrat wurde, hatte er an der Academia Ernestina, der von 1619 bis 1810 bestehenden Universität Rinteln, Theologie gelehrt. In der wissenschaftlichen Welt wurde er bekannt durch seine Gespräche mit dem berühmten Philosophen Gottfried Wilhelm Leibniz über die Wiedervereinigung der christlichen Konfessionen. Als er 1677 Abt des Klosters Loccum wurde, begründete das eine bis heute bestehende enge Verbindung zwischen der hannoverschen Kirchenleitung und dem Loccumer Konvent. Molan ergriff zielstrebig die mit dem neuen Amt sich bietende Gelegenheit und war darum bemüht, das Kloster im Sinne eines evangelischen Mönchtums umzugestalten. Der Konvent sollte aus Geistlichen bestehen, die regelmäßig zu den täglichen Stundengebeten und den sonntäglichen Gottesdiensten zusammenkommen und eine geistliche Gemeinschaft bilden sollten. Die Ehelosigkeit war dafür Voraussetzung, auch wenn nicht mehr ein lebenslanges Gelübde, sondern ein eidliches Versprechen abgegeben wurde. Einen weiteren Anstoß erhielt Molan durch eine Einrichtung, von der wir

Gerhard Wolter Molanus,
Abt 1677-1722

freilich nicht wissen, ob sie zu seiner Zeit bereits bestand oder von ihm erst geschaffen wurde: das als „Hospitium" oder „Hospiz" bezeichnete Gästehaus des Klosters. In vielen mittelalterlichen Klöstern gab es ein solches Gästehaus. In der Benedikts-Regel Kap. 53 heißt es, dass im Kloster Räume bereitzuhalten seien, in denen sich Gäste – sie werden als „Hospites" bezeichnet – vorübergehend aufhalten dürfen. Vermutlich hatte auch das Kloster Loccum ein solches Gästehaus. Vielleicht war das Hospiz aber auch erst in reformatorischer Zeit errichtet worden, um den kleiner gewordenen Konvent in seinen gottesdienstlichen Aufgaben zu unterstützen. Auf jeden Fall wurde es unter Abt Molan zur Keimzelle einer neuen Einrichtung: Der Konvent konnte junge Theologen in das Kloster aufnehmen, ohne sie zu Vollmitgliedern desselben machen zu müssen. Nur wenige Monate, nachdem er zum Abt berufen worden war, erließ Molan für das Hospiz eine Lebens- und Arbeitsordnung, die er *„Leges Hospitii"*, *„Gesetze des Hospizes"*, nannte.

Mit ihnen gab er dem Hospiz eine neue Aufgabe: Es sollte nicht mehr der Unterbringung von Gästen dienen, sondern der Aufnahme junger Theologen, um diese in das Leben des Klosters einzuführen. Es waren nicht viele, nur zwei bis vier, die in das Hospiz für etwa ein Jahr aufgenommen wurden. Sie sollten, wie es in den *„Leges"* heißt, an den Gottesdiensten und Stundengebeten teilnehmen, gegebenenfalls auch predigen, daneben aber auch lernen, wie die Zeit im Kloster zu gebrauchen sei (§ 2). Molan vermerkte dazu, der *„Hospes"* solle *„in aller Stille seines Studirens abwarten"* (§ 3) und von Zeit zu Zeit mit dem Konvent über theologische Fragen sprechen, *„damit man sein gemüthe ergründen, undt was noch etwa für passiones (Leidenschaften, Gedanken) in seinem Hertzen stecken, auß sehen könne"*. (§ 22) Was er mit diesen Worten andeutete, hatte mit dem, was das Hospiz in späteren Zeiten werden sollte, noch nicht viel zu tun. Aber es deutete sich doch an, dass es künftig eine neue Aufgabe bekommen sollte: die Ausbildung angehender Pfarrer.

Bildung als Aufgabe – Luthers Impulse

Dass Molan bei seinen Planungen den Gedanken der Bildung aufgriff, war nicht zufällig. Indem er es tat, erwies er sich als ein Schüler Martin Luthers. Der Wittenberger Reformator war davon überzeugt, dass jeder Christ zu einem verstehenden Glauben aufgerufen sei. Luther wusste, wovon er sprach, hatte er selbst doch erst mit dem Studium der Theologie begonnen, als er schon zum Priester geweiht worden war. Viele Priester seiner Zeit hatten überhaupt kein Theologiestudium absolviert oder nur wenige Semester an der Universität verbracht. Manche verstanden nicht einmal die lateinische Sprache, die doch in der Messe gelesen wurde. In der mittelalterlichen Kirche war das Studium der Theologie noch keine Voraussetzung für die Priesterweihe. Noch weniger gab es eine Ausbildung für den praktischen Dienst in der Gemeinde. In seiner Schrift *„An die Ratsherren aller Städte deutschen Landes, dass sie christliche Schulen einrichten sollen"* (1524) rief Luther deswegen die weltlichen Obrigkeiten in Stadt und Land auf, die religiöse Bildung der Menschen zu verbessern. Reformation bedeutete für Luther einen Bildungsauftrag. Deswegen übersetzte er die Bibel und schrieb die Katechismen. Für die evangelischen Prediger setzte er sich ebenfalls ein. Für sie stellte er eine wichtige Forderung auf: Die Prediger sollten in der Lage sein, die humanistischen Sprachen zu verstehen. Kam es bis ins späte Mittelalter hinein nicht selten vor, dass selbst die lateinische Übersetzung der Bibel nicht von allen Geistlichen verstanden wurde, so sollte nun die Bibel sogar in ihren Grundsprachen gelesen werden können. Luther war davon überzeugt, dass das notwendig sei. Weil Gott das Evangelium in Hebräisch und Griechisch offenbart habe, müsse man diese Sprachen verstehen können, um Christus in seiner ursprünglichen Klarheit zu hören.

Der Weg zur Verwirklichung des evangelischen Bildungsideals war jedoch mühsam. Die meisten Universitäten stellten ihren Unterricht nur langsam von scholastischer Dogmatik auf biblische Exegese um.

Eine Vorreiterrolle nahm die Universität Wittenberg (gegr. 1502) mit humanistischen Reformen ein, denen sich die Universität Marburg (gegr. 1527) wenig später anschloss. Einen Ansatzpunkt zum Neuanfang boten auch die Klöster, die in den Gebieten, die sich der Reformation zugewandt hatten, aufgelöst und oftmals in Schulen umgewandelt wurden. In ihnen entstanden die ersten Einrichtungen für angehende evangelische Prediger. Ein Beispiel dafür war das in der Nähe von Magdeburg gelegene Benediktinerkloster Berge (gegr. 955), das in den Wirren der Reformation zerstört, in den 1560er Jahren aber wieder aufgebaut wurde. In die Klosterschule wurden zwölf Alumnen aufgenommen. Den Statuten des Klosters können wir entnehmen, dass diese sich in biblischen Studien sowie im Predigtvortrage üben sollten. Ein anderes Beispiel war das im Herzogtum Wolfenbüttel gelegene Kloster Riddagshausen, in dessen Mauern 1690 ein *„Collegium Candidatorum“* eingerichtet wurde. Dieses erwies sich allerdings weniger als ein Institut zur Einübung in die Praxis der Gemeinde, sondern mehr als eine Einrichtung, in der die Kandidaten die bisweilen jahrelange Wartezeit bis zur Übernahme einer Pfarrstelle abwarteten.

Im Geist der Aufklärung – Das „Predigerseminarium im Kleinen“

In Loccum hatte der reformatorische Bildungsgedanke zunächst nur geringen Nachhall. Prägend war vielmehr das Anliegen von Abt Molan, die Hospites in das klösterliche Leben einzubinden. Das änderte sich erst im Zeitalter der Aufklärung. Unter Christoph Chappuzeau (1726-1789) wurden die neuen Tendenzen sichtbar. Als hannoverscher Konsistorialrat und Loccumer Abt (seit 1770) wirkte er darauf hin, das Kloster und sein Hospiz stärker in die gesamtkirchlichen Belange einzubeziehen. So traf er die Regelung, dass das im Kandidatengesetz von 1735 vorgesehene Examen zum Abschluss des universitären Studiums („Tentamen“) auch die Aufnahmevoraussetzung für den Eintritt in das Hospiz sein sollte. Zugleich erweiterte er den Aufgabenbereich der Mitglieder des Hospizes auf die Loccumer Gemeinde, in der die Kandidaten zur Unterstützung des Stiftspredigers Predigten halten und Katechesen durchführen sollten (§ 2). Außerdem betonte er, dass die theologischen Studien und praktischen Übungen *„der eigentliche Zweck“* des Hospizaufenthalts seien (§ 4). Es war darum kein Zufall, dass er sich auch für den Ausbau der Klosterbibliothek einsetzte.

Sein Nachfolger war der Hofprediger und Konsistorialrat Johann Christoph Salfeld (1750-1829). Als Abt des Klosters (seit 1792) nahm Salfeld dieses Anliegen auf und gab ihm weitere Konturen. So beauftragte er Andreas Gottfried Groschupf (1766-1838), der selbst erst kurz zuvor in das Hospiz eingetreten und in den Klosterkonvent aufgenommen worden war, 1795 mit der Aufgabe, die *„Leitung der Studien und practischen Arbeiten der Hospitum“* zu übernehmen. Groschupf war also der erste Studienleiter des Loccumer Hospizes, dem die Aufgabe zufiel, die theologischen Arbeiten und praktischen Übungen der angehenden Prediger kritisch zu begleiten. Zugleich verpflichtete Salfeld die Hospites, die Konzepte der Predigten, Katechisationen und Bibellehren diesem Konventualen *„jedesmal und zwar regulariter gleich am Tage nach deren Haltung“* zur Durchsicht vorzulegen (§ 2). Einschränkend wird man allerdings sagen müssen, dass es zu dieser Zeit im Loccumer Hospiz nur wenige Kandidaten gab – es waren nicht mehr als drei oder vier, die an den Studien des Seminars teilnahmen. Das änderte sich auch in den folgenden Jahren nicht, doch war ein wichtiger Schritt auf dem Weg zum Predigerseminar getan. Salfeld entfaltete das in den *„Leges“* bislang nur angedeutete Programm in der im April 1800 veröffentlichten *„Instruktion für das Hospitium“*. Darin beschrieb er ausführlich die Themen der gemeinsamen theologischen Arbeit sowie die Methoden der praktischen Übungen in Homiletik und Katechetik. Damit machte er deutlich: Die Aufgabe des Hospizes sollte künftig weniger in seiner Ausrichtung auf das Kloster liegen, zumal den Hospites untersagt war, sich in dessen Belange einzumischen (§ 4), sondern in der Ausbildung zum geistlichen Amt. Es sollte – wie Salfeld formulierte – ein „*Predigerseminarium im Kleinen*“ werden.

Johann Christoph Salfeld
Abt 1792-1829

Mit dieser Neuausrichtung des Hospizes entstand im Kloster Loccum eine Einrichtung, die in Deutschland ihresgleichen suchte und doch nicht ganz überraschend ins Leben trat. Im Geiste der Aufklärung waren seit der Mitte des 18. Jahrhunderts an mehreren Universitäten Deutschlands Seminare gegründet worden, die die angehenden Prediger auf die praktischen Aufgaben des Pfarramtes vorbereiteten. Die Überzeugung hatte sich durchgesetzt, dass für den Dienst eines Predigers theologisches Wissen allein nicht mehr ausreiche. Der Blick war dabei vor allem auf die Predigt gerichtet. An der Universität Helmstedt wurde ein „*Seminarium Theologicum*“ eingerichtet, das den Studenten homiletische Fertigkeiten vermitteln sollte. An der Universität Göttingen wurde ebenfalls ein Predigerseminar und darüber hinaus ein Pastoralinstitut eröffnet, das die Studenten in die Praxis der Seelsorge einführte. Auch wenn vieles offen blieb, war doch ein wichtiger Schritt auf dem Weg zu einem praxisbezogenen theologischen Studium getan.

Im Schatten Napoleons – Schwieriger Neuanfang im 19. Jahrhundert

Ein großes Problem wurde durch diese universitären Seminare jedoch nicht gelöst: Weil die Pfarrstellen knapp waren, mussten die Kandidaten der Theologie nach Abschluss ihres Studiums viele Jahre warten, ehe sie den geistlichen Dienst antreten konnten. Deswegen übernahmen sie andere, berufsfremde Aufgaben und wurden etwa Hauslehrer, um jedenfalls das finanzielle Auskommen abzusichern. Das Loccumer Hospiz, in das seit 1792 vier Kandidaten aufgenommen wurden, bot dazu eine willkommene Alternative. Hier konnten sich junge Theologen, versehen mit einem klösterlichen Stipendium, nach Abschluss des Studiums für zwei bis drei Jahre in einem geistlich geprägten Raum auf die Übernahme des Pfarramtes vorbereiten. Sie nahmen dazu nicht nur am liturgischen Leben in der Klosterkirche, den Stundengebeten und Gottesdiensten, teil. Noch wichtiger war, dass sie unter Anleitung eines Konventualen theologische und praktische Studien durchführten. Die Anfänge von Loccums *„Predigerseminarium im Kleinen"* waren jedoch schwierig.

Die ersten Jahrzehnte des 19. Jahrhunderts brachten viel Unruhe mit sich. Zwar blieb das Kloster von den Folgen des Reichsdeputationshauptschlusses (1803), durch den die weltlichen Territorialherrschaften für die durch Napoleon erlittenen Verluste entschädigt werden sollten, verschont. Mehrmals aber waren Abt und Konvent genötigt, im Zuge der Besetzung des Kurfürstentums Hannover durch preußische (1801/1806) und französische Truppen (1803-1805) Soldaten einzuquartieren und für deren Unterhalt aufzukommen. In den Jahren, in denen Hannover unter der Regentschaft von Jérôme, dem jüngsten Bruder von Napoleon Bonaparte, dem Königreich Westfalen eingegliedert war (1807-1813), drohte dem Kloster wiederholt die Auflösung. Das Hospiz war in dieser Zeit von erheblichen Einschränkungen betroffen. Seit 1814 gab es keine Studienleitung mehr und bisweilen auch keine Hospites. Von einem funktionierenden Predigerseminar kann man in dieser Zeit daher kaum sprechen. Erst als sich nach dem Ende der Befreiungskriege die politischen und mit ihnen auch die kirchlichen Verhältnisse in Deutschland konsolidiert hatten, war sicherer Boden erreicht.

Im Mai 1819 wurde mit Friedrich Burchard Köster (1791-1878), der zuvor Repetent an der Theologischen Fakultät in Göttingen gewesen war, ein neuer *„Director studiorum Hospitii"* berufen, der freilich in ein fast leeres Hospiz eintrat, so dass an eine geregelte Studienarbeit noch immer nicht zu denken war. Am 20. November 1820 wurde das Hospiz durch Abt Salfeld offiziell neu eröffnet. In seiner Ansprache unterstrich er die Absicht, *„ein Predigerseminarium im vollsten und edelsten Sinne des Wortes"* aufbauen zu wollen. Entsprechend wurde nicht nur die Zahl der Stipendiaten auf acht erhöht, sondern auch der Ausbildungsplan des Hospizes deutlich ausgeweitet. Die Pastoraltheologie (Seelsorge) wurde in den Studienplan neu aufgenommen, die pädagogische Ausbildung wurde ausgeweitet und besondere homiletische Übungen wurden eingeführt. Außerdem wurde die Liturgie, die schon bisher durch die Stundengebete einen wichtigen Platz einge-

Jahreszahl aus der Zeit des Umbaus für das neue Predigerseminar

nommen hatte, zu einem eigenständigen Unterrichtsthema. Für die gemeindebezogenen Arbeitsbereiche war der Stiftsprediger, also der Loccumer Ortspfarrer, verantwortlich, während alle anderen und insbesondere die theologischen Aufgaben dem Studiendirektor Köster übertragen wurden. Das Ausbildungsprogramm des Hospizes gewann damit deutlich an praktisch-theologischem Profil. Kein Bereich des künftigen Pfarramtes sollte bei der Seminararbeit ausgeklammert werden. Trotzdem blieb noch vieles unklar. Erst durch die Erfahrungen der Praxis sollten die Regeln an Konkretion gewinnen.

Die Gründung des Loccumer Predigerseminars war kein Einzelfall. Überall in Deutschland entstanden am Anfang des 19. Jahrhunderts Einrichtungen zur Ausbildung evangelischer Geistlicher. Offenbar lag der Gedanke des Predigerseminars in der Luft. Er wurde jedoch sehr unterschiedlich umgesetzt. Das neben Loccum bekannteste Seminar entstand in Wittenberg. In einem Gebäude der ehemaligen Universität wurde am Reformationstag 1817 eine Ausbildungsstätte für junge

Gerhard Uhlhorn
Abt 1878-1901

Geistliche eröffnet. 15 Stipendiaten wurden aufgenommen. Das war nicht wenig, doch war die Zahl der Bewerber deutlich höher, weswegen sich das Seminar schon bald den Ruf einer Eliteanstalt erwarb. Im Unterschied dazu nahm das ein Jahr später im Herzogtum Nassau gegründete Predigerseminar Herborn alle Theologen auf, die im Land eine Pfarrstelle anstrebten. Weitere Predigerseminare wurden bis zur Mitte des Jahrhunderts in München, Wolfenbüttel, Friedberg, Heidelberg, Soest und Duisburg gegründet. Einige von ihnen bestehen bis heute. Außerdem bildeten sich an manchen Orten Kandidatenvereine, in denen sich wie in Celle, Merseburg und Gotha junge Theologen sammelten, um unter der Leitung eines erfahrenen Geistlichen praktische und theologische Fragen der Amtsführung zu besprechen.

Zwischen Wissenschaft und Leben – das Predigerseminar humboldtscher Prägung

Das Loccumer Hospiz entwickelte sich im 19. Jahrhundert in den Bahnen, die durch Abt Salfeld gelegt worden waren. Friedrich Rupstein (1794-1876), Oberkonsistorialrat in Hannover und seit 1832 Abt des Klosters, setzte sich dafür ein, das Predigerseminar auf zwölf Kandidaten zu vergrößern. Für die Inhalte und Methoden des Lernens verfasste er ein *„Studien-Regulativ“* (1841) und beschrieb darin die *„kirchlichen Arbeiten“* und die *„gemeinschaftlichen Studien“* der Hospites. Besonderes Gewicht legte Rupstein auf die Kritik der liturgischen, homiletischen und katechetischen Aufgaben. Zu diesem Zweck wurde die Kollegzeit auf zwölf Wochenstunden verdoppelt. Mit einem gewissen Stolz bezeichnete Rupstein in den überarbeiteten *„Leges“* (1853) das Hospiz als *„theologische Bildungsanstalt des Klosters“*, dessen *„Hauptzweck“* es sei, *„seinen Mitgliedern in ruhiger Sammlung des Gemüths die nähere Vorbereitung für das heilige Predigtamt zu gewähren“* (§ 2). Freilich konnten nur wenige der hannoverschen Kandidaten aufgenommen werden. Es blieb ein Privileg, in Loccum leben und lernen zu dürfen. Wer es erlangen wollte, musste den Abt um Aufnahme bitten und dazu, wie es in einer *„Bekanntmachung“* (1852) heißt, neben dem bestandenen Examen auch *„ein tadelloses, insbesondere auch dem gewählten heiligen Berufe entsprechendes Verhalten“* nachweisen.

Im letzten Drittel des Jahrhunderts trat das Loccumer Hospiz erneut in das Blickfeld der Öffentlichkeit. Den Anstoß dazu gab Gerhard Uhlhorn (1826-1901), Oberkonsistorialrat in Hannover und Abt des Klosters Loccum (seit 1878). Uhlhorn war in der theologischen Wissenschaft durch sein großes Werk *„Die christliche Liebesthätigkeit"*, eine Darstellung der Geschichte der Diakonie seit der frühen Christenheit, bekannt geworden. Unter dem Eindruck der Loccumer Erfahrungen entwickelte er in einem 1886 auf der Eisenacher Konferenz der deutschen evangelischen Kirchenregierungen gehaltenen Referat über *„Die practische Vorbereitung der Candidaten der Theologie für das Pfarr- und Schulinspectoratsamt"* Überlegungen zur kirchlichen Kandidatenausbildung, die viel Beachtung fanden. Nach Uhlhorn lag die wichtigste Aufgabe in der Zeit nach Abschluss des akademischen Studiums darin, das wissenschaftlich Erworbene eigenständig zu verarbeiten und mit der kirchlichen Praxis zu verknüpfen. Das Predigerseminar war für ihn dabei der äußere Bezugspunkt. Mit Blick darauf entfaltete er Leitkategorien der nachuniversitären Ausbildung und stellte fest, im Seminar werde *„jener Proceß der Vermittelung zwischen Wissenschaft und Leben"* am besten geleistet. Voraussetzung für *„das Umsetzen des wissenschaftlichen Wissens in practisches Wissen"* war nach seiner Überzeugung die *„freie Entwicklung"* sowie die Möglichkeit zu weitgehender *„Selbstthätigkeit"* der Kandidaten.

Mit seinen Vorschlägen setzte Uhlhorn neue Akzente, die das humboldtsche Bildungsideal eigenständigen Lernens auf die Predigerausbildung bezogen. Praktisch bedeutete dies, dass die Kandidaten zwei Jahre in der Lebens- und Lerngemeinschaft des Hospizes verbringen sollten, wobei durch jährliche Zu- und Abgänge erreicht wurde, dass zwischen älteren und jüngeren Kandidaten ein Austausch der Erfahrungen stattfinden konnte. Georg Hartwig (1840-1927), der wie seine Vorgänger geistlicher Oberkonsistorialrat in Hannover war, gab als Abt des Klosters (seit 1902) dieser Gestalt des Predigerseminars einen verbindlichen Rahmen. 1906 erschien in der Geschichte des Hospizes zum letzten Mal eine überarbeitete Fassung der Leges. Darin hieß es, dass die Hospites *„die ihnen zufallenden wissenschaftlichen, theoretischen und praktischen Arbeiten wie auch die Beurteilungen sorgfältig und pünktlich zu liefern"* sowie *„die Predigten und Katechisationen in Haupt- und Nebengottesdiensten, in Kirche und Schule, so oft sie die Reihe trifft, nach gewissenhafter Vorbereitung zu halten"* haben (§ 2). Die im gleichen Jahr erlassene *„Ordnung für die Arbeiten der Mitglieder des Hospizes"*, die wie die *„Leges"* von den Hospites unterschrieben wurde und bis 1959 in Geltung stand, entfaltete diese Aufgaben und Arbeiten im Detail.

Kontinuität und Wandel – Das Predigerseminar im 20. Jahrhundert

Die Grundlagen für die weitere Entwicklung des Loccumer Hospizes waren damit gelegt. Es hatte endgültig die Gestalt eines Predigerseminars angenommen. Seit 1924 gehörte das Kloster Loccum, das bis dahin seine Selbständigkeit bewahren konnte, zur Evangelisch-lutherischen Landeskirche Hannovers. Sein Hospiz war damit offiziell zur Ausbildungsstätte für angehende Prediger geworden. Unter August Marahrens (1875-1950) konnte die Kandidatenausbildung in den 1930er Jahren zunächst unverändert fortgesetzt werden. Marahrens war nach dem Wegfall des landesherrlichen Kirchenregiments 1925 zum ersten Landesbischof der hannoverschen Kirche gewählt worden. Seit 1928 lenkte er als Abt auch die Geschicke des Klosters. Auf ihn warteten neue Probleme, die durch politische Umstände verursacht waren. Während des Zweiten Weltkrieges kam die Ausbildung völlig zum Erliegen. Die Kandidaten wurden zur Wehrmacht eingezogen, und in den letzten Kriegsjahren wurde das Hospiz sogar in ein Lazarett für heimkehrende Soldaten umgewandelt.

Der Neuanfang nach 1945 war schwierig. Er gelang, indem an die Idee des Predigerseminars, die an der Wende zum 20. Jahrhundert unter den Äbten

Uhlhorn und Hartwig Gestalt gewonnen hatte, angeknüpft wurde. In dieser Hinsicht wurde das Loccumer Seminar zum Vorbild für andere Seminargründungen in der hannoverschen Kirche. In gleicher Weise wie in Loccum wurden auch in den Predigerseminaren auf dem Schloss Erichsburg bei Dassel (gegr. 1891, seit 1953 in Hildesheim) und in Imbshausen bei Northeim (gegr. 1951) junge Theologen auf ihren Dienst im Pfarramt vorbereitet. Nicht zuerst die Ausbildung des Predigerseminars, wohl aber die mit ihr verbundene Lebensform war jedoch zunehmend umstritten, da sie noch immer klösterliche Züge trug. Die Kandidaten – Frauen gehörten nicht dazu – lebten für die Dauer von zwei Jahren in einer festen Gemeinschaft, wohnten im Kloster und hatten in dieser Zeit ehelos zu bleiben. Noch 1968 gehörte es, wie Abt Johannes Lilje (1899-1977) den neu berufenen Hospites schrieb, zu den *„Erwartungen des Abts und des Klosters Loccum"*, dass ein Kandidat sich verpflichte, *„während seiner Zugehörigkeit zum Hospiz nicht zu heiraten"*. Diese Forderung ließ sich jedoch in einer Zeit, in der Umbrüche und Veränderungen überall in der Gesellschaft an der Tagesordnung waren, nicht mehr aufrecht erhalten. So wie mit der Einführung der Frauenordination in den 1960er Jahren das Pfarramt für die Frauen geöffnet worden war, konnten nun auch verheiratete Kandidaten in das Loccumer Predigerseminar aufgenommen werden. Für Ehepaare wurde in Rotenburg a. d. Wümme (später verlegt nach Celle) sogar ein eigenes Predigerseminar errichtet. Nicht nur die äußere Gestalt der Kandidatenausbildung änderte sich, sondern auch deren Inhalte wurden in Frage gestellt. Neben die klassischen theologischen Themen traten jetzt soziologische, psychologische und pädagogische Fragestellungen, in denen sich die gesellschaftlichen Diskurse spiegelten. Wiederholt wurde die Seminarausbildung überarbeitet. Zu den Änderungen gehörte schließlich auch die Einführung einer neuen Ausbildungsstruktur. War das zweijährige Vikariat bislang in ein Jahr in der Gemeinde und ein Studienjahr im Predigerseminar aufgeteilt, so bleiben die Vikarinnen und Vikare jetzt durchgängig in der Gemeinde und kommen im Kloster zu mehrwöchigen Kursen zusammen.

Wenn wir die Geschichte des Hospizes seit der Reformation überblicken, zeigt sich uns ein beeindruckender Prozess von Kontinuität und Wandel. Den Ausgangspunkt bildete das mittelalterliche Hospiz, das in den benediktinischen Klöstern zur Aufnahme von Gästen eingerichtet wurde und vermutlich auch in Loccum bestand. Die Reformation lehnte es zwar ab, das klösterliche Leben dem alltäglichen Leben vorzuziehen, sah in den Klöstern aber durchaus Orte, an denen evangelisch gelebt und gelernt werden könne. Im Kloster Loccum und seinem Hospiz gab es dafür unterschiedliche Ansätze. War anfangs die Idee eines *„evangelischen Mönchtums"* bestimmend, trat später der Gedanke eines *„Predigerseminariums im Kleinen"* in den Vordergrund, der schließlich zu der Überzeugung führte, dass es gerade einem klösterlichen Hospiz gelingen könne, zwischen Wissenschaft und Leben zu vermitteln. Im späten 20. Jahrhundert wurden schließlich nicht nur die Inhalte und Strukturen der Predigerseminarausbildung grundlegend verändert, sondern es wurde auch die über Jahrhunderte festgehaltene klösterlich geprägte Lebensform aufgegeben. Das Predigerseminar blieb aber auch jetzt – wie für die ersten Seminaristen, die unter Abt Salfeld ins Hospiz eingetreten waren – ein wichtiger Ort, um die Erfahrungen in der Gemeinde theologisch zu reflektieren. Nur war es aus der *„Schule des Klosterlebens"* zu einer *„Schule des Predigtamtes"* geworden.

Ein Ort geistlicher Erfahrung

Hein Spreckelsen

Anbetung – Die Hora

Freitag, achtzehn Uhr. Mein Handy gibt ein Klopfzeichen. Ich weiß, in Loccum läutet jetzt die Horaglocke, heute, wie an jedem Werktag um achtzehn Uhr. Und in Gedanken kann ich dabei sein, wenn sie sich versammeln: vielleicht Konventuale des Klosters, vielleicht Vikare, die sich in einem Kurs auf das Examen vorbereiten, Mitarbeiter aus der Akademie, dem Religionspädagogischen Institut, dem Pastoralkolleg, Menschen aus dem Dorf, die dem Kloster zugetan sind, Gäste, die das Kloster besuchen oder in den Forst gewandert sind.

„Hat man Gäste aufgenommen, nehme man sie mit zum Gebet“, hat schon Benedikt von Nursia gesagt (Regula Benedicti 53,8). Manchmal sind viele Gäste da, und es müssen Stuhlreihen aufgestellt werden, manchmal sind es wenige. Die Zeiten sind vorbei, wo jeder im Kloster verpflichtet wurde, an den Stundengebeten teilzunehmen – wenn er nicht durch Essensentzug gemaßregelt werden wollte. Später, im 18. Jahrhundert waren es die Konventsangehörigen, die an den drei Horen pro Tag teilzunehmen hatten, und die dem Kloster verbundene Gemeinde, die zu ihrer „Betstunde“ am Mittag kam.

Jetzt gehe ich mit den Wenigen nach vorn, die sich dort in das Chorgestühl einreihen, jeder oder jede in ein „stallum“. Hohe Seitenlehnen trennen die Plätze voneinander. Auf der Brüstung brennen Kerzen, eine neben jedem Sitz. Die Nachbarn links und rechts sind nicht zu sehen. Nur von der anderen Chorseite grüßt jemand herüber: Ich bin nicht allein hier.

Der Liturg oder die Liturgin – sie sind eingeteilt, die Hora zu leiten – grüßt die Anwesenden mit dem biblischen Wochenspruch. Dann erklingt, gemeinsam gesungen, ein Psalmvers. *„Laudate omnes gentes“*, oder *„Freuet euch im Herrn“*, oder *„Oculi nostri ad Dominum Deum“*. Die einen singen die lateinische Fassung, weil es voller klingt, andere die deutsche. Für einen Augenblick steigt die Erinnerung an Taizé auf oder an die Mönche, die hier einmal lateinisch psalmodierten. Früherer Streit, was besser sei, lateinisch oder deutsch, ist längst vergangen. Der Psalmvers erklingt zweimal oder dreimal, bis Ruhe eingekehrt ist, nicht nur äußerlich, sondern auch in den eigenen Gedanken. Es ist der Moment, wo ich mich zu vergessen beginne, der Augenblick, in dem ich meine unsichtbaren Nachbarn hörend wahrnehme, meine eigene Stimme einordne in die Stimmen der anderen und bereit sein werde, ein uraltes Grußwort anzunehmen, weil es jetzt keine Floskel mehr ist, sondern mich in die Weite von Gottes Welt führt:

„Die Gnade unseres Herrn Jesu Christi und die Liebe Gottes und die Gemeinschaft des Heiligen Geistes sei mit uns allen.“ (2. Kor. 13,13)

Beide Chorseiten sprechen nun im Wechsel den Psalm, der wochenweise der Kirchenjahreszeit zugeordnet ist. Wieder nehme ich meine Nachbarn wahr, mit denen zusammen ich einen Sprechrhythmus finden muss. Die geprägte Sprache Martin Luthers hilft dabei und lässt mich im gemeinsamen Beten ihre Kraft erfahren.

Sorgsam hat, wer die Hora leitet, ein Lied aus dem Evangelischen Gesangbuch ausgewählt, das inhaltlich zur biblischen Lesung hinführt. Die Teilnehmer singen und sind jetzt deutlich mehr beieinander als am Anfang. (Am schwierigsten muss es für Gruppenleiter sein, sich zurückzunehmen.)

Es folgt die biblische Schriftlesung und mit ihr die Mitte der Hora. Sie orientiert sich an der „fortlaufenden ökumenischen Bibellese" und verbindet an diesem Tag Christen in aller Welt. Von Anfang an gehörten Psalmen und biblische Lesungen zum Grundbestand jeder Hora. Zwar hat Martin Luther einmal gefordert, kein Bibeltext solle ohne Auslegung bleiben. Die Loccumer Hora aber setzt sich darüber hinweg und hält damit fest an der strengen Einfachheit, die Bernhard von Clairvaux wichtig war. Umso mehr verlangt die Hora von den Teilnehmern jetzt eine hohe Konzentration, die *„wache Aufmerksamkeit des Herzens"* (Regula Benedicti 52,4) für den puren Bibeltext.

„Herr, dein Wort ist meines Fußes Leuchte und ein Licht auf meinem Wege." (Psalm 119,105)

An die Lektoren stellt das bloße Verlesen einige Anforderungen, muss doch nicht nur die nachhallende Akustik der Kirche bewältigt, sondern auch das verstehende Mithören erleichtert werden. Seminaristen der Aufklärungszeit hatten einstmals die Hora sogar zum Übungsfeld für klare und verständliche Sprechweise degradiert. Genug, die Lesung erklingt und verklingt ohne Vorwort und Nachwort. Der Hörer wird mit ihr nun allein gelassen. Genauer: Er wird mit dem Text im Ohr in eine minutenlange Stille entlassen. Hält der Text für diese Stille vor? Beginnt er nicht manchmal zu zerbröckeln? Was aber geschieht dann?

Der hohe Raum macht den eigenen Atem hörbar. Mehr als das. Dieser Kirchenraum macht die Stille selber hörbar. Er hat sein eigenes Rauschen. Er ist wie ein Gefäß, das hier einmal in eine einsame Landschaft gestellt worden ist. Wenn die Vogelstimmen von draußen in diesen Raum eindringen, verschmelzen Jahrhunderte. Und ich weiß dann, dass hier schon vor 850 Jahren die Priestermönche der Zisterzienser ihre Tageszeitengebete gehalten haben, nicht einmal am Tag, sondern siebenmal.

„Ich lobe dich des Tages siebenmal, Gott, um deiner gerechten Ordnungen willen." (Psalm 119,164)

Sie begannen „morgens", das heißt kurz nach Mitternacht, mit der Vigil.

„Um Mitternacht stehe ich auf, dir zu danken für die Ordnungen deiner Gerechtigkeit." (Psalm 119,62)

Abends um acht schlossen sie den Tag mit der Komplet. Dazwischen Prim, Terz, Sext, Non und Vesper. Sie beteten nicht einen Psalm, sondern täglich deren siebenunddreißig, in der Woche alle hundertfünfzig Psalmen.

„Mönche, die im Verlauf der Woche weniger singen als den ganzen Psalter mit den übrigen Cantica, sind zu träge im Dienst, den sie gelobt haben." (Regula Benedicti 18,4)

Die Zisterzienser verstanden ihr Tageszeitengebet nicht als musikalisch überbordende Andacht, sondern als puristische Liturgie. Viel Mühe hat Bernhard darauf verwandt, eine einheitliche, im gesamten Orden nachvollziehbare Grundform durchzusetzen. Loccum seinerseits hat darauf geachtet, die Hora auch für die Laienmönche und Klostermitarbeiter nachvollziehbar zu gestalten, damit *„die Diener und das Gesinde nach Gelegenheit könnten mit beiwohnen"*, wie es im 17. Jahrhundert hieß. Und ich weiß, die heutige Form kann von zufällig vorbeikommenden oder bewusst anreisenden Gästen leicht mitvollzogen werden.

Das alte Angelus-Läuten der Glocke fängt mit dreimal drei Schlägen die Gedanken wieder ein und sammelt sie zum gemeinsam gesprochenen Vaterunser. Der Gesang eines meist bekannten Abendliedes leitet über zum Schlussteil. Nein, nicht immer war die Hora, wenn sie denn nur noch einmal am Tage stattfand, ein Abendgottesdienst. Als zur „Welt" geöffnetes Tageszeitengebet fand sie lange Zeit nach beendeter Vormittagsarbeit statt, *„damit das Gesinde mit hineingehen könne"*. Bis heute läutet um elf Uhr die Horaglocke, auch

wenn sich dann niemand mehr versammelt, auch nicht die Gruppe der Vikare, die in jüngerer Zeit um elf Uhr mit ihren Kollegsitzungen begannen. Erst zu Anfang des 19. Jahrhunderts rückte die Hora an die Stelle der Vesper. So wurde sie zum Dankgebet und oft auch zur Zäsur zwischen der Zeit der Arbeit und der Zeit der Entspannung.

Der Abt spricht jetzt den Segen. Er hat seinen Platz in der südlichen Reihe des Chorgestühls, ganz oben, dort, wo einstmals der so genannte Levitenstuhl stand, den die Zeitläufte nun ins südliche Seitenschiff der Kirche verbannt haben. Oft werden Abt oder Altabt vertreten durch den Konventual-Studiendirektor oder einfach durch den Liturgen. Er segnet alle, und er ruft manchmal Pilger zum Segensgebet nach vorn, die sich anderntags auf einen weiten Weg begeben werden oder die – ein wenig erschöpft – gerade hier angekommen sind aus Volkenroda oder aus Bursfelde oder Mariensee. Dann folgt – ohne Ansage, denn es geschieht so seit hunderten von Jahren – das Da pacem:

> *„Verleih uns Frieden gnädiglich,*
> *Herr Gott, zu unsern Zeiten.*
> *Es ist doch ja kein andrer nicht,*
> *der für uns könnte streiten,*
> *denn du, unser Gott, alleine."*

„…alleine". Das Wort bleibt zwischen den Wänden hängen. Und alles hängt darin, was uns die Reformation eingeschärft hat: *„Allein durch Gnade, allein durch Glauben, allein die Schrift, allein Christus."*

Über dem Chorraum aber schwebt der Crucifixus. Stat crux. Das Kreuz bleibt, während sich die Welt bewegt. Wenn von Zeit zu Zeit das Foucault'sche Pendel im westlichen Joch der Kirche angebracht ist, können alle sehen, um wieviel Grad sich die Erde gedreht hat in den zwanzig Minuten, die jetzt vergangen sein mögen. – Noch immer klingt der Schlusston des Da pacem durch den Raum, vier Sekunden lang, fünf, manchmal sechs oder sieben, je nach der akustischen Situation. Eine kurze Zeit, aber manchmal eine kleine Ewigkeit. Der kostbarste Moment an diesem Abend. Ein Nachhall, der im Ohr liegt, auch wenn er nur Erinnerung ist, ausgelöst durch einen Tick im Handy an einem Freitag um achtzehn Uhr, wenn in Loccum die Horaglocke läutet.

Joachim Köhler

Die Kirche im Dorf für das Dorf

Kirche in Loccum ist Kirche im Dorf, wie in anderen Dörfern auch. Kirche in Loccum ist Kirche mit Gaststatus im Kloster. Auch der Friedhof liegt innerhalb der Klostermauern. Das ist anders als in anderen Dörfern. Kirche in Loccum ist Kirche der anderen Art. Gerade weil es Kirche in diesem wunderbaren Kloster ist, ist es von vornherein besonders und wird noch eine Spur mehr besonders, weil die Loccumer eben doch mehr sind, als nur Menschen, die in einem Dorf wohnen. Sie wohnen im Klosterdorf und haben damit ein besonderes Verhältnis zu ihrem Kirchengebäude, zu ihrer (Dorf-) Geschichte und auch zu sich selbst. Löccer sind wer! Sie schonen ihre Kirche häufig und überlasten sie nicht durch zu starken Gottesdienstbesuch – der wird garantiert durch die vielen Besucher von außerhalb. Aber wenn sie gerufen werden, dann sind sie da. Die Löccer und ihre Kirche, das ist schon eine besondere Geschichte. Sie soll hier zu Wort kommen in Geschichten und Bildern, die zum Teil dem „Dachreiter", dem Gemeindebrief der evangelischen Kirchengemeinde, entnommen wurden und dem Ablauf des Kirchenjahres folgt. Das beginnt auch in Loccum, wie in jedem anderen Dorf, mit dem 1. Advent und endet mit dem Totensonntag. Aber es ist in Loccum doch auch immer ein bisschen anders, das Kirchenjahr, als in anderen Dörfern.

Der Samstag vor dem 1. Advent. Alle zwei Jahre das gleiche Bild. Auf den Parkplätzen, in den Straßen von Loccum Autos über Autos. Mit Buchstaben auf den Nummernschildern von weit her: H, HI, HB, MI, LG, VER, OL, BI. Es ist Adventsmarkt. Nicht irgendein Adventsmarkt. Es ist der im Kreuzgang des Klosters. Der, in der so unvergleichlichen Atmosphäre. Nicht das üppige Kaffee- und Kuchenbüffett im Refektorium, nicht die liebevollen Stände, nicht die musikalischen Leckerbissen, die den ganzen Tag durchziehen, bieten die Erklärung für das, was sich da durch das Kloster an Menschenmassen schiebt. Es muss dieses ganz besondere Erleben der Adventszeit an so einem ganz besonderen Ort sein.

Wenn dann die Hora, diese kleine Andachtsform aus zisterziensischer Zeit den Adventsmarkt beschließt, sitzen hunderte beseelter Menschen, die mitgearbeitet, vorbereitet, aufgebaut und verkauft haben zusammen mit den Besuchern und man kann sehr leise das „Danke" von allen für diesen so wundervoll-passenden Eingang in die Adventszeit hören.

Im Gottesdienst am 1. Advent ist sie dann zu sehen, diese Loccumer Besonderheit. Die erste von den vieren, die am 4. Advent und dann bis zum Epiphaniastag die Kirche zieren: Die Adventskrone. Jeweils mittwochs vor den Adventssonntagen wird eine Krone von vier Frauen in einer Tagesarbeit gebunden. Eine mächtige Krone aus Tannenzweigen mit jeweils 24 Kerzen, die am Heiligen Abend alle brennen und die Kirche in einen Lichterzauber der ganz besonderen Art hüllen.

Nach dem Neujahrsempfang der Landeskirche für die Niedersächsische Landesregierung werden die Kronen dann ein letztes Mal in der Hora entzündet. Es ist die vollste Hora, weil die Menschen aus dem Dorf nicht nur den Ministerpräsidenten sehen wollen, sondern Abschied nehmen von ihren Kronen bis zum nächsten Advent.

Heiligabend auf dem Marktplatz

Natürlich sind die Heiligabend-Gottesdienste voller Menschen. Wie überall. Einer war voller, war anders, war „draußen bei den Hürden". Aus der Not heraus, die Kirche ist geschlossen wegen der Restaurierungsarbeiten, entsteht die Idee: Weihnachten auf dem Marktplatz mitten im Dorf. So hatte Pastor Joachim Köhler im Gemeindebrief zu diesem Gottesdienst eingeladen:

„Weihnachten in der Mitte unseres Dorfes. Auf dem zentralen Platz. Mit ‚Leise rieselt der Schnee' und den Glocken von der Kirche herüber. Zugegeben: ein wenig ungewöhnlich und mit viel Vertrauen.

Vertrauen, dass es mit dem Wetter klappt. Vertrauen in die Menschen, die sagen: Ja klar! Da feiern wir mit! Vertrauen in den guten Willen mit anzufassen beim Auf- und Abbau der nötigen Technik, Vertrauen darauf, dass die Loccumer zu Fuß kommen, damit die Auswärtigen an der Schule oder der Akademie einen Parkplatz finden. Vertrauen in die Anwohner des Marktplatzes, dass am Heiligen Abend zum Gottesdienst in ihren Fenstern die Kerzen brennen und eine besondere Stimmung schaffen. Vertrauen in das Mittragen der Idee bei denen, die wir zum Gelingen brauchen.

Und das sind zuallererst Sie und Ihr, die Ihr das jetzt lest.

Ich stelle mir vor, dass wir Weihnachten nicht als Vorführung, als Zuschauer, als Besucher erleben, sondern dabei sind. Mittendrin. Wir werden zu Akteuren der Weihnachtsgeschichte. Manche Tiere haben wir schon: den Esel, Pferde, Hirtenhunde. Was uns noch fehlt sind die Schafe, der oder die Ochsen. Und ein Kamel für die heiligen drei Könige wäre natürlich auch ganz wunderbar. Der Stall wird da sein. Sogar gut beleuchtet und mit allen technischen Finessen ausgestattet.

Und wenn dann alle um die Krippe mit dem Jesuskind stehen, die Hirten, die Könige, das heilige Paar, die vielen Kinder und dazu die Tiere und wir dann aus tausend Mündern ‚Stille Nacht, heilige Nacht' über unser Dorf erklingen lassen, dann … ja dann müsste doch Weihnachten werden. Und dann stellen Sie sich noch den Abendstern und den Vollmond über dem Marktplatz vor und die Posaunen erschallen vom Dachreiter aus, während wir in unsere Weihnachtsstuben gehen. Lassen Sie es uns nicht nur eine schöne Vorstellung sein, sondern Wirklichkeit werden. Mit Vertrauen und davon möglichst viel."

Und so hat er es dann als Nachbetrachtung im Gemeindebrief beschrieben:

„Hier und da liegt noch ein Tannenzweiglein auf den roten Steinen. Zwischen den Sträuchern zur Straße hängen sogar noch ein paar Strohhalme. Ob die Stadt die Lichterkette abgebaut hat, wenn Sie das lesen?

Alles späte Zeugen eines wundersamen Ereignisses auf unserem Marktplatz mitten im Dorf. Ja, es war Weihnachten. Dorfweihnacht. Und alle, alle – na, ja: fast alle – waren dabei. Innerlich und äußerlich.

Vertrauen ist belohnt worden. Und wie! Wir haben miteinander gefeiert. Ein Fest von Bekannten.

Von Menschen, die in vielerlei Weise das Jahr teilen. Beim Brötchenholen morgens. Bei den Angeboten montags oder donnerstags bei Aldi. Beim Erzählen in der Schlange bei Bultmann am Samstagmorgen oder beim Käsekauf am Tresen beim WEZ. Menschen, die zusammen 80. Geburtstage feiern, die bei der Jahreshauptversammlung der Feuerwehr im Saal bei Seele sitzen oder das Tanzbein bei Rode schwingen, wenn der Ball angesagt ist. Nachbarn, die zur Konfirmation gratulieren, wenn die Kleine von nebenan ihr Fest feiert oder den Verstorbenen zwei Häuser weiter auf dem Weg zum Grab begleiten. Menschen, die im Laufe des Jahres Zoff miteinander haben und dann doch irgendwann wieder zum Grillen rüberkommen. Wir sehen uns mal. Hier und da. Sind uns hoffentlich bewusst, dass es besonders ist, anders, als in der Anonymität der Stadt. Besonders, in einem Dorf zu leben, in dem das Leben, das Jahr geteilt wird.

Als wäre es wie eine Zusammenfassung der Einzelbegegnungen, eine große Zusage für das, was wir das Jahr über hier und da teilen: So kommt mir unsere Dorfweihnacht vor. Die Geburt Jesu, der Beginn der Geschichte der Christenheit war etwas Einendes, etwas Erlebbares auf dem Markt im Schnee, zwischen Schafen und Esel, Pferden und Hirtenhund und!! dem Kamel, das noch Wochen die Gespräche belebt hat.

Danke! Danke an euch alle!"

Das wichtigste Fest – Ostern

Das Gründonnerstagsmahl im Kloster ist seit einigen Jahren durch die Initiative von Eberhard Sievers der besondere Eingang in die österliche Festzeit. Dieser Gründonnerstag bereitet den Erlebenden eine außergewöhnliche Form des Abendmahls. Die ganze Kirche ist dabei einbezogen. Der Gottesdienst beginnt am großen Taufstein und „wandert" durch die Kirche, dann durch den Kreuzgang, in den Kapitelsaal und in das Refektorium des Klosters. Kerzen und Lieder begleiten den Gang durch die dunklen, stillen Räume. An Stellen, die dem Gebet oder dem Lesen der Bibel gewidmet sind, hält man inne. Im Refektorium sitzt die Gemeinde an festlich gedeckten Tischen, feiert das Abendmahl und isst gemeinsam das Essen, das alle mitgebracht haben für ein üppiges Büfett. Eine Betrachtung zu einem Bild, einer Person der Kirchengeschichte oder einem Lied beendet das Essen. Schweigend geht der Weg zurück in die Kirche zum großen Kerzenleuchter, an dem die Fürbitten gehalten werden und schließlich zum Taufstein für das Segenswort.

Der Karfreitag ist zweigeteilt in Loccum: Am Morgen um 10.00 Uhr der stille, karge Gottesdienst. Ohne Schmuck auf dem Altar, ohne Orgel, ohne Glocken. Zeit zur Besinnung auf sich selbst. Viel Stille. Wenige Worte. Die Passionslesung durchzogen von den Strophen des Liedes „O Haupt voll Blut und Wunden".

Am Nachmittag um 15.00 Uhr gibt es musikalisches Erleben in der „Vesper zur Todesstunde des Herrn". Gerald Kruhöffer beschreibt seine persönlichen Eindrücke:

„Manche Geschichten werden mir im Laufe der Zeit immer wichtiger. Es müssen nicht ‚schöne' Geschichten sein, in denen alles gut verläuft; sie können auch von dem erzählen, was fremd oder erschreckend wirkt. Dazu gehört für mich die Geschichte vom Leiden und Sterben Jesu, von den einzelnen Ereignissen dieses Weges – wie es die Evangelien berichten: er wird verraten, gefangen genommen, verhört, verurteilt, gequält, gekreuzigt. Es ist ohne Frage für den Karfreitag angemessen, diese Geschichte als ganze zu hören, und sie jedes Jahr in neuer Weise auf sich wirken zu lassen; sie dazu mit wenigen eindringlichen Worten zu deuten: Jesus, das Fleisch gewordene, Mensch gewordene Wort Gottes durchlebt die Tiefe des menschlichen Leidens, indem er am Kreuz stirbt.

Die von Stiftskantor Merkel ausgewählten und vom Chor gesungenen Stücke geben diesem Gottesdienst sein besonderes Gepräge. Für mich ist vor allem beeindruckend der Choral ‚Jesu meine Freude' in der Vertonung von Johann Sebastian Bach – jede Strophe entsprechend ihrem Inhalt in einer anderen musikalischen Gestaltung: Da hört man den Trotz in der Strophe ‚Trotz dem alten Drachen, trotz dem Todesrachen, trotz der Furcht dazu...' oder die Gewissheit in der Strophe ‚Weicht ihr Trauergeister, denn mein Freudenmeister, Jesus, tritt herein...'. Man kann sich von dieser Musik anrühren oder erfreuen lassen. Ich selbst habe die Verbindung von Wort und Musik, von Lesung, Auslegung und gesungenen Chorsätzen als besonders überzeugend erlebt. Vielleicht haben die zahlreichen Zuhörer, von denen, wie in den vergangenen Jahren viele von auswärts nach Loccum gekommen waren, Ähnliches empfunden und damit etwas von dem wahrgenommen, was am Karfreitag für uns persönlich wichtig werden will."

Der Ostermorgen beginnt in Loccum mit dem Sonnenaufgang und dem Auferstehungsgottesdienst. Gabriele Arndt-Sandrock hat diesen Gottesdienst so beschrieben:

„Ein eindrückliches, wunderschönes Bild: eben ist es noch dämmerig gewesen, nun ist die Sonne aufgegangen, und wir ziehen – vorneweg der Liturg mit der brennenden Osterkerze – unter einem Dach aus blühenden Mandelbäumen vom Friedhof ins Refektorium. Ein leichter Windzug lässt Blüten auf uns herabregnen.

So malt die Natur das Bild zur liturgischen Feier der Auferstehung. ‚Der Herr ist auferstanden, er ist wahrhaftig auferstanden.'

Aus dem Dunkel ins Licht, vom Friedhof in den gottesdienstlichen Raum. Auch wenn uns Menschen der Blick ins Jenseits verwehrt ist, so gibt es für mich hier einen Vorgeschmack auf das, was mich einst erwartet. Und während meine Gedanken zu denen gehen, die nicht mehr bei mir sind, gehen meine Füße, gehe ich ins Leben zurück. Die Dichterin Marie-Luise Kaschnitz hat das ‚Auferstehung mitten am Tage' genannt: ‚Nur das Gewohnte ist um uns ... Die Weckuhren hören nicht auf zu ticken ... Und dennoch leicht, und dennoch unverwundbar, geordnet in geheimnisvolle Ordnung, vorweggenommen in ein Haus aus Licht.'

Im Refektorium dann hören wir das Auferstehungsevangelium: ‚Als aber der Sabbat vorüber war und der erste Tag der Woche anbrach...'

Tauffest

Alle entzünden ihre Kerzen am großen Osterlicht. Der Altar wird geschmückt, die Orgel erklingt, und die Gemeinde singt das Ehre sei Gott in der Höhe, das während der Passionszeit verstummt war.

Schließlich werden vier Gemeindeglieder in diesem Gottesdienst getauft.

Zur Loccumer Osternacht gehört das Lied: *‚Wir stehen im Morgen, ein Tanz beginnt.'* Mit der Melodie im Kopf und dem schwingenden Takt in den Beinen gehe ich in den Ostertag, beflügelt und – auferstanden.

Der Gottesdienst in der Osternacht galt in der frühen Kirche als der bedeutendste des ganzen Jahres und als Mitte christlicher Festfeier überhaupt.

Für mich ist er das seit vielen Jahren auch: der wichtigste Gottesdienst, noch schöner als Heiligabend!"

Gottesdienste „Mal Anders"

In der festlosen Zeit des Kirchenjahres sind in Loccum zuweilen besondere Feste: Gottesdienste die „Mal-Anders" heißen und mal Männer der Freiwilligen Feuerwehr auf die Kanzel steigen lassen, den Spielmannszug im Chorraum die Choräle in ganz besonderer Weise erklingen lassen oder den Wirt des Gasthauses „Niedersachsen" zum Pastor befördern. So geschehen am 1. Juni 2003. „Seelenleben" hieß der Gottesdienst, wobei der Titel dem Namen des Wirts – Uli Seele – angelehnt ist und zugleich das Seelenleben meinte.

In Dialogpredigten wurden an der Theke, die im Altarraum stand, und auf der Kanzel nicht nur die Rollen getauscht, der Pastor wurde Wirt und der Wirt bekam den Talar übergestreift, sondern auch die Antworten auf Lebensfragen bekamen einen anderen Glanz.

Die bis zum letzten Platz gefüllte Kirche, u.a. mit vielen Wirten und Hotelbetreibern der Region, war gefüllt mit Geschichten und Anekdoten von Menschen des Dorfes, die lange schon auf dem Friedhof liegen, aber auf ihre Art den besonderen Charakter von Loccum mitgeprägt haben.

Ein weiterer „Mal-Anders"-Gottesdienst wurde zu einem Anfang für eine Serie von Tauffesten in vielen Kirchen im ganzen Land. Im Gemeindebrief hat eine Mutter eines Täuflings dieses erste Tauffest so erlebt:

„Eine fantastische Idee! Das war der erste Gedanke, der mir durch den Kopf ging, als ich davon hörte – Tauffest im Kloster. Eigentlich hatten wir vor, unseren

Sohn zu einem ‚normalen' Tauftermin anzumelden. Doch dann erzählte uns unser Gemeindepastor, dass ihm ein großes Tauffest vorschwebe, zu dem man all die Kinder einladen wolle, die aus den unterschiedlichsten Gründen noch nicht getauft sind. Außerdem liebäugele er mit dem Gedanken, eine ‚Taufstation' am Brauteich des Klosters einzurichten. Damit hatte er uns überzeugt.

Ich glaube, es hat niemand damit gerechnet, dass dieses Ereignis eine so große Resonanz finden würde. 62 Kinder sind getauft worden. Wie gut dieses Tauffest angekommen ist, kann man daran ermessen, dass unsere Gäste, viele davon Mitglieder anderer Konfessionen, tief beeindruckt waren und auch das Kaffeetrinken mit siebenhundert Menschen im ‚Elefanten' des Klosters genossen haben."

Am 6. April 2005 wurde der „Mal-Anders"-Gottesdienst zu einem Weg, einem ersten Gang auf dem Pilgerweg Loccum-Volkenroda. Die Bischöfin hatte dieses Datum gesetzt, um den Pilgerweg zu eröffnen und Loccum wunderte sich mit seinem Pastor, dass dieses Ereignis nicht in Loccum oder Volkenroda, sondern in Hameln stattfinden sollte. Also wurde eine eigene Eröffnung mit dem Gottesdienst und dem anschließenden Betreten des Pilgerweges geplant. Zur gleichen Zeit wie in Hameln, nur mit viel mehr Menschen, so hatte es der Pastor vollmundig verkündet.

Mit Hilfe eines kleinen Tricks – unser Gemeindepastor verabredete mit der Grundschule Münchehagen den Wandertag der 160 Schüler auf den Tag zu legen – und einer großen Neugier der Loccumer, kamen tatsächlich über 600 Menschen in die Kirche. Ein Kind hat dieses Ereignis unter der Überschrift „Der Pilgerpfad" so beschrieben:

„Bevor wir angefangen haben zu wandern, gab es noch eine Morgenandacht. Wir haben gesungen. Der das Buch über den Pilgerpfad geschrieben hat, wurde vorgestellt. Jeder hat einen Button bekommen auf dem stand: ‚Ich war dabei'. Danach ging es los. An drei Bäumen hing immer ein Schild. Da stand etwas drauf. Später machten wir Pause und aßen unser Frühstück. Es waren Musikanten dabei. Wir haben auch mit Pastor Köhler gesungen. Nach dem Frühstück ging es weiter. Am Ziel gab es für die Erwachsenen Gulaschsuppe. Zum Schluss wurden wir mit Bussen abgeholt. Zum Glück war gutes Wetter. Mir hat es Spaß gemacht. Marta."

Im Sommer 2007 wird er dann von Anfang bis Ende begangen. Der Pilgerweg von Volkenroda nach Loccum. „Nach Hause gehen" hat unser Pastor diese Pilgerwanderung für Jugendliche genannt. Und aus einer Idee im Winter wurde Wirklichkeit im Sommer. 25 Jugendliche haben pilgern gelernt. Gehen auf Gottes Wegen. Und dabei ganz zu sich kommen. Es ist ein Ausschnitt aus der vielfältigen Arbeit mit Jugendlichen in Loccum. Vierzehn gelaufene Tage. Beinahe 260 Kilometer. Und im Klosterwald empfingen die Eltern die Pilger mit Tränen und Jubelrufen.

Klosterschule und Pastoren-Theater

Die erste „Klosterschule" öffnete am Reformationstag 2001 die Pforten zur Klosterkirche und ist seither eine feste Einrichtung im Kirchenjahr und im Schuljahr der Grundschule Münchehagen geworden. Eine Lehrerin, Frau Wagner, beschreibt die „Klosterschule" so:

„Über 800 Jahre hinwegschreitend (manche auch springend) zogen sie wieder in die Klosterkirche. Sechs- bis zehnjährige ‚Klosterschülerinnen' begleitet von Brüdern und Schwestern, die Klosterschule hielten.

Die evangelische Kirchengemeinde Loccum hatte eingeladen am Reformationsfest die Schule mit der Klosterschule zu vertauschen. Vorbereitet von den Helfern des Pastorenehepaares begann ein festliches Rollenspiel, das den gesamten Vormittag in Anspruch nahm: ‚Herr, tue meine Lippen auf' sang der Kantor und die vielen Klosterschülerinnen und Schüler antworteten: ‚dass mein Mund deinen Ruhm verkündige', als hätten sie das schon immer so getan.

Dann begann eine Vorstellung der Möglichkeiten: Vom Klosterforst mit echtem Klosterförster bis zur

Schreibstube, vom Backen in der Klosterbäckerei – mit echtem Bäcker Wiegrebe – bis zum Fertigen einer großen Osterkerze und Altarstickerei reichten die 15 Angebote und nach kurzer Zeit hätte ein fremder Betrachter wie in alten Zeiten das Kloster ‚beten und arbeiten' sehen können.

Es hatten sich Helfer für Beten und Lateinschule gefunden, durch den Kreuzgang war das Psalmodieren der Singschule, der ‚Schola' zu hören und nebenan erklang Modernes in der Rhythmusgruppe, die sich an Luthers ‚Ein feste Burg' erprobte. Und diese feste Burg wurde zugleich im Altarraum erbaut.

Alle Gruppen wurden von der Küsterin Lieselotte Kahle auf den Dachreiter geführt, über das Gewölbe der Kirche. Und das Gefängnis konnte auch bestaunt werden. Klosterschule und Reformationstag? Vielleicht war da auch eine Frage: Was hat das Kloster mit dem zum Reformator gewordenen Mönch zu tun? Im großen (und langen) Fest-Gottesdienst, der die verschiedenen Werke der Klosterschule zusammenbrachte, wurde auch das zusammen gebracht: Dass Luther in den vielen Stimmen seiner Zeit die Stimme des Glaubens an Gott neu entdeckte und dass sie nun in deutscher Sprache gehört werden konnte, das machte die feste Burg aus, in der Christen, Mönche wie Laien, ihren Glauben leben konnten.

In diesem Ziel und Abschluss der Klosterschule, dem Gottesdienst, waren viele Eltern zu Gast und erlebten, was ihre Kinder erlebt und gelernt hatten. Sie erlebten, wie der Wald als Schmuck in die Kirche hereinkam, hörten die Lateinschule und das Psalmodieren und aßen die gebackenen Fische und Brote. Sie erlebten, wie Abt Hirschler mit Krummstab und Mitra ‚seine' Klosterschüler begrüßte.

Was die Eltern aber nicht selbst erlebt haben, war der Rundgang durchs ganze Kloster. Die Küsterin, ‚Schwester' Lieselotte, führte die Schüler bis hin zum ausgemalten Laienrefektorium und zur alten Bibliothek. Die alten, wertvollen Buchdrucke des Klosters gesehen zu haben, hat nun manches Schulkind seinen Eltern voraus. Die Schüler der Grundschule kamen so zu einer lebendigen Anschauung des Klosters, das in Loccum zum Leben gehört – und doch gelegentlich ‚neben dem Dorf' liegt. Am Reformationstag aber lag es, dank der Klosterschule, ganz in seiner Mitte."

Der Reformationstag hat noch eine weitere Spezialität in Loccum zu bieten. „Pastorentheater in der Stiftskirche". Mit Luthers Liebes- und Lebensgeschichte und seiner Frau „aus dem Heringsfass" fing es an und alle Jahre wieder am 31. Oktober gibt es diese andere Form eines Gottesdienstes. Paul Gerhardt (Joachim Köhler) und Martin Luther (Horst Hirschler) trafen zusammen und der vorläufige Höhepunkt dieser Gottesdienste war der „Mord im Kloster". Barbara Kruhöffer schreibt über dieses Ereignis im Gemeindebrief:

„Die Vorankündigung für das Pastorentheater am Reformationstag hatte über 650 Besucher in die Klosterkirche gelockt und sie wurden nicht enttäuscht!

Das Stück handelt vom Prozess der Reformation in unserer Region und Abt Hirschler hatte lange und gründlich recherchiert, um authentische Szenen schreiben zu können.

Hauptquelle ist die umfangreiche Chronik von Abt Stracke, die er ab 1608 geschrieben hat. So bot Joachim Köhler als Stracke die Rahmenhandlung und leitete die einzelnen Akte ein.

Es wurde dargestellt, wie langsam die lutherische Lehre im Kloster Einzug hielt und die ‚Infizierten' zunächst aus dem Kloster geschickt wurden.

Ein dramatischer Höhepunkt war die Szene, in der Abt Stöter (Abt Hirschler) durch den Münchehäger Bauern Meyer (Pastor Braselmann) mit der Axt erschlagen wurde, weil ihm der Wunsch nach einem Stück Land nicht gewährt wurde. Aber auch die Streitigkeiten mit dem Grafen von Stolzenau und dem Bemühen seiner Frau, den Streit zu schlichten, der Besuch beim Kaiser Karl V. und die Aktivitäten der Herzogin Elisabeth wurden von den Pastorinnen und Pastoren des Kirchenkreises beeindruckend dargestellt.

Im letzten Akt bekennt sich Abt Stracke zu seinem unehelichen Sohn von Anna Cochberg, kann sich aber aus Sorge um den Bestand des Klosters nicht dazu entschließen, Anna (Frau Link-Köhler) zu heiraten.

Die aufwändigen Kostüme, die raffinierten Dia-Kulissen und die gute Tontechnik trugen neben dem wunderbaren Agieren der Beteiligten sehr zum Erfolg des Stückes bei. Allen Mitwirkenden galt der große Dank und Applaus des Publikums."

Das Traufest

Noch ein „Mal-Anders"-Gottesdienst darf in dem Durchgang durchs kirchliche Leben in Loccum nicht fehlen: das erste Traufest im Herbst 2009. Ein Traupaar erzählt davon im „Dachreiter":

„Als der Brief mit der Idee vom Traufest eintraf, dachten wir erstmal: ‚Was ist das denn?'

Nach längerem Nachdenken kamen wir zu dem Entschluss, daran teilzunehmen. Denn die Idee von Pastor Köhler hatte etwas Neues. Jedes Ehepaar träumt doch davon in der Kirche Gottes Segen zu bekommen. Auch wenn es aus den verschiedensten Gründen am Hochzeitstag nicht ging.

Wir hatten ursprünglich nicht vor, uns noch kirchlich trauen zu lassen. Aber durch diese Idee konnten wir den Tag so gestalten, wie wir es uns vorstellten. Allein der Einzug mit den 14 anderen Brautpaaren, den vielen Pastoren, Abt Hirschler und dem Kirchenvorstand war sehr aufregend. Obwohl wir nun mit so vielen Paaren dabei waren, hat es unser Gemeindepastor geschafft, es für uns und für jedes andere Paar sehr persönlich zu gestalten.

Wunderschön war auch der Gesang der Musikgruppe aus Hannover. Nur Singen mit einer Gitarre begleitet; das klang in unserer Kirche so, dass wir bei jedem Lied eine Gänsehaut bekamen. Meine Freundin wurde ganz neidisch und sagt: ‚So will ich auch heiraten!'

Der Empfang nach dem Gottesdienst war auch ganz toll. Der Kreuzgang komplett im Kerzenlicht versunken und der Kirchenvorstand sorgte so umfassend und herzlich für unser Wohl.

Unser Fazit: Dieses Traufest war für uns persönlich wunderschön und bleibend. Wir konnten uns wirklich auf uns selbst konzentrieren und waren sehr erfüllt von allem. Wir konnten mit unseren Töchtern vor den Altar gehen und uns das ‚Ja-Wort' geben.'

Das große Erntefest

Alle vier Jahre ist es dran: Das große Erntedankfest in Loccum. Bei dem wird schon mal der Papst gekidnappt und im Treppenhaus getratscht oder im weißen Rössl gesungen. Es ist ein Fest des Dorfes, an dem alle beteiligt sind. Im Gemeindebrief liest es sich so:

Erntefest 2007

„Ein ganzes Dorf aus dem Häuschen – auf den Beinen. So kann man das Festwochenende im September zutreffend beschreiben. Überall lachende, fröhliche Menschen bei unserem Erntedankfest in Loccum. Ob es im Festumzug selbst war, an den Straßen, in den Gärten oder dann im Kloster auf der Festwiese – es war großartig.

Wann kommen sonst alle, ja tatsächlich alle zusammen, um zu feiern? Beim Theaterabend waren die

Jüngsten keine zehn Jahre alt und die Ältesten über 90. Und dazwischen alle Altersgruppen, die dann auch noch zum Tanz bis halb drei zusammen geblieben sind.

Begonnen hat unser Fest mit dem Theaterstück ‚Der Tag, an dem der Papst gekidnappt wurde'. Ein wunderbares Nachfolgestück für den ‚Tratsch im Treppenhaus' vor vier Jahren. 820 Zuschauer hatten schon eine Stunde vor Beginn der Vorstellung im Zelt Platz genommen und waren dann begeistert vom Abt, der endlich Papst werden durfte – mit den Original roten Schuhen! – und dem Pastor, der zum Kidnapper wurde, um der Welt einen Tag Frieden zu bescheren.

Der Sonntagmorgen begann mit dem Gottesdienst und dem Einzug der neu gebundenen Erntekrone in die wundervoll geschmückte Klosterkirche. Über Wochen hatten die Gruppen und Vereine des Dorfes große und kleine Wagen liebevoll geschmückt. Und so starteten um 14.00 Uhr bei strahlendem Sonnenschein 27 geschmückte Wagen und fünf Musikkapellen durch das Dorf. Das Zelt quoll zum Kaffee und Kuchen aus allen Nähten und die Stimmung war Dank. Wirklicher Dank an einem Festtag."

Dieser Durchgang durchs Loccumer Kirchenjahr kann nicht vollständig sein und die Kirche in Loccum ist noch viel mehr als das hier Geschriebene. Es mag allerdings einen Eindruck vermitteln von dem Dorf und der Kirche, die ein bisschen anders sind als andere. Es mag zeigen: Die Kirche in Loccum ist Kirche im Dorf für das Dorf.

Viel Musik in der Klosterkirche

Michael Merkel

„König David" und „Bach meets Gospel"

Als Stiftskantor am Kloster führe ich seit 2008 die Arbeit meiner Vorgänger fort. Das Herz der Loccumer Kirchenmusik ist und bleibt der Chor der Stiftskirche, ein sehr guter Chor, der die Gottesdienste bereichert, in der „Musik zur Einkehr" auftritt und die Vesper am Karfreitag gestaltet.

Neu hinzugekommen sind Musicals für Kinder- und Jugendchor. Aufgeführt wurden 2009 „König David" von Thomas Riegler und 2010 „Die Schrift an der Wand" von Hella Heizmann. Jeweils knapp 60 Akteure zwischen sechs und 14 Jahren brachten diese Musicals auf die Bühne. Weitere derartige Projekte sollen in den kommenden Jahren folgen.

Zum ersten Musical – „König David" – möchte ich eine kleine Geschichte erzählen.

Einzug der Philister, „König David"

Meine Tochter Marcelina hatte eine größere Rolle übernommen. Sie spielte den Propheten Samuel, der den zukünftigen König David salbte und ihm ein Segenslied sang. In der Generalprobe am Vortag klappte alles auch ganz gut.

Aber nach der Probe geschah es: Beim Spielen fiel sie vom Baum und brach sich ein Bein. Zuerst war da natürlich die Sorge um das Bein, ganz bald kam dann aber auch die Sorge um die Aufführung dazu. Kann das alles klappen? Mit Krücke und Gipsbein auf der Bühne, gleichzeitig singen und die Hände segnend auf David legen? Und überhaupt die Schmerzen?! Eigentlich müsste das Bein geschont werden. Am besten hochlegen!

Aber damit nicht genug. In der Nacht schmerzte ihr Bein so sehr, dass an Schlaf nur stundenweise zu denken war. Bis wir schließlich gegen vier Uhr morgens nochmal ins Krankenhaus fuhren. Der Gipsverband war zu eng und wurde neu angelegt.

Die Aufführung war dann ganz toll. Trotz der großen Müdigkeit.

So in etwa stand es dann auch in der Zeitung: „Nicht nur David besiegte den Goliath, noch weitere ‚Goliaths‘ wurden auf der Bühne bezwungen – die Kinder und Jugendlichen meisterten ihr Lampenfieber, Sophie Plinke als ‚David‘, die wegen einer Erkältung kaum singen konnte, schaffte trotzdem ihre Soloparts und Marcelina ertrug die Schmerzen, behielt das Gleichgewicht, sang und spielte ihre Rolle souverän und war mit ihrem Gipsbein ein besonderer Hingucker.“

Ebenfalls neu in Loccum ist die Gospelchorarbeit. Über das erste Gospelprojekt, „Bach meets Gospel“ möchte ich ein Chormitglied, Ellen Mißelke, berichten lassen:

„Im Jahr 2010 waren überall in Loccum Plakataushänge zu finden auf denen für ein geheimnisvolles Projekt ‚Bach meets Gospel‘ musikbegeisterte Sängerinnen und Sänger sowohl für den Gospelbereich als auch für Kantaten von Johann Sebastian Bach gesucht wurden.

Zwei Projektleiter, der Nienburger Kreiskantor Hartmut Reußwig, und unser Loccumer Kantor Michael Merkel wollten eine wunderbare Idee verwirklichen: Eine Verkopplung zweier gegensätzlicher musikalischer Stilrichtungen, in denen aber stets das gleiche Thema interpretiert wird: das Lob Gottes.

Es fanden sich viele musikbegeisterte Sängerinnen und Sänger aus Loccum und der näheren und weiteren Umgebung. Ein Teil studierte mit dem Chor der Stiftskirche eine Bachkantate und ein „Magnificat“ ein. Der andere Teil erlebte in den wöchentlichen Proben die mitreißende Wirkung der verschiedenen Gospels und Spirituals. Das Jahr war ausgefüllt mit den anspruchsvollen Proben, mit Freude und Zusammengehörigkeitsgefühl.

Das Ergebnis waren zwei begeisternde Konzerte im November 2010 in Nienburg und in Loccum mit über 100 Sängerinnen und Sängern, der Helios Kammerphilharmonie Hannover und verschiedenen Solisten. Jeweils über 300 Zuhörer waren anwesend und erlebten den mitreißenden Gesang, ein Funke, der vor allem bei den Gospelsongs auf das Publikum übersprang.

‚Bach meets Gospel‘ hat noch etwas in Loccum bewirkt: Spirit und Rhythmus der Gospellieder hat viele unterschiedliche Menschen erreicht, vor allem auch jüngere. Das war sowohl im Publikum als auch in den Chören zu sehen.

Sie haben sich an ein neues Projekt der Kirchenmusik gewagt und werden auch fortan mit Begeisterung dabeisein.“

Christian Auhage

Bachs H-Moll Messe

Der Höhepunkt meiner Zeit als Stiftskantor im Kloster Loccum war zweifelsfrei die Einstudierung und Aufführung der H-Moll Messe von J. S. Bach im November 2007. Man kann wohl annehmen, dass jede

Aufführung dieser Messe für jeden Chorsänger und jeden Kantor immer ein Höhepunkt ist.

Während andere Werke mit ähnlichem Stellenwert wie etwa Bachs Passionen oder besonders das Weihnachtsoratorium doch recht häufig aufgeführt werden, so ist die H-Moll Messe trotz ihrer unerreichten Qualität eher selten zu hören. Der Grund dafür liegt vermutlich darin, dass sie einen sehr hohen Anteil ungewöhnlich schwieriger Chorstücke hat. Das bedeutet für alle, die sich daran versuchen, vor allem eins, nämlich ein langfristiges, intensives Proben.

Das ist nichts für jedermann. In Loccum haben alle mitgezogen. Für mich war dieses Proben eine Zeit des üppigen, chorleiterischen Luxus. Denn es war genug Zeit und Motivation, um jede Koloratur solange zu üben, bis sie perlte. Und wenn erst vier Koloraturen durcheinander wirbeln!

Tatsächlich habe ich nie daran gezweifelt, dass wir es hinkriegen. Das ist sicher nicht jedem so ergangen.

Aber wir hatten ja fleißige Unterstützung aus anderen Chören. Es gab ein hervorragendes Organisationsteam, und die Finanzen waren dank des Jahres der Geisteswissenschaften, in dessen Rahmen die Aufführung stattfand, zu regeln.

Das Ganze hatte nur einen Wermutstropfen.

In dieser Zeit verstarb unser lieber Mitsänger und Freund Martin Bruns. Die Aufführung der Hohen Messe in H-Moll im Kloster Loccum am 10. November 2007 wurde ihm gewidmet.

Rudolf Rienau

Musikalische Offenheit macht Loccum aus

Es war kalt, als ich am Palmsonntag 1977 meinen Dienst in Loccum begann, und am Karfreitag, als ich das erste Mal den Klosterwald erkundete, fiel Schnee in den Bachteich.

Für den Beginn meiner Arbeit als Kantor und Organist war es hilfreich, dass ich von meinem Vorgänger Günther Kruse drei gut geübte Chöre übernehmen konnte: den „Chor der Stiftskirche“, den Kinderchor und den Posaunenchor. Außerdem bestand schon die jährlich zu organisierende sommerliche Konzertreihe „Einkehr am Sonntag“, die bald auf 15 bis 20 Veranstaltungen im Jahr anwuchs und ein breites Spektrum an Musikgattungen und -stilen mit Künstlern aus aller Welt bot. Eine Koreanerin schrieb mir eimal: „Vieren Dank, daß ich bei Ihnen spieren durfte…“ Chöre kamen nicht nur aus vielen deutschen Städten, sondern auch aus Paris, Wien und Minsk.

Wichtiger noch war mir die Arbeit für die Gottesdienste, sowohl an der Orgel als auch mit den einheimischen Chören und Musikern, zu denen immer auch etliche aus der Umgebung stießen.

Loccum bietet vielfältige Möglichkeiten, oft finden Gottesdienste aus besonderem Anlass statt. Gleich im ersten Jahr feierten wir einen Festgottesdienst zum 700. Kirchweihjubiläum, in dem Landesbischof Lohse als Abt des Klosters eingeführt wurde. Der Chor der Stiftskirche sang „Trachtet am ersten nach dem Reiche Gottes“ von Melchior Franck und die Gemeinde sogar das Te Deum.

In den folgenden Jahren gab es mehrere Rundfunkgottesdienste, eine Fernseh-Vesper und feierliche Gottesdienste mit der Einführung von Konventualen des Klosters und Mitarbeitern der kirchlichen Institute.

An liturgischer, gerade auch einstimmiger Musik, war mir sehr gelegen. Nie fehlte der Hallelujavers, und oft sang der Chor einen Introituspsalm. Die Feier der Osternacht, 1978 von Pastor Klaus Steinmetz eingeführt, wurde zunehmend von gregorianischen Gesängen geprägt. Am Karfreitag wurde die „Vesper zur Todesstunde Jesu“ zur festen Tradition, ein musikalischer Gottesdienst nach der altkirchlichen Vesperordnung, in dessen Zentrum eine Passion gesungen wurde.

Gregorianik in deutscher Sprache pflegte ich intensiv mit der Schola Cantorum der Landeskirche, die in vielen Kirchen Gottesdienste als Lutherische Messen gestaltete, so auch häufig in Loccum im Rahmen der Einkehr-Musiken. Dann sang die Schola die den jeweiligen Sonntag prägenden Gottesdienstteile auf Deutsch, unser Chor die stets gleich bleibenden Stücke mehrstimmig auf Deutsch oder Lateinisch.

In der Arbeit mit dem Chor der Stiftskirche überwog natürlich die mehrstimmige Musik. Unser Repertoire an Motetten und Liedsätzen reichte von Orlando di Lasso bis zu Matthias Kern. Kantaten von Buxtehude und Bach erklangen in Gottesdiensten und Konzerten, von Schütz auch die Exequien und die Historien zu Ostern und Weihnachten. Oft begleitete uns das Ensemble Alte Musik Nienburg, manches ließ sich mit eigenen Instrumentalisten verwirklichen.

Für größere Kantaten und Oratorien taten wir uns mit anderen Chören zusammen. Mozarts und Faurés Requiem mit dem Begräbnisgesang von Brahms, Händels „Messias“, Bachs Oratorien zu Weihnachten, Ostern und Himmelfahrt und zu guter Letzt 2004 seine Johannespassion haben wir so aufgeführt.

Bestimmt lebte die Kirchenmusik einerseits von den zahlreichen auswärtigen Besuchern und großen Musikern, anderseits aber auch von der musikalischen Offenheit, die Loccum ausmacht.

Der Posaunenchor

Maike Selmayr

Pilgermomente

Am 6. April 2005 wurde der Pilgerweg Loccum – Volkenroda von Landesbischöfin Margot Käßmann feierlich in Hameln eröffnet. Am gleichen Tag zog der Loccumer Gemeindepastor Joachim Köhler mit etwa 600 Loccumern von der Klosterkirche eine Etappe durch den Klosterforst, um das Pilgern in Loccum zu beheimaten. Und das gelang besser als gedacht. Denn nun kamen täglich Pilger nach Loccum.

Im ersten Jahr war es noch recht abenteuerlich, diesen Weg zu gehen. Das Pilgerbuch von Jens Gundlach, dem Begründer des Pilgerweges, war eine hilfreiche Orientierung. Aber das Kartenmaterial war noch sehr grob und die Quartiere dünn gesät. Der Weg war kaum beschildert, oft zugewachsen und voller Brennnesseln. Als Pilger war man ein Exot auf dieser Strecke.

Im Dezember 2005 wurde ich im Kloster Loccum als Pilgerpastorin ordiniert und konnte in den kommenden Jahren zum Ausbau der Pilgerinfrastruktur auf dem Pilgerweg Loccum – Volkenroda beitragen. Im Kloster Loccum entstanden „Pilgerhora" mit Pilgersegen, Pilgerherberge, Pilgerbüro, Pilgerkapelle und zahlreiche geführte Pilgerwanderungen. Auch Tageswanderungen wurden angeboten. Von drei dieser geführten Pilgerwanderungen will ich im Folgenden erzählen.

Der Hofhund

Strahlende Sonne, blauer Himmel, leichter Wind – wir überqueren den Mittellandkanal. Die Pilgergruppe sieht den vorbeifahrenden Frachtschiffen nach. Die Stimmung ist fröhlich und beschwingt. An einem Garten bleiben wir stehen und singen aus vollem Herzen: *„Schau an der schönen Gärten Zier und siehe, wie sie mir und dir sich ausgeschmücket haben."* Alles läuft wie geplant. Gott sei Dank! Ich bin erleichtert, als wir nach 15 km die Johanniskirche in Pollhagen erreichen.

Sie waren ein Wagnis, diese ersten Pilgersamstage von Loccum nach Stadthagen im Sommer 2006. Ich war keineswegs davon überzeugt, dass diese Art, mit Gruppen zu pilgern, gelingen würde, hatte ich doch keinerlei Erfahrung darin. Es war ein Versuch. Als Loccumer Pilgerpastorin war ich mehrfach nach geistlich begleiteten Pilgerwanderungen gefragt worden. An diesem 8. Juli 2006 wanderte ich zum zweiten Mal mit einer Gruppe. Zu meinem Erstaunen hatten sich sofort wieder 15 Einzelpersonen zu diesem Pilger-

samstag angemeldet. Morgens waren wir einander noch fremd. Auf dem Weg haben wir miteinander gebetet, gesungen, erzählt und geschwiegen. Das hat uns verbunden. Wir sind eine Gruppe geworden. Was habe ich mir vorher für unnötige Sorgen gemacht: Was wäre, wenn einer plötzlich nicht mehr weiterkann? Was wäre, wenn die Gruppe mit den Liedern und Texten nichts anfangen kann? Würde sich die

Gruppe auf das gemeinsame Schweigen einlassen? Und, und, und …

Nach der Andacht in der Pollhäger Kirche gehen wir fröhlich weiter. Eine Journalistin macht ein Foto von uns und wird berichten. Den verbleibenden sechs Kilometern bis Stadthagen sehe ich entspannt entgegen. Doch dann geschieht es! Wir gehen an einer Straße entlang. Plötzlich läuft aus einem der großen

Bauernhäuser auf der anderen Straßenseite ein großer Hofhund auf uns zu. Er bellt. Keine Leine, die ihn zurückhält. Kein Gatter, das ihn ausbremst. Einige in der Gruppe erstarren vor Schreck. Wird gleich einer gebissen?! Dann geht alles sehr schnell. Der Hund läuft auf die Straße. Ein Trecker versucht zu bremsen – zu spät! Der Hund wird erfasst, überrollt, ist tot. Blut fließt aus seiner Schläfe. Die Bauersfamilie kommt angerannt. Weinend beugen sie sich über ihren Hund. Eines der Kinder steckt ihm eine violette Rhododendron-Blüte an die Schläfe. Der Trecker-Fahrer stammelt Entschuldigungen. Meine Pilgergruppe steht hilflos daneben, erschüttert, gelähmt – manche erleichtert. Ich spreche kurz mit der Bäuerin, ahne aber, dass Worte hier kaum trösten können. Schließlich verabschieden wir uns und gehen weiter – schweigend.

Jeder hängt seinen Gedanken nach. Mitten im blühenden Leben sind wir dem Tod begegnet. Das macht sprachlos. An einer Brücke unter Kastanien mache ich halt. Mein Konzept für den weiteren Weg ist hinfällig. Der Tod des Hundes ist das Thema, das uns nun aufgetragen ist. Das Erlebte und der Schreck verdichteten sich zu lauter Fragen: Wie konnte das passieren? Als Pilger sind wir doch mit Gott unterwegs! Wo war Gott, als der Trecker kam? Oder hat Gott den Trecker geschickt? Sind wir dadurch vor einem Unglück bewahrt worden? Hat Gott überhaupt etwas mit alledem zu tun oder war es einfach Schicksal? Sind wir Schuld am Tod des Hundes? – Es ist gut, diese Fragen auszusprechen und sie im Gebet Gott hinzuhalten. Er allein kann Antworten geben auf diese Fragen. Den nächsten Wegabschnitt über die Felder widme ich der schweigenden Fürbitte für die Bauernfamilie, den Trecker-Fahrer und für uns selbst. Mit Gesang finden wir schließlich den Übergang ins alltägliche Leben. Gut, dass Paul-Gerhardt-Lieder für jede Gelegenheit die passenden Strophen bereithalten, auch für den Weg aus der Trauer zur Auferstehungshoffnung: „*Welch hohe Lust, welch heller Schein, wird wohl in Christi Garten sein!*"

Nachdenklich endet die Pilgerwanderung in der Johanniskapelle in Stadthagen. Einige sind bis ins Innerste getroffen. Dieser Pilgertag hat manche(s) verändert.

Frohe Botschaften im Schaumburger Forst

„Ach du Schreck! Mein Picknickplatz ist nicht mehr da!" Eineinhalb Jahre pilgerte ich nun mit Gruppen regelmäßig von Loccum nach Stadthagen. Immer hatten wir auf den gleichen schrumpeligen Baumstämmen gerastet. Oft waren sie von Brennnesseln zugewachsen. Als ich heute mit meiner Gruppe gegen 13.00 Uhr auf diese Stelle zupilgere, sind sie abtransportiert. So was Blödes! Meine Pilgergruppe nimmt es gelassen. Also machen wir nur eine kurze Apfelpause, um den größten Hunger zu stillen, und gehen noch 45 Minuten weiter. Im Gemeindezentrum Pollhagen können wir uns gegen 14.00 Uhr gemütlich im Sitzen stärken. Nun gut, gegen unvorhergesehene Überraschungen kann ich nichts machen. Aber das späte Picknick in Pollhagen durfte keine Dauerlösung auf dieser Pilgeretappe sein. Schon wenige Tage später würde ich mit der nächsten Gruppe auf dieser Strecke unterwegs sein. Ich musste etwas unternehmen. Ich brauchte wieder Baumstämme am Weg!

Also mache ich am folgenden Tag einen Besuch beim Förster im Forsthaus Natenhöhe. Er empfängt mich ausgesprochen freundlich. Nur selten verirrt sich eine Pastorin zu ihm in den Schaumburger Forst. Ich erzähle ihm von meiner Zweckentfremdung seiner Baumstämme am Weg. Ja, sagt der Förster, er habe schon beobachtet, dass da ab und zu Gruppen auf den Baumstämmen rasten. Aber er ahnte nicht, dass das regelmäßige Veranstaltungen sind. Mit Einzelpilgern habe er es schon zu tun gehabt. Sie kamen manchmal bei ihm vorbei, fragten nach dem Weg oder einem Pilgerstempel. So sei er auf den Pilgerweg aufmerksam geworden. Ich erzähle, dass ich am Montag wieder mit einer Gruppe käme und nun keinen Picknickplatz mehr habe. Ob da wohl etwas zu machen sei? Der Förster lacht. Er hat den Wink mit dem „Baumstamm“ wohl verstanden. So einfach sei das allerdings nicht, meint er dann, da sie gerade in einem anderen Teil des Waldes arbeiten. Er werde sehen, was sich machen ließe. Aber versprechen könne er nichts, denn Montag sei ja schon bald. Wir verabschieden uns. Mehr kann ich nicht tun, zumal ich bis Sonntagabend auf Dienstreise bin.

Es ist Sonntagabend. Ich komme von der Dienstreise zurück und mache den Umweg über Pollhagen. Ich muss doch wissen, ob ich am anderen Tag einen Picknickplatz habe oder nicht! Es ist stockfinster, als ich gegen 22 Uhr mit meinem PKW langsam in den Wald hineinfahre. Ein wenig mulmig ist mir. Dass mir nur kein Wild vors Auto läuft. Mit den Scheinwerfern suche ich den breiten Forstweg bei Natenhöhe ab. Plötzlich sehe ich sie! Mir kommen fast die Tränen. Da liegen am Wegesrand zwei frischgefällte Baumstämme, extra für meine Pilgergruppe! Ich bin tief bewegt. Viele gute Gedanken gehen hinüber zum Forsthaus, das im Dunkel des Waldes liegt. Leider ist der Förster am nächsten Tag nicht da, als ich ihm mit meiner Pilgergruppe ein Ständchen zum Dank bringen möchte. Aber ein frischgebackenes Pilgerbrot und eine Flasche Rotwein haben sicher ihren Weg zu ihm gefunden.

Als es Winter wird, klopfe ich wieder beim Förster im Schaumburger Wald an. Die Baumstämme liegen immer noch für uns am Wege, aber nun wird es langsam zu kalt, um im Freien zu picknicken. Ob ich wohl bei meiner Adventspilgerwanderung ausnahmsweise in der Waldarbeiterhütte picknicken darf, die gegenüber vom Forsthaus liegt? Der Förster überlegt. Ja, das gehe schon. Wir müssen nur um 13.30 Uhr wieder raus sein, da dann seine Waldarbeiter dort Pause machen und sich aufwärmen wollen. Ich bin glücklich! Sogar warm würde es sein. Das habe ich ja gar nicht zu hoffen gewagt.

Der Adventspilgertag ist gekommen. Am 8.12.2007 bin ich mit einer Gruppe Richtung Stadthagen unterwegs. Im Kloster Loccum haben wir morgens von der Ankündigung der Geburt Jesu durch den Engel gehört und Adventslieder gesungen. Auf dem Weg haben wir uns darüber ausgetauscht, wie wir uns auf das Weihnachtsfest vorbereiten. Viele Erinnerungen sind in der Pilgergruppe wach geworden an Kindheit, Krippenspiele, Plätzchen-Backen und Teepunsch. Schweigend laufen wir durch den Schaumburger Wald. Es ist kalt. Wir laufen schnell. So kommen wir schon um 12.30 Uhr am Forsthaus an. Vor der Waldarbeiterhütte sägt ein Waldarbeiter ein Brett entzwei. Wir beenden unsere Schweigephase mit dem Lied: *„Tochter Zion freue dich!“* Der Waldarbeiter sieht erstaunt auf. Er hört auf zu sägen. Adventslieder mitten im Wald, hört er offenbar zum ersten Mal. Er öffnet für uns die Tür zur Hütte. Der Innenraum ist erleuchtet. Wärme strömt uns entgegen. An der hinteren Wand bullert ein Ofen. Die Glut strahlt orangerot. Wir treten ein und sehen uns um. Die Waldarbeiter haben extra für uns aufgeräumt, Tische und Stühle hingestellt. Kaffee, Tee und Stollen warten in einer Kiste auf uns. Wir sind willkommen, wir sind geborgen auf unserer Winterwanderung. Sicher habe nicht nur ich den Einfall, mitten im Schaumburger Wald an der Krippe von Bethlehem angekommen zu sein.

Im Gewitter unterwegs

Wir sind mitten im Wald, als ich den ersten Donner grollen höre. Ich spüre ein flaues Gefühl in der Magengrube. Ein Gewitter ist das Unangenehmste, was mir beim Pilgern passieren kann. Mit 20 Pilgerinnen und Pilgern bin ich unterwegs von Loccum nach Mardorf. Ich habe die Verantwortung. Sollen wir zurückgehen zur Heimvolkshochschule? Doch die liegt schon 20 Minuten hinter uns! Also weiter Richtung Rehburg. Vielleicht zieht das Gewitter ja an uns vorbei, hoffe und bete ich. Die anderen bleiben ruhig. Natürlich, wir sind ja auch in einer Schweigephase, wie es bei solchen Gruppenpilgertagen üblich ist. Was mögen sie wohl denken, fühlen, befürchten? Sicher haben sie den Donner auch gehört. Gleich sind wir an einer Lichtung. Dann kommt die Strecke über das freie Feld. Das ist zu gefährlich! Da, wieder ein Donner. Jetzt schon näher. Was soll ich tun? Die Lichtung ist erreicht. Mit einem Lied beende ich das Schweigen. *„Verleih uns Frieden gnädiglich, Herr Gott, zu unsern Zeiten, es ist doch ja kein andrer nicht, der für uns könnte streiten, denn du unser Gott alleine.“* Dann frage ich die Gruppe, wie sie die Situation einschätzt. Entscheidungen können wir jetzt nur noch alle gemeinsam treffen. Es fängt an zu tröpfeln und dann zu regnen. Das Gewitter kommt immer näher, in wenigen Minuten ist es über uns. Wir ziehen uns vom Waldrand zurück und gehen in das Dickicht des Waldes. Wir kauern uns unter das dichte Blätterdach junger Bäume. Ohne lange nachzudenken, fange ich wieder an zu singen. Die Lieder vom Liederzettel: *„Geh aus mein Herz und suche Freud ...“* Das passt so gar nicht, denke ich erst. Aber vielleicht passt es deshalb gerade gut. Es vertreibt die Angst. Habe ich Angst? Vor allem um die Gruppe. Was ist, wenn einem etwas passiert? Alle singen mit: „Ich selber kann und mag nicht ruhn, des großen Gottes großes Tun, erweckt mir alle Sinne ...“ Der Regen tropft auf die Liederzettel. Genau über uns kracht der Donner. Da fällt mir ein Kanon ein, der uns vielleicht Mut machen kann: „Wechselnde Pfade, Schatten und Licht, alles ist Gnade, fürchte dich nicht!“ Ich wiederhole ihn solange, bis alle mitsingen können, erst einstimmig, dann zweistimmig. Der Donner klingt schon nicht mehr ganz so nah. Wir probieren es dreistimmig: *„Wechselnde Pfade, Schatten und Licht ...“* Da, es wird heller, die dunklen Wolken ziehen ab. Als es aufhört zu regnen, klingt es vierstimmig aus den tropfnassen Blättern: *„ ... alles ist Gnade, fürchte dich nicht!“*

Die dreifache Ausrichtung der Pilger

Ist eine Pilgerpastorin so etwas wie eine Wanderführerin? Das wurde ich oft gefragt. Nein. Pilgern ist mehr als Wandern und pastorale Begleitung ist etwas anderes als Führen. Pilgern verstehe ich als „Gehen mit Gott“. Beim Pilgern verbindet sich der äußere Weg auf ein geographisches Ziel hin mit einem inneren Weg. Viele Pilger suchen nach Lebensorientierung und fragen dabei nach Gott. Sie wollen in der Regel keinen Führer, dem sie blind folgen. Sie wollen keine, die ihnen sagt, was und wie sie zu glauben haben. Sondern Pilger fragen nach einer Begleitung für den je eigenen Weg mit Gott, nach praktischen Anregungen für den äußeren und inneren Weg. Eine Pilgerpastorin organisiert den äußeren Weg und begleitet die Pilger durch Deutungsangebote und Rituale aus dem christlichen Glauben in evangelisch-lutherischer Prägung. Es geht darum, den Pilgerweg mit seinen Stationen wach zu erleben und äußere Eindrücke mit inneren Regungen in Beziehung zu setzen. Dazu ist eine dreifachen Ausrichtung hilfreich: auf Gott, die Mitgeschöpfe und sich selbst.

Pilger begegnen Gott in ergreifenden Naturerfahrungen, dem stundenlangen Gehen in der Stille, extremen Witterungslagen, erhebenden Bauwerken, anrührender Musik oder atmosphärischen Gottesdiensten. Eine evangelische Pilgergruppe deutet solche religiösen Erfahrungen aus der Bibel als dem Wort Gottes, kommt über die zentrale Bedeutung von Jesus Christus und sein Evangelium ins Gespräch und antwortet dem Schöpfer des Himmels und der Erde mit Gebet und Gesang. Pilgern wird auch „Beten mit den Füßen" genannt. Jeder Schritt kann verstanden werden als suchende, fragende, klagende, bittende, dankende Antwort des Pilgers auf den Zuspruch und Anspruch Gottes. Dazu kann das Beten mit Herzen, Mund und Händen kommen.

Wer in der Gruppe pilgert, lernt viele Menschen, ihre Lebens- und Glaubensgeschichten kennen. Pilger sind oft Menschen in biographischen Umbruchsituationen. Eine wichtige Lebensentscheidung, ein Berufswechsel, die Trennung vom Partner, der Tod eines Angehörigen, die Diagnose einer Krankheit etc. motiviert Menschen aufzubrechen. Fern vom Alltag suchen sie durch das Gehen in Natur, frischer Luft und Stille nach neuen Perspektiven. Andere Pilger stehen mitten im Berufs- und Familienleben, wollen durch das Pilgern einmal aus dem Stress herauskommen, eine Atempause einlegen, abschalten, zur Besinnung kommen. Andere stolpern eher zufällig in das Pilgern herein, weil sie durch andere mitgenommen werden. In einer Pilgergruppe geht es darum, die unterschiedlichen Motive, Erwartungen und körperlichen Möglichkeiten aufeinander abzustimmen, Rücksicht zu nehmen und so christliche Glaubens- und Lebenspraxis auf dem Weg einzuüben.

In dieser Auseinandersetzung mit Gott und den anderen Pilgern, herausgerissen aus seinem alltäglichen Umfeld und Lebensgewohnheiten, lernt sich der Einzelne neu kennen mit seinen Möglichkeiten und Grenzen. Was passt zu mir? Was geht gar nicht? Was bricht in mir auf und eröffnet ungeahnte Perspektiven? Diesen Fragen können Menschen beim Pilgern in aller Ruhe nachgehen. Die Langsamkeit des Zu-Fuß-Gehens hilft, den eigenen Sprach- und Denkmustern, seiner Gefühlspalette, Körperwahrnehmung und seinen Lebensthemen auf die Spur zu kommen und sich von Gott an Leib und Seele heilsam verändern zu lassen.

Ralf Reuter

Die große Retraite – Einkehrtage mit Führungskräften der Wirtschaft

Sie kommen für einen Tag und eine Nacht. Sobald sie mit ihren Dienstwagen durch das Klostertor fahren, öffnet sich für sie eine weitere Welt. Es ist nicht mehr nur der Takt des Wirtschaftslebens mit Quartalsberichten und dem chronischen Zeitdruck, jetzt ist auch der Ruf der Glocke wahrzunehmen. Wenn sie um 18 Uhr zur Hora gehen, in den dunklen Kreuzgang hinab, am Refektorium und Kapitelsaal vorbei, mit dem Blick auf die letzten Sonnenstrahlen im Innenhof, nur ihre eigenen hallenden Schritte auf den alten Sandsteinplatten hören und im alten Chorgestühl fünf Minuten Stille erleben, dann ist neben der Welt des Handelns auch die Welt des Glaubens spürbar.

Seit 2004 gibt es Klosterseminare für Führungskräfte in der Wirtschaft und für Unternehmensleitungen, die das Arbeitsfeld Spiritual Consulting der Hannoverschen Landeskirche aus dem Haus kirchlicher Dienste durchführt. Partner einer Steuerprüfungsgesellschaft müssen ihre Führungsstrukturen erneuern. Zwei Versicherungen haben eine Fusion hinter sich und wollen die Mitarbeitenden aus beiden Unternehmensteilen mitnehmen auf den neuen Weg. Eine Bank denkt mit ihren Führungskräften über Vertrauen in der Unternehmenskultur neu nach. Oder einzeln angemeldete Führungskräfte versuchen in Klosterseminaren eine sinnvolle Karriereplanung, und bedenken die Fragen des Erfolges anhand des Gleichnisses vom vierfachen Ackerfeld. In Trainings mit jüngeren Führungskräften werden Autorität und Verantwortung gestärkt und eingeübt. Es gibt Seminare für Führungskräfte in neuen Aufgaben oder vor dem Ruhestand.

Weltlich und geistlich zugleich – es werden wichtige Fragestellungen wirtschaftlicher oder persönlicher Art in den jahrhundertealten Räumen bewegt. Menschen lassen sich prägen von dieser besonderen Atmosphäre, um dann wieder hinaus zu gehen in Business und Leben. Wenn es Erfolg hat, nennen sie es ihren Loccum-Prozess oder den Geist von Loccum. Einzelne finden hier erstmalig in ihrem Beruf eine Anknüpfung an die Kirche. Unternehmen entdecken Spiritualität als Chance für die eigene Kultur. Wir, die Pastoren von Spiritual Consulting, haben diese Klosterseminare oder Vorstandstage die „kleine“ Retraite genannt.

„Retraite“ kommt aus dem französischen und bedeutet das Unterbrechen in der Jagd, um inne zu halten und sich neu zu besinnen. Die Jagd diente schon den Zisterziensern als ein Bild des Glaubens. Georges Duby schreibt in seinem Buch „Die Klöster der Zisterzienser“, jeder Mönch wird, „wenn er aus der Dunkelheit des Schlafsaals oder dem lichtdurchfluteten Kreuzgang kommt und in das fast wäldliche Halbdunkel der Kirche eintritt, gleichsam zum Wild einer Liebesjagd“, zum „Ziel der göttlichen Liebespfeile.“ Kommt es nicht zuerst genau darauf an, sich von Gott treffen zu lassen?

Die Vision einer „großen“ Retraite ist geboren. Kann das gelingen, ein eigenes Wochenende im Kloster zu verbringen, wo es nur um den Glauben geht? Eben nicht mit ethischen Fragen zu beginnen, sondern ganz evangelisch mit der frohen Botschaft der Gnade Gottes? Wo der Pfeil Gottes trifft, um Sünder zu rechtfertigen und zu Heiligen werden zu lassen? Das ist die große Retraite, die vom Glauben ausgeht und dann ins Handeln führt, die das Wachsen eines guten Baumes fördert, der gute Früchte bringen kann. Es ist die Wiedergewinnung der lutherischen Vorrangstellung des Glaubens vor dem Handeln, die persönliche Aneignung eines Vertrauens zu Christus, aus dem die eigene Identität und die Haltung gegenüber dem Leben und Arbeiten folgen. Die Zeit ist reif geworden für ein solches Vorhaben.

Die späte Phase der Nachkriegszeit in der Bundesrepublik, wo wirtschaftliches Wachstum und Selbstverwirklichung zählen und Religion und Kirche verblassen, ist vorbei. Mit den Krisen im neuen Jahrtausend kommt es zu einer Wiederentdeckung des Glaubens, die mit dem neuen Begriff der Spiritualität erfasst wird. In dieser Bewegung werden Klöster und Pilgerwege neu belebt. Hier suchen auch Führungskräfte der Wirtschaft nach ihren geistlichen Wurzeln. Sie werden durch ihre weltweiten Geschäftspartner im Zeitalter der Globalisierung daran erinnert, die ihren Glauben in China, Japan, Indien, in Nord- und Südamerika ganz selbstverständlich leben.

Die große Retraite beginnt zum ersten Mal 2005. Eingeladen wurde unter dem Titel „Die Kraft des Glaubens in Beruf und Familie – evangelische Spiritualität erleben". Unternehmer und Manager aus ganz Deutschland reisen für ein Wochenende an, vorwiegend Mitglieder aus dem Arbeitskreis evangelischer Unternehmer (AEU). Auch Unternehmerinnen sind dabei, und viele Ehepaare aus Unternehmerfamilien. Am ersten Abend am Kamin, als Abt Hirschler sie nach ihrem Namen, ihrer Familie, ihrer Tätigkeit und ihrem bisherigen Bezug zu Kirche und Kloster fragt, berichten sie von ihrem Erstaunen über dieses fast vollständig erhaltene Zisterzienserkloster und die un-

unterbrochene Tradition der Hora. So etwas haben sie in München, Stuttgart, Frankfurt, Hamburg oder Berlin nicht kennengelernt.

Zum Nachtgebet gehen sie kurz vor Mitternacht, nur mit einer Kerze in der Hand, den dunklen Weg durch den Kreuzgang ausleuchtend, in den Hohen Chor der Kirche, setzen sich ins Gestühl und singen „Nun ruhen alle Wälder", und auch „Der Mond ist aufgegangen". Stille durchdringt die Luft und geht bis ins Herz. Mit dem Nachtgebet endet der Tag, und es kommt die Ruhe der Nacht in den einfachen Zimmern des Konventsgebäudes.

Um 7.45 Uhr ist Andacht in der Johanneskapelle. Nun schon zum dritten Mal schreiten sie den Weg durch den Kreuzgang, jetzt in der Kühle des Morgens. Den Blick nach Osten zur aufsteigenden Sonne gerichtet, beginnt der Tag mit Lobgesang. Luthers Morgengebet folgt, und nach der Lesung eine Predigt über den Psalmvers: „Dein Wort ist meines Fußes Leuchte und ein Licht auf meinem Wege." Vaterunser, Segen und Lied führen dann in den warmen Speisesaal zum gemeinsamen Frühstück, eingeleitet durch das Tischgebet im Stehen. Es sind die ganz einfachen Formen einer geistlichen Gemeinschaft und ihrer Rituale, die von Anfang an prägen und Halt geben.

Der Morgen bis zum Mittagsgebet im Kapitelsaal ist mit Bibelarbeit gefüllt. Wir schreiben in die Einladung hinein, man möge doch seine Bibel mitbringen. Einige haben tatsächlich eine eigene Bibel dabei. Doch wann hat man wirklich Zeit für Gottes Wort? Wir haben drei Stunden vorgesehen, nur für die Beschäftigung mit der Geschichte von Martha und Maria aus dem Lukasevangelium. Sie tragen ihre persönlichen und beruflichen Erfahrungen in diese Geschichte ein und kommen darüber ausführlich ins Gespräch. Leitend wird die aktuelle Frage:

Wie finde ich zur Glaubensstärkung in der täglichen Fülle der Arbeit?

Wie kann ich nicht nur wie Martha arbeiten, sondern auch wie Maria zuhören?

Um 12 Uhr ist der Höhepunkt des Tages, an dem wir innehalten und beten. Dazu gehen wir hinab in den halbdunklen Kapitelsaal und versammeln uns im Stehen um eine Kerze. Das Mittagessen folgt, wiederum von Gesang und Gebet gerahmt. Dann, unter den bewegten Wolken des Loccumer Himmels, der kleine Pilgergang zur Luccaburg. Die erste Hälfte des Weges wird nach der Eröffnung mit einem Bibelwort schweigend gegangen, unter den hohen Bäumen des Klosterforstes dem Singen der Vögel lauschend. Auf dem Rückweg sind die Gespräche in den sich ergebenden Zweiergruppen umso intensiver und persönlicher. Danach gibt es spezielle Angebote. Hier ist Gelegenheit, auszuwählen und in kleinen Gruppen intensiv zu arbeiten. Eindrücklich ist die persönliche Auswahl eines Bibelspruchs, zu dem man sich selber eine kleine Predigt schreibt und diese später in der Gruppe vorstellt.

Stationen des Glaubens – ein Wagnis mit gutem Ausgang

Kann es in einem evangelischen Kloster eine zweistündige „Prozession" durch die geprägten Räume geben, beginnend im Konventsgebäude über die Stationen des Kreuzgangs bis zur Feier des Abendmahls im Hohen Chor der Kirche? Duby schreibt zur Zisterziensertradition: „Der Mönch meditiert offenen Auges im Gehen, denn der Kreuzgang ist auch als Weg angelegt, der wie der Zug durch die Wüste ist." Da klingen die Worte von Bernhard von Clairvaux fast lutherisch: „Der Kreuzgang soll nicht Träumereien begünstigen, sondern das Verständnis des Textes fördern." Ja, wir sind das Wagnis eines liturgischen Abends eingegangen und haben mit einem kompetenten Team unserer Landeskirche für die Gruppe der Unternehmer und Manager eine Konzeption als Gemeinde auf Zeit entwickelt. Was vor Jahren noch undenkbar schien, und bis zuletzt trotz des Wunsches vieler uns bekannter Führungskräfte ein Wagnis blieb, ist hier zum Höhepunkt der großen Retraite geworden.

Mit Kerze, Kreuz und Bibel ausgestattet, beginnt das gemeinsame Gehen, Singen, Beten, Hören und Feiern auf dem Weg zu den sieben ausgewählten Stationen im Kloster. Zu Beginn hören wir Worte aus der Schöpfung. Im Laienrefektorium sehen wir uns mit hinein in das Bild der Bergpredigt und sprechen die Seligpreisungen. Im Innenhof lauschen wir der Predigt zu dem Psalmvers *„Meine Zeit steht in deinen Händen"* und wandern mit den Augen über die vier Seiten der alten Gebäude wie durch die vier Evangelien, die vier Jahreszeiten, die vier Ströme im Garten Eden. Im Kapitelsaal wird die Beichte mit Schuldgebet und Zuspruch von Vergebung zum Thema, mit leisem Gesang, der sich durch das Gewölbe vervielfacht. Im schönsten Teil des Kreuzgangs, beim Bild des Adlers, der sein Junges zum Fliegen bringt, ist die klassische Stelle der Bibelauslegung. Hier stand schon zu Zisterzienserzeiten der Abt und unterrichtete seine Mönche. Dazu das Lied *„Nun lob mein Seel, den Herren"* mit der schönen Stelle *„verjüngt, dem Adler gleich"*.

Nach eineinhalb Stunden kommt der feierliche Einzug mit Querflöte in die Klosterkirche. Schritt für Schritt geht die wandernde Gemeinde zum Taufbecken. Tauferinnerung – das Wasserkreuz wird auf jeden Handrücken gemalt. Dann folgt einer der emotional stärksten Augenblicke, der ganz langsame Gang mit leisem Spiel der Orgel durch die Kirche auf das große, angestrahlte Kreuz zu. Der Christus ist zu sehen, der sich vom Kreuz aus den Ankommenden entgegen neigt. Um ihn herum wird das goldene Band erkennbar, als Zeichen für das göttliche Gehaltensein auch in der Erfahrung des Scheiterns und des Leides, selbst des Todes. Die letzte Station ist dann die Feier des Heiligen Abendmahls mit Brot und Wein.

Wir sind sehr erleichtert und immer noch etwas verwundert, dass gerade dieser liturgische Abend besonders angenommen und zum Höhepunkt der großen Retraite wird. Die Sehnsucht nach spirituellen Erfahrungen, nach einem Glauben, der das Leben tragen kann, ist in Kreisen der Wirtschaft stärker verbreitet als es aus einer kirchlichen Perspektive heraus zu vermuten ist. Nach dem Ausklang im Kapitelsaal mit klassischen Klängen am Flügel berichten beim spätabendlichen Loccumer Schmalzbrot immer wieder Teilnehmer, wie sie dieses Unterwegssein als Gemeinde Gottes ergriffen hat. Ein Manager, der diesen Weg

Das Refektorium

schon öfter mitgemacht hat, sagt: Man wird weichgeklopft und geht neu ins Leben hinaus.

Der Sonntagmorgen beginnt mit einer Einführung und dem Hören einer Bachkantate, dann folgen der gemeinsame Gottesdienst in der Klosterkirche zusammen mit der Loccumer Gemeinde und der Gang über den Friedhof und zu den Gräbern der Äbte. Das Mittagsgebet beinhaltet schon den Gedanken des Aufbruchs und wird neben dem Dank und den Bitten an Gott mit einer persönlichen Segnung im Hohen Chor abgeschlossen. Manchmal gibt es nach dem Mittagessen auch noch eine Begegnung mit einer Bischöfin oder einem Bischof zu aktuellen Themen der Zeit.

Führungskräfte finden an diesem besonderen Ort eine besondere Gemeinde auf Zeit, mit der sie Glauben erleben und erfahren können. Hat der Glaube auch Folgen für das unternehmerische wie für das private Handeln? Ja, manche arbeiten verstärkt in der Kirche mit, in Kirchenvorständen und Synoden. Sie möchten, dass unsere evangelische Kirche profiliert Glaubenserfahrungen ermöglicht, für Menschen aus allen Kreisen und Schichten. Viele setzen sich für das Kloster ein, haben den alten Konzertflügel im Refektorium aufwändig restaurieren lassen. Andere fördern den Neubau der Orgel. Etliche schicken ihre Mitarbeitenden zu Klosterseminaren oder kommen mit ihrem Vorstand zur kleinen Retraite. Sie berichten in ihren Unternehmen und Kreisen von dem, was sie erlebt haben.

Wer einmal mit ganzem Herzen die große Retraite erlebt hat, möchte besonders diese Glaubenserfahrung einmal im Jahr für sich persönlich erneuern, um vom Glauben her ins verantwortliche Handeln zu finden. Inzwischen treffen sich alte und neue Teilnehmende auch zu einer Adventsretraite, andere kommen und setzen sich für eine halbe Stunde in den Innenhof mit Blick auf den Dachreiter mit der Glocke, der ebenso so hoch ist wie das Kirchenschiff selber und doch hier so nahe erscheint wie der göttliche Himmel dem menschlichen Leben auf der Erde.

Die Zitate zum Leben und Beten der Zisterzienser entstammen dem Buch von Georges Duby: Die Klöster der Zisterzienser. – Paris 2004, S. 114–116 und 157.

Horst Hirschler

Der Christuspavillon der EXPO 2000 in Volkenroda

Volkenroda lebt auf

Das wussten wir ja: Volkenroda ist unser Mutterkloster, die ersten jungen Mönche und ihr Abt kamen 1163 von dort; Volkenroda stammt von Altenkamp, wie unsre „Tante" Amelungsborn, Altenkamp stammt von Morimond und Morimond von Citeaux. Klare Abstammungsverhältnisse.

Loccums Mutterkloster Volkenroda aber lag in Thüringen. In der DDR vor der Wiedervereinigung. Die Konventualen Hube, Uhlhorn und Ulrich fuhren im Jahr 1994 dorthin und berichteten im Konvent: katastrophale Verhältnisse! Der Bruder des Bürgermeisters, Bischof Meißner, Köln, hatte schon eine Million DM bereitgestellt, damit aus Volkenroda überhaupt noch etwas werden konnte.

Fast gleichzeitig entdeckte die Jesusbruderschaft aus Gnadenthal/Hessen, Volkenroda als gottgewollte Aufgabe, schickte die ersten Brüder und Schwestern hin und übernahm dann das Ganze. Die hatten einen genialen, in manchem sehr waghalsigen Bruder, den Günter Oertel, und den sehr fundierten Theologen Dr. Karl-Heinz Michel. An dem Neuanfang waren auch beteiligt die Frau des ortsansässigen Försters Ulrike Köhler, der Bruder Jens Wolf und seine Frau Christiane Wolf und der Bruder Helmuth, der einen großen Betrieb ingang zu setzen begann.

Eines Tages im Dezember 1995, am 2. Advent, erschien eine Delegation aus Volkenroda bei der Konventssitzung des Klosters Loccum, sie baten um Unterstützung beim Wiederaufbau des Klosters. Die DDR-Regierung hatte alles getan, das verfallen zu lassen. Günter Oertel sagte: "Wir bauen ein Konventshaus aus Glas und Stahl und wollen an den noch vorhandenen Chorraum eine moderne Kirche anbauen, ebenfalls aus Glas und Stahl." Freundliches Gespräch. Der Loccumer Konvent war etwas abständig. Als Prior schrieb ich ihnen nach dem Besuch noch einmal ausdrücklich: Volkenroda, obgleich unser Mutterkloster, kann von Loccum keine Sponsorengelder erwarten, weil wir selber nichts haben. Im Frühjahr 1996 erhielt ich einen etwas beleidigten Brief: Sie hätten von Loccum überhaupt keine direkten Sponsorengelder gewollt, sondern Namen von Menschen, die sich für Volkenroda interessieren und Geld investieren könnten.

Also, sorry, lud ich sie als Landesbischof und Prior des Klosters zu einem Mittwochnachmittag im April 1996 noch einmal ein, in die Bischofskanzlei nach Hannover zu kommen, um mit ihnen über mögliche Sponsoren nachzudenken. Ich hatte Mitglieder des Klosterkonvents, den Leiter des Evangelischen Büros für die EXPO 2000 Dr. Wegener und andere dazu gebeten.

Vormittags hatten wir eine schlechte Sitzung gehabt, keine vernünftigen Ideen für die EXPO 2000. Wir wollten schon in eine x-beliebige Halle gehen und die Hälfte anmieten für einen Weg der Geschichte der Kirche und gähnten innerlich. Denn wir hatten schon ganz andere Ideen gehabt. Vier waren wir: Dr. Harig, damals Preussen-Elektra, später Eon, Valentin Schmidt, der Präsident des Kirchenamtes der EKD, Dr. Wegener und ich. Dr. Harig sagte: „Der Eiffelturm ist doch auch mal für eine Weltausstellung gebaut worden. Wir bauen eine Riesenkirche, wie den Eiffelturm, für alle Weltreligionen und christlichen Konfessionen." Wir schauten ihn etwas zweifelnd an. Dann waren wir bei einem Marktplatz der Religionen gelandet. Nebeneinander Kirchen, Moscheen, Synagogen, Hindutempel usw. Die EXPO Planungsgruppe lehnte ab, zu gefährlich. Nichts lief.

Nun also nachmittags Sponsoren für das Loccumer Mutterkloster Volkenroda. Für Thüringen neben Mühlhausen, sagte ich, gibt es doch keine Sponsoren. Beim Nachdenken über die Klosterkirche für Volkenroda, gleichzeitig die EXPO 2000 im Kopf, kam uns die Idee: Wir bauen zuerst eine Kirche aus Glas und Stahl in Hannover auf die EXPO 2000 und verschieben sie dann irgendwie nach Volkenroda. Denn für die EXPO 2000 Sponsoren zu finden, das erschien uns leichter als für Volkenroda, wo der Hund verfroren schien. Es gab schon einen Entwurf für die Klosterkirche in Volkenroda. Der taugte aber nicht für die EXPO.

Die Stahlindustrie

Eine Woche nach jener Mittwochssitzung wurde die jährliche Industrie-Messe in Hannover im Kuppelsaal eröffnet. Ich stehe vor Beginn etwas verloren in meinem Bischofshabit vorne vor den mehreren tausend Ausstellern und Gästen an der Bühne und warte, dass mir jemand meinen Platz anweist. Da kommt Dr. Harig vorbei. „Wir haben Ihren Eiffelturm", sage ich. Er bleibt stehen: „Was haben Sie?" fragte er. Ich berichte: Volkenroda, Thomas Müntzers Haufen hat 1525 die Kirche unseres Mutterklosters zerstört, jetzt Jesusbruderschaft aus Gnadenthal, ordentliche Leute, moderner Aufbau, Stahl und Glas, die Kirche zuerst auf die EXPO 2000, dann nach Volkenroda, verschiebbare Kirche, innovativ, Glas und Stahl. „Warten Sie mal einen Augenblick", sagte Dr. Harig. Drei Minuten später kommt er mit fünf leitenden Herren der Stahlindustrie zurück. „Erzählen Sie denen das mal", sagte er und geht. Jeden Augenblick muss der Bundespräsident kommen. Ich habe noch immer meinen Platz nicht. Ich skizziere knapp unsere Schnapsidee. Die fünf schauen mich an. Einer, Herr Gienow, sagt: „Also ich bin ja mit Herrn Lohse, Ihrem Vorgänger, in dieselbe Schule gegangen." Hatte zwar nichts damit zu tun, war aber ein positives Signal. Bundespräsident und Ministerpräsident werden angekündigt. „Das müssen Sie uns unbedingt ausführlicher erzählen", sagen die fünf. Zurück auf die Plätze. Auch für mich ist einer da.

Dies kurze Gespräch in dieser Situation war der Anfang. Wahnsinn, ich staune immer noch. Möglich war es nur, weil so viele sich für diese verrückte Idee begeistern ließen.

Ein halbes Jahr später, Dr. Vondran vom Stahlverband und Dr. Weber von der Studiengesellschaft Stahlanwendung, hatten es gedreht: Dr. von Vietinghoff, Präsident unseres Landeskirchenamtes, und ich sitzen in der informellen Gesprächsrunde der Verantwortlichen der Stahlindustrie und stellen unser abenteuerliches Vorhaben vor. Zwei Gesichtspunkte sind maßgebend: Auf der EXPO 2000 sollte es angesichts unserer säkularisierten, von Wissenschaft, Wirtschaft und Technik faszinierten Gesellschaft einen erkennbaren, zur Besinnung führenden christlichen Schwerpunkt geben. Eine Kirche mitten auf der EXPO. Dieser Aspekt sprach einige an. Aber es sollte zweitens, auch ein in hoher Qualität erstellter innovativer Bau aus Stahl und Glas sein, mit dem sich die Christenheit als modern und besonders auch die Stahlindustrie beispielhaft darstellen könnte. „Wieviel wollen Sie denn von uns", wurde ich gefragt. „Die Evangelische Kirche in Deutschland hat trotz ihrer Finanzprobleme zehn Millionen DM für alles, was wir auf der EXPO machen, bereitgestellt. Von Ihnen hätte ich, ausschließlich für die Kirche, gern acht Millionen DM". Entsetztes Schweigen. Einer sagte: „So etwas haben wir noch nie gemacht, nicht einmal 100 000 DM haben wir jemals für eine Kirche ausgegeben." Dann werden wir hinaus komplimentiert. Sitzen eine Etage tiefer auf dem Flur. Eine halbe Stunde später kommt Dr. Weber als Reitender Bote. Fünf Millionen, sagt er. Das war der Durchbruch für den Christuspavillon, wie wir ihn später nannten.

Die „Seele der EXPO 2000"

Also wurde nach begrenzter Ausschreibung einer „Klosterkirche mit Kreuzgang" aus Glas und Stahl der geniale Entwurf von Meinhard von Gerkan, Hamburg, in Zusammenarbeit mit Joachim Zais, Braunschweig, ausgewählt. Das war ein moderner Kirchenraum, ans Gotische erinnernde hoch aufstrebende Stahlpfeiler, die Wände aus Marmor. Und der Kreuzgang einfach um den Mittelbau herum gelegt, sogar mit Innenhof. Ein phantastischer Bau. Nach langem Drängeln in der Mitte der EXPO, schräg gegenüber vom Deutschen Pavillon. Rathaus und Kirche gehören in die Stadtmitte, sage ich immer. Die römisch-katholische Kirche, viele Gespräche mit Bischof Dr. Homeyer, Hildesheim, machte als Veranstalterin mit. Dr. Wegener managte das Ganze. Was ist unser Hauptangebot? Ich sagte, jede Stunde ein 10-minütiges Stundengebet. Wahnsinn, sagten die Evangelischen, viel zu kurz, die Katholischen. Schließlich einigten wir uns auf zwölf Minuten. Psalm 8, deutsch und englisch. Kurze Auslegung eines Bibeltextes. Talar und Kerzen.

Es wurde „die Seele der EXPO", wie später manche sagten. Sie hätten ihn gern in Hannover behalten. Aber das wäre gegen die Verabredung gewesen. Also die vielen Schwerlasttransporter von Hannover nach Volkenroda.

Dort steht er heute, von Meinhard von Gerkan genial eingepasst, als gehöre er zu dieser alten Klosteranlage.

Die schöne Festschrift „Auf dem Weg zur Mitte – Christus, 10 Jahre Christus Pavillon" stellt vieles noch genauer dar. Es durfte gelingen, für unser Mutterkloster Volkenroda einen wunderbaren Ort der Christusnähe zu schaffen. In Loccum hatte es begonnen.

Der Christuspavillon an seinem neuen Ort in Volkenroda

Hans Christian Brandy

Das Kloster Loccum als Ort evangelischer Spiritualität

Spiritualität boomt. Immer mehr Menschen empfinden, dass zum Leben mehr gehört als Arbeit und Urlaub, Beziehungsstress und Freizeitevents. Viele haben Sehnsucht danach, in einem zerrissenen Alltag Einheit und Heilung zu erfahren. Wer gemeint hatte, das Zeitalter der Religion gehe zu Ende, sieht sich getäuscht. Forscher sprechen schon seit Jahren von einem „Megatrend der Respiritualisierung". Dabei ist „Spiritualität" ein schillernder und unscharfer Begriff, unter dem sich vieles verbindet aus der Praxis des Christentums, anderer Religionen oder dem Bereich der Esoterik.

Auch Klöster haben Konjunktur. Sie können den Anfragen von Menschen, die für eine Zeit Stille und spirituelle Erfahrungen suchen, kaum nachkommen. In Niedersachsen haben wir einen Reichtum evangelischer Klöster, die überregional wahrgenommene Impulse für die Spiritualität unserer Kirche geben. Ich möchte einige Überlegungen anstellen zu der Frage, welches Profil eine Spiritualität im Kloster Loccum in Zukunft haben könnte.

Evangelische Spiritualität

Wie kann man heute wesentliche Elemente einer evangelischen Spiritualität beschreiben, gerade im Umfeld manch bunter Patchworkreligiosität?

Evangelische Spiritualität antwortet behutsam auf die Fragen und Sehnsüchte der Menschen. Sie gibt nicht fertige Antworten vor, sondern bietet Räume, in denen in Freiheit persönliche geistliche Erfahrung möglich ist. Diese Räume aber sind nicht beliebig, sondern inhaltlich qualifiziert.

Im Zentrum evangelischer Spiritualität stehen „Grundorte", über die jeweils vieles zu sagen wäre: Gebet, Bibel, Gesang und Musik, Gottesdienst. In Ergänzung dieser Grundformen und zu ihrer lebendigen inhaltlichen Gestaltung gibt es eine Fülle an weiteren neuen und alten Formen: Feste, Gesten, Tanz, Pilgern, Fasten, Meditation, Stille, Exerzitien, Herzensgebet usw.

Wie aber lassen sich *inhaltliche* Leitlinien beschreiben? Evangelische Spiritualität ist Praxis der Gottesbeziehung. Sie lebt im Vertrauen auf den dreieinigen Gott. Schön hat das die bayerische Landeskirche, in der es dazu eine Debatte gab, formuliert:

„Christliche Spiritualität ist geprägt von der Freude über die Menschwerdung Gottes und der ihr entsprechenden Freiheit: *‚… wo aber der Geist des Herrn ist, da ist Freiheit' (2. Kor 3,17).* In dieser Mitte verwurzelt, kann evangelische Spiritualität Ausdrucksformen aus unterschiedlichen kulturellen Kontexten aufnehmen und neue Formen entwickeln."

Es sind also biblische Konzentration auf Christus einerseits und Freiheit und Weite andererseits miteinander verbunden. Gerade die Christusbeziehung befreit zu einer großen Weite im Blick auf alte und neue Gestaltungen. Einheitliche und normierte „Zeremonien", also auch festgelegte Formen der Spiritualität, sind nach evangelischem Verständnis gerade nicht notwendig (CA 7).

Bei all dem gilt: Wer Spiritualität ernst nimmt, lässt sich auf Formen, auf Regelmäßigkeit, auch auf Übung ein. Auch evangelisch gilt für die Praxis von Spiritualität, worauf Fulbert Steffensky hinweist: Der Mensch baut sich nicht nur von innen nach außen, sondern auch von außen nach innen. Er braucht äußere Methoden und Rituale, Regeln und Rhythmen als „Verbündete der Seele", mit denen „das geistliche Leben zu gestalten ist und die von der Zufälligkeit der eigenen Wünsche befreien."

Allerdings: Nach evangelischem Verständnis kann es nicht darum gehen, auf dem spirituellen Weg nach wachsender Vollkommenheit zu streben. Vielmehr –

so formulierte die Lutherische Bischofskonferenz – kommt für lutherische Spiritualität der Schatz des Evangeliums in zerbrechlichen Gefäßen von Menschen zum Leuchten, die ihrer Sünde im Angesicht Christi auf befreiende Weise inne werden und deshalb mit ihrem „Pfahl im Fleisch" fragmentarisch leben können. Michael Nüchtern hat herausgestellt: In ihrem Kern ist christliche Spiritualität *Beziehungsspiritualität*, nicht primär Entwicklungsspiritualität: Sie lebt aus der Beziehung zu Christus als einem Du und gestaltet diese Beziehung. So sehr zu jeder Beziehung auch Entwicklung und Wachstum gehören: Niemand kann und muss sein Leben zu immer höherer Ganzheitlichkeit, Gesundheit oder Erleuchtung führen, auch nicht durch spirituelle Techniken. Wie all unser Tun bleibt auch unsere Spiritualität bruchstückhaft. Nach Luther sind Grundpfeiler evangelischer Spiritualität daher Gebet, Schriftmediation und eben nicht „Erleuchtung", sondern „Anfechtung" (oratio, meditatio und *temptatio*). Gerade im Leiden an sich selbst und an Erfahrungen der Gottferne ist der Mensch Gott nahe, liegt der Ort religiöser Erfahrung: „Die Anfechtung lehret dich nicht allein wissen und verstehen, sondern auch erfahren", wie Gottes Wort ist.

Spiritualität in zisterziensischer Tradition

Nach einem evangelischen Profil von Spiritualität zu fragen, steht in keinem Gegensatz zu der dankbaren Feststellung, dass wir uns gerade im Bereich gelebter Frömmigkeit großer ökumenischer Übereinstimmungen freuen und dass sich unsere spirituelle Praxis vielen ökumenischen Impulsen, etwa Gesängen aus Taizé, aus den orthodoxen und afrikanischen Kirchen, verdankt. Zu ihren Quellen gehört auch die monastische Tradition des Abendlandes. Das gilt nun besonders für die Klöster und damit auch für Loccum in seiner Prägung durch die Spiritualität der Zisterzienser.

- Zisterzienserklöster waren Orte des *Schweigens*, rigoros durch die Regel geschützt, mit Sanktionen gegen die, die es brachen und mit einer ausdifferenzierten Zeichensprache für einen pragmatischen Umgang damit. Im Kern ging es um immerwährende Konzentration auf Christus, um Distanz zur Welt und allem Oberflächlichen, um sich selbst zu betrachten als Ansatzpunkt für die Erkenntnis Gottes und die Liebe zu ihm. Zisterziensische Spiritualität lebt von dem Schweigen, das sich aus der Gegenwart Gottes heraus füllt und aus dem Hören auf den dreieinigen Gott und sein Wort. „Höre, mein Sohn" sind die ersten Worte der Benediktsregel.
- Dem Schweigen korrespondiert die äußere Kargheit und *Einfachheit* des Klosters, die dann ihre eigene Ästhetik entwickelt. Um die konsequente Achtung dieser Regel wurde immer wieder gerungen, in der späteren Zeit gab es dann doch manches reichere Inventar. In der Ursprungsidee aber soll nichts den Mönch ablenken von der Hinwendung zu Gott: keine Farbe, kein Schmuck, keine figürliche Darstellung. Nur auf den gekreuzigten Christus soll der Blick fallen. Die Kirche ist „optisches Schweigen" (Michael Wohlgemuth), ist Gestalt gewordene Konzentration.
- „Dem *Gottesdienst* ist nichts vorzuziehen", so der berühmte Satz aus der Benediktsregel, die auch für die Zisterzienser als Reformbenediktiner unbedingte Norm war. Sie fand ihren Ausdruck insbesondere in den acht Gebetszeiten, die den Tag und auch einen Teil der Nacht strukturieren und füllen. Und der Gottesdienst wiederum besteht zentral im Gesang – ein bleibendes Erbe der Mönche.
- Zum Leben in der Begegnung mit Gott gehört auch die Arbeit: *Ora et labora*. Auch die Arbeit hat spirituellen Charakter, bedeutet aber auch eine qualifizierte Hinwendung zur Welt. Sie führte zur äußeren Wirksamkeit der Klöster, die auf diese Weise hohe wirtschaftliche, politische und kulturelle Bedeutung erhielten.
- Genau gegen den zu großen Erfolg dieser Hinwendung zur Welt aber richtet sich der Zisterzien-

serorden immer wieder. Er legt einen starken Akzent auf die Priorität des Geistlichen: Kein Prunk, keine machtsymbolisierenden Kirchtürme, der bewusste Gang in einsame Gebiete. „Unsere Lebensform (ordo noster) ist Erniedrigung, ist Demut, ist freiwillige Armut, ist Gehorsam, Friede und Freude im Heiligen Geist", sagt Bernhard.

- Ihre innere Mitte des Lebens in der Gegenwart Gottes findet zisterziensische Spiritualität in Zügen der Christusmystik, indem der schweigende Mönch sich in das Bild des gekreuzigten Jesus vertieft. So ist Christus gegenwärtig, so kommt es zur Begegnung mit ihm. Das Urbild zisterziensischer Spiritualität zeigt Bernhard von Clairvaux vor dem Gekreuzigten, der sich zu Bernhard herabbeugt zur gegenseitigen Umarmung.
- Auf diese Weise verschafft Bernhard einer neuen Subjektivität Raum, in der eigene Frömmigkeit und die eigene religiöse Erfahrung im Mittelpunkt stehen. „Heute lesen wir im Buch der Erfahrung", es „achte ein jeder darauf, was er darüber von sich selber weiß." Es geht um das persönliche Erleben des Evangeliums in der „Bemühung in der Stille, Übung im Fasten, im Nachtwachen, im Gebet und vor allem darin, den besseren Weg zu gehen, der die Liebe ist" (Bernhard).
- Eine große Bedeutung hat schon in der Benediktsregel die Gastfreundschaft. In jedem Gast ist Christus zu sehen. Gäste ermöglichen neue geistliche Gemeinschaft und auch neue Erfahrungen und Inspirationen.

Evangelische Spiritualität in zisterziensischer Tradition im Kloster Loccum

Übereinstimmungen und Differenzen zwischen den zentralen Elementen evangelischer und zisterziensischer Spiritualität wären breiter zu entfalten, sind ansatzweise aber deutlich: Die Differenzen in der Lebensform auf dem Hintergrund der (zu differenzierenden und zu diskutierenden) reformatorischen Kritik am Mönchtum liegen auf der Hand, die Übereinstimmungen ebenso: Gebet, Gottesdienst, Gesang, Christuszentrierung, Erfahrungsorientierung. Gerade auch die Gebäudeästhetik der zisterziensischen Konzentration erschließt sich protestantischer Frömmigkeit.

Loccum ist ein Ort mit höchst vitaler Vergangenheit und Gegenwart. Das Kloster ist immer ein Ort gelebter Spiritualität gewesen und hat sich als ein solcher weiter entwickelt. Was heute ist, ist gewachsen, auch durch manche Suchbewegungen hindurch. Molanus hat es bekanntlich mit evangelischem Mönchtum versucht – das hat sich nicht durchgesetzt. Manche Formen – etwa das Pilgern – sind erst in den letzten Jahren entstanden. Auch in Zukunft wird sich die Spiritualität des Klosters weiterentwickeln. Das wird von den Fragen der jeweiligen Zeit ebenso abhängen wie von Charismen, die Menschen einbringen. Ich finde diese Veränderbarkeit einen guten Ausdruck evangelischer Freiheit. Wo steht, dass es nicht irgendwann im Kloster Loccum doch einmal eine evangelische Kommunität geben wird?

Das aber ist im Moment nicht erkennbar. Erkennbar ist der Rahmen dessen, was in Loccum gewachsen ist. Wer hier geistliches Leben gestalten möchte, wird – einem Motto des Klosters Bursfelde folgend – gut tun, zu *„hören, was am Ort klingt"*.

Das Kloster Loccum ist

- ein *Kloster*. Ein Ort mit einer großen und über Jahrhunderte ununterbrochenen spirituellen Tradition und mit einem Klostergebäude und einer Kirche, die still, aber machtvoll einladen zu geistlichem Leben.
- ein *Predigerseminar*, das einzige in der Landeskirche und darüber hinaus. Es ist der Studien- und Arbeitsort für künftige Pastorinnen und Pastoren. Damit ist es auch ein Ort zur *Einübung spiritueller Erfahrung*, und zwar in einer spezifischen Weise, nämlich bezogen auf das reflektierende theologische Gespräch und die Verkündigung des Evangeliums.

Blick in den Lesegang mit Lilienfliesen im Vordergrund

- die *Kirche der Kirchengemeinde Loccum*, Ort des sonntäglichen Gottesdienstes, Raum, in dem die Feste des Lebens gefeiert und bedacht werden. Seit Abt Strackes Zeiten werden die Kinder des Ortes hier getauft, werden Trauungen gefeiert und Abschiede betrauert. Die Frömmigkeit des Ortes und des Klosters sind nicht eins, aber doch untrennbar miteinander verbunden.
- eingebunden in den komplementären Verbund mit den anderen *Loccumer Einrichtungen* (Evangelische Akademie, Religionspädagogisches Institut, Pastoralkolleg), deren Schwerpunkt im Bereich von *Diskurs und Bildung* liegt. Das wirkt auch auf das Kloster. Es gibt hier eine zu fördernde Wechselbeziehung: Die kirchlichen Nachbarn sind im Kloster präsent (bei der Hora, bei Gottesdiensten – z. B. zur Vokation von Religionslehrern – oder für Kirchenpädagogik), Kloster und Predigerseminar partizipieren an den hochkarätigen Angeboten der anderen Einrichtungen.
- ein Ort, der *in den säkularen Bereich hinein Kirche repräsentiert*. Das gilt besonders für den Loccumer Empfang, aber auch für die „Loccumer Gespräche", Einkehrtagungen für Wirtschaftsleute und manches mehr.

Was folgt daraus? Auch in Loccum kann es wunderbar still sein, auch hier ist Stille ein unverzichtbarer Baustein geistlicher Erfahrung und Einkehrgruppen erleben das auch. Trotzdem: Wer im wesentlichen Stille und Einsamkeit sucht, wird vielleicht nicht zuerst nach Loccum gehen, schon weil man immer wieder damit rechnen muss, (als Kirchenmensch) Kollegen oder kirchenleitenden Personen über den Weg zu laufen. Das Charisma von Einkehr und Stille haben andere Klöster in der Landeskirche (Amelungsborn, Bursfelde, Wülfinghausen) etwas stärker. In Loccum steht spirituelle Erfahrung stärker im Kontext von Diskurs und Ausbildung, von Begegnung und Gespräch.

Welche spirituellen Schwerpunkte sind gewachsen und lassen sich stärken?

- *Das Kloster.* Seine Spiritualität lebt zu allererst aus dem, was in den Mauern von Kloster und Kirche klingt. Frömmigkeit und Architektur, Gebäude und Gebet gehören zusammen. Aller spiritueller Reichtum im Kloster (etwa die in diesem Buch beschriebene Retraite) lebt von der geistlichen Resonanzfähigkeit der verschiedenen Orte: Kirche und Kapelle, Kreuzgang und Kapitelsaal, Refektorium und Innenhof. Überall sind andere spirituelle Formen möglich. Was immer in den nächsten Jahren an den Klostergebäuden noch gebaut werden wird – es ist immer auch eine spirituelle Aufgabe. Dass dabei der komplette Kreuzgang wieder begehbar und erfahrbar wird, muss man sich zwingend wünschen. Und es wird noch manche Entdeckung geben, was an den verschiedenen Orten möglich ist.
- *Gottesdienst und Gebet.* In ihrer zentralen Wertschätzung verbinden sich zisterziensische und lutherische Tradition. Das Kloster ist Ort für den Gemeindegottesdienst wie für besondere Festgottesdienste. Und es hat aus der Fülle der Tageszeitengebete die – von Hein Spreckelsen auf das Schönste beschriebene – Hora bis heute bewahrt. Im Jubiläumsjahr wird sie mehrmals am Tag stattfinden – wirklich nur in diesem Jahr? Kaum eine Form von Spiritualität wäre so organisch im Kloster weiterzuentwickeln wie alte und neue Formen von Tageszeitgebeten. Und wir leben auch in Zeiten verstärkter Sehnsucht nach besonderen, erfahrungsorientierten Gottesdienstformen. Wäre da im Kloster Loccum – vielleicht im Verbund mit der Ausbildung – nicht noch manches möglich? Wo Vikarinnen und Vikare sich auf ihren Dienst vorbereiten: Kann es da nicht auch manches spirituelle und gottesdienstliche Experiment geben?
- *Musik.* Der Klang der Kirche ist unüberbietbar. Eine neue Orgel wird den Kirchraum erfüllen. Aber eher noch wichtiger ist der Gesang, der originär ins Kloster gehört und in der Kirche einen tiefen Eindruck hinterlässt. Spiritualität in Loccum wird immer klingende und singende Spiritualität sein. Hier schließt evangelische Spiritualität besonders unmittelbar an zisterziensische an – und beides erschließt sich unmittelbar dem modernen Zeitgenossen.
- *Wort.* In zisterziensischer wie in lutherischer Tradition hat das verkündigte Wort eine zentrale Stellung. Im Predigerseminar allemal. Mit guten Gründen ist „Wort halten“ das Motto des Jubiläums 2013. So könnte das Kloster Loccum ein Ort sein, an dem Frömmigkeit nicht primär kontemplativ oder mystisch erlebt wird (auch wenn es diesen Strang bei Bernhard gibt), sondern im Bezug auf das Wort, die Predigt und das Gespräch über die Bibel. So wird auch deutlich, dass evangelische Spiritualität nicht zuerst in besonderen Formen wie Pilgern oder Einkehr besteht, sondern lebt im Puls volkskirchlicher Frömmigkeit, im „normalen“ Gottesdienst, in der Predigt, im geistlichen Gespräch.
- *Begegnung.* Das verkündigte Wort zielt auf den Dialog. Dafür ist Loccum ein traditionsreicher Ort. Der Name steht für die Begegnung von Kirche und Welt. Deshalb wird eine Loccumer Spiritualität auf Begegnung zielen. Geistliche Erfahrung und der kritische Dialog zu den Fragen der Zeit, Frömmigkeit und Weltverantwortung gehören zusammen – in Loccum ganz unverzichtbar.
- *Gastfreundschaft.* Nach Loccum kommen viele Gäste: Touristen, Akademiebesucher, Menschen aus Wirtschaft, Politik und Gesellschaft. Ihnen allen gilt unsere Gastfreundschaft: *„porta patet, cor*

magis.“ (Die Tür steht auf, das Herz noch weiter.) Ich meine das auch in einem qualifiziert spirituellen Sinn. Wie können wir Menschen, denen christliche spirituelle Formen bisher fremd sind, geistliche Erfahrungen anbieten: niedrigschwellig, taktvoll, und zugleich so, dass die Schätze unserer spirituellen Tradition als persönlich hilfreich erlebt werden? In diesem Sinn könnte das Kloster Loccum eine besondere Aufgabe in einer missionarischen Spiritualität haben. Hier könnten sich zisterziensische Erfahrungsorientierung und evangelische Liebe zum Fragmentarischen ergänzen.

- *Pilgern.* Durch den Pilgerweg von Loccum zum Mutterkloster Volkenroda hat Loccum eine wichtige Rolle im Boom der wiederentdeckten Form des Pilgerns. Pilgern verbindet religiöse Erfahrung mit Körperlichkeit, geistlichen Anspruch mit innerer Freiheit – Maike Selmayr beschreibt es eindrücklich. Was dem Kloster hier in den letzten Jahren zugewachsen ist, ist ein Schatz, der gut gepflegt werden sollte. Und ein Ansporn, die Ohren im Wind zu halten, was dem Kloster an spirituellen Formen noch zuwachsen könnte. Möglichkeiten bietet es genug.

Literatur:

Barth, Hans-Martin: Spiritualität, Bensheimer Hefte 13. – Göttingen 1993

Brandy, Hans Christian: Evangelische Kommunitäten und geistliche Gemeinschaften in Niedersachsen, in: Kirche in reformatorischer Verantwortung. Wahrnehmen - Leiten - Gestalten, hg. vom Konvent des Klosters Loccum, FS Horst Hirschler. – Göttingen 2008, S. 365-394

Dahlgrün, Corinna: Christliche Spiritualität. Formen und Traditionen der Suche nach Gott. Mit einem Nachwort von Ludwig Mödl. – Berlin 2009

Dannowski, Hans Werner: Das Kloster Loccum als Ort christlicher Spiritualität. Eine Annäherung, in: Leitlinien politischen Handelns, hg. von Wolfgang Jüttner, Oskar Negt und Heinz Thörmer, FS Rolf Wernstedt. – Hannover 2005, S. 57-70

Evangelische Spiritualität. Überlegungen und Anstöße zur Neuorientierung, hg. von der Kirchenkanzlei im Auftrag des Rates der EKD. – Gütersloh 1979

Köpf, Ulrich: Zur Spiritualität der frühen Kartäuser und Zisterzienser, in: Bücher, Bibliotheken und Schriftkultur der Karthäuser, hg. von Sönke Lorenz, FS Edward Potkowski, Contubernium 59. – Stuttgart 2002, S. 215-232

Lutherische Spiritualität – lebendiger Glaube im Alltag, Im Auftrag der Bischofskonferenz der VELKD hg. von Hans Krech und Udo Hahn. – Hannover 2005

Nüchtern, Michael: Himmelsecho. Muster christlicher Spiritualität entdecken. - Göttingen 2004

Steffensky, Fulbert: Schwarzbrotspiritualität. – Stuttgart 2005

Wege evangelischer Spiritualität im norddeutschen Raum, Loccumer Protokolle 05/07. – Loccum 2007

Wohlgemuth, Michael: Schweigen und Spiritualität – Beobachtungen eines Evangelischen im Zisterzienserkloster Loccum, http://www.rpi-loccum.de/download/spirt.pdf (abgerufen 2.4.2012)

Kupferstich von Kloster Loccum, Nordseite. Für Christoph Erich Weidemanns „Geschichte des Klosters Loccum" schuf der Göttinger Universitätskupferstecher Ernst Ludwig Riepenhausen (1765-1830) diese Klosteransicht.

Begegnungen

Stephan Schaede

Da ist nicht Athen, da ist nicht Assisi – aber ein Ort evangelischer Aufklärung

Loccum ist nicht Athen. Loccum ist auch nicht Assisi. Es fehlen Fresken von Giotto wie sie in der Grabeskirche des Heiligen Franciscus beeindrucken. Auch kann man nach anmutigen sonnendurchfluteten Säulengängen aus pentelischem Mamor lange suchen und wird doch nicht fündig. Aber Loccum hat ein Kloster von klarer zisterziensischer Schönheit. Und es hat eine Akademie, die vielerlei Blicke auf das Kloster gewährt. Der Blick aus dem Hörsaal, der Blick von der Galerie, der Blick von den vordersten Tischen des Speisesaals, der Blick aus Zimmer 201. Zu den großen Privilegien gehört, wie Akademie und Kloster einander gegenüber liegen. Auf der sie verbindenden elegant geschwungenen Wiese weiden bemerkenswert robuste Klosterkühe, die noch ohne fremde Hilfe kalben. Das ist der Rede wert. Wo sonst schon kann man erleben, was im großzügig geschnittenen Hörsaal der Akademie möglich ist, nämlich einem berühmten Forscher und einer Bundespolitikerin bei der Geburt völlig neuer gemeinsamer Gedanken und zeitgleich einer Kuh beim Kalben zuschauen zu können. Es ist ein Kloster und eine Akademie auf dem Land eben. Die Welt sagt sich hier guten Morgen – aber nicht am Ort einer Metropole. Die Welt stellt sich hier vielmehr zu einer akademischen Landpartie ein.

Dieser scheinbare Anachronismus ist Loccum immer schon zugute gekommen. Wie schon das Kloster zu Zeiten von Leibniz Ort gründlicher wechselseitiger Aufklärung und kirchlicher Unionsverhandlungen war, so ist es die Akademie auf ihre Weise heute noch: Wer in der Evangelischen Akademie zusammentrifft, der flieht am Abend weder in die Oper, das Theater, das Kino oder in einen Konzertsaal. Der bleibt vielmehr und verweilt während langer Abende auf der Galerie der Akademie, einer Art lässig bestuhlter Wandelhalle, auf der es sich heiter mit anderen weiter diskutieren lässt. Da tauschen Visitenkarten den Besitzer, da werden Einladungen ausgesprochen von Berlin bis München, von London bis Paris, von Kairo bis Pittsburgh. Das sind die äußeren Kennzeichen eines wichtigen inneren Prozesses. Persönlich begegnen sich Menschen, die aus überaus verschiedenen Lebenskontexten und Wissensgebieten zusammenkommen, ganz verschieden sind, aber sich in aller Regel gleich stark schätzen lernen. Da entstehen bisweilen Freundschaften, die ein Leben lang halten werden.

Manchmal geht auch über wechselseitigem Zorn die Sonne unter. Ein Akademiebesuch, das bedeutet eben auch Streit und Auseinandersetzung. Deshalb gibt es oftmals einen zweiten Tag und einen zweiten Abend. Die wirken Wunder, weil Verständigung wahrscheinlich ist, *„seit ein Gespräch wir sind und hören voneinander“*. (Hölderlin)

Wunder wirken vor allem Mitte Juni die weißen Nächte. Dann bleibt hinter dem Dachreiter des Klosters auch nach Mitternacht eine Ahnung von Licht und Loccum wird zum *locus amoenus*, an dem sinnfällig wird, dass Menschen gerade auch auf dem Land auf neue und andere Gedanken kommen, um nicht nur der Stadt, sondern des Landes Bestes erfolgreich suchen zu können.

Vor die Abende hat die Akademie allerdings immer schon die Arbeit gesetzt. Vorträge, Plenardiskussionen wie Arbeitsgruppen führen die Teilnehmenden einer Tagung zu einer Arbeitsgemeinschaft zusammen. Im Kloster gegenüber wird auch gearbeitet, allerdings in anderer Form. Im dort angesiedelten Predigerseminar bereiten sich Vikarinnen und Vikare auf den Pfarrberuf vor. Und damit kommen auch schon die feinen Unterschiede zwischen Kloster und Akademie in den Blick.

Blick auf das Kloster von der Akademie aus

Die spätromanische Klosterkirche ist eine Kirche inmitten der lutherischen Kirche, von einem Abt geführt, der, eigenwillig genug, Krummstab und Mitra trägt, und dennoch evangelischer nicht gedacht werden kann. Die Akademie, die auf das Klosterensemble schaut, leitet ein Direktor, allein ausgestattet mit den Insignien der aufgeklärten Glaubensvernunft. Denn die Akademie hat als kirchliche Institution ihren Ort mit gleichem Gewicht inmitten und außerhalb der Kirche, klärt also Problemlagen ebenso mit kirchlichen Verantwortungsträgern wie mit muslimischen Verbänden, Agenturen für Arbeit, Forschungseinrichtungen, Stromversorgern, Theaterintendanten oder Diplomaten. Dieser Unterschied prägt auch die Konvente der Akademie und des Klosters. Setzt sich der Konvent des Klosters aus herausragenden geistlichen und juristischen Persönlichkeiten der Hannoverschen Landeskirche zusammen, so kommen im Konvent der Akademie protestantische Spitzenkräfte aus Kirche, Wirtschaft und Politik, Wissenschaft, Handwerk und Gewerkschaft zusammen. Der Klosterkonvent feiert zweimal im Jahr festliche Gottesdienste. Der Konvent der Akademie hingegen berät fünfmal im Jahr die Studienleitung der Akademie bei ihrer Planung von Tagungen. Was dem Kloster sein spätgotisches Refektorium ist, das ist der Akademie ihr Hörsaal. Ort der Begegnung und geistig-geistlicher Inspiration.

Die Akademie ist kein Kloster. Und sie will es nicht sein. Aber dass sie aufs Kloster blickt, ist unentbehrlich. In ihr kann der flexible, der ständig dynamische Mensch zur Besinnung kommen und innehalten. Nicht für immer, sondern für einen zweiten oder dritten Tag. Wer sich von einem Akademieaufenthalt geistige und geistliche Auferstehungen erhofft, der erwartet zu viel. Auf jeden Fall aber kann er erwarten, dass hier nicht nur die Innenbeleuchtung der Selbstbeobachtung angeschaltet wird, was dieser Tage gang und gäbe ist. Vielmehr wird Menschen die Gelegenheit gegeben, sich der Außenbeleuchtung fremder Stimmen und Ansichten auszusetzen. So kommt es zu Aufbrüchen. Mit wenigstens einer neuen Idee zur Lösung einer aktuellen Gegenwartsfrage, die ihn beschäftigt, wird er sich auf den Heimweg machen können.

Die Akademie versteht sich wie ihre Nachbarinstitutionen auf dem Gelände, das Pastoralkolleg und das Religionspädagogische Institut als Ort evangelischer Freiheit. Etwas springt über, zündet in mir, um nach außen in die Gesellschaft zu treten. Der Intellekt wird gereizt. Die Empathie wird geschult. Das vollzieht sich mitten in einer Tagungsteilnehmerschaft ganz individuell. Es geht darum, sich in einer Fülle unterschiedlicher Überzeugungen selbst zu orientieren. Menschen halten inne, um die Verantwortung für die Folgen ihrer Handlungen später besser zu übernehmen: Generationen, Milieu und Disziplinen übergreifend.

Im Hörsaal der Akademie haben sich Minister und Kanzler, Bundespräsidenten und preisgekrönte Literaten, Generäle und Pazifisten, Biochemiker und Philosophen, Sozialwissenschaftler und Technologen, orthodoxe Patriarchen, Landesrabbiner und Bischöfe die Hand gereicht. Mit gleichem Recht tollen durch diesen Raum Kinder aus St. Petersburg, Kayseri, Ütze und Klötze. Und Jugendliche, die mit ihren Hormonen kämpfen, werden dort von der Faszinationskraft demokratischer Grundüberzeugungen angesteckt, die hier, ohne gleich theologisch durchseucht zu sein, zum Spiegel protestantischer Haltungen werden.

An der Akademie bekommt das Wort Mission einen neuen, eigenen Sinn. In ihr missioniert die Welt die Kirche, indem sich die Kirche über zukünftige virulente Themen informiert. Zugleich ist in der Akademie, ohne es eigens sagen zu müssen, mit Händen zu greifen: Die Kirche hat einen Öffentlichkeitsauftrag, sie muss öffentlich wirksam sein, oder sie verfehlt ihren Auftrag, der schlicht heißt: Gottes Sendung in die Welt. Öffentliche Meinung wird qualifiziert – im Sinne einer am Gemeinwohl vehement interessierten Zivilcourage.

In diesem Sinne kann durchaus hitzig gegen die politische Überhitzung politischer Themen argumentiert werden. Demonstrationsplakate und Megaphonbeschallung bilden zwar die Ausnahme. Aber auch das kommt schon einmal vor.

Ebenso wird auch gegen die Gefahr einer übertriebenen Verinnerlichung angegangen. So ist die Akademie, die aufs Kloster schaut und kein Kloster ist, ein Ort der Einkehr, in der der Protestantismus als Bildungsbewegung mit gesellschaftlicher Prägekraft sein Bestes zu geben versucht.

Sie ist ein Ort, um protestantisch Haltung zu zeigen und zu entwickeln: Dafür müssen nicht Themen zwanghaft klerikalisiert und weltflüchtig verhandelt werden. Sowenig wie das Kloster ein Ort eremitischer Abgeschiedenheit bei Wasser und Brot ist – der Konvent genießt bei seinen Zusammenkünften Weißwein und Karpfen, Hochzeitssuppe und Welfenspeise – sowenig hat die Akademie Freude daran, Zentralthemen, die gesellschaftlich brennen, ohne religiöse Glut zu verhandeln. Es gilt, Schuld beim Namen nennen zu können, Vergebung, Opfer und Verlust, neues Leben im Horizont von Fremd- und Selbstoptimierung, Auferstehung von den Toten. Offensiv kritisch tritt sie auf gegenüber pseudowissenschaftlichen Bewegungen. Gegen Freiheitsentzug durch Abstumpfung, gegen ein Leben nur noch nach Gebrauchsanweisungen und Musterkatalogen, gegen Vollrausch, Ignoranz und geistige Verfettung, gegen Armut und trostlose Saturiertheit bringt sie auf ihre Weise Glaube, Liebe und Hoffnung, Geduld und Maß, Klugheit und Tapferkeit in Stellung.

Das war und ist so seit den Anfangszeiten der Akademie geblieben. Es war schon damals so, als die Akademie in Hermannsburg gegründet wurde. Ein Auslöser für die Gründung war die schreckliche Erfahrung, dass in der evangelischen Kirche im Dritten Reich viel zu viele Christen zu Mitläufern wurden,

Evangelische Akademie, Westseite

statt auch auf die durch agitatives Kampfgeschrei übertönten leisen Stimmen des Gewissens zu hören.

Nach dem Krieg kamen Christen mit Christinnen zusammen und berieten, wie Recht und Gesetz nicht länger gebeugt, soziale Fragen geklärt und internationale Kontakte in Wirtschaft, Kultur und Bildung geknüpft werden können. Daran hat sich etwas geändert. Heutzutage verständigen sich nicht nur überzeugte Protestanten untereinander. Christenmenschen treffen gesellschaftliche Gruppierungen und Menschen, die mit der Kirche fremdeln. Die Morgenandacht in der Kapelle der Akademie wird für immer mehr der Teilnehmenden zu einer Erstbegegnung – oder nach langen Jahren eine Wiederbegegnung mit der Kirche. Mancher wagt sich, weil er mit anderen an der Aufklärung vorletzter Fragen im Horizont erster und letzter Fragen verhandelt hat, wenn es Abend geworden ist, in das Chorgestühl der Klosterkirche vor, um dort an der Hora teilzunehmen.

Loccum ist nicht Athen und nicht Assisi. An guten Tagen aber wird es zum protestantischen „Mekka" der Landeskirche. Das erfrischend Protestantische daran ist: Es locken keine Heiligtümer und Reliquien nach Loccum. Nichts, das zum Knien einlädt, lockt hierher. Zu einer Art protestantischem „Mekka" wird es durch etwas ganz anderes. Es lockt die Atmosphäre, das Gegenüber von Akademie und Kloster, die insgeheim eine Einheit bilden. Die aber entsteht durch die Charaktere, die sich auf den Weg dorthin machen, um ins Gespräch zu kommen.

Programm 10 Pfennig

Der Bau der Evangelischen Akademie in Loccum 1952 geschah vor allem auf Initiative des Landesbischofs und Abts D. Hanns Lilje. In seinen Erinnerungen schreibt Lilje:

„Eine begreiflicherweise sehr bedrängende Frage war die nach der Finanzierung … Auf Anregung einiger leitender Herren lud ich den Bundesverband Deutscher Industrie zu einer festlichen Kaffeetafel in das Kloster Loccum ein. Die Idee wirkte offensichtlich anziehend auf den großen Teil der Mitglieder … und es bedeutete für die Zusammenkunft einiges, dass der Bundeskanzler Dr. Adenauer und der niedersächsische Ministerpräsident Kopf beide an dieser Zusammenkunft teilnahmen. Wir haben in dem baulich sehr schönen Refektorium, das einer der schönsten festlichen Räume in Niedersachsen ist, die Kaffeetafel gedeckt … Für mich bestand die Schwierigkeit darin, während der festlichen Tafel nun gleichsam die Kollekte anzukündigen. Ich muss offen bekennen, dass mir bei dem Gedanken an diese Aufgabe keineswegs wohl zu Mute war. Ich hatte keine Erfahrung in diesen Dingen und wusste nicht, wie dieses Ansinnen von den Teilnehmern aufgenommen werden würde. So habe ich in meiner Not zu der angelsächsischen Praxis gegriffen, mit einer Story zu beginnen und habe es gewagt, folgendes zu erzählen:

Ich erinnerte die Anwesenden an St. Pauli in Hamburg und die bekannte Doppelfigur von Hein und Tedje; während sie durch das bunte und lärmende Viertel schritten, kamen sie auch an einer Vergnügungsstätte vorbei, vor der ein goldbetresster Portier mit lauter Stimme zum Eintritt aufforderte und immer hinzufügte: Programm 10 Pfennig! Als Hein den Tedje aufforderte „Willt wi do nich rin gahn?“, sagte Tedje sofort: „Nä, dat mog ich nich!“ und als er auf wiederholte Rückfrage bei seiner Weigerung blieb, fragte Hein schließlich: “Warum willst du denn nich rin gahn?“ – und Tedje sagte: „Hür doch mol, wat de Kerl seggt: pro Gramm 10 Pfennig! Nun mol di dat mal ut bi min Gewicht!“ Das schlug durch! Viele Halter und Bleistifte wurden gezückt, und mit Vergnügen rechneten die Teilnehmer aus, welcher Betrag sich bei ihrem Gewicht ergeben würde … Der sehr eifrige Syndikus half beim Herumreichen der Liste, so dass wir an diesem Nachmittag mit einer schönen Summe von 120 000 Mark abschließen konnten. Das war grade in der damaligen Zeit ein ansehnlicher Betrag, und so waren wir in der Lage, ohne Rücksicht auf Kirchensteuermittel den Neubau zu beginnen.“

In: Hanns Lilje: Memorabilia. – Nürnberg 1973, S. 73.

Christoph Dahling-Sander

Die Loccumer Gespräche

Jedes Jahr im Sommer wird vom Bischof unserer Landeskirche eine Berufsgruppe gezielt zu den „Loccumer Gesprächen“ eingeladen. Man trifft sich im Kloster. 2011 ging die Einladung an Ingenieure.

Bohrlöcher an den Polen der Erde, riesige Windparks im Binnenland und auf hoher See. Ingenieure bauen immer gigantischere Windräder und stoßen immer tiefer ins Erdinnere vor, um den Hunger der Menschheit auf bezahlbare Energie zu befriedigen. Gleichzeitig soll versucht werden, mit unterirdischen Kohlendioxidspeichern den Treibhauseffekt zu bremsen. Gerade niedersächsische Ingenieure und Unternehmen sind weltweit mit führend, wenn es darum geht, neue Techniken zu entwickeln, die Energieversorgung in der Zukunft zu sichern und den Klimawandel abzumildern. Aber reicht technischer Fortschritt aus, die Energieprobleme der Menschheit zu lösen? Die Ölkatastrophe im Golf von Mexiko, die Proteste gegen Windparks und neue Überlandleitungen oder die Angst vor CO2-Speichern unter der Erde zeigen das Risiko und die Grenzen gesellschaftlicher Akzeptanz von Großprojekten.

Mit ihrer Forschung und Entwicklung erfüllen Ingenieure nicht allein technisch-wirtschaftliche Funktionen. Als Schöpfer risikobehafteter Technik müssen sie sich auch ihrer Treuhänderschaft für Mensch und Umwelt bewusst werden. Welches Berufsethos haben Ingenieure heute? Welche Zukunftsvisionen verfolgen sie? Fühlen sie sich selbst als Handelnde oder eher als Getriebene im Kampf um technische Marktführerschaft, die zudem ökonomischen Zwängen unterliegen? Inwiefern braucht technischer Fortschritt im Energiesektor eine besondere ethische Richtschnur? Wie lassen sich Ökologie, Ökonomie und technischer Fortschritt miteinander in Einklang bringen?

Diesen Fragen widmeten sich die Loccumer Gespräche 2011, sie standen unter der Überschrift: „Immer tiefer, immer größer, immer teurer – Energiegewinnung um jeden Preis? Loccumer Gespräche zu Ethik und Verantwortung im Ingenieurberuf“.

In dem gefüllten Refektorium hatte Landesbischof Meister die Debatte eingeleitet mit Hinweisen zur göttlichen Beauftragung, die Schöpfung gewaltarm zu bewahren. Moderne Technik müsse zum Beispiel im Blick auf die Atommülllagerung lebensdienlich, beherrschbar und umkehrbar sein.

Loccumer Gespräch 2011

Den Gesprächsfaden nahm der renommierte Biologe und Physiker Prof. Dr. Dr. h.c. Ernst Ulrich von Weizsäcker dankend auf. Dr. Bernhard Fischer, Mitglied der E.ON-Geschäftsleitung, und Dr. Heinrich Herm Stapelberg von ExxonMobil betonten, dass es gerade bei Konflikten und Unglücken wie in Fukushima einer soliden Information seitens der Unternehmen bedürfe und grundsätzliche Fragen möglichst im gesellschaftlichen Konsens zu klären seien. Damit sprachen sie sich gegen politische Alleingänge auf Kosten der Industrie und der Bevölkerung aus. Von

Weizsäcker betonte dagegen, dass sicherlich kein Kapital vernichtet werden dürfe, wohl aber ein gesellschaftlicher Wandel einzelne Unternehmen als Vorreiter brauche.

Die rund 180 Gäste, leitende Ingenieure aus Wissenschaft und Unternehmen, hörten die Argumente und brachten sich selbst und ihre eigenen ethischen Fragen und Dilemmata in die Debatte ein.

Zum fünften Mal fanden 2011 die „Loccumer Gespräche“ statt. Auf persönliche Einladung zuerst der Landesbischöfin, dann des Landesbischofs kommen seit 2007 jährlich im Sommer für einen Nachmittag rund 200 Personen einer Berufsgruppe zusammen, um sich mit zentralen Fragen aus ihrer beruflichen Praxis zu befassen. In den Räumen des Klosters ethische Fragen ernst zu nehmen, Strittiges nicht auszublenden und Perspektiven für verantwortliches Handeln im eigenen Berufsfeld aufzuzeigen – das ist das inhaltliche Gerüst für die Loccumer Gespräche. Die Berufsgruppe wechselt jährlich. Diskutiert haben bisher Mediziner, Handwerker, Journalisten, Juristen und Ingenieure. Die Konzeption und Auswahl der Gäste erfolgt durch den Geschäftsführer der Hanns-Lilje-Stiftung. Den Norddeutschen Rundfunk haben wir gebeten, die Moderation zu übernehmen. Er sendet anschließend einen 30-minütigen Mitschnitt in ganz Norddeutschland.

Zur Einstimmung werden die Gäste zu einer Klosterführung eingeladen, die durch die Mitglieder des Konvents gestaltet wird. Anschließend ergeben sich bei Kaffee und Kuchen im Kreuzgang und Innenhof interessante Begegnungen. Hier kommen die Gäste mit Verantwortlichen aus der Landeskirche direkt ins Gespräch. Die festliche Dekoration lädt zum Verweilen ein. Die Gäste genießen dies, schließlich kommen die meisten unter ihnen zum ersten Mal in das Kloster. Dass die Podiumsdiskussion im Refektorium stattfindet, setzt auch räumlich einen weiteren Akzent. Und wenn der Abt zum Abschluss des Tages in die Hora einlädt, erfahren die Loccumer Gespräche ihre eigene, geistliche Tiefe. So ist das Kloster der richtige Ort, in dem die Loccumer Gespräche Abstand vom Alltag, Raum zum Austausch und Impulse zur Orientierung bieten.

Die Loccumer Gespräche widmeten sich bisher folgenden Themen:

- 2007 für Mediziner/innen „Was darf der Mensch kosten? Medizin im Spannungsfeld zwischen Heilauftrag und ökonomischen Zwängen“
- 2008 für Handwerker/innen und mittelständische Unternehmer/innen: „Ist der Ehrliche der Dumme? – Werte, die unternehmerisches Handeln bestimmen“
- 2009 für Journalisten/innen: „Die Lust am Leid – Wo liegen die Grenzen der Berichterstattung?“
- 2010 für Juristen/innen „Handel mit Gerechtigkeit? – Ein Jahr Absprachen vor Gericht“
- 2011 für Ingenieure/innen: „Immer tiefer, immer größer, immer teurer – Energiegewinnung um jeden Preis?“
- 2012 für Kulturvermittler und Kulturproduzenten: „Kultur heute – Wie viel Luxus wollen wir uns leisten?“

Ralf Tyra

Studienpreis Kloster Loccum

„Wir brauchen tüchtige Pastorinnen und Pastoren“, darin ist sich der Konvent des Klosters einig. „Darum fördern wir mit dem Studienpreis des Klosters Loccum den theologischen Nachwuchs der Evangelisch-lutherischen Landeskirche Hannovers.“ Das Theologiestudium verlangt von den Studierenden einen hohen zeitlichen und finanziellen Einsatz. Mindestens drei Semester investieren viele Studierende in das Erlernen der alten Sprachen, weitere neun Semester dauert das Grund- und Hauptstudium. Mit dem Studienpreis sollen Theologiestudierende unterstützt, motiviert und anerkannt werden, die in den ersten Studiensemestern hervorragende Leistungen im Latinum, Graecum und Hebraicum sowie in der Zwischenprüfung erzielt haben. Der Preis ist z. Zt. mit 500 Euro für die Sprach- und 800 Euro für die Zwischenprüfungen dotiert. Seit der erstmaligen Auslobung des Preisgeldes 2007 wurden bereits mehr als 100 Studierende ausgezeichnet. Einigen Preisträgerinnen und Preisträgern ist es bereits gelungen, die Auszeichnung im Grundstudium mehrfach zu erhalten. Für die Theologiestudierenden ist nicht nur das Geld entscheidend, sie nehmen diese Auslobung auch als eine hohe Wertschätzung durch die hannoversche Landeskirche bereits während ihres Studiums wahr.

Traditionell findet die feierliche Urkundenvergabe am Sonnabend vor dem vierten Advent im Kloster Loccum statt. Die Preisträgerinnen und -träger werden begleitet von Ihren Angehörigen – Eltern, Geschwistern, stolzen Großeltern.

Nicht selten ist dieser Tag die erste Begegnung mit dem Kloster Loccum, dem künftigen Predigerseminar, in dem auch sie in wenigen Jahren – nach dem ersten theologischen Examen – als Vikarinnen und Vikare für den Pfarrberuf ausgebildet werden.

Gemeinsam mit Vertretern des Konvents, dem Abt, dem Studiendirektor und weiteren Verantwortlichen für die Ausbildung sitzt man im großen Stuhlkreis im Kaminzimmer (Molan) und berichtet über die ersten Erfahrungen im Studium. Die Studierenden haben ihre ersten Semester in Göttingen, Bethel, Berlin, Leipzig, Heidelberg oder Tübingen verbracht. Einige planen bereits nach der Zwischenprüfung einen Studienplatzwechsel, vielleicht auch im Ausland. Ein Halbjahresaufenthalt in Israel, das wäre schon eine reizvolle Perspektive. Der Geldpreis ist ein gutes Startkapital. Auf jeden Fall werden die Gelder nutzbringend angelegt. Für die einen ist es Büchergeld, die anderen kaufen sich ein neues Notebook oder einen vernünftigen Schreibtisch. Und dann ist da ja auch noch das Studiengeld pro Semester zu finanzieren. Und es soll auch schon vorgekommen sein, dass die Großeltern aus Freude und Stolz das Preisgeld verdoppelt haben.

Den Grundstein für den Studienpreis legte Landesbischof i. R. Prof. Dr. Eduard Lohse. Er selbst hatte 2007 den Dr.-Leopold-Lucas-Preis erhalten, der alljährlich von der Evangelisch-theologischen Fakultät im Namen der Eberhard Karls Universität Tübingen verliehen wird. Dieser wurde 1972 von Franz D. Lucas zum 100. Geburtstag seines in Theresienstadt umgekommenen Vaters, Rabbiner Leopold Lucas, gestiftet. Die Auszeichnung würdigt hervorragende Leistungen auf dem Gebiet der Theologie, der Geistesgeschichte, der Geschichtsforschung und der Philosophie, außerdem das Engagement für Völkerverständigung und Toleranz. Lohse, selbst Mitglied im Konvent des Klosters Loccum, war von dieser damals neuen Idee eines Studienpreises so angetan, dass er sein Preisgeld dafür gestiftet hat.

Weitere Fördermittel kommen von der Klosterkammer Hannover, der Hanns-Lilje-Stiftung und der Evangelisch-lutherischen Landeskirche Hannovers.

Schon zweimal hat Sabrina Bastemeyer den Preis für ihre Studienleistungen bekommen. Sie studiert

Theologie in Göttingen und promoviert gleichzeitig in französischer Literaturwissenschaft. Aber erst im Winter 2011, beim dritten Mal, konnte sie auch zur Preisverleihung ins Kloster Loccum reisen. Zur Feier hat die 26-jährige Theologiestudentin ihre Mutter und ihren Ehemann mitgebracht.

Zusammen mit den anderen Preisträgerinnen und Preisträgern haben sie sich im Kreuzgang versammelt. Ein angemessener Ort für die feierliche Übergabe der Urkunde ist der Platz im Lesegang unter dem Symbol des Adlers. Der Ort, wo in früheren Zeiten täglich den Mönchen vom Abt aus den Schriften der Kirchenväter (Theologen, meist Bischöfe, der antiken Kirche) vorgelesen wurde. Für einen Moment reihen sich hier junge Menschen, die künftig als Pastorinnen und Pastoren arbeiten und anderen Menschen von Gott erzählen werden, in eine lange Traditionskette ein.

„Es ist ein besonderes Gefühl, in einem Raum zu stehen, der den Glauben, der die Theologie wirklich repräsentiert, was man von neuen Universitätsgebäuden nicht behaupten kann“, sagt die Preisträgerin später. „Im Kloster kann man tatsächlich Geschichte atmen“, pflichtet ihr Krystyna-Maria Redeker bei. Auch sie gehört zu den Ausgezeichneten. Sie ist 22 Jahre alt und studiert zurzeit am Oxford Centre for Hebrew and Jewish Studies. Wie Sabrina Bastemeyer wurde sie nach ihren Leistungen im Graecum und Hebraicum nun auch für ihre exzellente Zwischenprüfung ausgezeichnet. Frau Redeker freut sich, dass die Landeskirche ihre Studienleistungen auf so besondere Weise würdigt und anerkennt. Die feierliche Atmosphäre im Kloster und die Gespräche mit Vertretern der Landeskirche haben sie beeindruckt: „Das war eine gute Gelegenheit, meine Kirche, in der ich künftig arbeiten werde, etwas näher kennenzulernen.“

Nach der Urkundenvergabe bleibt für die Geehrten und ihre Angehörigen noch Zeit, das Kloster zu erkunden. Die beiden Studentinnen bestaunen die ornamentale Deckenmalerei im Kapitelsaal. Die eine testet mit Mutter und Ehemann die Akustik. Leise stimmen sie das alte Weihnachtslied „*Herbei, o ihr Gläub'gen*“ an.

„Ein wunderschöner Klang“, findet sie. Für sie ist die Ehrung und Wertschätzung ein ganz besonderer Ansporn, ihr Theologiestudium neben der Doktorarbeit in französischer Literaturwissenschaft fortzusetzen.

Denn die Theologie ist ihr eine Herzensangelegenheit. „Ich könnte mir gut vorstellen, einmal Pastorin zu werden.“

Ralf Tyra

Der Freundeskreis des Klosters

Im April 1987 laden die Konventualen Dieter Andersen (Prior), Hans-Wilhelm Hube, Ludolf Ulrich und Dieter Zinßer (Studiendirektor des Predigerseminars) die ehemaligen Kandidatinnen und Kandidaten des Predigerseminars des Klosters Loccum ein zu einem ersten „Treffen der Freunde des Klosters Loccum" am Sonnabend, dem 13. Juni 1987.

Das leitende Interesse für die Initiatoren ist es, „das Erbe zisterziensischer und lutherischer Frömmigkeit als geistliche Kraft unseres christlichen Glaubens bewusst zu machen und zu nutzen. Wir stellen uns vor, dass dies einmal im Jahr geschehen sollte", heißt es in dem Einladungsschreiben. Natürlich ist dieses Treffen nicht nur für die „Ehemaligen" gedacht, sondern es sieht seine Aufgabe auch darin, „die ökumenische Ausrichtung von Kloster und Kirche den Menschen unserer Zeit zu vermitteln".

Bürgerinnen und Bürger aus Loccum und der weiteren Umgebung, Pastorinnen und Pastoren, Vikare und Vikarinnen, kirchliche Mitarbeiterinnen und Mitarbeiter, die in Loccum aus- oder fortgebildet wurden, Besucherinnen und Besucher der Akademie, des Religionspädagogischen Instituts oder der Heimvolkshochschule, kunsthistorisch Interessierte, Mitglieder anderer Konvente und immer häufiger einfach Menschen, die das Kloster lieben – sie alle gehören dazu.

An der ersten Zusammenkunft, damals im Juni 1987, nahmen etwa 50 Personen teil. Der gemeinsame Tag im Kloster, der einmal im Jahr – in der Regel am Sonnabend vor Trinitatis – stattfindet, erfreut sich nun seit 25 Jahren großer Beliebtheit und ist zur Tradition geworden. Man trifft sich im eindrucksvollen Refektorium, das mehr als 100 Gästen Platz bietet. Die Begegnung beginnt um 10.00 Uhr und endet mit der Hora um 18.00 Uhr. Auch das ist längst Tradition.

Zum 1. Treffen 1987 begrüßte Landessuperintendent Horst Hirschler, damals in Göttingen, für den erkrankten Prior Dieter Andersen im Namen von Abt, Prior und Konvent die Gäste. Ich habe in den vergangenen Jahren erlebt, dass es sich auch der spätere Abt Hirschler nicht nehmen ließ, persönlich die Freunde des Klosters zu begrüßen, um einen Rück- und Ausblick auf die Klosteraktivitäten zu geben und kräftig mitzudiskutieren.

Ganz dem Grundanliegen folgend, stehen bereits beim Gründungstreffen Vorträge und Gespräche im Vordergrund: Am Vormittag hält Pastor Heinz-Dieter Freese einen Vortrag zum Thema „Die Clues: Wie aus einer Kapelle eine Windmühle wurde" und rekonstruiert so die Geschichte der alten Kluskapelle an der Grenze Loccums nach Schlüsselburg hin. Am Nachmittag trägt Dr. Ernst Berneburg (Bibliothekar des Klosters) „Leitgedanken Gerhard Uhlhorns für die Arbeit des Predigerseminars" vor.

Das entsprach ganz der Planung auch für die weiteren Treffen: Diese beiden ersten Referate stehen programmatisch für die Inhalte, die die Gründer – jedenfalls in der Anfangszeit – vor Augen hatten, nämlich sich „mit Besonderheiten des klösterlichen Lebens, der Bau- und Kunstgeschichte" zu befassen und sie neu ins Licht zu rücken.

Die „Harke" (Tageszeitung in Nienburg) hält am 16. Juni 1987 in ihrer Ausgabe über das erste Treffen fest:

„Weiträumige, runde Tische erleichterten Begegnung und Kennenlernen, brachten Wiedersehensfreude nach oft langen Jahren … Meinungen wurden gefragt und geäußert, Anregungen und Interessen gefordert, Grundidee und Organisation erörtert. Geistliche wie Laien nahmen das Wort, unter anderem auch Loccums Bürgermeister und die Äbtissin vom Kloster Mariensee."

Natürlich gehört auch ein einfaches Mittagessen zum Tag und danach die Gelegenheit zu Rundgängen im Kloster. Auf drei weitere Angebote, die das Freundeskreistreffen bis heute prägen und zu etwas Besonderem machen, möchte ich aufmerksam machen.

In der Mittagszeit lässt es sich Barbara Kruhöffer (Loccum) – seit vielen Jahren Mitglied im Vorbereitungskreis – nicht nehmen, „Schätze des Klosters" vorzustellen. Etwa die Insignien des Abts (Krummstab, Mitra und Kreuz) oder alte Urkunden des Klosters, z. B. den Schutzbrief Karls V. von 1530, auf dem man neben der schwungvollen Unterschrift des Kaisers die Gegenzeichnung des Erzkanzlers Kardinalfürstbischof Albrecht von Mainz entdeckt. In den folgenden Jahren sollten noch viele „Schätze" gehoben und so manches klösterliche Geheimnis gelüftet werden.

Zur Pflege der Tradition gehört auch das Niederlegen von drei roten Rosen am Grabstein des Klostergründers Wulbrand von Hallermund im Kapitelsaal durch den Abt vor der Hora. Nicht zufällig wird der Einladung zum 1. Treffen 1987 bereits der Handzettel für die Hora um 18.00 Uhr beigelegt. Denn ohne Hora kein Tag der Freunde! Sie bildet mit ihrer einfachen Liturgie und dem Schweigen nach der Lesung aus der Bibel den würdigen Abschluss eines begegnungsreichen Tages, eine Auszeit im Alltag dieser Welt.

Die Organisation des Freundeskreises, zu dem inzwischen 150 Mitglieder zählen, ist durch einen Vorbereitungskreis gewährleistet. Zum ersten „Komitee" für die Gestaltung der Treffen gehörten Prior Dieter Andersen (Lüneburg), die Konventualen Hans-Wilhelm Hube (Uelzen), Ludolf Ulrich (Verden), Dieter Zinßer (Lüneburg), dann Barbara Kruhöffer (Loccum), Dr. Wilhelm Steinmann (Neustadt) und Hugo Zabel (Hannover). Bis 2004 hatte Hans-Wilhelm Hube die Rolle des Sprechers übernommen, ab 2005 dann Ralf Tyra. Hube hatte ursprünglich die Absicht, eine fraternitas luccensis, einen „dritten Orden" mit strengen geistlichen Verpflichtungen, zu gründen. Aber dazu fehlte die geistliche Kraft.

Viele Mitglieder des Freundeskreises beteiligten sich in den letzten Jahren an der Wiederherstellung des Klosterbrunnens im Innenhof und unterstützten die Ausmalung der Johanniskapelle durch den Maler Hermann Buß (Norden).

Übrigens: Jeder kann Mitglied im Freundeskreis werden und unterstützt mit einem bescheidenen Jahresbeitrag die Aktivitäten. Aber die Mitgliedschaft ist keine Voraussetzung, um bei den Treffen der Freunde dabei zu sein (siehe auch die Homepage des Klosters Loccum). Nur ein geringer Obolus für die Tageskosten (incl. Mahlzeiten) ist am Eingang zum Kreuzgang zu entrichten.

Einige Beispiele für die Themen am „Tag der Freunde":

2. Treffen (28. Mai 1988)
„Unser Kloster. Erbe zisterziensischer Frömmigkeit"
Prior Dieter Andersen

5. Treffen (25. Mai 1991)
„Spuren des Glaubens: von Loccum nach Plauen und zurück"
Superintendent Thomas Küttler, Plauen

11. Treffen (24. Mai 1997)
„Der Friedensprozess in Bosnien. Die Rolle der Kirchen und Religionen"
Hans Koschnik, Bürgermeister von Bremen a. D.

12. Treffen (6. Juni 1998)
„Besuch des Mutterklosters Volkenroda"
Leitung: Konventual Hans-Wilhelm Hube

13. Treffen (29. Mai 1999)
„Die Mauer ist die Brücke. Die Gemeinsame Erklärung zur Rechtfertigungslehre"
Prälat Jürgen Schwarzenburg, Hildesheim

20. Treffen (10. Juni 2006)
„Luther hat die Welt zum Kloster gemacht"
Abt Horst Hirschler, Loccum

23. Treffen (6. Juni 2009):
„20 Jahre friedliche Revolution"
Pastor i. R. Joachim Gauck, Berlin

Literatur:

Heutger, Nicolaus: Das Kloster Loccum im Rahmen der zisterziensischen Ordensgeschichte – zum 100. Geburtstag von Johannes XI. Lilje, Abt zu Loccum und zur EXPO 2000. – Hannover 1999

Horst Hirschler

Die Gemeinschaft Evangelischer Zisterzienser-Erben

Die Zisterzienser-Erben 2005 in Loccum

Dienstagabend war es, 19. April 2005. Eigentlich kommt der zuständige Landesbischof immer schon zu Beginn unseres Zisterziensererbentreffens am Sonntagabend und hält uns die Predigt im Eröffnungsgottesdienst. Unsere Landesbischöfin, Frau Dr. Käßmann, konnte es nur am Dienstagabend einrichten und hielt uns eine schöne Predigt. Während des Liedes nach der Predigt, kommt unsere Hausdame, Frau Schulze, durch den Kreuzgang in die Kirche, geht zur ersten Reihe, beugt sich zu mir herunter: „Ratzinger ist Papst geworden!" Die Landesbischöfin neben mir holt tief Luft. Ich sage zum Konventual-Studiendirektor auf der anderen Seite: „Ein Satz bitte vor dem Fürbittengebet: ‚Wie wir soeben erfahren, ist Kardinal Ratzinger zum Papst gewählt worden'. Und im Fürbittengebet einen Satz für den neuen Papst." Als die Ansage kommt, geht ein Raunen durch die Gemeinde. Ich schaue mich um. Unter den fast 200 Teilnehmern des Gottesdienstes sitzen etliche katholische Mitchristen. Einige sind ganz bleich geworden. Die Bischöfin muss nach dem Gottesdienst sofort zum Interview ans Telefon.

Beim anschließenden Empfang der Landeskirche für die Zisterziensererben erzähle ich, wie ich den Vorsitzenden der Glaubenskongregation, Kardinal Ratzinger, den nun neuen Papst, sechs Jahre zuvor in einem 90-minütigen Gespräch im April 1999 im Vatikan erlebt hatte. Die „Gemeinsame Erklärung zur Rechtfertigungslehre" musste katholischerseits noch abgenickt werden. Zwei Wochen später fiel die Entscheidung für die Erklärung in einem Gespräch zwischen Ratzinger und Papst Johannes Paul II. Ich erzählte beim Empfang von meinem Gespräch 1999. Zwar seien von Ratzinger keine reformatorischen Veränderungen der katholischen Kirche zu erwarten, aber das Gespräch war sehr freundlich und kundig.

Durch die Papstwahl ist uns das 13. Zisterzienser-Erben-Treffen 2005 in Loccum besonders in Erinnerung geblieben.

Zisterzienser-Erben?

Aber was sind das für Leute, die Zisterzienser-Erben? Im Jahr 1993 hatte Paul Geißendörfer, Evangelisch-lutherischer Pfarrer an der Kirche des ehemaligen Zisterzienserklosters in Heilsbronn bei Nürnberg, erstmals Vertreter solcher evangelischen Kirchengemeinden oder auch Klöster zu einem Treffen eingeladen. Fortan trafen sich jedes Jahr immer mehr Leute zu diesem Treffen „evangelischer Kirchengemeinden, Konvente, Klöster und Kommunitäten an Zisterzienserkirchen in Deutschland". Ich bin seit 1997, dem Treffen im Kloster Wienhausen, dabei.

Beim 8. Treffen in den Resten des ehemaligen Klosters Doberlug im Jahr 2000 hatten wir uns einen neuen Namen „Gemeinschaft Evangelischer Zisterzienser-Erben" beigelegt. Jetzt war das 20. Treffen in Blankenburg und Goslar. Längst ist es ein vertrauter Kreis mit vielen, die zum ersten Mal dabei sind. Etwa 140 ehemalige Männer- und Frauenklöster sind vertreten.

Paul Geißendörfer hatte unseren neuen Namen im April 2000 übrigens unverzüglich dem Generalabt der römisch-katholischen Zisterzienserklöster in Rom mitgeteilt. Zu unsrer Verblüffung wurde diese Nachricht mit großer Freude aufgenommen. Pfarrer Geißendörfer, Abt Drömann aus Amelungsborn und ich erhielten sofort die Einladung, noch im September 2000 als außerordentliche Gäste am Generalkapitel in Rom teilzunehmen. Seither sind wir – die weltweiten Äbte und Äbtissinnen treffen sich alle fünf Jahre, also 2000, 2005, 2010 – dabei. Seit 2005 nimmt auch die Äbtissin vom ehemaligen Zisterzienserinnenkloster

Medingen, Frau v. Kleist, daran teil. Wir können von unsren Klöstern und den anderen berichten. Das wird stets sehr positiv aufgenommen.

Zisterzienser-Erben-Treffen konkret

Zurück zu der Zisterzienser-Erben-Tagung 2005 in Loccum. Für die Stundengebete, die wir unter der besonderen Stimmführung etlicher Mitglieder der Amelungsborner familiaritas, so wie sie in unserem Evangelischen Gesangbuch zu finden sind, zu singen pflegen, hatten wir uns das Vergnügen bereitet, die Stuhlreihen einmal umzustellen. Statt quer längs. Links drei Reihen. Rechts drei Reihen. Einander zugewandt. Wie das Chorgestühl einst. Das macht was her. Besonders die Komplet gegen 22.00 Uhr ist ein Erlebnis.

An den Tagen zwischen der Ankunft am Sonntagnachmittag und der Abreise am Mittwochmorgen hören wir Vorträge über das Kloster, wo wir gerade sind, über Erfahrungen mit Klosterführungen, theologische Fragen. Unser Altabt Lohse hielt in Loccum 2005 einen wichtigen Vortrag über Paulus und Luther. Über Naturwissenschaft und Glaube referierte Prof. Dr. Weymann, Rektor des lutherischen Studienseminars in Pullach.

Das Gewichtigste bei diesen Treffen sind die persönlichen Beziehungen der Teilnehmerinnen und Teilnehmer, der Austausch der amtlichen und persönlichen Erfahrungen, die gegenseitige Ermutigung, aus der langen vergangenen Zisterziensergeschichte und ihrer evangelischen Nachgeschichte etwas zu machen, was Menschen heute fasziniert.

Zukunftsmusiken

Das zweite Zisterzienser-Erben-Treffen in Loccum ist für April 2013 während der 850-Jahrfeier vorgesehen. Dabei wird daran zu erinnern sein, dass Luther besonders die Feldklöster, wie er und seine Zeit die Zisterzienserklöster nannten, am liebsten dem Erdboden gleich gemacht hätte. Ihre theologischen Grundgedanken sind häretisch, war er überzeugt. Im Herbst 1521 hat er das auf der Wartburg genau bedacht und beschrieben. Als Bugenhagen das Manuskript der Schrift zu den Klostergelübden zu lesen bekam, sagte er nur: „Dies wird die Welt verändern." Er hatte recht. Viele der großen Klöster leerten sich schnell. Luther schrieb: Die Mönchsgelübde widerstreiten dem Wort Gottes und dem Glauben. Sie widerstreiten der evangelischen Freiheit, den Geboten Gottes, und besonders: Mönchsein widerstreitet der Vernunft.

Starke Worte des Reformators, der sich gegen eine Zweiklassengesellschaft unter den Christenmenschen wendet. Wir ermangeln alle des Ruhmes, den wir vor Gott haben sollen und werden nicht gerecht durch unsere Werke oder Klosteraskesen, sondern bedürfen alle der Gnade Gottes durch Jesus Christus. Das Klosterleben unterscheidet sich im Hinblick auf das Heil in nichts vom Berufsleben des normalen Christenmenschen. Es macht nicht selig und schon gar keine besseren Christenmenschen. Es ist unsinnig, wenn es nicht als eine besondere aus der Gnade Gottes in Christus erwachsende Aufgabe begriffen werden kann. Wer das aber begriffen hat, der kann natürlich versuchen, sagt Luther, auch im Kloster „allein aus dem Glauben" zu leben. Aber es muss in Freiheit geschehen.

Wir als Zisterzienser-Erben und sorgsame Verwalter einer trotz aller Irrwege grandiosen geistlichen und baulichen Überlieferung wissen das natürlich: Das Leben mit solch einem Kloster, das Beten in diesen Räumen, das Schweigen usw., es lebt vom Zuspruch des unverdienbaren Wortes Gottes, Christus. Allein!

Wie sollte man auch durch Selbstisolation, durch Aufgabe der Entscheidungsfreiheit, durch Askese, versprochene Ehelosigkeit und durch das Leben und die Gottesdienste im Kloster überhaupt dem Himmel und dem gottgemäßen Leben näher sein als jemand, der seinen Beruf, Ehe und Familie, Nachbarschaft und Weltzugehörigkeit als Herausforderungen Gottes in Christus ansieht und sich durch tägliches Mitlesen der Herrenhuter Losungen, durch das Morgen- und

Abendgebet Luthers, sonntägliches Hören der Predigt anstecken lässt von der Freude am Leben in Christus.

Luther hat Recht, wenn er meint, das, was wir an wirklicher Gottesnähe im Kloster erreichen könnten, gehöre übertragen in die Familie des Handwerkers oder Hausmannes, in den Bereich des alltäglichen Lebens. Wir sind Sünder, stehen unter dem Kreuz Christi und werden im Glauben hinein genommen in die Gottesnähe durch Christus, der den Gottlosen in seine Nähe holt. Dies Wort festzuhalten ist die Grundlage des Mottos „Wort halten" für unser Klosterjubiläum.

Jedenfalls sind wir voller Erwartung auf das 21. Zisterzienser-Erben-Treffen 2013 vom 14.-17. April in Loccum. Es wird sich wieder zeigen, wenn in unseren alten Kirchen, Refektorien und Kreuzgängen das gesungene Stundengebet, die Stille, das Nachdenken über Gottes Wort regiert, hat das eine erstaunliche geistliche Kraft. Danach werden sich auch weiterhin die Menschen sehnen.

Die Klosterkirche um 1840.
Stahlstich von J. Umbach
nach einer Zeichnung
von Georg Osterwald
(1803-1884),
Druck und Verlag
G.G. Lange, Darmstadt

Rund um das Kloster

Irene Spreckelsen

Unterwegs auf dem Zisterzienserpfad

Im Kloster

Erstaunlich, diese Mauer aus Bruchsteinquadern! Drei Meter hoch umschließt sie seit Anfangszeiten das innere Klostergelände. An ihrer Nordseite weicht sie zurück und gibt den Weg in das **Torhaus** [2] frei. Das Gebäude stammt aus dem 13. Jahrhundert. Die beiden schweren Torflügel aus Eichenholz stehen heute offen – wie ein Sinnbild für den Wahlspruch des Gründerordens der Zisterzienser:

> *„Porta patet, cor magis."*
> *„Die Tür ist offen, das Herz noch mehr."*

In der Torhalle liegt nach Osten der Eingang zur **Frauenkapelle**. Sie war als ein Anbau der gottesdienstliche Raum für alle, die nicht zur Mönchsgemeinschaft gehörten: die Fremden, die Pilger, die Gäste, die Bediensteten, die Nachbarn – und die Frauen. Sie war der Ort der ersten Gottesdienste nach der Ordnung des neuen Glaubens. In ihr war die erste Schule untergebracht. Seit 1978 ist hier der Eine-Welt-Laden, die **„Klosterstube"**. Das Radkreuz auf dem Steinrelief über dem Eingang zur Frauenkapelle dient heute als Zeichen auf dem Pilgerweg von Loccum zum ehemaligen Gründungskloster Volkenroda.

Bei einem kurzen Blick zurück auf den klosterseitigen Giebel fallen im Mauerwerk einige Besonderheiten auf: Ein kleiner Rest des ehemaligen Prangers erinnert an die frühere Gerichtsbarkeit des Klosters. Eine heute zugemauerte Tür stellte ehemals eine Verbindung zur Klausur her. Die in einigen Steinquadern vorhandenen Wetzrillen und Näpfchen geben auch in Loccum Rätsel auf. Im Mittelalter waren sie an Sakralbauten weit verbreitet. Die senkrechten Rillen können vom Schärfen oder vom Stumpfmachen von Waffen oder Geräten herrühren. Die Näpfchen sind vermutlich auf das Aushöhlen geweihter Steine zur Gewinnung von heilkräftigem Steinmehl zurückzuführen.

Seit 2000, dem Jahr der Expo in Hannover, gibt es den **„Zisterzienserpfad"**. Er ist ein Lehrpfad, der Auskunft gibt über die zisterziensische Vergangenheit und die heutige Nutzung des Geländes. Das Zeichen dieses Weges ist die gelbe Rose, ein Motiv aus dem Wappen der Stifterfamilie von Hallermund. In der Regel des Heiligen Benedikt, die für die Zisterzienser maßgebend war, heißt es:

> *„Das Kloster soll, wenn möglich, so angelegt werden, dass sich alles Notwendige, nämlich Wasser, Mühle und Garten, innerhalb des Klosters befindet und die verschiedenen Arten des Handwerks dort ausgeübt werden können." (66, 6).*

Wenn wir jetzt unseren Weg auf dem Zisterzienserpfad fortsetzen, so fällt nordöstlich der **Kirche** [3] die um 1300 erbaute sog. **Pilgerscheune** [4] auf. Sie war vermutlich ein Werkhaus für verschiedene Handwerksbetriebe in der Nachbarschaft zur **Walkmühle**. Die Pilgerscheune bot später Pilgern und Gästen eine Unterkunft, während die Walkmühle nebenan Walkerei, Wäscherei und Färberei beherbergte und eine der wichtigen Mühlen auf dem Gelände war. Nach Osten öffnete sich das Gebäude in einem großen, heute vermauerten Spitzbogen direkt zur vorbeifließenden Fulde.

Entlang der **Friedhofsmauer** geht es wieder zurück zum Eingangsbereich der Kirche. Von dort aus führt ein straßenähnliches Wegstück in südlicher Richtung weiter.

Linkerhand liegt das unmittelbar neben der Kirche 1778 neu aufgebaute **Konventshaus**, der ehemalige Konversenflügel. Er ist der westliche Teil des Kreuzgangquadrats, um das herum alle wichtigen Gebäude

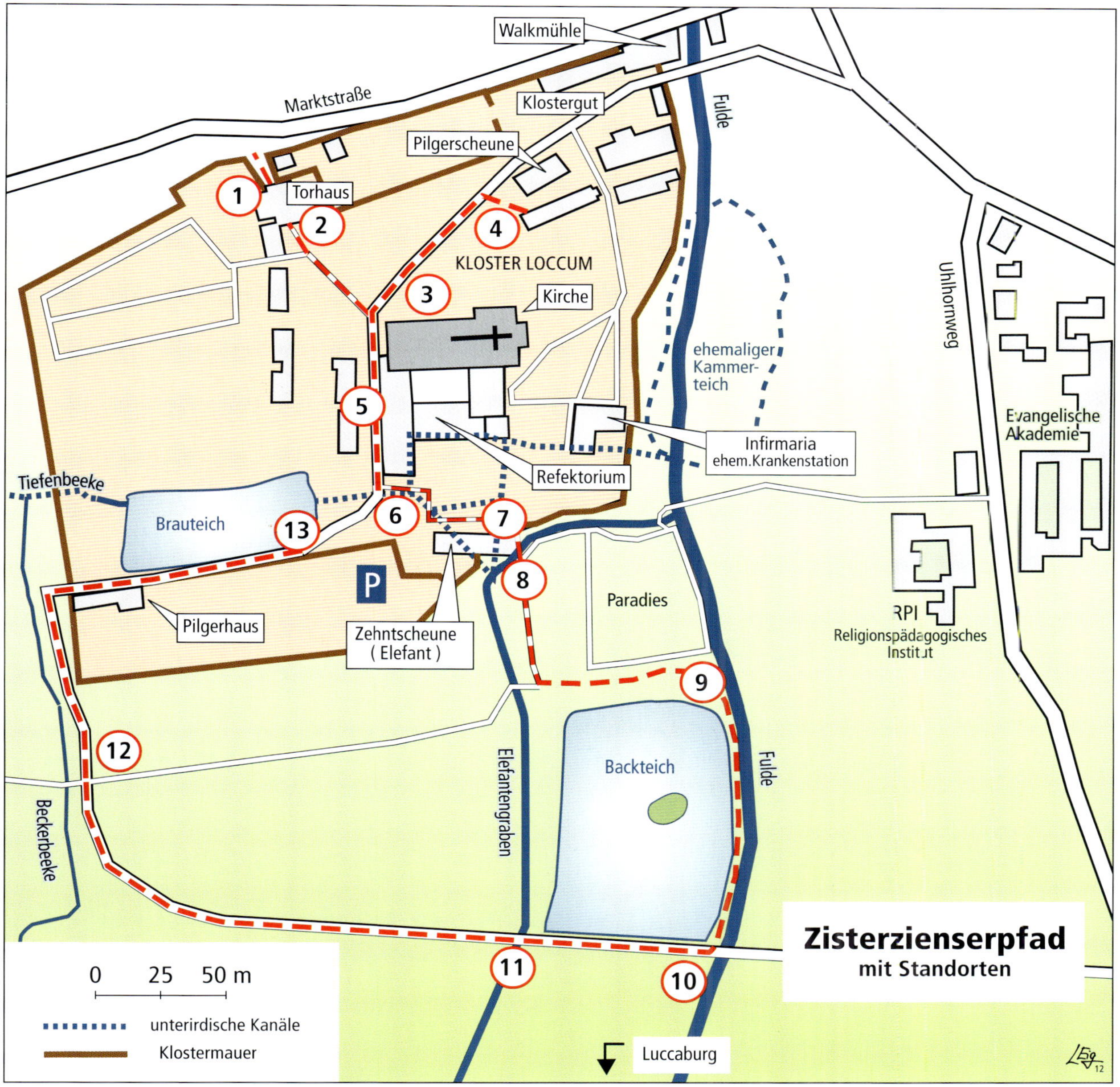

Zisterzienserpfad
[Die in eckigen Klammern eingefügten Ziffern im Text beziehen sich auf die Nummerierung der Schautafeln am Zisterzienserpfad.]

der Klausur angeordnet waren. Gegenüber liegt die 1270/75 errichtete **Abtei** [5]. Sie ähnelt in ihrer Bauform der Pilgerscheune und ist heute Wohnhaus des

Unterirdischer Kanal im Klosterbereich

Klosterförsters. An der Giebelseite sind Ansatzstellen der früheren Brauerei zu finden. Hier befand sich auch eine weitere Mühle. Der anschließende **Brauteich** ist der einzige im Klostergelände liegende Teich; er hatte einen geringen Wasserzufluss. Sein Wasser wurde zum Betrieb der Mühle sowie zum Brauen von Bier gebraucht. Er diente außer zur Speicherung und Regulierung des Wassers auch der Fischzucht.

Wir wenden uns nach Osten. In diese Richtung fällt das Gelände deutlich ab. Das große Bauwerk rechts auf der Südseite des steinigen, meist feuchten Weges ist die ehemalige, um 1300 erbaute Zehnt- und Vorratsscheune des Klosters. Ihrer Größe und ihrer Steinfarbe wegen wird sie **„Elephant"** [6] genannt. Hier wurden die Abgaben der zehntpflichtigen Bauern vornehmlich in Form von Getreide gelagert. Der Höhenunterschied des Geländes bedingt verschieden hohe Giebelwände. Das Gebäude ist mit Sandsteinplatten aus dem Solling bedeckt und aus Rehburger Bruchstein gearbeitet. Der gesamte Innenausbau besteht aus Holz. Das in ausgezeichneter Handwerksarbeit ausgeführte Gebäude diente einer auf langfristige Bevorratung ausgerichteten Ökonomie. Der Weg führt vorbei an der Nordwand des „Elephanten". Es fallen Fenster aus dem 18. Jahrhundert, einige Bögen noch älterer ehemaliger Fenster und eine große, später zugemauerte Toröffnung auf. In diesem Gebäudeteil war vielleicht Viehhaltung möglich, und hier konnten Handwerker arbeiten.

Auf der linken Seite des Weges, im gegenüberliegenden „Priorsgarten" mit seinem alten Baumbestand, liegt auf gleicher Höhe ein abgedeckter Schacht im Rasen. Zwischen Bäumen und Hecken fällt der Blick auf das **Refektorium** [7], den ehemaligen Speisesaal der Mönche, und rechts daneben auf den Bibliotheksanbau von 1981. Refektorium und **Bibliothek** liegen am südlichen Ende des Kreuzganggevierts, dessen Nordseite von der Kirche abgeschlossen wird.

Unmittelbar an der östlichen Klostermauer, am Ende des Gartengeländes, entdecken wir das völlig selbstständige Ensemble der früheren **Infirmaria**. Hier wurden die Alten und Kranken versorgt. Heute wohnt hier der Pächter des zum Kloster gehörenden Gutshofs.

Viele Gebäude für Werkstätten, wie zum Beispiel die Schmiede, sind nicht mehr zu finden. Auch Hinweise auf verschiedene Nutzgärten fehlen. Da gesonderte Aufzeichnungen zu den Gartengestaltungen und der Nutzung der Innenanlagen des Klosters fehlen, ist eine Rekonstruktion nicht möglich.

Im Sündern

Ein schmaler Durchlass in der Klostermauer am Nordostende des „Elephanten" gibt heute den Weg frei in den Sündern, einen Teil des ursprünglich 1 500 ha großen **Klosterforsts** [11]. Wir entscheiden uns in dem leicht abfallenden Gelände nicht für den Weg an der Klostermauer entlang zur Fulde, sondern überqueren ein kleines Fließgewässer rechterhand. Es hat Verbindung zu einem tiefen, großen Graben auf der rechten Seite, dem Elephantengraben. In diesem Graben wurde durch das heute zugemauerte Tor an der Südseite des Gebäudes Wasser aus dem Sündern zugeleitet. Durch das entsprechende Tor auf der Gegenseite konnte nach Gebrauch Wasser in den inneren Klosterbereich geleitet werden. Weiter geht es durch das **„Paradies“**, einen im 19. Jahrhundert zu einem Park umgestalteten Teil des Sündern. Seine alten Baumriesen zeigen einen ehemaligen Hudewald, also ein als Weide genutztes Waldstück, an.

Nach über 800-jähriger kontinuierlicher und verantwortungsvoller Nutzung ist der Sündern heute zu 68 % Altwald. Die weitgehend natürliche Waldgesellschaft besteht aus Buchen; dazu kommen Eichen und bachbegleitend Erlen- und Eschenbestände. An trockenen Standorten sind Kiefer, Fichte und Lärchen vertreten. Für eine weiterhin nachhaltige Waldbewirtschaftung ist die Waldbiotopkartierung von 1995 ein wichtiges Hilfsmittel. Sie erfasst auch Fließgewässser, Feuchtbiotope und Teiche.

Einer der Teiche liegt eine kleine Wegstrecke auf einem ehemaligen Damm weiter vor uns: Es ist der aufgestaute **Backteich** (Back = Beeke = Bach). Durch ihn hindurch floss zur Gründungszeit des Klosters die **Fulde**. Heute fließt sie dagegen östlich vorbei. In der Nähe eines Zuflusses aus dem Backteich in die Fulde wurden Buchenholzbohlen [9] aus dem 13. Jahrhundert gefunden; sie gehören zu einer mittelalterlichen Wasserbaumaßnahme, vermutlich einem Backteich-Stauwerk. Jenseits des südlichen Abschlussdammes liegt die große Backteichwiese. Früher erstreckte sich der Backteich, wie unter anderem aus Pollenanalysen geschlossen werden kann, auch auf dieses Gelände, vielleicht sogar bis zur **Lucca-Burg**, dem ehemaligen Besitztum der Stifter. Der hohe Binsenwuchs deutet auf den feuchten Untergrund hin. In zisterziensischer Zeit floss ein Teil des Wassers aus der in dieser Gegend umgeleiteten Fulde in den Elephantengraben und damit in Richtung Kloster.

Der Weg mit dem Zeichen der gelben Rose führt auf dem südlichen Abschlussdamm in westlicher Richtung weiter. Wir überqueren den Elephantengraben

Wasserkanal aus den Anfängen des Klosters

und gehen durch ein kleines Waldstück an den Rand einer Weide. Von hier aus bietet sich ein guter Überblick über die **Klosteranlage** [12] mit dem weithin sichtbaren Dachreiter auf der Kirche. Die letzte Wegstrecke an der westlichen Klostermauer entlang säumt die Becker-Beeke, die zusammen mit der Tiefenbeeke dem heute trocken gefallenen Küchschreiberteich Wasser zuführte. Von da wurde es unter der Mauer hindurch dem **Brauteich** [13] zugeleitet. Der Weg führt uns dorthin durch das Kellner-Tor und dann zurück zur Kirche.

Am Ende des Rundganges auf dem Zisterzienserpfad gehen wir durch die Kirche in den Kreuzgang. Dort im Innenhof, wo heute in einer Brunnenschale Wasser sprudelt, werden wir an das Brunnenhaus erinnert, das in früherer Zeit dort stand. Seine sakrale Architektur war Ausdruck der hohen Wertschätzung des Wassers bei den Zisterziensern.

Im Tal der Fulde

Zur Zeit der Gründung des Klosters wird das Gelände als ein unwirtliches Sumpf- und Moorgebiet beschrieben. Nach seiner Trockenlegung gelang eine Aufforstung und die Anlage von Wiesen. Die eiszeitliche Geländemulde wird von Süden nach Norden von der Fulde durchflossen. Von Osten, Westen und Süden fließt ihr aus kleinen Bächen Wasser zu, das dann mit leichtem Gefälle nach Norden in Richtung Kloster abfließt. Ein natürlicher Vorrat an Wasser war eine entscheidende Voraussetzung für die Klostergründung.

Die Nutzung des Wassers war vielfältig: Es wurde gebraucht als Trinkwasser, zum Tränken des Viehs, zum Bewässern der Gärten, zum Waschen und zum Reinigen, zur Fischzucht, zur Entsorgung von Schmutz und Abfällen. Die Wasserkraft lieferte die Energie für den Betrieb der Mühlen.

Das Klostergelände liegt etwas erhöht am unteren Nordrand des sumpfigen Tales. Einen geringen Zufluss bot die aus Westen kommende Tiefenbeeke. Sie verlief direkt durch das Klostergelände. Das Wasser aus dem Sumpfgebiet im Süden floss unterhalb der Klosteranlage vorbei. Zur Nutzung und Bewirtschaftung musste also eine größere Wassermenge trotz eines geringen Gefälles zusätzlich in das Kloster gebracht werden. Die Größe des Zuflussgebietes und das verhältnismäßig kleine Fließgewässer Fulde bedingten andererseits, dass größere Hochwässer die Ausnahme blieben. Es wurde ein umfangreiches Grabensystem angelegt, ein Wasserlauf wurde durch einen Kanal reguliert, und zur Bevorratung sowie zur Fischzucht dienten Teiche. Durch diese Wasserbaumaßnahmen konnte trotz ungünstiger natürlicher Voraussetzungen ausreichend Wasser zur Verfügung gestellt werden.

In Loccum heißt das konkret: Es gab zur Versorgung der *tiefer* gelegenen Areale das Projekt **„Elephantengraben“**. In diesem Wasserzulaufkanal, von dem noch einige Teilstücke vorhanden sind, wurden die von Westen kommenden Zuflüsse in der Geländemulde des Sündern aufgefangen. Mit starkem Gefälle konnte viel Wasser in den „Elephanten“ und auf das Klosterareal geleitet werden. Die heute zugemauerten Tore auf der Nord- und Südseite dienten dem Zu- und Ablauf des Wassers. Durch ein Wehr geregelt, konnte eine Teilmenge vor dem „Elephanten“ der Fulde zugeführt werden. Später floss die Fulde direkt in den „Elephantengraben“. Sie wurde im 19. Jahrhundert umgeleitet und fließt heute östlich des Backteiches vorbei.

Zur Versorgung der *höher* gelegenen Bereiche des Klosters wurde der **Brauteich** angelegt. Er erhielt seinen Zulauf durch den ehemals vor der Mauer liegenden Küchschreiberteich. In ihn war das Wasser der Tiefenbeeke umgeleitet worden. Die Zuleitung einer größeren Wassermenge geschah durch die Becker-Beeke, einen Kanal, der ursprünglich von den Zisterziensermönchen zur Wasserversorgung des Klosters angelegt worden war. In einer aufwändigen wasserbaulichen Maßnahme wurde Wasser von der Ahbergquelle über 1,6 km bei einem Gefälle von 0,09 % zugeleitet. An einigen seiner Teilstrecken sind heute noch Wälle vorhanden. Sie gelten als charakteristisch für einen künstlich angelegten Bach. Dem Küchschreiberteich führten zwei weitere schnurgerade verlaufende Kanäle zusätzlich Wasser zu.

Das lebensnotwendige Trinkwasser konnte mit ausreichendem Gefälle von dem quellenreichen Osthang zugeführt werden. Das geschah vermutlich durch eine Druckrohrleitung aus Blei oder Holz. Von diesem, **„Jakobsplatz“** genannten Quellbereich wurde das Kloster noch bis in das 20. Jahrhundert mit Trinkwasser versorgt. Heute fließt dem tiefer gelegenen Jakobsbrunnen von hier aus Wasser zu, das anschließend der Fulde zugeführt wird. Eine Frischwasserleitung vom Brauteich versorgte Brauhaus, Abtshaus und Küche. Um die Kirche herum wurde das Regenwasser in einem Kanal gesammelt und in die Fulde abgeleitet.

Alle Abwässer aus Klausur und Infirmaria wurden in einem Netz von unterirdischen Kanälen gesammelt. Sie mündeten zusammen mit dem zugeleiteten Frischwasser in den ehemals vorgelagerten Kammerteich. Hier erfolgte eine natürliche Klärung, bevor das Wasser wieder der Fulde zufloss. Die Bauweise der unterirdischen Kanäle ähnelt der der Kanäle im Kloster Fontenay (gegründet 1119). Wie diese sind sie aus Bruchsteinen gearbeitet und größtenteils – nach über 800 Jahren! – sehr gut erhalten.

Im Kloster Loccum lassen sich nicht alle wasserbaulichen Maßnahmen in allen Einzelheiten nachweisen. Erkennbar aber ist, dass auch hier wie in allen Zisterzienserklöstern ein zusammenhängendes Be- und Entwässerungssystem geplant war. Auf der Basis des in Westeuropa noch vorhandenen antiken Wissens hatten sich die Zisterzienser zu Fachleuten des Wasserbaus entwickelt. Mit Jordan von Walkenried (12. Jahrhundert) und Johann von Pforta (13. Jahrhundert) sind Laienbrüder sogar namentlich bekannt. Die vermessungstechnischen Untersuchungen an der Becker-Beeke, alte Karten, viele Ortsbegehungen und Vergleiche mit anderen Zisterzienserklöstern in Deutschland und Frankreich begründen die Darstellung der Loccumer Situation. Es galt insgesamt für die Bewirtschaftung des Wassers der Grundsatz: Oberflächenwasser geringerer Qualität soll für gewerbliche Zwecke und Grund- und Quellwasser höherer Qualität für häusliche Zwecke gebraucht werden. Auf diese Weise wurden die verfügbaren Wasservorräte zweckmäßig und sinnvoll genutzt. Im heutigen Sinn ist diese Vorgehensweise ein Beispiel für „vernetztes Denken, Planen und Handeln in Verantwortung gegenüber der Natur“.

Karsten Sierk

Der Klosterwald als Schöpfungsoase

Der im 12. Jahrhundert aufblühende Reformorden der Zisterzienser siedelte bewusst in unwirtlichen Gegenden. So auch die Mönche, die 1163 das Kloster Loccum gründeten und nach und nach das Sumpfgebiet um die verlassene Luccaburg urbar machten.

Zu ihrem Fachwissen gehörte das Trockenlegen der Sümpfe, die Anlage und das Bewirtschaften von Teichen, die Wasserwirtschaft im Kloster sowie die Nutzung der Wälder.

Sie legten den Grundstein für die bis heute sichtbare Landschaftsstruktur im Klosterforst.

Durch die Reformation nahm das Kloster nach 1593 die lutherische Konfession an, doch wichtige Traditionen und Strukturen blieben erhalten. So liegt die Bewirtschaftung des Forstbetriebs seit 850 Jahren kontinuierlich in der Verantwortung von Abt, Prior und Konvent.

Während des Dreißigjährigen Krieges (1618 bis 1648) kam es im Klosterwald zu unkontrollierten Rodungen. Doch mit der Amtseinführung des Abtes Molanus (1677 bis 1722) wurde erstmals eine strenge Holzordnung erlassen.

Erste Nachhaltigkeitsgedanken führten zu einem Umdenken. Die Berechtigungen wurden stark eingeschränkt und nur Holzmengen zur Deckung des nötigsten Bedarfs gewährt.

Nutzungen erfolgten seitdem nicht nur bedarfsorientiert, sondern langfristig mit Blick auf bessere Stammformen und das Gedeihen der natürlichen Verjüngung. Bereits im Jahr 1700 fand die erste Erhebung im Klosterforst inklusive Vermessung und Einteilung in 42 Forstorte sowie eine Klassifizierung der Eichen statt.

Eine Enteignung traf das Kloster im Jahre 1936. Aufgrund der Ausweitung des Truppenübungsplatzes bei Munster wurde für die dort vertriebenen Landwirte Ersatzland gebraucht. Die Hälfte des Klosterforsts fiel dem dauerhaft zum Opfer.

Geregelte Forstwirtschaft

Ab 1800 begann der Übergang von einer bedarfsgebundenen Bewirtschaftung zur geregelten Forstwirtschaft. In der Folge wurden die vorhandenen Laubholzbestände in Nadelholzwaldungen umgewandelt. Diese erreichten bis 1970 einen Anteil von 70%. Der Sturm von 1972 führte zu großen Schäden. Dadurch begannen die Verantwortlichen über eine der Natur gemäße Bewirtschaftung neu nachzudenken. Seitdem wird der Laubholzanteil kontinuierlich wieder erhöht. Die Baumartenverteilung stellt sich heute so dar: Eiche 13%, Buche 20%, Kiefer 41%, Fichte 10%, Douglasie 5%. Der Rest verteilt sich auf andere Laubbäume mit hoher (Esche, Ahorn, Hainbuche, Linde) oder niedriger Lebensdauer (Birke, Erle, Pappel). Der Holzvorrat beträgt 266 Fm/ha, der Zuwachs liegt bei 8,3 Fm/ha.

Die Verbindung von Kloster- und Forstwirtschaft hat sich in der Geschichte bewährt. Der Rohstoff Holz hat immer eine große Rolle für das Kloster gespielt, als Bauholz und als Energieträger. Durch die Erträge aus Land- und Forstwirtschaft konnte das Klosterleben wirtschaftlich eigenständig gestaltet werden.

Im Horizont der Ewigkeit Gottes und im Bewusstsein der Schöpfungsverantwortung des Menschen wurde die Forstwirtschaft stets mit großer Nachhaltigkeit betrieben.

Zukunftsorientierte Bewirtschaftung heute

Im 21. Jahrhundert steht im Fokus eine naturgemäße Waldwirtschaft unter wirtschaftlichen Kriterien. Zum Forstbetrieb gehören heute 700 ha, davon sind etwa 20 ha Waldwiesen und 8 ha Teichanlagen. Die Waldstandorte des Klosters liegen in Niedersachsen und Nordrhein-Westfalen.

Neue Aufgabengebiete für den Forstbetrieb sind hinzugekommen: die Grünlandbewirtschaftung mit

Klosterwald Sündern, einer von insgesamt fünf Forststandorten. Die unterschiedlichen Farben stehen für verschiedene Baumarten.

einer eigenen Mutterkuhherde sowie der Betrieb der Teichanlagen des Klosters.

Auch weitere Dienstleistungen werden ausgeführt wie die Bewirtschaftung des klostereigenen Friedhofs und die Gestellung von Personal und Gerät für die Unterhaltung der Außenanlagen kirchlicher Einrichtungen in Loccum (Evangelische Akademie, Religionspädagogisches Institut, Pastoralkolleg).

Bachteich, auch Backteich genannt

Seit März 2009 betreibt der Forstbetrieb auf dem Klostergelände eine Hackschnitzelheizung. Ca. 1 000 Schüttraummeter Waldhackschnitzel aus dem Klosterwald ersetzen rund 60.000 Liter Heizöl. Zurzeit werden das Konventsgebäude, das Forsthaus und das Kösterhaus mit Wärme versorgt.

Durch den Forstbetriebsbeamten wird die Bauunterhaltung des Klosters in Zusammenarbeit mit den Verantwortlichen des Klosters gemanagt. Die Vielfältigkeit dieser Aufgaben gewährleistet, dass der Personalbestand für zukünftige Herausforderungen gesichert bleibt.

Klosterwaldung als Raum geistlicher Erfahrungen

Neben der wirtschaftlichen Bedeutung spielen die eigenen Waldflächen für das Kloster eine wichtige Rolle als Erholungsgebiet für die Tagungsteilnehmer der kirchlichen Einrichtungen. Nach einem inhaltsreichen Fortbildungstag bietet der Klosterwald in den freien Zeiten Gelegenheit zum Atemholen. Wald, Wasser und Wiesen laden mit ihren abwechslungsreichen Bildern zum Verweilen ein. Gespräche über Gott und die Welt lassen sich hier anders führen als im Seminarraum. Das Licht- und Schattenspiel in den Zweigen, Nadeln und Blättern des Mischwaldes schafft eine besondere Atmosphäre.

Seit 2005 sind um das Kloster Loccum der Pilgerweg Loccum-Volkenroda, der Pilgerweg zum Kloster Mariensee und der Siegwardsweg entstanden. Nach dem Pilgersegen im Kloster erleben die Pilgernden die erste Wegstunde ihrer Pilgerwanderung durch den Klosterwald mit wachen Sinnen. Die Seerosen und Enten auf dem Bachteich, die herrlichen Baumkronen der Buchen, die fröhlich plätschernde Fulde – sie werden zum Abbild der überfließenden Güte Gottes in seinem Reich, der Klosterwald wird zur Schöpfungsoase.

Entwurzelte Bäume, abgestorbene Blätter, stachlige Ilexbüsche und vom Regen matschige Wege regen zum Nachdenken über Passion und Vergänglichkeit an.

Ulrike Eggers

Das alte Klostergut heute

Landwirtschaft wird im Kloster Loccum schon seit Jahrhunderten betrieben. Das Klostergut Loccum umfasst heute rund 170 ha in den Gemarkungen Loccum, Münchehagen, Döhren, Ilvese und Heimsen.

Im Laufe dieser Zeit hat sich in der Landwirtschaft und natürlich auch auf dem Klostergut viel verändert. Zur Zeit der Pächterfamilie Ziegler gab es auf dem Gut 40 Milchkühe und 50 Sauen mit Nachzucht und Schweinemast. Später wurden die Kühe abgeschafft und rund 300 Mutterschafe gehalten. Neben dem Melker gab es einen Schweinemeister, zwei Treckerfahrer sowie zwei Lehrlinge, bis zu fünf weitere Arbeitskräfte wurden tageweise angestellt.

Teichscheune mit Teich, im Hintergrund die alte Walkmühle

Bis 1952 war das Gut an die Pächterfamilie Voigt verpachtet. Danach folgte eine rund 10-jährige Zeit der Selbstbewirtschaftung durch das Kloster, bevor im Jahre 1962 das Klostergut an die Familie Ziegler verpachtet wurde. Seit 1982 ist das Klostergut an Familie Eggers verpachtet, zunächst bis 1997 an Werner und Lieselotte Eggers und seitdem an Hans Werner und Ulrike Eggers.

Heutzutage ist das Klostergut ein reiner Ackerbaubetrieb mit Erdbeeranbau als Sonderkultur. Neben dem Betriebsleiter sind keine festen Mitarbeiter mehr angestellt. Im Frühjahr und im Herbst helfen Aushilfskräfte bei der Bestellung und Ernte. Lediglich zur Erdbeerzeit erfolgt die Erdbeerernte mit Fremdarbeitskräften.

Heute Haus des Gutspächters, vormals Siechenhaus

Zum Gut gehören die Gebäude Pilgerscheune, Teichscheune, Walkmühle, Kuhstall sowie zwei ehemalige Schweineställe und das Taubenhaus. Nach Aspekten der modernen Landwirtschaft sind diese Gebäude schwer sinnvoll nutzbar. Vieh wird auf dem heutigen Klostergut nicht mehr gehalten, da dies aufgrund von arbeitswirtschaftlichen und tierschutzrechtlichen Gründen nicht mehr möglich ist. Die ehemalige Zehntscheune, der sogenannte Elefant, gehört heute nicht mehr zum Klostergut, da die Getreidelagerung in dem alten Gebäude zu unwirtschaftlich wurde.

Das Klostergut bewirtschaftet heute rund 250 ha landwirtschaftliche Nutzfläche, da neben den klostereigenen Flächen weitere Flächen zugepachtet wurden. Neben Getreide- und Maisanbau werden auch rund 30 ha Zuckerrüben angebaut.

Die Flächenausstattung reicht von leichten, sandigen Böden, über tonhaltige bis hin zu Marschböden. Die Bodenpunktzahl variiert von 25 bis 70 Bodenpunkten. Aufgrund dieser unterschiedlichen Bodenstruktur erfolgt die Bodenbearbeitung pfluglos. Der Boden wird nur gegrubbert, so dass der Boden gemischt und nicht mehr komplett gewendet wird. Es hat sich herausgestellt, dass durch diese Bodenbearbeitung das Bodengefüge positiv beeinflusst wird und insbesondere die Anzahl der Regenwürmer stark zugenommen hat. Die Böden sind weniger erosionsanfällig durch mehr organische Masse an der Oberfläche. Des Weiteren sind die Böden dadurch tragfähiger geworden, das heißt beim Befahren weniger druckanfällig.

Im Jahr 2007 wurde mit der Sonderkultur Erdbeeren begonnen. Neben dem Verkauf direkt ab Hof werden die Erdbeeren auch über Direktvermarkter und Marktbeschicker vermarktet. Eine Selbstpflückplantage rundet das Angebot ab.

Am 22. 06. 2008 gab es in Loccum ein starkes Unwetter mit großem Hagelschauer und heftigen Sturmböen. Da sich das Getreide kurz vor der Ernte befand, wurde ein Großteil der Getreideernte durch den Hagel vernichtet. Die reifen Ähren wurden komplett abgeschlagen. Besonders gravierend war der Schaden an der Sonderkultur Erdbeeren. Sämtliche Früchte, egal ob reif oder nicht, wurden vernichtet. Lediglich die Zuckerrüben konnten neue Blätter bilden und im Herbst, wenn auch mit großen Ertragseinbußen, geerntet werden. 80 Prozent der gesamten Ernte des Klostergutes waren vernichtet. Die enormen negativen wirtschaftlichen Folgen wurden zu drei Vierteln von der Hagelversicherung ausgeglichen, so dass die Existenz nicht gefährdet war.

Im Herbst 2009 fiel die Entscheidung, eine Biogasanlage zu bauen. Nach Standortanalyse und vielen weit reichenden Überlegungen wurde der Standort „An der Alten Zollstraße" zwischen Loccum und Münchehagen festgelegt. Bei der Stadt Rehburg-Loccum wurde die Änderung des Flächennutzungsplanes sowie des Bebauungsplanes beantragt und genehmigt. Nach eineinhalb Jahren Antragszeit lag die Baugenehmigung nach dem Bundesimmissionsschutzgesetz vom Gewerbeaufsichtsamt Hannover vor, so dass der Bau der Biogasanlage im Dezember 2011 fertig gestellt werden konnte.

In einer Biogasanlage erfolgt die mikrobielle Vergärung des eingesetzten Substrats. Dieses besteht aus gut abbaubarer Biomasse wie Gülle und Energiepflanzen wie Mais-, Gras- und Getreidesilage. Die Entstehung von Biogas ist ein Faulprozess, den man auch unter Sauerstoffabschluss in Sümpfen und Tümpeln beobachten kann. Die Mikroorganismen vergären das eingesetzte Substrat zu Methan und Kohlendioxid, den Hauptkomponenten des Biogases. In Blockheizkraftwerken wird das Biogas verbrannt und dadurch Strom und Wärme erzeugt. Der erzeugte Strom wird dann direkt ins öffentliche Netz eingespeist.

Biogasanlage

Mit der bei der Stromproduktion der Biogasanlage Loccum entstehenden Wärme lässt sich jetzt sowohl die Evangelische Akademie in Loccum als auch die Grundschule und das Freibad in Münchehagen beheizen. Hierzu wurden vom Anlagenstandort Gasleitungen nach Loccum und nach Münchehagen verlegt und das Biogas vor Ort in zwei dezentralen Blockheizkraftwerken verstromt. Somit ist ein hoher Wirkungsgrad erreicht.

Bei der Neuausrichtung des Betriebes konnte schnell Einvernehmen mit dem Konvent des Klosters erzielt werden. Damit beginnt für das Klostergut eine neue Zeit. Aus dem reinen Ackerbaubetrieb wird ein landwirtschaftlicher Betrieb, der erneuerbare Energien produziert, weiterhin aber auch Getreide und Erdbeeren anbaut.

Horst Hirschler und Constantin Anastasiou

Die Renovierung des Dachreiters

Wenn ich an unseren Dachreiter denke, fallen mir Kindergeburtstage ein. Da haben wir zu unseren vier Jungen acht Jungen und Mädchen aus dem Dorf eingeladen, meistens aus ihren Klassen, haben Spiele gemacht, Filme mit Super-8 gedreht und – als Höhepunkt oft – sind auf den Turm gestiegen. Schon das war ein Abenteuer. Im Slaphus letzte Tür rechts, gleich links die alte Steintreppe, dann die Wendeltreppe, vorbei am Klostergefängnis, dann über dem Gewölbe der Bretterweg, das dichte Gebälk des Turmes, die letzte Treppe: Kopf einziehen und der enge Durchschlupf auf die Laterne des Turms. Die Glocken hingen in den 70er Jahren noch so, dass die Kinder nicht an den Klöppel kommen konnten. Unten der Friedhof, da war das Dorf. Wer findet sein Haus? Wie klein der Innenhof ist. Schaut mal da unten, die Mutter winkt aus dem Kinderzimmerfenster. Der Turm war aus Balken, mit grün gewordenem Kupferblech ummantelt. Einer der Außenständer hatte ein loses Kupferblech. Man konnte hineinschauen und am Balken mit den Fingernägeln das morsche Holz abkratzen. Der musste erneuert werden. 1976 mag es gewesen sein, Herr Prendel, der Klosterbaumeister, musste sich durch die enge Turmluke hindurch quälen, die Zimmerleute kamen, bald sah man einen schönen neuen Ständer aus Eiche, bald war auch er mit frischem Kupfer ummantelt. Dann wurde die morsch gewordene Dachkonstruktion sachkundig für viel Geld erneuert, eines Tages standen wir mit Herrn Diplom-Ingenieur Anastasiou zwischen dem Balkengewimmel des Turms. Die weit über 100 Jahre alten Balken des Dachreiters waren zum Teil erneuerungsbedürftig. Was dann folgte, muss Herr Anastasiou als Statiker selbst beschreiben.

Mir sind einige Bilder unvergesslich. Ein großer Kranwagen steht in der Nähe des Chorraums und hievt die beiden alten Glocken vom Turm. Viele Menschen stehen auf dem Friedhof. Dann: Alle Ständerbalken und der Mittelturmbalken sind abgesägt. Wir bilden zuerst eine kleine Andachtsrunde mit den Arbeitern, hören den Psalm 127: „Wenn der Herr nicht das Haus baut, so arbeiten umsonst, die daran bauen", ein Gebet, dass es gelingen möge, Vaterunser und Segen. Später, als der Turm abgehoben wird, eine kleine Andacht mit der Gemeinde. Dann das unglaubliche Bild, wie der Dachreiter langsam über den vorderen Teil des Daches gehievt und zur Bearbeitung auf den Boden gestellt wird.

Das letzte Bild, Monate später: Unser Dachreiter ist fertig. Die neue Kupferummantelung ist braun, die alten Teile grün. Bei zu starkem Wind konnte der Dachreiter nicht hochgehoben werden. Um 10.00 Uhr ein letzter Schauer – mit Sturm. Dann schläft, oh Wunder, der Wind ein. Wieder die Andachtsrunde der Arbeiter und Verantwortlichen. Der Kranführer aus Magdeburg sagt: „Beten? Das hab' ich nicht nötig. Ich mache das seit 40 Jahren." Also haben wir ohne ihn gebetet. Die Gemeinde ist kurz vor 12.00 Uhr in großer Zahl auf dem Friedhof versammelt, der Posaunenchor ist da. Wir wollen gleich mit dem Gottesdienst beginnen, da verliert der Kranführer die Nerven und hebt den Dachreiter schon fünf Minuten vorher an, also folgen wir mit dem Gottesdienst. Ein großartiges Bild: Der instand gesetzte Dachreiter schwebt ein: Es gelingt. Der Dachreiter ist wieder an seinem Ort. Das frisch vergoldete Kreuz steht über dem Dorf. Jetzt muss nur noch die große Balkenmanschette, die den Turm in der Mitte stabilisiert, über die Spitze und das Kreuz gezogen werden. Der durch Gottes Freundlichkeit eingeschlafene Wind frischt wieder auf. Langsam wird die Balkenmanschette nach oben gezogen. Sie hat rechts und links der beiden Kreuzesbalken nur wenig mehr als 10 Zentimeter Spiel, viel Wind kann man sich da nicht leisten. Rätselhafterweise stoppt die Manschette unterhalb des Kreuzes. Ich renne hin zum Kranführer: „Weiter! Der Wind wird sonst zu stark." Er sitzt schwitzend vor seinem Computer und sagt: „Geht nicht, ich hab ihn falsch eingestellt!" „Wie lange dauert das?" „Mehr als eine Stunde". „Dann haben Sie keine Chance. Der Wind wird zu stark." Er lässt es drauf ankommen. Als die Balkenmanschette schließlich über die Kreuzesarme gezogen wird, hört man irgendein Geräusch. An der Manschette sind deutliche Spuren der Vergoldung des Kreuzes zu sehen. Also touché. Mit dem Fernrohr ist kein deutliches Bild zu gewinnen. Am nächsten Morgen fahren Anastasiou und ich in einem kleinen Korb noch einmal hinauf: Die Spitzen an den Enden beider Kreuzesarme sind kräftig nach oben gebogen. Wir fotografieren. Das Kreuz muss herunter und repariert werden. Der Turm ist dafür neu einzurüsten. Als wir herunter kommen, steht der Kranführer da und schaut uns betroffen an. Er geht schweigend zu seinem Kran.

Fragt man Herrn Diplom-Ingenieur Anastasiou, wie das war mit dem Dachreiter, dann schreibt er uns ganz sachlich Folgendes:

„Manchmal kommt einem der Zufall zu Hilfe. So geschah es im Jahr 1996, dass bei der Durchführung der Sicherungsmaßnahmen am Kirchendach Feuchtigkeitsschäden an der Holzkonstruktion des Dachreiters entdeckt wurden, die Anlass zu weiteren Untersuchungen gegeben haben. Dies kann im Nachhinein als Glücksfall gewertet werden.

Schnell stellte sich heraus, dass mit wesentlich mehr und gravierenderen Schäden am Dachreiter zu rechnen ist und die Stabilität des Tragwerks in Frage gestellt werden musste. In welch desolatem Zustand sich der Dachreiter tatsächlich befand, das ahnte damals noch niemand.

Das lag im Wesentlichen daran, dass die tragenden Hölzer wegen der Kupferblechbekleidung nicht ohne weiteres einsehbar waren – zumal die Zugangsmöglichkeiten durch den auf dem Laternenboden aufgestellten Stahlglockenstuhl stark eingeschränkt waren.

Nach ausgiebigen Untersuchungen wurde klar, dass ein oder mehrere Stiele des Dachreiterschaftes ausgetauscht werden mussten. Da dies aber nur möglich war, wenn die Dachreiterspitze abgenommen würde, mussten Möglichkeiten dafür gefunden werden, wobei als durchführbare Lösung letztendlich nur der Einsatz eines Autokrans übrig blieb.

Für die Auswahl des geeigneten Krans war es erforderlich, das Gewicht der Spitze möglichst genau zu ermitteln, so dass wegen fehlender Bauunterlagen möglichst exakte Aufmaße anzufertigen waren.

Das genaue Gewicht war umso wichtiger, weil der Kran durch den ungünstigen Standort des Dachreiters mittig über der Kirchenvierung eine über 26 m lange Auskragung überbrücken und der Stabilisierungskranz mit den Stahltrossen über die ca. 50 m hohe Kreuzspitze geführt werden musste. Nach den ermittelten Daten richtete sich dann die Größe des Autokrans.

Am 27. Mai 2003 konnte dann nach dem Lösen der Verbindungen zum Schaft die Spitze unter Ausnutzung einer Flaute abgehoben und mit einem Schwenk über den Friedhof auf den vorbereiteten Holzbock östlich der Kirche abgesetzt werden.

Erst jetzt konnte mit der eigentlichen Sicherungsmaßnahme begonnen werden.

Dabei stellte sich dann heraus, dass nicht ein oder zwei Stiele morsch waren, sondern alle acht ausgetauscht werden mussten.

Also mussten ca. 12 m lange Eichenbalken mit einem Querschnitt von bis zu 30 x 40 cm besorgt werden. Diese wurden schließlich aus Bayern angeliefert und dann eingebaut.

Für die Glocken wurde die ehemalige Aufhängung im oberen Bereich der Laterne wieder hergestellt, so dass die Laterne nun wieder ganzflächig begehbar ist.

Auch an der Dachreiterspitze mussten mehr Hölzer ausgetauscht werden als ursprünglich geplant. Von acht Gratsparren wurden sieben erneuert.

Danach folgte die Erneuerung der kompletten Kupferblecheindeckung. Die historischen Wasserspeier, die Rosetten an den Ziergiebeln sowie die aufwändig gestaltete Spitze konnten wiederverwendet werden.

Parallel dazu ist das Kreuz in der Schlosserwerkstatt komplett überholt worden. Die total abgängige Stahlkonstruktion wurde durch eine Edelstahlkonstruktion ersetzt, auf die die alten Kupferblechteile wieder montiert und anschließend vergoldet wurden. Die ganze Restaurierung dauerte fast eineinhalb Jahre.

Am 22. September 2004 konnte die restaurierte Dachreiterspitze mit dem Autokran wieder aufgesetzt und mit der Unterkonstruktion verbunden werden. Der Dachreiter war gerettet!“

Jörg Antoine

Das Kloster und seine Finanzen

Zisterzienserklöster waren im Hochmittelalter nicht nur Orte spiritueller Kraft, sie waren auch vermögend und für ihre Zeit moderne Wirtschaftsbetriebe. Vor allem drei Faktoren bedingten ihren wirtschaftlichen Erfolg: Neben den betenden Mönchen gab es die arbeitenden Mönche (Konversen), die ebenfalls die Gelübde der Besitz- und Ehelosigkeit ablegten. Sie erbauten die Klöster, kultivierten die Landschaften, trieben Landwirtschaft, Vieh- und Fischzucht, Obstbau und verwalteten die weit verstreuten Besitztümer. Streng asketisch lebend, kam der selbstlose Einsatz dieser arbeitenden Mönche ganz ihrem jeweiligen Kloster zugute. Über den Fleiß hinaus waren die Konversen in ihrem ökonomischen Handeln auch Aufklärer ihrer Zeit. Wissen und Glauben waren kein Gegensatz. Die Klosteranlagen der Zisterzienser geben noch heute beredt Zeugnis davon, wie verständig die Klosterbauer ihre Anlagen erbauten. Sie waren Meister der Wasserwirtschaft, die Sümpfe trocken legten, Fischteiche anlegten und den Klosterbetrieb mit Frischwasser versorgten. Sie waren auf der Höhe ihrer Zeit und ihr auch gelegentlich voraus, wenn es um Landwirtschaft, Obst- und Viehzucht, Fischwirtschaft, Baukunst und die Organisation eines Großbetriebs wie eines Zisterzienserklosters ging. Und nicht zuletzt: die Zisterzienser beeindruckten in ihrem Glauben und Leben ihre Zeitgenossen stark. Und die reagierten nicht mit Neid, sondern mit Anerkennung und eben auch sachlicher Anerkennung. Die Zisterzienserklöster bekamen viel geschenkt und gestiftet. Vom Kloster Loccum sind über 1000 Urkunden erhalten, die den damaligen Reichtum des Klosters aus Stiftungen, Schenkungen und Grundstückskäufen belegen.

Dieser Reichtum ist weitgehend durch Kriege und Säkularisationen (die letzte größere Enteignung erfolgte 1936 durch die Nationalsozialisten) verloren gegangen. Geblieben ist dem Kloster Loccum die im Norden Deutschlands besterhaltene Zisterzienserklosteranlage. Und mit diesem Erbe eine erdrückende Baulast: ca. 80 000 Kubikmeter umbauter Raum! Die jährlich in den Haushalt eingestellten Bauunterhaltungsmittel von ca. 165 000 Euro decken nur das Nötigste für Schönheitsreparaturen und kleinere bauliche Maßnahmen. Die Bestandserhaltung ist damit nicht zu bewältigen. Die sogenannten „Bausondermaßnahmen" sind der Schrecken der Vermögensverwaltung. Statische Sicherungen diverser Gebäude, Brandschutz, Elektro- und Sanitärerneuerungen, neue Dacheindeckungen und Wärmeleitungen, Entfeuchtung von Wänden, jüngst die Erneuerung der Orgel und vieles andere mehr haben in den letzten elf Jahren rund 7,8 Mio. Euro gekostet und damit durchschnittlich zu jährlichen Mehrbelastungen von rund 700 000 Euro geführt. Der Abschluss von Bausondermaßnahmen ist fortlaufend begleitet von der Projektierung neuer Maßnahmen, die nicht mehr hinausgeschoben werden können, wenn der Gebäudebestand erhalten werden soll. Mit rund 3,45 Mio. Euro (44,1 %) hat die Landeskirche Hannovers den größten Anteil der Bausondermaßnahmen der letzten elf Jahre aus Kirchensteuern finanziert. Die unmittelbaren staatlichen Zuschüsse fallen mit 254 000 Euro (3,2 %) dagegen eher bescheiden aus. Stiftungen, Spenden (z. B. der VGH) und vor allem die Klosterkammer Hannovers haben zusammen rund 1,5 Mio. Euro (19,9 %) und damit einen wichtigen Beitrag für die Erhaltung des Gebäudebestands des Klosters geleistet. Das Kloster selbst hat mit rund 2,57 Mio. Euro aus eigenen Mitteln ebenfalls zur Finanzierung der Bausondermaßnahmen zu einem Drittel beigetragen. Alles, was das Kloster für die Stiftskirche leistet, ist übrigens gleichzeitig eine Maßnahme, die der Kirchengemeinde Loccum zugute kommt. Denn die Klosterkirche ist ihre Gemeindekirche.

Das Kloster Loccum hat das Glück, noch im Besitz eines kleinen Teils seines früher sehr beträchtlichen Vermögens zu sein. Geblieben sind in Westdeutschland die Pachtbetriebe in Loccum (169 ha), Kolenfeld bei Wunstorf (169 ha) und bei Hamelspringe (148 ha), die alle drei schon in zweiter Generation verpachtet sind. Hinzu kommen 227 ha landwirtschaftliche Flächen im Osten Deutschlands in der Uckermark, bei denen die DDR die formelle Enteignung schlichtweg für nicht erforderlich gehalten hat. Vor allem dem früheren Vermögensverwalter Werner Knüllig und dem Mitarbeiter der Vermögensverwaltung Heinz-Werner Weinrich kommt das Verdienst zu, diesen Vermögensbestand dem Kloster nach der Wende wieder gesichert zu haben. Erworben wurde dieser Besitz erst im 19. Jahrhundert durch den damaligen Vermögensverwalter (Friedrich Wilhelm Barkhausen). Er war es auch, der auf der Insel Langeoog für das Kloster Loccum den Kurbetrieb eröffnete. Geblieben ist hieraus heute nur noch das „Loccumer Hospiz", ein großes Gebäude auf Langeoog, das die Inselgemeinde mit einer Nutzungsbeschränkung belegte, die den wirtschaftlichen Betrieb dieses Hauses faktisch unmöglich macht. Auch dies im Grunde eine Form der Enteignung des Klosters. Weitere Einnahmen gewinnt das Kloster aus Mieten einiger weniger Objekte und Erbbaurechte. Erbbauverträge wurden vor allem in Wunstorf abgeschlossen. Insgesamt erwirtschaftet das Kloster immerhin 15 % seiner Einnahmen aus Pachten, Mieten und Erbbauzinsen.

Im Kloster Loccum ist heute das einzige Predigerseminar der Landeskirche Hannovers beheimatet, das zunehmend auch von den anderen Landeskirchen Niedersachsens zur Ausbildung ihrer Vikare genutzt wird. Die Vikare verbringen einen Teil ihrer Ausbildung im Kloster Loccum. Mit einem Gesamtaufwand von rund 1,2 Mio. Euro (ohne Bausondermaßnahmen) – allein aus Kirchensteuermitteln finanziert – nimmt das Predigerseminar auch wirtschaftlich den größten Stellenwert im Kloster Loccum ein. Soweit die Übernachtungszimmer nicht vom Predigerseminar belegt sind, stehen sie für die Vermietung an andere kirchliche Gruppen und weitere Gäste (insbesondere Pilger) zur Verfügung. Das Kloster Loccum unterhält darüber hinaus einen Forstbetrieb mit 642 ha Waldfläche. Der Friedhof hat mit ca. 45 000 Euro am Umsatz des Klosters nur einen geringen Anteil von 2 %. Als Gebührenhaushalt darf das Kloster hieraus auch keine Überschüsse für sich erwirtschaften. Der Haushalt des Klosters Loccum wird mit jährlich 1,4 Mio. Euro (65 %) überwiegend von der Landeskirche Hannovers aus Kirchensteuermitteln finanziert. Die Spenden für die allgemeinen Klosteraktivitäten machen mit 35 000 Euro im Jahr 2011 für das Kloster in Anbetracht des gesamten Bedarfs nur 2 % aus. Hinzu kommen allerdings in erheblichem Umfang Spenden und Zuschüsse für die Bausondermaßnahmen (z. B. die Orgelerneuerung) mit über 1,5 Mio. Euro und einem Anteil von 19,9 % an allen Bausondermaßnahmen in den letzten elf Jahren. Ein sehr großer Betrag. Er zeigt, dass viele Menschen dem Kloster persönlich verbunden sind.

Größter Kostenblock der laufenden Bewirtschaftung (ohne Bausondermaßnahmen) sind mit 1,1 Mio. Euro die Personalkosten. Dank einer eigenen Hackschnitzelanlage können die Energiekosten (Heizung, Strom, Wasser) mit jährlich rund 165 000 Euro in Anbetracht des Gebäudebestands noch moderat gehalten werden. Sonstige Sachkosten (ohne Bauunterhaltung) schlagen mit bald 500 000 Euro vor allem für das Predigerseminar und den Forstbetrieb jährlich zu Buche.

Das Kloster Loccum ist mit seinen verschiedenen Bereichen (Klosterkirche, Predigerseminar, Pilgerstätte, Forst- und Friedhofsbetrieb, Vermögensverwaltung) auch heute ein komplexer Betrieb. Damals wie heute gilt aber auch: Die Kraftquelle des Klosters liegt nicht in seinem Besitz, sondern in dem Glauben und Engagement seiner hauptberuflichen und ehrenamtlichen Mitarbeiter ebenso wie seiner Förderer, Pilger und Besucher. Sie alle machen das Kloster erst zu etwas Besonderem. Eben zu einem spirituellen Ort.

Prägende Gestalten

Eduard Lohse

Eduard Lohse – Abt des Klosters 1977-2000

Der 26. Psalm enthält Worte des Gebets, mit dem der Psalmist sich zu seinem Gott bekennt. Dieses Bekenntnis fasst er in die Worte: *„Herr, ich habe lieb die Stätte deines Hauses und den Ort, da deine Ehre wohnt."* (Ps. 26,8) Mit diesem Dankgebet kann auch heute ausgesagt werden, was der Ort, an dem das Lob Gottes durch die Jahrhunderte angestimmt und gesungen wird, für die Gemeinde Jesu Christi bedeutet. Das Kloster Loccum ist ein solcher Ort, den man von Jahr zu Jahr lieber gewinnt.

Als Landesbischof und Abt Hanns Lilje am 6. Januar 1977 verstarb, gelangte eine lange Wegstrecke, in der Abt, Prior und Konvent die Geschicke des Klosters geleitet und gefördert hatten, an ihr Ende. Nach einer Zeit der Besinnung vertraute mir in seiner Sitzung am 3. Mai 1977 der Konvent in einstimmig gefasstem Beschluß das Amt des Abtes zu Loccum an. Mit tief empfundenem Dank für das mir damit erwiesene Vertrauen nahm ich diese Wahl an und wurde im feierlichen Gottesdienst am 18. September 1977 in dieses Amt eingeführt. Dabei sagte ich zu, nach besten Kräften auf das Wohl des Klosters, seiner Bewohner und Gäste, bedacht zu sein:

„Ich danke dem Konvent für das brüderliche Vertrauen, das er mir mit der Wahl zum Abt des Klosters Loccum entgegengebracht hat, und gedenke bei der Übernahme dieses Amts mit Ihnen unseres heimgegangenen Abtes Johannes Lilje, den wir zu Beginn dieses Jahres zur letzten Ruhe geleitet haben. Der Konvent trägt gemeinsam mit dem Abt die Verantwortung für den Dienst, den das Kloster zur Ehre Gottes zu erfüllen hat. In der Gemeinschaft mit Ihnen möchte auch ich mich darum bemühen, dass wir wie unsere Väter das Lob Gottes mit Wort und Tat bezeugen."

Die Übernahme des Amtes fiel in eine unruhige Zeit. Die junge Generation hatte an vielen Stellen – vor allem in den Hochschulen, aber auch in Kirche und Gemeinden – aufbegehrt gegen alte, überkommene Lebensweise. Möglichst schnörkellos sollte es allerorten zugehen, alte Zöpfe seien abzuschneiden, schlichte Formen seien geboten. Wenn sich auch diese kritische Stimmung teilweise in überzogenem Sturm zu Wort meldete und es dadurch schwer machte, zu Verständigung und Einigung zwischen den Generationen zu kommen, so waren wir uns doch im Konvent des Klosters durchaus dessen bewusst, dass diese Kritik nicht ohne berechtigte Gründe geäußert wurde. Daher wählten wir für den Gottesdienst zur Einführung eine bewusst schlicht gehaltene Ordnung. Die Insignien des Abtes – Mitra und Krummstab – wurden zwar vor dem Altar übergeben und entgegengenommen. Doch wurden sie dann sogleich wieder auf den Altar zurückgelegt.

Diese zurückhaltende Weise, in der fortan die Gestaltung der Gottesdienste und das Auftreten von Abt, Prior und Konvent gehalten wurden, konnte dann aber in den folgenden Jahren Schritt für Schritt gelockert werden. Aus der Bevölkerung des Ortes und vor allem aus der Gemeinde wurde der Wunsch deutlich angemeldet, man möge zu den alten Formen so weit als möglich zurückkehren. So konnte dann der Konvent, dem der Abt – durch Mitra und Krummstab kenntlich – voranging, wieder zu den festlichen Gottesdiensten feierlich in die Kirche einziehen. Dieser alte Brauch hat sich durch die Zeiten bewährt und bringt sichtbar zum Ausdruck, dass die Gemeinschaft des Klosters das von den Vätern überkommene Erbe bewusst weiter trägt und gestaltet.

Neue Kontakte zum Zisterzienserorden

Sich des Vermächtnisses bewusst zu sein, das wir zu pflegen haben, bedeutete auch, dass wir aufmerksam den Blick auf die Geschichte des Klosters und seine von der Gründung an bewahrte Zugehörigkeit zum

Orden der Zisterzienser bedachten. Da konnte es als glückliche Fügung begriffen werden, dass einst die Gemeinschaft des Klosters zwar das Augsburgische Bekenntnis der Reformation angenommen, aber damit nicht aus der Gemeinschaft des Ordens ausdrücklich ausgetreten war. Die Verbindung wurde nur dadurch gelöst, dass man seither die Generalversammlungen aller Klöster nicht mehr beschickte und damit die Zugehörigkeit zwar nicht aufkündigte, aber einfach einschlafen ließ. Nun aber überlegten wir, ob wir die Verbindung, die Jahrhunderte lang geschlafen hatte, wieder in neuer Form aufwecken könnten.

Diese Überlegungen führten zu dem Entschluß, dass ich dem in Rom residierenden Generalabt des Zisterzienserordens in gehöriger Form die Übernahme des Amtes in Loccum anzeigen sollte. Der Generalabt Dr. Sighard Kleiner gab uns eine liebenswürdige Antwort und ließ uns wissen, er werde einer an ihn ergehenden Einladung nach Loccum gern Folge leisten. So beehrte uns der Generalabt schon in der Weihnachtszeit des Jahres 1977 durch sein Kommen. Der kluge und feinsinnige Dr. Kleiner verhielt sich überaus rücksichtsvoll. War doch auch er sich dessen bewusst, dass die alten Verbindungen die Chance zu neuen Kontakten bieten konnten, wenn von beiden Seiten behutsam verfahren wird. Er entsprach unserer Bitte, im feierlichen Gottesdienst die Lesung des Evangeliums zu übernehmen, und besuchte in meiner Begleitung die kleine katholische Gemeinde in Münchehagen. Durch seine Erzählungen gewannen wir ein lebendiges Bild, wie es der weltweiten Gemeinschaft des Ordens in nah und fern gelegenen Ländern ergeht.

Diesem ersten Besuch folgte einige Jahre später ein zweiter. Nachrichten aus dem Leben des Ordens wurden uns zugestellt, verschiedene Besuche von Zisterziensern anderer Klöster ergaben sich hier und da. Zu festlichen Anlässen wurde der Abt zu Loccum in verschiedene Abteien der Zisterzienser eingeladen, um alte Gemeinschaft in brüderlicher Partnerschaft zu erneuern. So erwuchs neue Gemeinschaft, ohne dass eine der beiden Seiten die komplizierte rechtliche Frage stellte, wie denn im Sinne des Kirchenrechts diese neu aufgenommenen Beziehungen zu bewerten seien. Ich konnte als Abt zu Loccum dem Generalabt nach einiger Zeit einen Gegenbesuch in Rom machen. Seither wird das Kloster Loccum zu den Zusammenkünften aller Äbte und Äbtissinnen in Rom als Gast eingeladen. Freundschaftliche Kontakte werden durch Besuche und Gedankenaustausch gepflegt und eröffnen neue Möglichkeiten ökumenischer Verbundenheit.

Abt Lohse,
Bischöfin Käßmann,
Bundespräsident Rau

Gäste aus der Ökumene

Bei vielen Gelegenheiten erwies sich unser Kloster als der rechte Ort, um ökumenische Besucher zu empfangen und sie am gottesdienstlichen Leben des Klosters teilnehmen zu lassen. Hier konnten sich die evangelischen und katholischen Bischöfe des Landes Niedersachsen treffen, um Gedanken- und Erfahrungsaustausch zu pflegen und Pläne für zukünftiges Handeln zu besprechen. Ein russisch-orthodoxer Erzbischof, der sich zum Besuch unserer Kirche aufgemacht hatte, nahm auch an unserem Gottesdienst teil. Als wir miteinander die Kirche verließen, sahen wir ein junges Elternpaar, das ihr Kind zur Taufe brachte. Unser Gast ging auf sie zu, beugte sich zum kleinen Täufling hinunter, machte über ihm das Segenszeichen des Kreuzes und legte ihm ein kleines Heiligenbildchen in sein Körbchen. Diese schlichte Handlung beeindruckte alle, die vor der Kirchentür standen, und setzte ein anschauliches Zeichen fester Zusammengehörigkeit aller Christen.

Eine ökumenische Begegnung, die im Kloster Loccum stattfand, hat besonders tiefen und bleibenden Eindruck gemacht. Als Ende der 70er Jahre eine Gruppe von Pfarrern aus evangelischen Kirchen in Polen zu uns ins Kloster kam, besuchten wir miteinander den Friedhof und gingen an den Reihen der Gräber entlang. An der Grabstätte von Landesbischof und Abt August Marahrens fiel unser Blick auf einen Gedenkstein, der an seinen am 3. September 1939 bei Graudenz gefallenen Sohn erinnert. Einer unserer polnischen Gäste stand tief bewegt vor dem Stein und sagte: „An diesem Tag ist auch mein Bruder bei Graudenz gefallen." Erfahrung des Leides, das in einer schuldverstrickten Geschichte zugefügt wie auch erlitten wurde, verband die Gruppe, die an den Gräbern stand. Zugleich aber wurde von allen, die in diesem Kreis beisammen waren, deutlich empfunden, dass erinnerndes gemeinsames Gedenken unter uns Versöhnung wachsen lässt.

Das Kloster öffnete seine Türen auch für Gäste, die aus Politik, Wirtschaft und Gesellschaft hereinkamen. Abt, Prior und Konvent führten den Brauch weiter, den Abt Hanns Lilje begründet hatte, und luden Jahr für Jahr zum Ende eines alten und Beginn eines neuen Jahres einen großen Kreis von Persönlichkeiten, die in verschiedenen Lebensbereichen leitende Verantwortung wahrzunehmen haben, zu festlichem Beisammensein in Refektorium und Kirche ein. Berichte des Landesbischofs und seiner Nachfolgerin im Amt sowie eine kurze Ansprache des Abtes wurden aufmerksam und gern aufgenommen, um dann jeweils mit einer festlich gestalteten Hora einen gemeinsamen Schluss zu setzen. Für diese Einladungen ergab sich der 6. Januar eines jeden Jahres als günstiger Termin. Fiel doch das Epiphaniasfest mit dem Todestag von Hanns Lilje zusammen. Alljährlich versammelte sich an diesem Tag der Konvent an seinem Grab und gedachte seiner mit dem Choral: „Christ ist erstanden."

Begleitung des Predigerseminars

Die wohl wichtigste Aufgabe hat das Kloster in seinem Predigerseminar für die Ausbildung künftiger Pastoren und Pastorinnen wahrzunehmen. In der ganzen Zeit, in der ich das Amt des Abtes innehatte, konnten wir dankbar dafür sein, tüchtige und tatkräftige Studienleitungen im Dienst an der jungen Generation zu haben. Studiendirektor und Mitarbeiter haben nicht nur den geordneten Ablauf der Kandidatenausbildung zu planen und zu gestalten, sondern auch den laufenden Arbeitsplan im Zusammenwirken mit Instituten und Einrichtungen, die kürzere oder auch längere Kurse durchführen, zu ordnen. Dabei haben die Studienleitungen großen Einsatz geleistet, indem sie jeden Vikar und jede Vikarin in ihrer Vikariatsgemeinde besuchten, um einen von ihm bzw. ihr gehaltenen Gottesdienst mitzuerleben und anschließend ein eingehendes beratendes Gespräch zu führen. Der Konvent des Klosters weiß sich den aufeinander folgenden Studienleitungen zu großem Dank verpflichtet, dass sie mit beispielhafter Treue den ihnen anvertrauten Dienst der Kandidatenausbildung versehen haben.

Bei jeder seiner Zusammenkünfte ließ sich der Konvent über die laufende Arbeit des Predigerseminars berichten, sprach nicht nur mit der Studienleitung, sondern auch mit der Kandidatenschar in eingehenden Erkundigungen und beriet darüber, was zur Förderung der dem Predigerseminar gestellten Aufgaben zu tun sei. Alt und jung fanden dabei zunehmend zu fruchtbarem Gedankenaustausch zusammen, der allen Teilnehmern immer wieder neue Anregungen vermitteln konnte.

Die Kandidaten und Kandidatinnen fanden sich ihrerseits rasch in das Leben im Kloster ein und übernahmen einer nach dem anderen die Aufgabe, die Hora zu leiten, die seit alters an jedem Tag um 18 Uhr in der Stiftskirche gehalten wird. In der schlichten Form – Schriftlesung, Gesang und Gebet des Vaterunsers – wird das tägliche Gotteslob in unserer Kirche angestimmt und übt auf die Bewohner des Klosters, aber auch viele Besuchergruppen den ihm eigenen prägenden Reiz aus.

Das seit alter Zeit bestehende Predigerseminar ist von mehreren Instituten umgeben, die seit dem Ende des Zweiten Weltkrieges nacheinander gegründet wurden: dem Pastoralkolleg, der Fortbildung in den ersten Amtsjahren, dem Religionspädagogischen Institut und vor allem der Evangelischen Akademie. Der gute Zusammenklang aller in Loccum vorhandenen kirchlichen Einrichtungen wurde nicht nur durch wechselseitigen Gedankenaustausch, sondern auch durch gemeinsam gefeierte Gottesdienste gefördert. Es bildete sich als fester Brauch heraus, dass Pastoren und Mitarbeiter, die zum Dienst in einer dieser Einrichtungen berufen wurden, jeweils im festlichen Gottesdienst in der Stiftskirche durch den Abt in ihr Amt eingeführt wurden. Dann kamen meist Gruppen aus den bisherigen Wirkungsstätten der nach Loccum Berufenen zu uns, um am Gottesdienst teilzunehmen bzw. mitzuwirken und anschließend im Refektorium Abschied und Neubeginn zu gestalten. So entstand im Lauf der Jahre ein immer festeres Netz persönlicher Verbundenheit zwischen dem Kloster und vielen Gemeinden und Einrichtungen der Landeskirche.

Im Kloster Loccum finden wir einen Ort, der Ruhe und Zuversicht ausstrahlt. Eine lange Geschichte ist Gegenwart. Sie beginnt zu reden und dem Besucher ihre Fragen zu stellen. Wenn ich nach Loccum komme, fühle ich mich jedes Mal von der stillen Sprache des Ortes angeredet. Ich gehe dann nachdenklich durch den Kreuzgang oder in den Kapitelsaal, um die Grabtafeln früherer Äbte zu betrachten. Und dann suche ich auf dem Friedhof die Gräber meiner unmittelbaren Vorgänger auf und mache mir klar, dass mein Platz an ihrer Seite sein wird – ja schon ist. Denn das Bewusstsein, mehr als sechzig Vorgänger im Amt zu haben, bedeutet tröstliche Ermutigung. So habe ich mit dankbarer Freude das schöne Amt des Abtes zu Loccum im feierlichen Gottesdienst am 4. Juni 2000 an meinen Nachfolger Horst Hirschler weitergeben dürfen. Der barmherzige Gott, der seine Kirche durch die Jahrhunderte gnädig erhalten hat, wird sie auch in der kommenden Zeit bewahren und behüten. Daher sagen wir mit dem Psalmisten: „*Herr, ich habe lieb die Stätte deines Hauses und den Ort, da deine Ehre wohnt.*“

Hans-Wilhelm Hube

Hanns Lilje – Abt des Klosters 1950-1977

Abt Lilje, Prior Feltrup

Der theologische Chefredakteur des Deutschen Allgemeinen Sonntagsblatts, Heinz Zahrnt, fragte den Bischof D. Dr. Hanns Lilje einmal: „Was hat Sie theologisch am stärksten geprägt?" Lilje überlegte nur ein paar Augenblicke, dann sagte er: „Der Jesus, den hab' ich lieb."

Diese Szene ist von Henry Holze, dem früheren Leiter des Loccumer Pastoralkollegs, überliefert.

Die kurze Antwort charakterisiert den Bischof und Abt Hanns Lilje in zweifacher Hinsicht:

Es gelang ihm immer wieder, seine Gesprächspartner zu verblüffen. Zahrnt hatte sicher ein klug formuliertes theologisches Statement erwartet, stattdessen erhielt er ein schlichtes Bekenntnis. Und dieses einfache Bekenntnis zeigt auch, Lilje hatte einen pietistischen Hintergrund. Dass Hanns Lilje nicht nur ein mitreißender Prediger, sondern auch ein begnadeter Volksmissionar gewesen ist, hat darin gewiss seine Wurzeln.

Wer Lilje weiter charakterisieren will, muss zuerst nach seinen geistigen und geistlichen Grundlagen fragen, die deutlich werden in dem wichtigsten Einschnitt seines Lebens: Am 20. August 1944 – am Tag seines 45. Geburtstags – ist Lilje in Berlin als einer der Männer des 20. Juli von der Gestapo verhaftet worden. Acht Monate in verschiedenen Gefängnissen führten ihn bis vor den Volksgerichtshof, bis hin zur Gefährdung seines Lebens. In seinem Buch „Im finstern Tal" schreibt er:

„Gewiss war das dunkle Schicksal immer gegenwärtig, und es hat gelegentlich – glücklicherweise äußerst selten – an schweren und schwersten Anfechtungen nicht gefehlt; aber dass mir auf diese Weise – auf der Mittagshöhe meines Lebens – die Möglichkeit zu einer ganz geordneten, durch keine äußerlichen Eindrücke gestörten geistigen und geistlichen Disziplinierung und Übung im Glauben geschenkt wurde, bedeutet für mich noch heute ein Geschenk von unverlierbarer Kostbarkeit."

„Gepriesen seien alle Lehrer, die mich Gesangbuchlieder und Gedichte, griechische Lyriker, lateinische Oden und hebräische Psalmen haben lernen lassen! Sie haben mich mit einem Schatz beschenkt, dessen unzerstörbarer Wert mir in jenen harten, einsamen Wochen unschätzbar geworden ist."

„Wer wirklich auf Gottes Hilfe trauen will, muss bis an die äußerste Grenze der Hilflosigkeit geführt worden sein; er muss tief hinab geführt worden sein in jenes finstere Tal, von dem der 23. Psalm spricht."

Lilje ist hier zu Glaubenserfahrungen gekommen, die einem heute noch helfen können.

Sieben Jahre (1964-1971) bin ich sein persönlicher Referent gewesen. Wenn ich Lilje charakterisieren will, brauche ich nur in jene Briefe und Texte zu schauen, in denen er andere Kirchenmänner gewürdigt hat.

Was Lilje über Paul Humburg, seinen Vorgänger als Generalsekretär der Deutschen Christlichen Studentenvereinigung (DCSV) schreibt, gilt auch für ihn selbst:

„Das Geheimnis seiner Wirksamkeit war Bibelnähe und seelsorgerliche Wachsamkeit. Er hat das Wort Gottes so ausgelegt, dass an der Autorität dieses Wortes kein Zweifel bleiben konnte. Das äußere Kennzeichen seiner Art zu reden war eine gewinnende Freundlichkeit; alle finstere Gesetzlichkeit war ihm ebenso fern wie moralisches oder pharisäisches Zelotentum. Wenn er mit seiner immer etwas poetischen Phantasie biblische Szenen wiedergab, dann war die innere Autorität dieses Gotteswortes niemals Gegenstand der Diskussion. Er glaubte einfach und hat wohl keinen Satz in seiner öffentlichen Verkündigung gesprochen, den er nicht glaubte."

Einfacher und überzeugender könnte ich es für Lilje auch nicht sagen.

Was Lilje über Friedrich von Bodelschwingh schreibt, wirkt ebenfalls wie eine Spiegelung seiner eigenen Person:

„Ich habe immer unter dem Eindruck gestanden, dass seine unwahrscheinliche Klugheit, die noch einige Schichten tiefer reichte als bloße Intelligenz, ihn zum Skeptiker bestimmt hätte, wenn er nicht der Wahrheit Christi begegnet wäre; und ich habe mich manchmal gefragt, ob nicht auch sein Christenstand nur durch eine hauchdünne Wand von der absoluten Skepsis getrennt war. Denn er lebte völlig ohne Illusion über den Menschen, gerade auch den frommen Menschen. Aber so sonderbar es klingt: Die Erkenntnis des Menschen in der absoluten Wehrlosigkeit hat ihn vor der Skepsis bewahrt. Der Mensch ist so geartet, dass Gott sich seiner nur erbarmen kann."

Präziser könnte ich den Skeptiker Lilje, dessen Skepsis von seinem Glauben immer wieder eingeholt wurde, auch nicht charakterisieren.

Als Franklin Clark Frey, einer der großen kirchlichen Führer seiner Generation, 1968 starb, schrieb Lilje:

„Er hat eine der ganz wenigen bedeutenden Schlüsselpositionen der internationalen Christenheit innegehabt. Seine Meisterschaft in der Leitung solcher internationalen Gremien war unbestritten; er beherrschte die Fragen der Geschäftsordnung wie kaum ein anderer und handhabte sie geräuschlos und souverän. Die Verbindung von rascher Intelligenz und urbanen Umgangsformen mit einem Namensgedächtnis, das ihn nie im Stich ließ, machten ihn zu einem in seiner Art einzigartigen Verhandlungsführer. Wer auch immer sein Nachfolger werden mag, er wird es nicht leicht haben, die überlegene meisterhafte Verhandlungsleitung zu erreichen."

Knapper und deutlicher könnte ich es für Lilje auch nicht formulieren.

Daten seines Lebens

Die äußeren Daten seines Lebens sind ebenso ungewöhnlich wie beeindruckend. Der große Bischof war der Sohn eines frommen Diakons. Lilje hat das pietistische Erbe seines Elternhauses nie verleugnet. 1899 wird er in Hannover geboren und machte 1917 sein Abitur an der Leibnizschule. Er war Kriegsteilnehmer an der Westfront und erhielt das EK II. Von 1919-1922 studierte er Theologie und Kunstgeschichte in Göttingen und Leipzig. 1932 promovierte er zum Doktor der Theologie in Zürich. Weil die Schweiz nicht dem deutschen Promotionsrecht unterstand, legte Lilje immer großen Wert auf folgende Schreibweise: „D. Dr. Hanns Lilje DD" – D stand für die theologische Ehrendoktorwürde; Dr. für die eigene Leistung; DD für die mehr als zehn ausländischen Titel eines Doctor of Divinity.

Nach dem Besuch des Predigerseminars in Loccum ist Lilje nie das gewesen, was man einen „normalen Gemeindepastor" nennt. Nach zweijähriger Studentenpfarrertätigkeit (1924-1926) an der Technischen Hochschule in Hannover war er von 1927-1935 Generalsekretär der Deutschen Christlichen Studentenvereinigung (DCSV), davon die letzten drei Jahre Vizepräsident der World Student Christian Federation. 1935 wurde er für zehn Jahre Generalsekretär des Lutherischen Weltkonvents, ehe er 1944 von der Gestapo verhaftet wurde und in Berlin und Nürnberg im Gefängnis saß.

Nach dem Kriege war er für kurze Zeit Oberlandeskirchenrat im Evangelisch-lutherischen Landeskirchenamt in Hannover – und dann begann sein glänzender Aufstieg: Seit 1945 gehörte Lilje dem Rat der Evangelischen Kirche in Deutschland (EKD) an und war von 1949 bis 1967 sogar Stellvertretender Vorsitzender (nur Ratsvorsitzender der EKD ist er nie geworden). Von 1945-1957 war er Präsident des Centralausschusses für die Innere Mission. Von 1947-1971 war er – 24 Jahre lang – Landesbischof der Evangelisch-lutherischen Landeskirche Hannovers, von 1950 bis zu seinem Tode 1977 Abt zu Loccum. Von 1955-1969 war er darüber hinaus Leitender Bischof der Vereinigten Ev.-Luth. Kirche Deutschlands (VELKD). Im Lutherischen Weltbund (LWB) war er 1947-1970 Mitglied des Exekutiv-Komitees und von 1952-1957 – eine besonders glänzende Zeit – Präsident des Lutherischen Weltbundes. Im Weltrat der Kirchen (ÖRK) war er seit 1948 Mitglied des Zentral-Komitees und seit 1968 Mitglied des Präsidiums.

Seine ungewöhnliche Sprachbegabung hat ihm die weite Welt (bis auf Australien war er wiederholt in allen Erdteilen) mühelos erschlossen. Es wird erzählt, dass 1961, als die Russisch-orthodoxe Kirche in den ÖRK aufgenommen werden sollte, bei der Vollversammlung in Neu Delhi niemand so schnell zu greifen war, der das russische Grußwort übersetzen konnte. Lilje selbst hat es dann einfach getan. Als ein Bewunderer zu ihm sagt: „Ich habe ja schon immer gewusst, dass Hochwürden ein Sprachgenie sind – aber dass Hochwürden auch russisch können, war mir neu", reagiert Lilje: „Russisch, nein, kann ich nicht, aber man weiß ja ungefähr, was man bei Grußworten so sagt." Für mich selber war interessant, dass Hochwürden, befragt, ob diese Glorifizierungs-Anekdote eigentlich stimme, weder ja noch nein sagte.

Drei Antworten fallen mir ein, wenn ich mir überlege, was von Hanns Lilje bleibt:

Lilje – ein Prediger der Bibel

Ohne allen Zweifel ist Lilje ein großer und überzeugender Prediger gewesen. Die Bibel hat unmittelbar zu ihm gesprochen, und was er hörte, konnte er vollmächtig weitergeben. Ich habe immer bewundert, wie er durch die Bibel die Situation interpretieren konnte und wie die Bibel wiederum durch die Situation erhellt wurde. Ein paar Beispiele:

Am Tage seiner Einführung als Bischof in der zerstörten Marktkirche ist ihm die Zusage Gottes gewiss: *„Zur selben Zeit will ich die zerfallene Hütte wieder aufrichten und will sie bauen, wie sie vorzeiten gewesen ist."* (Amos 9,11)

Als 62. Abt zu Loccum hält Lilje seine erste Predigt über das Wort: *„Gott aber ist nicht ein Gott der Toten, sondern der Lebendigen."* (Matthäus 22,32)

In dem von V-2-Geschossen zerstörten Conventry predigt er an einem Tag, der unserem Volkstrauertag entspricht, über: *„Aber der Gerechten Seelen sind in Gottes Hand, und keine Qual rührt sie an. Sie werden ein wenig gestäubt, aber viel Gutes wird ihnen widerfahren. Die Gott vertrauen, werden erfahren, dass er die Treue hält."* (Weisheit 3,1.7.9)

Liljes Predigten waren ein Beispiel für die Erkenntnis der Reformation, dass Gottes Wort immer mündliches Wort ist. Seinem Predigtband „Gloria Deo in desertis" (Ehre sei Gott in den Einöden) stellt er die Sätze voran: „Eine Predigt, die den Eindruck macht, druckreif zu sein, hat mich immer mit Misstrauen erfüllt." Wir sind nicht berufen, „literarische Leistungen von Rang und Dauer auf die Kanzel zu bringen, sondern unmittelbar den unter Gottes Wort versammelten Menschen das Zeugnis von der Gegenwart Jesu Christi weiterzugeben. In dem Sinne sind wir immer unnütze, das heißt letztlich: entbehrliche Knechte." In dieser Bescheidenheit waren seine Predigten ermutigend.

Lilje – ein fürstlicher Repräsentant der Kirche

Ich war erst wenige Tage in der Kanzlei des Landesbischofs, als Frau Erna Lilje früh morgens an unserer Wohnungstür klingelte: „Können sie bitte meinem Mann sein Bischofskreuz nach Osnabrück nachbringen?" Unser Landesbischof ohne Kreuz – offenbar eine unvorstellbare Situation. Und es war immer sehr hübsch, wenn auf dem Wege nach Loccum der Bischof zu seiner Frau sagte: „Erna, das Kreuz!" Und dann wurden das Bischofskreuz ab- und das Abtskreuz angelegt. Auch Kreuze haben ihre Ordnung. Dabei steht im Bischofskreuz deutlich zu lesen, worum es letztlich geht: *„Denn ich hielt nicht dafür, dass ich etwas wüsste unter euch als allein Jesus Christus, den Gekreuzigten."* (1. Korinther 2,2)

Der Lutherrock war das selbstverständliche Kleidungsstück bei allen offiziellen Anlässen. Wenn dieser Habitus besonders betont werden sollte, mussten seine beiden persönlichen Referenten, Wolfgang Helbig und Hans-Wilhelm Hube, ihren „Luther-Schurz" anlegen und – ob ihrer Länge – in gebührendem Abstand hinter Sr. Hochwürden Aufstellung nehmen. Lilje war ja klein von Gestalt und konnte hochgewachsene Menschen wohl fragen: „Wie lang sind Sie?", und fügte – Ehrfurcht heischend – hinzu: „Ich frage nicht, wie groß Sie sind."

Das Zeremoniell seiner Auftritte klappte so gut, dass manche Menschen sogar – in Ermangelung eines Hutes – die Brille abnahmen, wenn sie Se. Hochwürden – sich tief verneigend – begrüßten. Wer dieses ganze Spiel mitzumachen bereit war, konnte all das, was Fremden archaisch vorkam, schrankenlos genießen. Nicht von ungefähr gehörten Scherz, Skepsis, Ironie und Satire zu den ständig gegenwärtigen Elementen unseres Bischofs.

Lilje konnte Kirche repräsentieren, und die Möglichkeiten der Kirche nach dem Kriege sollte man nicht unterschätzen. Nicht von ungefähr hat Prof. Dr. Wolfgang Trillhaas bei Antritt seines Rektorats in Göttingen am 6. Mai 1950 den Ehrendoktor Lilje als einen Mann begrüßt, „der uns Deutschen so viele Türen zur Welt wieder aufgetan hat und allenthalben mit christlicher Freiheit und menschlicher Unbefangenheit bemüht ist, Wunden zu heilen und Getrenntes zusammenzuführen."

Übrigens geht die Anrede „Hochwürden" nicht auf Lilje zurück und hängt auch nicht mit dem Abt zu Loccum zusammen. Es geht vielmehr um eine Regelung der Landessynode, die am 17. Juni 1925 – bevor sie D. Marahrens zum ersten Bischof unserer Landeskirche wählte – die Anrede zu klären hatte. Das Protokoll ist amüsant zu lesen: Der Vorschlag des Ausschusses, den Titel „Hochwürden" zu verwenden, wurde verschlimmbessert in „Hochwürden Gnaden", „Bischöfliche Gnaden" und gar „Bischöfliche Hochwürden". (Begründung: Ein Bischof darf doch nicht mit einem Superintendenten verwechselt werden. Es war damals üblich, Superintendenten mit „Hochwürden" und Pastoren mit „Hochehrwürden" zu titulieren). Schließlich einigte sich die Landessynode auf die schlichte Form der Anrede mit „Hochwürden".

Lilje – ein mediengerechter und journalistischer Redner

Als Lilje einmal gefragt wurde, was er als Erwachsener noch habe lernen müssen, war seine spontane Antwort: „Beim Fernsehen ein Statement abzugeben, das nicht länger als drei Minuten dauern darf und dennoch das Problem sowohl aufzeigen als auch lösen muss."

Lilje verstand es wie kaum ein anderer, in seiner rhetorischen Begabung sich der Presse, des Hörfunks und des Fernsehens zu bedienen. Was andere mit Beklemmungen erfüllte, war für ihn geradezu Labsal: Lilje war vermutlich der Einzige, der seine Rundfunkpredigten nicht vorher einzureichen brauchte, weil die Techniker im Übertragungswagen sich darauf verlassen konnten, dass er in der Lage war, „Gott zu loben nach der Sekunde". Lilje war zugleich der einzige Bischof, der in Gestalt des späteren „Deutschen Allgemeinen Sonntagsblattes" über eine angesehene Wochenzeitung verfügte.

Angesichts seiner ungewöhnlich umfangreichen literarischen Verpflichtungen war Lilje kaum in der Lage, seine Texte zu schreiben; vielmehr waren sie „Rede": aufs Band gesprochen und dann von einem halben Dutzend Sekretärinnen abgeschrieben, korrigiert und nochmals abgeschrieben. So konnte es wohl kommen, dass sein Luther-Bildband von der Frankfurter Allgemeinen Zeitung (FAZ) ob seiner sprachlichen Ausdrucksweise in einer Weise „verrissen" wurde, dass Lilje diese Kritik an seiner Sprache wie eine „Hinrichtung" empfunden hat.

Seine Bibliographie spiegelt das breite Spektrum seiner geistigen Schaffenskraft: „Das Technische Zeitalter" (1928) und „Luther – Anbruch und Krise der Neuzeit" (1946); „Das letzte Buch der Bibel" (1940), „Im finstern Tal" (1947) und „Memorabilia" (1973). In der Auseinandersetzung mit der Tradition tauchen wiederholt folgende Namen auf: Bernhard von Clairvaux und Franz von Assisi, Johann Sebastian Bach und Johann Gottfried Herder, Andreas Gryphius und Johann Wolfgang von Goethe.

Lilje – Abt Johannes XI. zu Loccum

Dass Lilje als Abt Johannes XI. zu Loccum mit Mitra und Krummstab unbefangen umgehen konnte, ist ein Zeichen dafür, in welch hohem Maße es ihm gelungen ist, die Tradition eines Klosters in der Gegenwart erfahrbar zu machen.

Unter seiner Ägide entstanden rings um das Kloster herum die *Evangelische Akademie*, das *Pastoralkolleg* und das *Katechetische Amt* (später: Religionspädagogisches Institut). Wenn Lilje in der Akademie z.B. seine berühmten Journalisten-Tagungen zu leiten hatte, übernachtete er im Kloster und konnte so – der er doch als Abt versprochen hatte, sechs Wochen im Jahr im Kloster zu verweilen – seine Verpflichtung wenigstens „in Raten absitzen".

Beim 800-jährigen Jubiläum des Klosters (1963) hat Lilje erneut den Gedanken aufgegriffen, ob nicht im Kloster Loccum eine *„Fraternitas Luccensis" – ein „dritter Orden"* entstehen müsse. Lilje schreibt: „An einer solchen Stätte sollte es möglich sein, für den im tätigen Leben der Gegenwart stehenden Menschen eine Bindung zu schaffen, die ihn hält, trägt und verpflichtet". Eine dieser „praktikablen Verpflichtungen" wäre, mindestens ein- oder zweimal im Jahr in Loccum zu geistlicher Besinnung anwesend zu sein. Die andere, wahrscheinlich wichtigere Verpflichtung bestünde darin, „ein Mindestmaß christlicher Praxis Pietatis im alltäglichen Leben auszuüben."

Geworden ist daraus nichts. Als ich selber 1983 in den Konvent berufen wurde, habe ich versucht, diesen Gedanken aufzugreifen – allein es fehlte mir an persönlicher geistlicher Kraft. Entstanden ist dann schließlich der Kreis „Freunde des Klosters Loccum".

Zu Liljes Versuchen, namhafte Menschen an das Kloster zu binden, gehört sein Einfall, das *Amt eines Ehrenstiftsherrn* zu schaffen. Immerhin: Die ersten waren Altbundespräsident Theodor Heuss, der Berliner Bischof Otto Dibelius, der Kirchentagspräsident Reinold von Thadden-Trieglaff sowie Bischof Hermann Kunst und Generalsekretär Philipp Potter.

Der jährliche *Loccumer Empfang* ist seit 1950 zu einer festen Tradition des Klosters geworden. Lilje versammelte – zuerst am „Tag der unschuldigen Kindlein" (28. Dezember) – die Notabeln des Landes: Vertreter aus Politik und Wirtschaft, Arbeitgeber wie Gewerkschaftler, Repräsentanten der Universitäten und der Kultur; Medienvertreter und die Amtsträger der Kirche versammelten sich unter dem Wort des Abtes sowie einer Antwort des Ministerpräsidenten. Und das alles bei dem einfachen Kaffee und Kuchen des Klosters. Mit der Hora wurde das Ereignis abgeschlossen.

Am 6. Januar 1977 ist Hanns Lilje gestorben und wurde auf dem Klosterfriedhof in Loccum begraben. Sein Nachfolger, Landesbischof D. Eduard Lohse, hat ihn beerdigt und später mit folgenden Worten gewürdigt:

„Hanns Lilje war ein Mann von strahlender Begabung – wahrhaft gebildet, redegewandt und schlagfertig, so dass er mit einfachen Menschen ebenso wie mit Gebildeten zu sprechen verstand. Ob Wissenschaft oder Politik, Wirtschaft oder Literatur – er kannte sich auf den Feldern des Geistes und des praktischen Handelns aus. Gelegentlich wusste er mit diesen ungewöhnlichen Fähigkeiten auch ein wenig zu kokettieren."

Passagen dieses Beitrages sind einem Aufsatz entnommen, den ich veröffentlicht habe in dem Buch: „Geschichten um Hannovers Kirchen", hg. von Hans-Werner Dannowski und Waldemar R. Röhrbein. – Hannover 1983.

Thomas Jan Kück

August Marahrens – Abt des Klosters 1928-1950

Es war Sonntag, der 7. April 1935. Der hannoversche Landesbischof und Abt von Loccum, August Marahrens, war nach Darmstadt gereist, um im dortigen Marthastift eine Predigt zu halten. Aber dazu sollte es nicht kommen. Eine halbe Stunde vor dem Gottesdienst betraten Beamte der Geheimen Staatspolizei sein Zimmer und nahmen ihn in Schutzhaft. Als wenig später die Glocken zum Gottesdienst läuteten, wurde Marahrens mit den übrigen Mitgliedern seiner Reisedelegation im Polizeiwagen zum Dienstgebäude der Gestapo gefahren. Dort erklärte ihm der Staatsanwalt, dass er verhaftet sei, weil er als nichthessischer Geistlicher dort nicht predigen dürfe und aus Hessen ausgewiesen würde. Unmittelbar darauf wurde er abtransportiert und über die hessische Landesgrenze gebracht. Auf dem Frankfurter Hauptbahnhof wartete er auf den Zug, der ihn zurück nach Hannover bringen sollte und nutzte die Gelegenheit, um alles aufzuschreiben.[1]

Predigtverbot, Schutzhaft und Ausweisung, – aus der Perspektive der Nationalsozialisten war August Marahrens ein Gegner des „Dritten Reiches“. Das ist die eine Seite. Die andere Seite ist schwieriger zu beschreiben. Da gibt es zwar Äußerungen gegen den Nationalsozialismus, sofern er weltanschaulich als Ersatzreligion auftritt. Und auch gegen den innerkirchlichen Machtanspruch der Deutschen Christen hat sich Marahrens beharrlich gewehrt und dabei beachtliche Erfolge wie das „Celler Urteil“ von 1935 verzeichnet. Ebenso finden sich aber auch Zugeständnisse an die NS-Politik und aufrichtig empfundene Freude, wenn es um außenpolitische Erfolge oder um militärische Siege während des Krieges ging. Dann wurden Glückwünsche oder Grußadressen an die Reichskanzlei nach Berlin geschickt. Noch im Sommer 1944 verantwortete Marahrens nach dem gescheiterten Atten-

1 Vgl. den Bericht von Marahrens im Wochenbrief II, 16 vom 09.04.1935; abgedr. in: Zur Lage der Kirche. Die Wochenbriefe von Landesbischof D. August Marahrens 1934-1947, hg. v. Thomas Jan Kück, 3 Bde. – Göttingen 2009, hier: Bd. 1, S. 251f.

tat vom 20. Juli ein Glückwunschtelegramm an Hitler und schrieb in seinem nächsten Wochenbrief: „Der verbrecherische Anschlag, der dem Leben des Führers galt, ist in seinen unübersehbaren Folgen, die er für unser Volk in seinem Kampf auf Leben und Tod gehabt haben würde, durch Gottes Gnade abgewandt. Unmittelbar nachdem uns das Attentat zur Kenntnis kam, haben wir deshalb bestimmt, daß im Kirchengebet des nächsten Sonntags der gnädigen Bewahrung des Führers in Dank und Fürbitte gedacht werde. Wir danken Gott, daß er unserm Führer Leben und Gesundheit bewahrt und ihn in der Stunde höchster Gefahr unserem Volk erhalten hat. Möchte die überwundene Gefahr unserem dankbaren Volk die Kraft restlosen Einsatzes erhöhen."[2]

Zwar distanzierte er sich in seinem Rechenschaftsbericht vor der Landessynode am 15. April 1947 selbstkritisch von dieser und anderen Stellungnahmen und erklärte, das Telegramm habe einen „Unwürdigen" erreicht. Dennoch bleibt eine grundsätzliche Ambivalenz bestehen, wenn es um August Marahrens in der NS-Zeit geht. Wo andere kirchliche Repräsentanten mutig gesprochen haben, hat er geschwiegen. Und wo andere zurückhaltend waren, hat er Loyalität bekundet, oftmals mit „staats"-tragenden Worten. Warum?

Ihm ging es, wie er immer wieder sagte, um die Erhaltung der Kirche. Das war ihm wichtig. Geradezu eigensinnig versteifte er sich auf dieses Ziel. Alles andere trat dahinter zurück. Er wollte die Kirche auch unter den damals neuen politischen Bedingungen des NS-Staates, auf dessen anhaltende Dauer er sich – wie die überwiegende Mehrheit der Deutschen auch – eingestellt hatte und dessen katastrophales Ende für ihn im Vorwege nicht erkennbar war, erhalten. Dabei sah er sich durch die lutherische Theologie, wie er sie damals verstand, bestätigt. Demnach war der Staat eine Ordnung Gottes, in die man sich gehorsam zu fügen hatte, wie es der Apostel Paulus schon in seinem Römerbrief geschrieben hatte. Diese Haltung blieb zwar schon damals nicht unwidersprochen, sie war aber dennoch dauerhaft mehrheitsfähig und brachte erst im Nachhinein erhebliche und grundsätzliche Kritik mit sich.

„Wir woll'n mal sehen" – das sei eine feste Redewendung bei Marahrens gewesen. So berichten es seine Kinder und andere Zeitzeugen. „Wir woll'n mal sehen" - im kirchenpolitischen Alltag konnte das hinderlich sein, denn hier musste oftmals schnell entschieden und gehandelt werden. Aber das war nicht seine Sache. Er mochte nichts übereilen, und so konnte er sich bisweilen nur zögerlich zu einer Entscheidung durchringen. Zugleich aber entsprach seiner persönlich schweren Statur auch eine gewisse Standfestigkeit und Beharrlichkeit. Das wiederum zeigte sich nicht selten als Vorteil in den unruhigen kirchlichen Zeiten während der NS-Herrschaft.

Erste Herausforderungen

Als Nachfolger von Abt Hartwig war August Marahrens 1928 zum Abt von Loccum gewählt worden. Damit wurde eine Personalunion begründet, mit der nach dem Ende des landesherrlichen Kirchenregiments sowohl die Tradition bewahrt als auch neue Wege beschritten werden sollten. August Marahrens war seit 1925 der erste Landesbischof von Hannover und musste dieses Amt, das es bis dahin noch nicht gegeben hatte, quasi neu erfinden. Zugleich war er seit 1928 der 61. Abt des Klosters Loccum und konnte sich in diesem Amt auf eine Tradition berufen, die bis weit in das Mittelalter zurück reichte. Für die Personalunion beider Ämter schien Marahrens die Idealbesetzung zu sein. In den wenigen Jahren seines Bischofsamtes hatte er sich einen allgemeinen Respekt erworben und erfreute sich sogar einer gewissen Beliebtheit. Allerdings hatte es bis dahin auch noch keine Bewährungsproben gegeben. Die sollten jedoch nicht mehr lange ausbleiben, und so kam es schon vor dem Beginn der

2 Wochenbrief XI, 14 vom 24.07.1944; abgedr. in: ebd., Bd. 3, S. 1709.

NS-Zeit zu einer ersten kritischen Herausforderung. Im Dezember 1930 erreichte den Abt ein Brief aus dem Hospiz des Klosters. Darin monierten die Loccumer Vikare den Fleischbezug des Klosters bei einem jüdischen Schlachter aus Stadt Rehburg. Diese Fleischlieferungen seien den Vikaren grundsätzlich unsympathisch, zumal es doch auch in Loccum gute Schlachter gebe und im Kontext der politischen Entwicklungen der Einkauf bei einem jüdischen Schlachter nachteilig sein könne.

Marahrens erkannte, wie brisant diese Anfrage war. Und gerade in dieser Situation kam ihm seine bedächtige Art zu Hilfe. Zunächst einmal antwortete er nicht direkt auf diesen Brief. Vielmehr schrieb er einige Tage später an die Hausdame des Klosters und kündigte die Behandlung der Frage für die nächste Konventssitzung an. In jenem Brief befürchtet er zwar grundsätzlich, dass dem Kloster aus der Tatsache einer solchen Bezugsquelle in „unserer Vorbereitung des Dritten Reiches" Schwierigkeiten entstehen könnten. Aber er stellt die Frage, ob denn die Loccumer Schlachter überhaupt in der Lage wären, zuverlässig und gut zu liefern. Und er betont die lange gewachsenen Beziehungen zu dem jüdischen Schlachter Hammerschlag aus Rehburg, dessen „treffliche Ahnen schon vor Jahrzehnten ... das Kloster ausgezeichnet bedienten." Das könne nicht einfach übersehen werden. Vielmehr erwachse dem Kloster daraus eine bleibende Verpflichtung zur Dankbarkeit. Für den jüdischen Schlachter Hammerschlag aus Rehburg bedeutete diese Haltung, die Marahrens auch dem in ähnlicher Lage befindlichen Predigerseminar Erichsburg mitteilen ließ, die Sicherung seiner Existenz. Wie lange? Das ist nicht belegt. In Rehburg wird jedoch mündlich überliefert, dass die Schlachterei nicht zuletzt wegen dieser anhaltenden Wirtschaftsbeziehungen zum Kloster weiter bestehen konnte, bis sie 1937 geschlossen wurde. Im Jahr darauf ist die Familie des Schlachters Hammerschlag dann emigriert.[3]

Im Mai 1933 wurde die Verfassung der künftigen Deutschen Evangelischen Kirche ausgearbeitet. Der Präsident des Kirchenausschusses, Dr. Kapler, berief dazu den reformierten Pfarrer Dr. Hesse aus Elberfeld und den hannoverschen Landesbischof in den nach ihm benannten „Kapler-Ausschuss" zur Vorbereitung der künftigen Verfassung. Wo sollte dieses Gremium tagen? Marahrens ergriff die Initiative und lud den Ausschuss nach Loccum ein. Diesen Ort hatte er bewusst gewählt. In der Abgeschiedenheit des Klosters und mit dessen kirchen- und theologiegeschichtlicher Bedeutung im Hintergrund sollte hier die Zukunft der Deutschen Evangelischen Kirche beraten werden.

Dabei nahm der Ausschuss zur Kenntnis, dass Hitler die Beratungen mit politischem Interesse verfolgte und eigens seinen persönlichen Beauftragten, Ludwig Müller, nach Loccum entsandte. Gegen ihn hegte Marahrens von Anfang an keine Sympathie. Zwar akzeptierte er, dass der Wehrkreispfarrer von Hitler mit der Teilnahme an den Verhandlungen beauftragt war. Aber er vermisste bei dem späteren Reichsbischof sowohl jede fachliche Kompetenz als auch eine grundsätzliche persönliche Stärke. Überhaupt zeigte Müller nur wenig Interesse an dem Inhalt der Verhandlungen. Das Ergebnis der Ausschuss-Beratungen, das „Loccumer Manifest", hat er wohl mit unterzeichnet. Viel lieber nutzte er jedoch jede Gelegenheit, um auf seinem Pferd durch den Klosterwald zu reiten, wie noch Jahre später erzählt wurde. Marahrens sah sich in seiner persönlichen Einschätzung gegenüber dem Beauftragten von Hitler bestätigt und blieb sogar der späteren offiziellen Einführung von Ludwig Müller als Reichsbischof demonstrativ fern.

3 Zu diesem Zusammenhang vgl. insgesamt Jan Olaf Rüttgardt, Das Kloster Loccum im Dritten Reich, in: JGNKG 85, 1987, S. 197-222 (dort auch der zitierte Brief, S. 207). – Am 14.02.1938 ist die Familie Hammerschlag aus Rehburg nach Argentinien emigriert; vgl. Historisches Handbuch der jüdischen Gemeinden in Niedersachsen und Bremen, hg. v. Herbert Obenaus, Bd. 1 und 2. – Göttingen 2005, hier: Bd. 2, S. 1301.

Regelmäßige Wochenbriefe

Die kirchenpolitischen Herausforderungen der Zeit brachten es mit sich, dass das Bischofsamt in Hannover in ungleich stärkerer Weise beansprucht wurde als das Amt des Abtes von Loccum, sowohl inhaltlich als auch zeitlich. Marahrens übernahm in diesen Jahren eine außerordentlich große Fülle an Ämtern und Funktionen und absolvierte ein damit verbundenes enormes Arbeitspensum an Aufgaben und Terminen. Sehr schnell entwickelte er sich zu der zentralen kirchlichen Leitungsfigur jener Zeit. Er war der vorderste Repräsentant der mehrheitlichen lutherischen Christenheit in Deutschland und auch in der Welt.

Wie hielt er dabei den Kontakt zu seiner hannoverschen Landeskirche und auch zum Kloster Loccum? Von 1934 bis 1947 schrieb Marahrens regelmäßig Briefe an die überwiegende Mehrheit seiner hannoverschen Pastorenschaft. Zunächst waren es 780 wöchentlich vervielfältigte Exemplare, später dann ungefähr 1100 Stück. Neben Bibelmeditationen und homiletischen Bemerkungen zu den Predigttexten beinhalten diese von ihm selbst so benannten Wochenbriefe jeweils einen Abschnitt zur aktuellen Lage der Kirche. Es sind diese kirchenpolitischen Lagebesprechungen, welche die Wochenbriefe zu einer kirchengeschichtlichen Quelle ersten Ranges machen.

Gelegentlich verfasste er diese Briefe in Loccum, wenn er sich gerade dort aufhielt. Sie wurden dann nach Hannover in die Bischofskanzlei übermittelt, wo sie getippt, vervielfältigt und versandt wurden. In der Summe waren es 24 Briefe, die er von Loccum aus schrieb: 24 Loccumer Briefe von insgesamt 446 Wochenbriefen in 14 Jahrgängen von 1934 bis 1947. Dieses Zahlenverhältnis erlaubt einen recht guten Rückschluss auf die übergroße Fülle der bischöflichen Aufgaben, zu deren Erledigung er sich an den zentralen kirchenpolitischen Orten wie Berlin, Leipzig oder München, vor allem aber in Hannover aufhielt und die ihm – abgesehen von der Zeit nach der kriegsbedingten Zerstörung des Loccumer Hofes in Hannover im Oktober 1943 – nur relativ selten die Gelegenheit ließen, über einen längeren Zeitraum im Kloster zu sein.

Die Zerstörung Hannovers und damit auch des Loccumer Hofes war für Marahrens eine Katastrophe, die ihn schwer getroffen hat. Der Wochenbrief, den er unmittelbar danach verfasste, gewährt einen seltenen Einblick in die Gemütslage des Abtes. Das tat Marahrens eigentlich nicht, von seinen persönlichen Empfindungen oder Gefühlen zu sprechen. Da hielt er sich immer sehr zurück. Dieser Wochenbrief jedoch liest sich in dieser Hinsicht wie ein offenes Buch:

„Meine Brüder! Vielleicht warten manche von Euch schon sehr auf ein Lebenszeichen. Es war am 8. Oktober ein Brief an Euch in Vorbereitung, da machte der Brand Hannovers und auch des Loccumer Hofes einen gewaltigen Schlußstrich unter alle Arbeit an der altgeliebten Stätte, und es bedurfte äußerlich und innerlich eines Atemholens, ehe zu den wenigen mündlichen Grüßen, die in diesen Wochen getauscht werden konnten, und zu den vielen Grüßen, die wir im Geiste ganz gewiß einander zugeschickt haben, wieder ein schriftliches Wort für Euch alle niedergeschrieben werden konnte. Es kann nicht hinausgehen ohne den Dank an Den, der mitten im Gericht der Not und des Grauens die Amtsbrüderhäuser vor Opfern an Leben und Gesundheit gnädig bewahrt hat. Alle, die mit mir Gleiches durchleben mußten, grüße ich besonders … Am schmerzlichsten ist wohl der Verlust unserer schönen Gotteshäuser, die z. T. völlig zerstört oder doch weithin nicht mehr benutzbar sind … Ich selbst bedaure sehr den Verlust meiner etwa 6 000 Werke umfassenden Bücherei, aus der ich drei gerettet habe … In allem wollen wir gern mittragen an den Opfern, die unserm Volk in dieser Zeit auferlegt sind. Gott der Herr lasse sie nicht vergeblich sein. Er erbarme sich unser aller und helfe uns, daß wir nicht verzagen.“[4]

4 Wochenbrief X, 19 vom 26./27.10.1943, abgedr. in: Zur Lage der Kirche (wie Anm. 1), hier: Bd. 3, S. 1659f.

Nun nahmen Marahrens und seine Frau ihren ständigen Wohnsitz im Kloster. Hier entfaltete er eine verantwortungsvolle und fürsorgliche, im klösterlichen Zusammenhang „väterliche“ Haltung für das Kloster und die Menschen in dessen Kontext. So konnte er eine Fremdnutzung des Klosters verhindern, als die Nationalsozialisten das Kloster als Seminaranstalt für „staatliche Aufbaulehrgänge“ nutzen wollten. Und als das Kloster unmittelbar nach dem Ende des Krieges von der britischen Militärregierung in Nienburg beschlagnahmt werden sollte, konnte er auch dieses Vorhaben zurückweisen und erklärte, dass die Gebäude schon in naher Zukunft wieder für theologische und schulische Zwecke gebraucht würden.

Zu den Loccumern pflegte das Ehepaar Marahrens eine enge Verbindung, eine Beziehung, die stark auf Gegenseitigkeit beruhte. Seit 1943 war im Kloster ein Lazarett untergebracht. Bei der Pflege der Verletzten und mitunter bei der Betreuung von deren Angehörigen übernahm gelegentlich auch Agnes Marahrens als Ehefrau des Abtes fürsorgliche Aufgaben. Als bei einem Fliegerangriff im November 1944 sieben Menschen ums Leben kamen, da leitete Marahrens persönlich die Trauerfeier für die Getöteten und hielt die Trauerpredigt in der Klosterkirche. Und als schließlich gegen Ende des Krieges und in der Zeit danach die Einquartierungen von Flüchtlingen organisiert werden mussten, da übernahm er für die Ortschaft Loccum gelegentlich die Korrespondenz mit den Behörden.

Später Ruhestand

Abt Marahrens war am 31. Oktober 1928 in sein Amt eingeführt worden. Am Reformationstag 1948 beging er sein 20. Jubiläum als Abt von Loccum. Ein kleines Fest wurde vorbereitet und zurückgezogen von aller Öffentlichkeit im kleinen Kreis gefeiert. Nachmittags gab es um 16 Uhr ein Kaffeetrinken im Esssaal und Langen Jammer mit ungefähr 30 geladenen Gästen. Eine halbe Stunde später schloss sich ein Festakt in der Bibliothek mit der Überreichung der Festgabe „Kloster Loccum“ an. KonventualstudiendirektorKödderitz hielt einen Festvortrag, und ein gemeinsames Zusammensein am Abend mit einer abschließenden Andacht von Abt Marahrens beendete das Festprogramm. Zu diesem Zeitpunkt war Marahrens als Landesbischof schon in den Ruhestand getreten. Hanns Lilje, der später auch sein Nachfolger als Abt von Loccum werden sollte, hatte im April 1947 das Bischofsamt von ihm übernommen. Dadurch war die Personalunion der beiden Ämter – zunächst – beendet, bis Hanns Lilje die Nachfolge von Marahrens auch als Abt von Loccum antreten sollte.

Am 3. Mai 1950 ist Abt Marahrens in Loccum gestorben. Seine Beerdigung fand am 8. Mai statt. Die Trauerfeier in der Klosterkirche und die anschließende Beisetzung an der Nordseite der Kirche bildeten einen insgesamt feierlichen Trauerakt, der die prägende Bedeutung des Verstorbenen für das Kloster wie für die ganze Landeskirche eindrücklich vor Augen führte. In der großen Teilnahme der Bevölkerung wurde noch einmal die enge Verbundenheit mit den Loccumern und der gesamten Klostergemeinschaft deutlich. Es waren auch Mitglieder der niedersächsischen Landesregierung sowie weitere Staatsgäste und zahlreiche Kirchenvertreter angereist. Und mit Herzog Ernst-August und Herzogin Viktoria-Luise waren Angehörige der ehemaligen Fürstenfamilie nach Loccum gekommen, wodurch der Bogen zum früheren landesherrlichen Kirchenregiment gezogen wurde, nach dessen Ende Marahrens die Aufgabe übernommen hatte, als erster Landesbischof ein neues Amt zu begründen und auszufüllen.

Professor Dr. Paul Althaus konnte an der Beerdigung nicht teilnehmen. Dafür richtete er ein Kondolenzschreiben an den Konvent. Dieser Brief gewährt einen persönlichen Einblick in die freundschaftliche Beziehung zwischen Althaus und Marahrens. Und er gibt zugleich einen theologischen Hinweis, denn es war Paul Althaus, der in seiner Dogmatik eine moderate Form der damaligen Erlanger Ordnungstheologie formuliert hatte, die sich auch in der Haltung von Marahrens zeigte, wenn er vom Staat als einer Ordnung Gottes sprach und vom Gehorsam gegenüber der Obrigkeit gemäß Römer 13.

Aber wo hörten diese Ordnungen auf, nach göttlichem Willen noch Ordnungen zu sein? Und wo waren die Grenzen des Gehorsams gegenüber der Obrigkeit? Um die Antwort auf diese Fragen hat eine ganze Generation gerungen. Marahrens hatte zudem die schwere Aufgabe, die aus diesen Fragen erwachsenden Herausforderungen in sein kirchenleitendes Handeln zu übersetzen. Die weit überwiegende Mehrheit der hannoverschen Pfarrerschaft war fest überzeugt, dass ihm diese Aufgabe auch gelungen sei. „Er ist ein Bischof gewesen!", so hat es der nachmalige Landessuperintendent Johannes Schulze vor der hannoverschen Landessynode im April 1947 formuliert. Dabei konnte Schulze ein durchaus kritischer Wegbegleiter von Marahrens sein. Umso gewisser entsprach seine klare Aussage der mehrheitlichen Haltung der gesamten Landeskirche.

Dennoch geriet Marahrens nachträglich in das Zentrum einer massiven Kritik an der Haltung der Landeskirche Hannovers während der NS-Zeit. Heute, über 60 Jahre nach seinem Tod, hat sich diese Kritik deutlich differenziert. Es geht nicht um das Verurteilen von Personen, sondern um das Beurteilen historischer Zusammenhänge und der Alternativen, welche die handelnden Personen zu ihrer Zeit hatten. Marahrens hat für sich in Anspruch genommen, stets im „Bewusstsein um die Schwere der bischöflichen Verantwortung" gehandelt zu haben. Solche oder ähnliche Formulierungen hat er immer wieder gebraucht. Die Ernsthaftigkeit und die Aufrichtigkeit dieser Haltung wird man ihm nicht absprechen können, auch wenn die Gesamtbetrachtung heute zu einer insgesamt ambivalenten Beurteilung und damit vielleicht angemessenen Würdigung kommt.

Horst Hirschler

Horst Hirschler – Abt in Loccum (seit 2000)

Pastor Ludolf Ulrich, Mitglied unseres Klosterkonvents, und unser Konventual-Studiendirektor Dr. Christian Stäblein, haben mich gefragt: Sie sagen manchmal, es sei für Sie eine Lust, Abt in Loccum zu sein. Erzählen Sie doch mal ganz persönlich, was Sie damit meinen.

Meine Lust am Predigerseminar

Ganz persönlich? Na gut.

Das beginnt damit, dass ich positive Urerlebnisse mit dem Hildesheimer und später dem Loccumer Predigerseminar verbinde. Ich war zwanzig, schon zwei Jahre Elektrikerlehrling im Boschwerk im Hildesheimer Wald, wohnte in Hildesheim in der Klosterstraße neben der Michaeliskirche im Lehrlingsheim, als uns gegenüber das Predigerseminar fertig wurde.

Wenn wir im Herbst 1953 von der Arbeit kamen, lagen wir oft in den Fenstern und schauten hinüber. Die Kandidaten spielten auf dem Rasen Krocket, diskutierten miteinander, lachten viel. Künftiger Pastor müsste man sein, dachten wir. Das waren nette Kerle. Sie luden uns zu Gesprächen ein. Da ich die Evangelische Jungenschaft BK (Schülerbibelkreise) an St. Michael leitete, oft die Bibelarbeit zu halten hatte, interessierten mich diese Gespräche sehr.

In der Kirchengemeinde brach damals ein großer Streit über den Marburger Professor für Neues Testament Rudolf Bultmann aus. Unser Pastor, der Stadtsuperintendent Kurt Degener, hielt ihn für einen Zerstörer des Glaubens. Das machte uns neugierig. Da habe ich zwei der Kandidaten, Quest und Arfken, gefragt, ob sie nicht mit uns, meiner Freundin und mir, sowie zwei anderen Lehrlingen, Bultmanns Aufsatz „Neues Testament und Mythologie, die Entmythologisierung der Neutestamentlichen Verkündigung als Aufgabe" durchackern könnten. Die waren sofort bereit. Das war fantastisch, bald waren wir begeisterte Bultmannianer. Das Predigerseminar fand ich toll. 1955 machte ich mein Abendschulabitur und sattelte entschlossen auf Theologie um. Meine Freundin ging nach Gelnhausen ins Burckhardthaus und wurde Diakonin. Später, als Vikar, sollte ich eigentlich ins Predigerseminar nach Loccum. Aber damals durfte man als Kandidat dort nicht heiraten. Da wir heiraten wollten, ging ich ins vertraute Predigerseminar nach Hildesheim. Ich habe dort zwei ganz herrliche Jahre zugebracht. Oft habe ich bis spät in die Nacht in der Bibliothek gesessen und habe Bücher verschlungen. Fragte mich damals jemand, was ich abgesehen vom Pastor einmal werden wollte, war die klare Antwort: Studiendirektor im Predigerseminar an St. Michael.

Im Herbst 1969, ich war drei Jahre im Landesjugendpfarramt Schülerpastor der Landeskirche gewesen und fast fünf Jahre Gemeindepastor in Lüneburg an St. Johannis und im Dorf Deutsch-Evern. Wir waren eine fröhliche Pfarrersfamilie mit unseren vier Jungen. Da erzählt Dieter Andersen, früher unser Pastor an St. Michael, später Studiendirektor in Loccum, inzwischen unser Landessuperintendent, dass es in Loccum ziemliche Probleme gäbe. Die 68er Studenten seien angekommen. Das war spätnachmittags. Wir standen vor der Tür des Pfarrhauses gegenüber von St. Johannis. Eine milde Sonne schien. Da sagt der Andersen doch zu mir: „Hirschler, würdet ihr nach Loccum als Studiendirektor gehen, wenn wir Sie darum bitten?" Ich schaue ihn überrascht an und sage nur: „Sofort!" Ohne meine Frau gefragt zu haben. Ohne an die Gemeinde zu denken, in der ich doch begeisterter Pastor war. Schlimm eigentlich. Aber Studiendirektor für das Predigerseminar, das war's.

Am Sonntag, dem 4. September 1970, wurde ich von Hanns Lilje, dem Abt und Landesbischof, als Konventual-Studiendirektor des Klosters Loccum eingeführt. Bald darauf kam die Familie, meine Frau mit unseren vier Knaben (sieben, fünf, drei und ein Jahr alt), in dies unglaubliche Kloster. Es folgten sieben wunderbare Jahre. Das Kloster mit seinen Vikaren und bald auch Vikarinnen entpuppte sich als Kinder- und Familienparadies.

Ich lernte sehr schnell, dass ich keine Ahnung davon gehabt hatte, was ein Konventual-Studiendirektor in Loccum wirklich ist. Die Hauptaufgabe, mit den Vikaren und (langsam immer mehr) Vikarinnen gemeinsam Methoden zu erarbeiten, wie sie sich am besten auf ihren künftigen geistlichen Beruf vorbereiten könnten, war kein Problem. Ich kam ja frisch und begeistert aus der Gemeinde, alles was es zu bedenken gab, war erfahrungsgesättigt. Die Homiletik, die Predigtlehre, war mein Steckenpferd. Konkret Predigen hieß die Devise. Das Leben mit diesen jungen, lebendigen, zukunftsorientierten, künftigen Pastoren und Pastorinnen war großartig.

Aber Konventual-Studiendirektor in Loccum in den 70er-Jahren, das war uferlos viel, viel mehr. Der Quentenal, wie man in Loccum sagte, war der vor Ort anwesende Vertreter von Abt, Prior und Konvent. Er war für alles irgendwie zuständig. Vieles von dem, was mich heute als Abt beschäftigt, habe ich damals schon üben können.

Der Konvent des Klosters Loccum setzt sich ja aus einem Juristen, dem Konventual-Vermögensverwalter und Pastoren zusammen, die z.T. leitende Aufgaben in der Landeskirche hatten, etliche waren selbst Studiendirektoren in Loccum gewesen.

Natürlich musste ich bei den beiden jährlichen dreitägigen Sitzungen des Konvents Rechenschaft über alles, was im Predigerseminar und im ganzen Kloster gut oder schlecht lief, geben. Der Konvent war sehr freundlich. Wenn die Zahl der Fehlläufe in Grenzen blieb, waren sie zufrieden. Die im Kloster Mitarbeitenden mussten zusammengehütet werden. Immer gab es irgendwelche wichtigen Baumaßnahmen. Die Handwerker haben mich 1974 zum Ehrenpolier ernannt. 1972 blies ein fürchterlicher Sturm große Teile unseres Waldes um. Die anschließende Bodenkartierung, Wiederaufforstung, viele Gespräche mit unserem Forstbeamten Herrn Struß, das war spannend. Gespräche mit dem Gutspächter. Abstimmungen mit dem Vermögensverwalter Dr. Knüllig. Der Studiendirektor ist vom Konvent zum Superintendent für den aus dreieinhalb Gemeinden bestehenden alten Stiftsbezirk berufen. Das bedeutet: Monatliche Teilnahme an der Superintendentenkonferenz des Sprengels mit dem Landessuperintendenten.

1971 berief mich der Landesbischof in die Landessynode. Synodaler hieß, plötzlich gehören alle Probleme der Landeskirche mit dazu. Das war im Vorstand der Gruppe Offene Kirche, solange sie noch in der Minderheit war, ein echtes Abenteuerspiel. Der Zusammenschluss des kleinen Stiftsbezirks Loccum mit dem Kirchenkreis Stolzenau brachte Leitungsaufgaben im neuen Kirchenkreis. Dazwischen unsere tolle Familie und dies zu genießende Kloster mit dem bunten Haufen der Vikarinnen und Vikare. Die Vertretung des Gemeindepastors in Loccum. Familien im Dorf kennen lernen, in Nöten begleiten. Dazu ständig die Klosterführungen mit oft hochinteressanten Leuten.

Als Abt in Rehburg-Loccum

Seit 1970 bin ich Mitglied im Konvent. Nach meiner Bischofszeit 1999 sind meine Frau und ich nach Loccum gezogen. Freunde sagten: Seid Ihr wahnsinnig, so fern der Stadt Hannover? Aber wir haben hier sehr glückliche Jahre verbracht. Der Friedhof, auf dem wir einmal landen, ist sieben Minuten entfernt. In Loccum grüßt man sich noch auf der Straße. Im Kloster kann ich auch im Alter noch Führungen machen. Und, das haben wir in diesen Jahren erlebt, es ist nicht übel, zwischen den Loccumern, in guter Beziehung zu den Wiedensahlern, den Münchehägern, den Winzlarern, den Rehburgern und den Bad Rehburgern zu leben.

Es macht Freude, beim großen Erntefest zusammen mit dem Gemeindepastor Köhler und den anderen Mitspielern ein lustiges Schauspiel aufzuführen, bei der 100-Jahrfeier der Feuerwehren im Festzelt zu predigen, oder die jungen Feuerwehrleute zu beraten, wie sie mit sich selbst umgehen müssen bei Schreckensereignissen.

Meine Frau und ich genießen es, in solch einem überschaubaren Bereich zu den Einwohnern zu gehören, im Stiftschor mitzusingen, im Beirat für unseren Dinosauriersteinbruch mitzuwirken, in den Geschäften einzukaufen usw. Es ist gut, in Loccum zu leben.

Die große Überraschung war für mich, dass im Jahr 2000 unser verehrter Abt, Landesbischof i. R. Prof. Dr. Eduard Lohse mich bat, seine Nachfolge anzutreten. Das kam sehr plötzlich. Nach meinen Vorstellungen endet der Dienst des Abtes mit Tod oder Demenz. Aber ich habe diese Aufgabe auf Eduard Lohses Bitte hin mit großer Freude übernommen und bin tief dankbar, wie er uns nach wie vor mit Rat und Tat zur Seite steht.

Mit den Aufgaben des Abtes war vieles in verwandelter Weise wieder da. Für alles im Kloster entsprechend der Ordnung irgendwie da sein. Erneut Mitglied der Landessynode. Mitwirkung in der Leitung des Kirchenkreises. Mitglied im Kuratorium für das Predigerseminar. Da ist vieles aufregend neu. Loccum ist inzwischen das einzige Predigerseminar der Evangelisch-lutherischen Landeskirche Hannovers und zusätzlich offen für alle evangelisch-lutherischen Kirchen in Niedersachsen sowie die Evangelische Kirche in Bremen. Wenn ich einst für 15 Vikarinnen und Vikare die Verantwortung hatte, war das viel. Heute haben Sie, Bruder Stäblein, und die Mitwirkenden der Studienleitung, über 100 Vikarinnen und Vikare zu begleiten. Aber ähnlich wie zu meiner Zeit müssen alle Informationen bei Ihnen zusammenlaufen. Zudem wirkt das Kloster in mancherlei Weise mit den Loccumer Institutionen, der Evangelischen Akademie, dem Pastoralkolleg, dem Religionspädagogischen Institut, sowie der Heimvolkshochschule zusammen.

Neu ist für mich: Der Abt zu Loccum ist geborener Präsident der „Calenberg-Grubenhagenschen Landschaft“ und in dieser Eigenschaft ehrenamtlicher Vorsitzender der Trägerversammlung der Landschaftlichen Brandkasse (VGH). Das ist hoch interessant. Plötzlich muss man sich nicht nur zum Sachverständigen im Versicherungswesen heranbilden lassen, sondern bekommt auch Beziehungen zu sehr vielen Verantwortungsträgern in Niedersachsen. Die VGH-Stiftung hat der Abt ehrenamtlich zu leiten, in der großen Sparkassenstiftung wirkt er mit.

Hanns Lilje, der Landesbischof und Abt vor Eduard Lohse und mir, hat mit seinen visionären Entscheidungen viel für Niedersachsen und Loccum bewirkt. Dass die Evangelische Akademie 1952 von Hermannsburg nach Loccum kam, war seine Tat. Im gleichen Jahr lud er erstmals zum Empfang der Landeskirche und des Klosters die Verantwortungsträger in Niedersachsen ein. Anfangs am „Tag der unschuldigen Kindlein“ nach Weihnachten. Seit seinem Tod am Epiphaniastag 1977 haben wir den Empfang, zu dem der Landesbischof (die Landesbischöfin) und der Abt einladen, der großen Anklang findet, auf diesen weihnachtlichen Festtag gelegt.

Die kirchliche Hauptaufgabe des Klosters ist es seit der Zeit um 1600, als es lutherisch wurde, zuerst tastend, dann aber immer bewusster, der Vorbereitung künftiger Pfarrer auf ihren Dienst in der Landeskirche zu dienen. Um 1820 wird das Neue Predigerseminar im Kloster Loccum gegründet. Durch die Jahrhunderte hindurch bestand die besondere Prägung darin, dass es ein ehemaliges Zisterzienserkloster war und immer neu die geistliche Kraft dieses Ortes zu bewahren und zu nutzen verstand. Es war eben irgendwie noch ein Kloster, ein besonderer geistlicher Ort. Das zähe Festhalten an der werktäglichen 18.00-Uhr-Andacht unter dem Namen Hora durch die Jahrhunderte bezeugt, dass man sich dieser alten Tradition in alltäglicher Aktualität verpflichtet wusste.

Abt eines ehemaligen Zisterzienserklosters

Als Abt von Loccum bin ich der 64. Abt in der langen Reihe seit 1163. Ich rede natürlich auch von der altgläubigen Zeit vor 1593 nur als von „unserem“ Kloster. Die 850-Jahrfeier des Klosters wird uns 2013 in besonderer Weise daran erinnern.

Witzigerweise hat das Kloster Loccum noch nach 1600, als es schon eindeutig das Augsburger lutherische Bekenntnis angenommen hatte, versucht an den Generalkapiteln des Zisterzienserordens teilzunehmen, also die Verbindung zum Orden zu halten. Dem Abt ist damals durch einen Katalog kritischer Anfragen an die spirituelle Praxis des Klosters von Seiten des Generalkapitels bedeutet worden, dass sie doch wohl das falsche Gesangbuch hätten.

Aber immer wieder, ausdrücklich beim Abt Molanus, finden sich Gedanken eines evangelischen Klosters und Predigerseminars, das aus seiner Zisterzienserkloster-Geschichte geistlichen Honig zu saugen versucht.

Als Abt Eduard Lohse 1982 den damaligen Generalabt der Zisterzienser zur Konventssitzung nach Loccum einlud und ihn gebeten hatte, im feierlichen Konvents-Gottesdienst die Evangelienlesung zu übernehmen, sagte der im Präfamen zur Lesung, eigentlich gehöre Loccum immer noch irgendwie zum Zisterzienserorden. Das haben wir natürlich – einschließlich des „irgendwie“ – mit Vergnügen gehört.

Während der 850-Jahrfeier 2013 werden die Zisterziensermönche aus Bochum-Stiepel etliche Tage bei uns im Kloster sein und ihre Stundengebete singen und damit an unsere gemeinsame Geschichte erinnern.

Unsere Beziehung zum Mutterkloster Volkenroda wurde im Frühjahr 1996 aktuell, als wir deren Wunsch, die von Thomas Müntzer und seinen Leuten 1525 zerstörte Klosterkirche modern wieder zu errichten, aufnahmen und den Christuspavillon mit der Hilfe vieler zuerst in die Mitte der EXPO 2000 stellten, danach aber nach Volkenroda verschoben. Ein Highlight geistlicher Verrücktheit. (Siehe Bericht S. 89)

Etwas ganz Seltsames hängt mit dem Zeitgeist zusammen. Noch im Jahre 2000 habe ich mit Frau Ruth Merkle die von ihr gestiftete Hälfte eines Pilgermales am Weg zwischen Kloster und Evangelischer Akademie eingeweiht. Die ebenfalls von ihr gestiftete andere Hälfte steht in Volkenroda, unserem Mutterkloster. Bei der Einweihung habe ich gesagt: In dieser Richtung, ca. 320 km weiter, liegt das ehemalige Zisterzienser-Kloster Volkenroda. Das ist unsere Mutter. Von dort sind im Sommer 1163 zwölf junge Mönche und ihr Abt gekommen und haben hier in Loccum unser Kloster gegründet. Wir wollen mit diesem Pilgermal an deren damaligen Weg zu uns nach Loccum erinnern. Vielleicht finden sich demnächst junge Menschen, wie jüngst eine Gruppe von Berufsschülern, die den weiten Weg nach Volkenroda auf sich nehmen. Ich hatte niemals damit gerechnet, dass ernsthaft Leute diesen alten Pilgerweg wandern würden.

Abt Hirschler zeigt Landesbischof Meister den Grabstein des 1528 ermordeten Abtes Burchard Stöter.

Zwei Jahre später schon war die Situation völlig anders. Spiritualität war plötzlich „in“. Wir baten bald eine unserer Vikarinnen, Frau Selmayr, Pilgerpastorin zu werden. Auf dem Klostergelände hinten wurde eine kleine Pilgerkapelle, die Martinuskapelle, geschaffen. Regelmäßig tauchen seither bei der 18.00-Hora Leute in Wanderkluft auf, Pilger, Männer und Frauen, die für ihren geistlichen Weg gesegnet werden.

Als Abt zu Loccum hatte ich Jahre später in Heiligenstadt in der evangelischen St. Martinskirche einen Anschlussweg an unseren Pilgerweg Loccum-Volkenroda einzuweihen und die Predigt zu halten. Da kommt kurz vor dem Gottesdienst die Thüringische Pilgerpastorin zu mir und sagt, ganz peinlich, es sind hauptsächlich Katholiken da, die Evangelischen haben was gegen diese katholisierenden, wallfahrtsähnlichen Aktionen. Sie müssen was zum Unterschied zwischen evangelischem und katholischem Pilgern sagen. Au weia.

Also habe ich, etwas aus dem Ärmel, gesagt: Katholiken pilgern, weil sie in den Himmel kommen wollen. Evangelische sind schon im Himmel, und pilgern aus Dankbarkeit. Hinterher warteten noch fünf gestandene Frauen in der Kirche. Kommen zögernd auf mich zu: Wir sind katholisch, dass wir dadurch in den Himmel kommen, glauben wir eigentlich auch nicht mehr, wir machen's eher aus Freude. Fand ich gut. Jedenfalls gehört die Pilgerarbeit nun auch zu den Aufgaben des Klosters und es ist zu spüren, der Pilgersegen in der 18.00-Uhr-Hora ist etwas, das die Menschen innerlich anrührt.

Die geistliche Kraft solch alter Steine

Wer einmal eine Besinnungs-Tagung im Kloster mitgemacht hat, erfährt etwas von der geistlichen Kraft, die in diesen Räumen steckt, in denen seit Jahrhunderten gebetet wird.

Manchmal stehe ich mit jungen Leuten im Lesegang, dem breiteren Teil des Kreuzgangs, im Halbkreis vor dem bald 800 Jahre alten Gottessymbol des Adlers, der den jungen Adler trägt und beschützt, fallen lässt und wieder auffängt, und sage, so macht Gott das auch mit uns manchmal.

Oder wir stehen mit einer Gruppe von Unternehmern, die am Spiritual Consulting teilnehmen, gegen 23.00 Uhr um den alten Altar in der Ecke des Kreuzganges. Die Kerzen brennen, wir haben Gläser mit einem brennenden Teelicht in der Hand, sprechen das Nachtgebet und gehen zurück ins Konventshaus.

Auch für die Vikarinnen und Vikare, die während einer Hora im Hohen Chor der Klosterkirche vom zuständigen Dezernenten aus dem Landeskirchenamt in den Vorbereitungsdienst aufgenommen werden, oder auch – wie jetzt in der Bauphase vor 2013 – wenn das im alten Kapitelsaal geschieht, hat das in diesen Räumen eine eigentümliche geistliche Kraft.

Man kommt aus den Arbeitsräumen der Bibliothek, geht ein Stück durch den Kreuzgang, summt eine Melodie vor sich hin und merkt erst nachträglich, dass es einer der neuen Choräle war.

Es liegt schon Jahre zurück – das Fenster meines Arbeitszimmers zum Innenhof ist offen. Da höre ich plötzlich, ungläubig hinhorchend, aus der Kirche gregorianische Gesänge, alten Mönchsgesang. Als ich dem nachgehe, sind es vier Vikare vom neuen Jahrgang, die sich das zum Spaß eingeübt hatten. Stehen vor dem Altar und singen das lateinisch im Wechsel. Es ist umwerfend gut, das hier zu singen, sagt einer von ihnen lachend, es passt zu dieser Kirche. Recht haben sie.

Oder: Wenn unsere Kinder 1970-77 durch den Kreuzgang tobten und wir unsere lustigen Kindergeburtstage hatten und Szenen aus der Geschichte des Klosters spielten und filmten und unsere Enkel heute hier herumsausen, so gehört das auch zu den Möglichkeiten des Klosters.

Manchmal nutzt die Kinderakademie diese Räume. Vierzig Kinder zwischen acht und zwölf Jahren verwandeln sich durch selbst gemachte Kutten in Kindermönche. Der Abt zieht sich vor ihnen den Talar an, legt die Stola um, hängt sich das alte Kreuz um, steckt sich den Ring auf den Finger, setzt die Mitra auf, nimmt den Krummstab in die Hand und beginnt spannende Klostergeschichten für Kinder zu erzählen. Bei einer anderen Kinderakademie über Luther sieht man den Abt mit Kutte, Schrubberbürste und altem Blecheimer voll Wasser mit Inbrunst den Kreuzgang auf den Knien schrubben.

Der Abt spielt Martin Luther, den Kreuzgang säubernd.

Vor Jahren, ich gehe abends mit Gästen ins Archiv, zeige einige alte Urkundenbücher. Da sehe ich, hoch oben, ein Paket aus gelbem Papier, kunstvoll verschnürt. „Hexenprozesse" steht darauf. O nein, haben wir davon Akten? Also, Trittleiter raufgeklettert, vorsichtig aufgeschnürt, mich darin fest gelesen. Verrückte mittelalterliche Zeiten, Prozesse gegen Hexen, dachte ich anfänglich. Aber dann tauchen richtige Wort-für-Wort-Protokolle auf, Gutachten von Rintelns juristischer Fakultät, Anweisungen, welche Fragen nun noch zu stellen wären, neue Fragen des Klosters an die Juristische Fakultät. Von wegen finsteres Mittelalter. Dennoch, kollektiv verdrehte Zeiten. Haben wir in unserem modernen 20. Jahrhundert nicht Vergleichbares gehabt? Ich habe die Akten einbinden lassen, damit man es leichter lesen kann und es nicht vergessen wird.

Wenn man mich fragt, warum ich so gerne hier Abt bin, dann hängt das mit solchen und vielen anderen tief unterschiedlichen Erlebnissen zusammen.

Was für das Kloster typisch ist

Vor dem Klosterjubiläum haben wir im Konvent und im Leitungs-Ausschuss für 2013 darüber nachgedacht, was wir eigentlich als für unser Kloster typisch in die Öffentlichkeit bringen wollen. Drei Hauptsachen sind es geworden:

Das erste ist das neue **Symbol** des Klosters Loccum. Es findet sich im Torhaus über dem Eingang zur ehemaligen Frauenkapelle, heute Klosterstube. Ein wenig stilisiert, zeigt es das Kreuz Christi silbern im Vordergrund, die österliche Sonnenscheibe golden dahinter. Es sagt: Stell dich, du Gottesferner, unter das Kreuz Jesu Christi, du bist dadurch im österlichen Licht.

Das zweite ist das **Motto** für unser Jubiläum 850 Jahre Kloster Loccum 2013: **„Wort halten"**. Jesus spricht: *„Wer mich liebt, der wird mein Wort halten, und mein Vater wird ihn lieben."* (Johannes 14,23) Sich ans Wort Gottes, Christus, halten. Das ist unsere Grundwahrheit, die sich durchzieht – nicht zuletzt auch im Predigerseminar.

Das dritte ist unsere **850 Jahre alte Hora** um 18.00 Uhr an jedem Werktag.

Jeder Besucher soll die Chance haben, die Hauptsache unseres Klosters, nämlich den Gottesdienst zu erleben: Gottes Wort hören, singen, beten, schweigen.

Also haben wir im Jubiläumsjahr vom 21. März 2013 bis zum 31. Oktober 2013 statt einer Hora werktäglich drei Horen: Eine um 12.00 Uhr, eine um 15.00 Uhr. Die alte Hora um 18.00 Uhr.

Vielleicht verstehen Sie das: Diese Vielfalt mit erleben zu können, in Kontinuität und manchmal auch im Gegensatz zu alten Zeiten Neues zu entdecken und gestalten zu können, das macht mir nach wie vor Lust, Abt in Loccum zu sein.

Lockum 1630. Kupferstich des Klosters Loccum in Merians Topographia Germaniae, 1654

„Dieses Closter ist gelegen im Fürstenthumb Braunschweig Lüneburg / Calenbergischen Teils / zwischen Leine und Weser / eine Meile von dem Fürstl. Braunschweig-Lüneburgischen Amptshause Reheburg / an einem von Wäldern und Aeckern nicht unfruchtbaren Ort. Ist fundiret zu der Ehre Gottes / von einem Fürstl. Braunschweig-Lüneburgischen Vasall und Lehenmann / der uhralten Graffen von Hallermund / so Wulbrandus geheissen / in anno1163. Die ersten Münche seynd auß dem Closter Volckeroda in Thüringen dahin geschicket / und seynd jetzo daselbst gelahrte und verständige Conventuales, welche den Gottesdienst nach Anleitung der Augspurgischen Confession verrichten. Es wird auch der Zeitliche Praelat (Abt) daselbst uff die vorfallende Landtäge Calenbergischen Fürstenthumbs beruffen, und vertritt allda unter den Geistlichen die Oberste l."

Aus der Geschichte des Klosters

Gerald Kruhöffer

Tradition und evangelische Freiheit – Der lange Weg zur Reformation

Ein evangelisches Kloster? – Das passt nicht zu geläufigen Vorstellungen. Es ruft oft Erstaunen hervor und gibt Anlass, genauer zu fragen: Wie ist es in Loccum dazu gekommen? Was ist für die geschichtliche Entwicklung wichtig? Wie hat sich überhaupt die Reformation vollzogen? Welche praktischen Auswirkungen hat sie gehabt?

Zu dieser Entwicklung sollen im Folgenden die wichtigsten Ereignisse beschrieben und in ihrer Bedeutung gewürdigt werden. Dabei sind neben dem Kloster selbst natürlich die Dörfer des Stiftsbezirks zu berücksichtigen und darüber hinaus der Zusammenhang mit den niedersächsischen Fürstentümern sowie mit der Reformationsgeschichte in Deutschland. Fünf zeitliche Abschnitte sind für den Weg zur Reformation in Loccum wichtig.

Die Anfänge

Erste Spuren der Reformation finden sich in Wiedensahl, das zum Stiftsbezirk Loccum gehört. Der dortige Pastor Heinrich Brandes wurde evangelisch; er hat *„statt der römischen Religion die apostolische"* angenommen. Er hat geheiratet, und das war für die Öffentlichkeit ein eindeutiges Zeichen, dass er sich zur Reformation bekannt hatte. Wie aus den vorliegenden Urkunden hervorgeht, muss dies spätestens 1528 geschehen sein. Es kommt aber noch etwas Bemerkenswertes hinzu: Pastor Brandes beantragte beim Kloster, seine Einkünfte zu erhöhen, um die künftige Versorgung seiner Frau und seiner Kinder zu gewährleisten. Der Abt gab diesem Antrag statt. Das Kloster verpflichtete sich außerdem, nach dem Tode des Pastors für seine Frau und seine Familie ein Haus zu bauen und ein Stück Land zur Verfügung zu stellen.

Dieser Vorgang ist höchst erstaunlich: Das Kloster nimmt es ohne äußerlich sichtbaren Widerspruch hin, dass Pastor Brandes sich zur Reformation bekennt und dass er heiratet. Es trägt sogar zu den finanziellen Konsequenzen dieser Eheschließung in erheblichem Maße bei, die *„dem ehrsamen und gelehrigen Herrn Heinrich Brandes, unserm Kirchherrn und Diener"* gewährt werden. In diesen Worten zeigt sich nach außen hin nichts von einer kritischen Distanz; sie bringen vielmehr zum Ausdruck, dass Pastor Brandes Kirchherr und Diener des Klosters bleibt. Leider werden dazu keine weiteren Einzelheiten mitgeteilt, und es werden auch keine Gründe für diese Entscheidung genannt. Ist das Kloster nach einem (auf einen Reichstagsbeschluss von 1526 zurückgehenden) Grundsatz verfahren, dass in der Frage des Bekenntnisses jeder nach seinem eigenen Gewissen entscheiden solle? Oder war das Kloster in Sorge, dass Wiedensahl nicht beim Stiftsbezirk blieb und an die benachbarte Grafschaft Schaumburg verloren gehen könnte? Jedenfalls wirkte Heinrich Brandes noch bis 1554 in Wiedensahl. Ihm folgte im Pfarramt sein Sohn Engelbert (bis 1567), so dass sich im Lauf dieser Jahrzehnte der evangelische Charakter der Kirchengemeinde weiter ausbilden und festigen konnte.

In der näheren Umgebung wurden auch andere Gemeinden evangelisch. So wirkte am gräflichen Schloss in Stolzenau der lutherische Pfarrer Nikolaus Krage. Er wechselte einige Jahre später nach Minden, wo im unmittelbaren Umfeld des Bischofs bereits im evangelischen Sinne gepredigt wurde und sich viele Bürger der Reformation zugewandt hatten. Zweifellos hat Krage das Evangelium nach reformatorischem Verständnis in überzeugender Weise verkündigt. Durch sein persönliches Verhalten gab er jedoch immer wieder Anlass zu Auseinandersetzungen und Konflikten. So musste er nach einiger Zeit auch Minden verlassen. Wie in anderen norddeutschen Städten hatte sich aber die Reformation in der Zwischenzeit dort gefestigt. – In den Jahren nach 1520 waren die grundlegenden

Schriften Luthers weithin bekannt geworden. Wie die neuere Forschung gezeigt hat, erreichten aber vor allem die Flugschriften und die reformatorischen Lieder eine noch weitaus größere Verbreitung. So ist es gut vorstellbar, dass neben persönlichen Kontakten und Anregungen durch das Studium in Wittenberg gerade durch die damals „neuen Medien" sich die reformatorischen Gedanken verbreiteten, so dass auch in einem noch altgläubigen Umfeld einzelne evangelische Prediger auftraten und sich evangelische Kirchengemeinden bildeten.

Ein Ereignis erregte im Jahr 1528 besondere Aufmerksamkeit: Der Bauer Hans Meyer aus Münchehagen kam mit einem Sohn zu Abt Burchard Stöter. Er bat darum, ihm ein Stück Land zu übertragen, dessen Inhaber verstorben war. Der Abt stellte die Prüfung der Angelegenheit in Aussicht und wandte sich ab. Der Sohn Cort Meyer ließ sich daraufhin zu einer Drohung hinreißen und in der dadurch entstandenen erregten Situation schlug der Bauer in plötzlich aufwallendem Zorn den Abt mit einer Axt in den Kopf. Abt Stöter brach sogleich tot zusammen. Der Täter wurde ergriffen, in einem ordentlichen Gerichtsverfahren verurteilt und hingerichtet.

Dieses Ereignis hat natürlich die Menschen im Kloster und in den umliegenden Dörfern stark bewegt. Die Vorgänge sind in den erhaltenen Unterlagen ausführlich dokumentiert. Der Grabstein, der in der Kirche steht, erinnert bis heute an diesen Mord an dem bedeutenden Abt Burchard Stöter. Zwar mögen in der Erinnerung an den noch nicht lange zurückliegenden Bauernkrieg von 1525 gewisse aufrührerische Stimmungen in der Bevölkerung lebendig gewesen sein; die Vorgänge um die Ermordung des Loccumer Abtes haben allerdings im Stiftsbezirk keine weitere Bedeutung für die Entwicklung zur Reformation, sie sind auch kein Anzeichen für eine revolutionäre Veränderung gesellschaftlicher Verhältnisse. Aufschlussreich sind sie allerdings für die Datierung der reformatorischen Entwicklung im Stiftsbezirk. Abt Burchard Stöter wurde am 8. Februar 1528 erschlagen. Noch Anfang des Jahres hatte er die oben erwähnte Urkunde für den evangelisch gewordenen Pastor Brandes in Wiedensahl unterzeichnet. Daraus folgt, dass sich Pastor Brandes spätestens 1528 zur Reformation bekannt hat.

St. Nikolai-Kirche Wiedensahl

Nach dem Tode Burchard Stöters wurde Magnus Schlüter zum Abt gewählt. Die Lage des Klosters war in diesen Jahren nicht einfach. Immer wieder gab es Übergriffe aus den benachbarten Gebieten. Ein Konflikt mit den Grafen von Hoya eskalierte zu einer bewaffneten Auseinandersetzung mit den Stolzenauern, bei der zahlreiche Tote zu beklagen waren. Dazu kam die allgemeine Unsicherheit: Würde sich die Reformation weiter ausbreiten? Würden die sozialen Konflikte, die im Bauernkrieg aufgebrochen waren, erneut aufflammen? Und würde dies alles die Existenz des Klosters grundlegend gefährden?

In dieser Situation hatte nach wechselvollen, dramatischen Ereignissen Kaiser Karl V. 1530 einen Reichstag nach Augsburg einberufen. Hier legten die Evangelischen das unter Federführung von Philipp Melanchthon verfasste Augsburger Bekenntnis vor („Confessio Augustana"), das am 25. Juni vor dem Reichstag verlesen wurde und das dann zu der grundlegenden lutherischen Bekenntnisschrift werden sollte. Auf diesem Reichstag erreichte die Loccumer Delegation, dass der Kaiser am 16. September 1530 dem Kloster Loccum eine bedeutsame Urkunde ausstellte. Karl V. war dafür zu gewinnen, da er hoffte, Loccum könne im Norden ein Bollwerk des alten Glaubens gegenüber der Reformation werden. Der Kaiser bestätigte früher gewährte Privilegien und erklärte Loccum zum kaiserlich freien Reichsstift. Das Kloster ist reichsunmittelbar, das heißt: Es ist dem Papst und dem Kaiser direkt unterstellt und aller Gerichtsbarkeit (der umliegenden Territorialherrschaften) entnommen. Diese kaiserliche Urkunde hatte für das Kloster große Bedeutung: In einer Zeit, in der in Norddeutschland ein Ort nach dem anderen lutherisch wurde, war es eine Bestätigung seiner Altgläubigkeit. Als kaiserlich freies Reichsstift war zugleich eine Selbständigkeit im weltlichen Bereich gegeben, auf die sich das Kloster berufen konnte, die es allerdings im Blick auf die realen Machtverhältnisse klug und umsichtig wahrzunehmen galt.

Die Macht der Tradition

Die Jahre nach 1530 waren von einer bemerkenswerten Kontinuität geprägt. Zwar wurden einzelne Mönche evangelisch und verließen das Kloster: Ludolph Herzog (1536), Konrad Fricke (1540), Conrad Richius (vor 1567), Johannes Werner (1567). Aber das sind Ausnahmen. Insgesamt blieb im Jahrhundert der Reformation der altgläubige Charakter des Klosters erhalten.

Wichtig für Loccum wurden die Ereignisse im Fürstentum Calenberg-Göttingen. Nach dem Tod Erichs I. im Jahr 1540 führte Elisabeth für den noch unmündigen Erich II. die Regentschaft. Elisabeth war zwei Jahre vorher zum Luthertum übergetreten. Sie war fest entschlossen, die Reformation in ihrem Fürstentum durchzuführen und hatte für dieses Ziel Antonius Corvinus als maßgebenden Theologen gewonnen. Corvinus war als junger Mann Mönch im Kloster Loccum gewesen und dann für einige Zeit zum Studium nach Leipzig entsandt worden. Er war dann ins Kloster Riddagshausen gegangen und in dieser Zeit mit den Gedanken Luthers in Berührung gekommen. Jedenfalls wurde er, wie er sagt, *„als lutherischer Bube"* aus Riddagshausen verjagt. Er wirkte einige Jahre in Hessen und war bereits an der Reformation mehrerer niedersächsischer Städte beteiligt, als er von Elisabeth nach Calenberg-Göttingen berufen wurde. Elisabeth, im lutherischen Glauben tief verwurzelt, verfolgte unbeirrt das Ziel, die Verkündigung des Evangeliums nach reformatorischem Verständnis in ihrem Fürstentum einzuführen; und es ist erstaunlich, in welchem Maße dies in den wenigen Jahren ihrer Regentschaft gelungen ist.

Corvinus verfasste die Calenberger Kirchenordnung, deren Beachtung in der Visitation 1542/43 überprüft wurde. Die von der Herzogin eingesetzte Kommission sollte die Visitation auch in Loccum durchführen. Das Kloster berief sich jedoch auf seine Reichsunmittelbarkeit und lehnte die Visitation ab. Vermutlich ist in diesem Zusammenhang Antonius Corvinus persönlich in Loccum erschienen, wo er als junger Mönch eine Zeit lang gewesen war, und jetzt musste er es erleben, dass er von seinem ehemaligen Kloster abgewiesen wurde. Dies wäre dann auch eine Erklärung für die in der vorliegenden Form unzutreffende Notiz Abt Strackes, Corvinus sei 1543 aus dem Kloster ausgewiesen worden. Er ist eben in diesem Jahr nicht als Mönch vertrieben worden; sondern ihm, dem evangelischen Generalsuperintendenten, wurde der Zutritt zum Kloster verweigert und damit die Möglichkeit, die Visitation durchzuführen. Loccum hatte somit auch diesem Versuch, von außen die Reformation im Kloster einzuführen, erfolgreich widerstanden.

Als Herzog Erich II. zur Regierung kam, ergriff er Maßnahmen zur Rekatholisierung. Corvinus wurde verhaftet und musste drei Jahre auf der Festung Calenberg bleiben. Erst mit der Veränderung der politischen Lage kam er frei; doch er starb bereits am 5. April 1553. Sein Wirken aber hatte Früchte getragen: Trotz der Religionspolitik Erichs II. hielten die Städte und Landstände am reformatorischen Bekenntnis fest. Damit reichten die evangelischen Gebiete bald unmittelbar bis an die Grenze des Stiftsbezirks.

Im Jahre 1555 wurde nach langen konfessionellen Auseinandersetzungen der „Augsburger Religionsfrieden" geschlossen. Er legte fest, dass künftig der Landesherr die Konfession seiner Untertanen bestimmen sollte („cuius regio, eius religio"). Die politische Selbständigkeit des Klosters als kaiserlich freies Reichsstift ermöglichte es, im bisherigen Glauben und in der vom Zisterzienserorden geprägten klösterlichen Lebensform zu bleiben. Allerdings lag jetzt der altgläubige Stiftsbezirk ziemlich einsam in einer inzwischen weithin evangelisch gewordenen Region.

Schritte zur Erneuerung

Eine wichtige Bedeutung für Loccum hatten die Veränderungen in den welfischen Fürstentümern. Herzog Erich II. von Calenberg-Göttingen war kinderlos gestorben. Auf Grund der geltenden Erbfolgeregelung wurde sein Gebiet mit Braunschweig-Wolfenbüttel vereinigt, wo Herzog Julius bereits die Reformation eingeführt hatte. Dadurch wurde nun auch Calenberg-Göttingen endgültig evangelisch.

Julius verlangte im Jahre 1585 vom Kloster Loccum die Huldigung, die Anerkennung seiner Oberhoheit. Zugleich bestätigte er jedoch die kaiserlichen Privilegien für die Eigenständigkeit Loccums, und er gestand in der Bekenntnisfrage dem Kloster einen erheblichen Entscheidungsspielraum zu. Er wolle Abt, Prior und Konvent bei ihrem *„jetzigen Habit"* belassen. Er wolle sie der Religion wegen nicht nötigen, sondern sie ihnen auf Grund des göttlichen Wortes freistellen, wie es auch den Beschlüssen mehrerer Reichstage entspreche, und er hoffe, dass Gott durch seinen Geist bei ihnen wirken werde.

Damit zeigte sich der Herzog in erstaunlichem Maße einerseits entschlossen und andererseits zurückhaltend. Von seinem Recht, als Landesherr die Konfession zu bestimmen, machte er keinen Gebrauch. Als überzeugter evangelischer Christ hatte er jedoch die Hoffnung, dass der göttliche Geist sich auch in Loccum als wirksam erweisen werde und seine Hoffnung sollte nicht enttäuscht werden.

Bereits in diesen Jahren haben sich mehrere Mönche reformatorischen Gedanken geöffnet. Aufschlussreich dafür ist ein Schreiben von Georg Fredekindt und Heinrich Eschenberg aus dem Jahre 1586. Sie beklagen sich bei Herzog Julius darüber, dass Abt Barnewoldt sie zu katholischen Riten zu zwingen suche (zu *„papistischen und abgöttischen cultibus"*), obwohl sonst niemand im Konvent noch an dieser Irrlehre festhalte. Dieser Aussage zufolge waren bereits damals die evangelisch Gesinnten in der Mehrheit, auf jeden Fall aber dürfte es eine recht große Gruppe gewesen sein.

In dieser Entwicklung zeigt sich nun etwas Neues gegenüber den vergangenen Jahrzehnten. Bisher wurden einzelne Mönche evangelisch, und sie verließen aus diesem Grund das Kloster. Jetzt wurden mehrere Mönche evangelisch, und sie blieben im Kloster. Ihre Glaubensüberzeugungen hatten sich verändert, aber sie hielten an der überkommenen klösterlichen Lebensform fest.

Im Blick auf die Gemeinden ist hervorzuheben, dass im Jahre 1587 in Wiedensahl ein neuer Pastor eingeführt wurde. Dort bestand ja seit der Zeit von Heinrich Brandes, also nunmehr seit fast sechzig Jahren, eine evangelische Gemeinde innerhalb des Stiftsbezirks. Nach Engelbert Brandes (1554-1567) war Bartold Beckemeyer Pastor gewesen (1567-1587). Das Kloster hatte offenbar in all den Jahren das evangelische Bekenntnis in Wiedensahl respektiert. Nun wurde Johann Rimphof von Prior Georg Oldendorp als Pastor eingeführt. Oldendorp trug ihm auf, der Gemeinde lauter, rein und klar zu predigen und die Sakramente nach dem Befehl Christi und seiner Apostel zu reichen. Diese Worte bringen prägnant zum Ausdruck, was für den Auftrag eines evangelischen Pfarrers wesentlich ist, und sie lassen zugleich etwas von Oldendorps eigener Auffassung deutlich werden.

Für das Dorf Loccum ist eine wichtige Veränderung aus dem darauf folgenden Jahr (1588) überliefert: In der im Torhaus des Klosters gelegenen Frauenkapelle wurde evangelischer Gottesdienst gehalten und es wurde das Abendmahl mit Brot und Wein („*in beiderlei Gestalt*") gefeiert – in der damaligen Zeit ein eindeutiges Bekenntnis zur vollzogenen Reformation. Abt Barnewoldt hat dies geduldet, oder er hatte keine Möglichkeit, es zu verhindern. Allerdings hat er versucht, diese Entwicklung aufzuhalten. Denn noch zwei Jahre später (1590) hat Herzog Heinrich Julius, der inzwischen die Regierung angetreten hatte, es ausdrücklich untersagt, Taufen nach katholischem Ritus vorzunehmen. Er wollte damit zweifellos die evangelisch gewordene Gemeinde schützen und gegenteilige Bestrebungen zurückweisen. Diese Nachricht lässt auch erkennen, dass es zur Frage der Reformation im Kloster unterschiedliche Auffassungen gab und dass es zwischen den gegensätzlichen Gruppierungen zu Auseinandersetzungen und Konflikten gekommen ist.

Aufschlussreich sind darüber hinaus die Vorgänge im Zusammenhang mit der Visitation im Jahre 1588. Nach der dafür erlassenen herzoglichen Anweisung widersprechen vor allem die Messe und die Anrufung der Heiligen/die Anrufung Marias dem reformatorischen Verständnis des Evangeliums und sollen daher abgeschafft werden. Vom Loccumer Abt hatten die Visitatoren zunächst nur die Aufnahme und Verpflegung im Kloster erbeten, um dort die Visitation für die umliegenden Orte vornehmen zu können. Die Visitation wurde im Kloster selbst unter Beachtung seiner Eigenständigkeit nicht durchgeführt.

Wie das Kurzprotokoll des herzoglichen Vizekanzlers vermerkt, hat er aber den Auftrag gehabt, mit dem Abt über die Fragen der Religion zu sprechen, und dieses Gespräch hat auch stattgefunden. Dabei sind die strittigen Fragen über die Messe und die Anrufung der Heiligen erörtert worden; eine Übereinstimmung wurde aber nicht erreicht. Allerdings haben einige Mönche zum Ausdruck gebracht: Sie wollten, dass ein derartiges Gespräch („*solches Examen*") nochmals gehalten wird, und sie wünschten die im Auftrag von Herzog Julius verfasste Bekenntnisschrift („*Corpus doctrinae*") zu erhalten. Diese Aussagen zeigen ein weiteres Mal, wie sich reformatorische Überzeugungen im Konvent des Klosters ausgebreitet haben und wie auf diese Weise der Schritt zur Reformation vorbereitet wurde. Dieser Weg ist, wie bereits angedeutet, nicht ohne Spannungen und Konflikte innerhalb des Klosters gewesen. Darauf weist auch das Vermächtnis des Priors Oldendorp hin, der seine Mitbrüder dazu auffordert: „*Lebt einmütig! … Miteinander verbundene Stäbe kann niemand zerbrechen.*"

Insgesamt haben sich in den Jahren nach 1585 wichtige Veränderungen vollzogen. Es war eine Zeit des Umbruchs, in der sich die Frage stellte, wie es künftig weitergehen sollte. Wie würden die Gegensätze und Konflikte innerhalb des Konvents gelöst werden? Würde sich Loccum der Reformation endgültig öffnen? Hätte dann aber das Kloster in seiner bisherigen Form überhaupt noch eine Zukunft?

Reformation – Kloster und Gemeinde

In seiner Chronik schreibt der spätere Abt Stracke von der Veränderung der Religion: Nach dem Tod Barnewoldts hat Abt Fenger *„abgeschafft die katholische Lehre und ... eingeführt die lutherische Lehre"*. Darüber liegt allerdings keine Urkunde mit einem formellen Beschluss von Abt, Prior und Konvent vor. Daher lässt sich auch kein genaues Datum angeben. Nach den Veränderungen der zurückliegenden Jahre erscheint es allerdings folgerichtig, dass Fenger recht bald nach dem Tod Barnewoldts für das Kloster den Schritt zur Reformation vollzogen oder jedenfalls eingeleitet hat.

Dafür sprechen die Vorgänge im Zusammenhang mit der Visitation im Jahre 1592. Bei den Vorüberlegungen erklärt das herzogliche Konsistorium: Der Abt des Klosters habe einen guten Anfang zur Reformation gemacht. So habe man die berechtigte Hoffnung, dass das Kloster die bisherigen Irrtümer freiwillig abtun und die reine Lehre des Evangeliums annehmen werde. So wolle man sie in dieser Absicht nicht verunsichern, sondern ihnen etwas *„zusehen"*.

Im Jahre 1593 wurde der Abt von Loccum zu einem Provinzialkapitel, einer regionalen Versammlung der Äbte des Zisterzienserordens, geladen. Abt Fenger hatte deswegen bereits vorher an den Kanzler des Herzogs geschrieben und die Antwort erhalten, er solle den Boten des Ordens abweisen. Auf diese Weise war es unter Berufung auf den Befehl des Herzogs für Fenger möglich, die Einladung abzulehnen. So blieb es ihm erspart, vor den versammelten Vertretern des Zisterzienserordens über die Frage der Reformation in Loccum Rede und Antwort stehen zu müssen.

Vielfach wird dieser Vorgang, die Abweisung des vom Zisterzienserorden gesandten Boten im Jahre 1593, als entscheidender Anhaltspunkt für den Übergang des Klosters zur Reformation angesehen. Das geschieht zweifellos mit guten Gründen. Zugleich sind aber die Aussagen aus den vorangehenden Jahren zu beachten: Fenger habe die lutherische Lehre eingeführt, bzw. er habe einen guten Anfang mit der Reformation gemacht. Daraus ergibt sich nach meiner Einschätzung, dass sich der Übergang zur Reformation in einem Prozess in den Jahren von 1591 bis 1593 vollzogen hat. Ob und wann Abt, Prior und Konvent offiziell das Augsburger Bekenntnis angenommen haben, darüber fehlt eine Quelle. Etwa zwanzig Jahre später, im Jahre 1613, wird allerdings von Herzog Friedrich Ulrich erklärt, dass das Kloster bei dem Augsburger Bekenntnis *„bleiben"* solle. Das bedeutet, dass Ende des 16. Jahrhunderts dieses reformatorische Bekenntnis in Loccum offiziell angenommen worden ist.

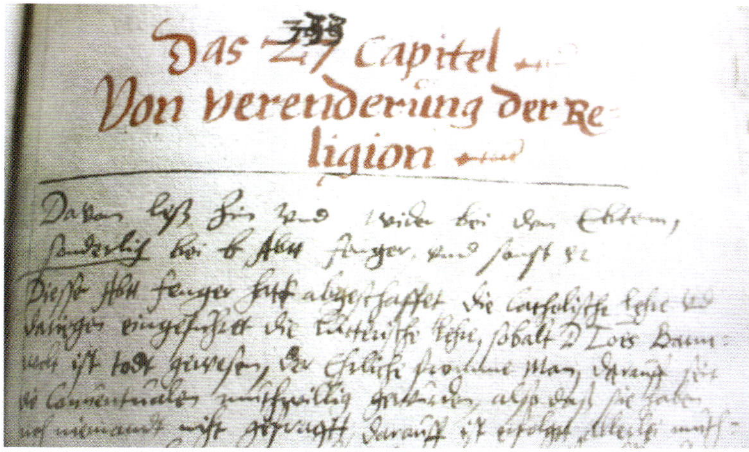
Das Capitel
Von verenderung der Religion

Aus Strackes Chronik

Neues Leben in alten Formen

Die Verkündigung der Christusbotschaft erfolgte nun im evangelischen Sinne; das Abendmahl wurde mit Brot und Wein gefeiert und die Deutung als „Messopfer" wurde aufgegeben. Zugleich wurden verschiedene Bräuche in der gottesdienstlichen Praxis abgeschafft: die Fronleichnamsprozession, die offenbar einen besonders festlichen Charakter gehabt hatte, daneben der Marienkult, die Anrufung der Heiligen, die Seelenmessen für die Verstorbenen. Dagegen wurden die klösterlichen Stundengebete weiter gehalten. Ebenso wurde das gemeinsame Leben nach der Regel Benedikts und den Vorschriften der Zisterzienser weitergeführt, soweit es nicht den Grundsätzen der Reformation widersprach. Zu beachten ist dabei, dass keiner der Mönche aus Protest gegen den Übergang zur Reformation das Kloster verlassen hat. Die Konflikte aus den früheren Jahren waren offenbar überwunden.

Hier liegt zweifellos eine Besonderheit Loccums. Der Übergang zur Reformation bedeutete nicht das Ende des Klosters. Vielmehr hielten die evangelisch gewordenen Mönche an der klösterlichen Lebensform fest. Darin lag nun eine starke Spannung zu den ursprünglichen Anliegen der Reformation. Ihr Verständnis der Christusbotschaft und des christlichen Lebens enthielt eine grundsätzliche Kritik am Mönchtum. So wird im Augsburger Bekenntnis (Artikel 27) die überkommene Auffassung kritisiert, mit dem Klosterleben könne man Gottes Gnade verdienen, es sei ein Stand der Vollkommenheit und damit allen anderen weltlichen Berufen und Lebensformen überlegen. Bereits zuvor hatte Martin Luther in seiner Schrift „*Von den Klostergelübden*“ geschrieben: Diese Gelübde sind nicht in der Bibel begründet, sie widerstreiten dem Glauben und der evangelischen Freiheit. Allerdings müsse das Mönchtum nicht völlig abgeschafft werden. Man könne es im Sinne einer Übung verstehen, als eine Lebensform, um den Leib zu üben, dem Nächsten zu dienen und das Wort Gottes zu meditieren. Es ist ungewiss, ob die evangelisch gewordenen Mönche in Loccum diese Aussagen Luthers gekannt oder sich auf sie berufen haben. Vielleicht sind sie auch mehr pragmatisch vorgegangen, da eine völlige Umgestaltung so schnell nicht zu erreichen war. So zeichnet sich als Ergebnis dieser Jahre ab: Im Verständnis des Glaubens erfolgt eine Veränderung durch die Hinwendung zur Reformation. In der Lebensform blieb der Zusammenhang mit der klösterlichen Tradition der Zisterzienser erhalten.

Das Kloster als politische Größe

Ein weiterer Aspekt ist die weltliche Dimension. Das Kloster mit seinem Stiftsbezirk war als kaiserlich freies Reichsstift eine politische Größe und durch seinen land- und forstwirtschaftlichen Besitz auch ein Wirtschaftsfaktor. Dies alles musste erhalten und in seinem Bestand gesichert werden. In diesen Zusammenhang gehört zweifellos die Tatsache, dass nach dem Übergang zur Reformation die anstehende Wahl eines neuen Abtes immer recht schnell vollzogen wurde. Dies geschah bei Fenger (1591), bei Beese (1596) und auch bei Stracke (1600). Man wollte keine Vakanz eintreten lassen, um weder der weltlichen Obrigkeit noch der kirchlichen Hierarchie die Möglichkeit zum Eingreifen zu geben, sondern die überkommene Selbständigkeit zu wahren. Dabei hielt man weiterhin Kontakt zum Zisterzienserorden, damit der jeweils neu gewählte Abt bestätigt wurde; Abweichungen vom normalen Wahlverfahren wurden oft mit außergewöhnlichen Zeitumständen begründet.

Noch im Jahre 1593 fuhr der spätere Abt Stracke mit drei Mönchen nach Köln, damit sie dort ihre Weihen erhielten. Ein Jahr später (1594) wurden sieben Novizen in Loccum aufgenommen. Im Blick auf diesen Vorgang sollte man sich vergegenwärtigen, dass in den zurückliegenden Jahrzehnten die Zahl der Mönche ständig abgenommen hatte. Bei der Wahl Fengers zum Abt waren es nur noch fünf stimmberechtigte Mönche. Wenn man sich aber nach dem Übergang zur Reformation entschieden hatte, das Kloster zu erhalten, dann war es dringend notwendig, dass sich der Konvent wieder vergrößerte. Dies ist dann vorerst auch gelungen. Als Stracke zum Abt gewählt wurde, war die Zahl der Mönche wieder auf 15 angestiegen.

Auf dem bis heute erhaltenen Bild, (das ursprünglich für das Epitaph bestimmt war), hat Stracke sich nicht mehr im Zisterzienserhabit, sondern als evangelischer Prediger darstellen lassen. Zugleich hat er aber versucht, den Zusammenhang mit dem Zisterzienserorden möglichst zu bewahren. Aus diesem Grunde hat er vermutlich auch Anna Kochberg (später: Kohberg), die Mutter seines Sohnes Dietrich, nicht geheiratet. Er befürchtete wohl, dass er als verheirateter Abt den

Fortbestand des Klosters gefährden würde. Dagegen hat er Dietrich zum Adoptivsohn erklären und ihm dadurch die rechtliche Anerkennung zuteilwerden lassen. (Zu Stracke vgl. in diesem Band den Beitrag von Barbara Kruhöffer: „Theodor Stracke, der Abt im Übergang“, S. 168).

Praktische Veränderungen

Am wichtigsten war die Öffnung der Klosterkirche für die Gemeinde. Im Westteil der Kirche fanden jetzt die Gottesdienste für die Gemeindeglieder aus den Dörfern statt, während der östliche Teil – abgetrennt durch den Lettner – weiterhin den Mönchen vorbehalten blieb. Für die Menschen des Stiftsbezirks war dies zweifellos eine grundlegende Veränderung. Der Klosterbereich war ihnen nicht mehr wie im Mittelalter verschlossen und nur in Ausnahmefällen zugänglich; sondern sie fanden jetzt in der Kirche ein neues gottesdienstliches Zuhause und eben darin kam das reformatorische Gemeindeverständnis gut zum Ausdruck.

Der gemeindliche Teil der Kirche bekam nun auch eine neue Ausstattung. Als Stracke Abt geworden war, stiftete er eine Kanzel; das entsprach der gewachsenen Bedeutung der Predigt im evangelischen Gottesdienst. Außerdem ließ er den Taufstein anfertigen, der bis heute im Eingangsbereich der Kirche steht. Bereits zuvor war eine neue Orgel gebaut (1594) worden, möglicherweise zur Begleitung des jetzt wichtiger gewordenen Gemeindegesangs.

Im Klosterbereich selbst wurde in diesen Jahren das Refektorium neu gestaltet. Die Architektur nahm die Formen der Spätgotik auf. Durch die Höhe und die Helligkeit entstand jedoch ein gegenüber dem Mittelalter völlig neuer Raumeindruck.

Eine große Bedeutung für das Dorf hatte die Einrichtung einer Schule durch das Kloster, für die Michael Hoyer (1593) als Lehrer berufen wurde. Damit nahm das Kloster seine Verantwortung für die Kinder des Dorfes wahr und das war etwas Neues gegenüber der vorangegangenen Zeit. Die Calenberger Kirchenordnung, die Loccum zusammen mit dem Augsburger Bekenntnis angenommen hatte, bestimmte als Aufgabe der Schulen die christliche Unterweisung der Kinder sowie das Erlernen des Schreibens und Lesens – *„ihrer selbst und des gemeinen Nutzens wegen“*. Nach Michael Hoyer nahmen eine Reihe weiterer Lehrer das Amt in Loccum wahr; in Wiedensahl wurde eini-

Strackes Taufstein

ge Jahre später eine Schule errichtet. Mit diesen Maßnahmen realisierte das Kloster ein grundlegendes Anliegen der Reformation. Martin Luther und Philipp Melanchthon hatten sich nachdrücklich für die Errichtung von Schulen eingesetzt und so den Zusammenhang von Glaube und Bildung betont. Diese Einsichten und Impulse wurden nun auch bei der Gründung der Schule in Loccum wirksam.

Krise und Neubeginn

Im Jahre 1618 begannen in Europa die militärischen Auseinandersetzungen, die sich zum dreißigjährigen Krieg ausweiteten. Wie viele Gegenden in Deutschland war davon auch der Stiftsbezirk betroffen – durch Einquartierungen, Plünderungen und Zerstörungen. Abt Stracke flüchtete zusammen mit einigen Mitgliedern des Konvents für kurze Zeit nach Hannover.

Nachdem er fast dreißig Jahre Abt gewesen war, starb er im Jahre 1629. Zu seinem Nachfolger wurde Johannes Kitzow gewählt. Er hatte in späteren Jahren (1637) vom Herzog die Erlaubnis zur Eheschließung erhalten und wohnte mit seiner Frau meistens auf dem Gut in Kolenfeld.

Ein entscheidender Einschnitt für das Kloster war das „Restitutionsedikt“, das Kaiser Ferdinand II. 1629 erlassen hat. Es bestimmte, dass alle kirchlichen Stiftungen, die nach dem Passauer Vertrag (1552) von den Evangelischen übernommen worden waren, an die Katholiken zurückgegeben werden müssten. Diese Maßnahmen wurden auf kaiserlichen Befehl nun auch in Loccum durchgeführt. Zunächst versuchte man, Abt Kitzow für den Übertritt zur katholischen Kirche zu gewinnen. Doch dieses Bemühen scheiterte. Daraufhin mussten die evangelischen Mitglieder des Konvents das Kloster verlassen, und es kamen katholische Mönche nach Loccum. Der zunächst vorgesehene Abt Johann Scherenbeck wurde allerdings vom Erz-Abt der Zisterzienser nicht anerkannt, und es wurde dann Bernhard von Lüerwald als Abt eingesetzt. Nun versuchte man, auch die Dörfer des Stiftsbezirks zum Katholizismus zurückzuführen. Aber hier regte sich Widerstand. Trotz verschiedener Drohungen beugten sich die Gemeinden dem politischen Druck nicht. Sie hielten vielmehr entschlossen am evangelischen Bekenntnis fest.

Doch dann griff der schwedische König Gustav Adolf zugunsten der Protestanten in den Krieg ein, und damit veränderte sich die politische Situation in Norddeutschland. So mussten die Katholiken im Jahre 1634 Loccum wieder verlassen. Abt von Lüerwald nahm silberne Kelche, eine Krone, die Mitra und den Krummstab mit und verkaufte sie, um seine zuvor aufgenommenen Schulden zu bezahlen. So gingen diese wertvollen Gegenstände für Loccum verloren, da das Kloster über keine Mittel verfügte, um sie zurückzukaufen. Entscheidend war jedoch: Kitzow nahm wieder die Aufgaben des Abtes wahr, und der evangelische Konvent kehrte zurück. Am Sonntag nach Weihnachten in dem zu Ende gehenden Jahr 1634 fand wieder der erste evangelische Gottesdienst in der Klosterkirche statt. In einer vierstündigen (!) Predigt setzte sich Pastor Heinrich Rimphof aus Wiedensahl kritisch mit den Ereignissen der vergangenen Jahre auseinander. Vor allem aber hob er dankbar hervor, dass keiner aus dem Konvent des Klosters und kaum einer von den Bewohnern der Dörfer vom reformatorischen Bekenntnis abgefallen sei, sondern sie alle unbeirrt am evangelischen Glauben festgehalten hätten. Damit war der lange Weg zur Reformation zu seinem Ziel gekommen. Im Westfälischen Frieden, der 1648 den dreißigjährigen Krieg beendete, wurde dann das evangelische Bekenntnis des Klosters bestätigt.

Der Weg Loccums zur Reformation ist keine Geschichte mit spektakulären Ereignissen und radikalen Brüchen. Die Hinwendung zum evangelischen Glauben erfolgt schrittweise – in einer bisweilen langsamen Entwicklung, jedoch mit innerer Konsequenz: Das Kloster wurde evangelisch, aber als kaiserlich freies Reichsstift blieb es eine weltliche Herrschaft. Der Konvent öffnete sich der Reformation und hielt zugleich an der klösterlich geprägten Lebensform fest. So zeigt sich in verschiedener Weise das Wechselspiel von überkommener Tradition und evangelischer Freiheit und eben dies bietet eine gute Grundlage für die ökumenische Offenheit in der Gegenwart.

Quellen im Klosterarchiv Loccum:

Akten III, 12; III 26; XXIII A 1; XXIV C C 1; XXIV C E 1
Stracke, Theodor: Chronika und Beschriebung des keiserlichen freien Stiffts Lucka… 1608-1629, 2 Bände

Literatur:

Heutger, Nicolaus: Das Kloster Loccum im Rahmen der zisterziensischen Ordensgeschichte – zum 100. Geburtstag von Johannes XI. Lilje, Abt zu Loccum und zur EXPO 2000. – Hannover 1999, S. 149-164

Kruse, Martin: Kloster und Gemeinde nach 1593, in: Geschichten aus dem Kloster Loccum. Studien, Bilder, Dokumente, hg. von Horst Hirschler und Ernst Berneburg. – Hannover ^{2}1982, S.139-146

Schultzen, Friedrich: Geschichte des Klosters, in: ders.: Zum Jubiläum des Klosters Loccum. – Hannover 1913

Luther-Epitaph in Wittenberg – gestiftet vom Kloster Loccum

Brief des Abtes Gerhard Uhlhorn an Kaiser Wilhelm II.

„Allerdurchlauchtigster,
Großmächtigster Kaiser und König!
Allergnädigster König und Herr!

Ew. Kaiserliche und Königliche Majestät wollen geruhen, eine allerunterlänigste Bitte des Abts und Convents des Klosters Loccum huldreichst entgegenzunehmen.

Die ursprünglich auf dem Grabe Dr. Martin Luthers in der Schloßkirche zu Wittenberg befindliche erzene Grabplatte ist im 30jährigen Kriege von dort weggeschafft und nach Jena gebracht, wo sie noch heute in der Stadtkirche vorhanden ist…

Wir würden es als eine uns erwiesene besondere Gnade betrachten, wenn es uns gestattet werden könnte, diese Grabplatte genau der ursprünglichen entsprechend in Erz nachzubilden und auf dem Grabe des großen Reformators wieder anbringen zu lassen.

Wir möchten dadurch unsere Dankbarkeit für die Segnungen der Reformation, die auch unserem Kloster in reichstem Maße zugeflossen sind, bezeugen…“

Loccum, im Januar 1892

Abgedruckt bei Konrad Droste: Loccum, ein Dorf, das Kloster, der Wald. – Rehburg-Loccum 1999, S. 222.

Epitaph Martin Luthers in der Schlosskirche zu Wittenberg

„Dieses Epitaph Dr. Martin Luthers, das aufs sorgfältigste dem Original nachgebildet wurde, haben Abt und Konvent des Klosters Loccum in Verehrung (des Reformators) gestiftet.“

(Deutsche Übersetzung der lateinischen Inschrift)

Barbara Kruhöffer

Theodor Stracke, der Abt im Übergang

Theodor Stracke als evangelischer Prediger

Strackes erste Jahre im Kloster

Am Sonntag Trinitatis im Jahr 1600 wurde Theodor Stracke unmittelbar nach dem Tod seines Vorgängers zum Abt gewählt. Da lebte er bereits seit 23 Jahren im Kloster und war 39 Jahre alt. *„Anno 1577, auff Marien geburts tag, bin ich Theodorus ins closter Locken gekohmen, und darnach abt gewurden."* (Chronik I, Blatt 161r), an anderer Stelle schreibt er: *„bin daßmall 16 Jahr alt gewesen"* (Chronik II, Blatt 291v).

1577 war Johannes Heimann Abt, er starb aber bald. Sein Nachfolger Johannes Barnewoldt war es, von dem Stracke geprägt wurde. In den zwölf Jahren von dessen Amtszeit (1579-1591) hat Stracke seine Ausbildung und seine kirchlichen Weihen erhalten (1582 in Köln die niederen, 1583 die Priesterweihe im Dom zu Münster), unter ihm ist er ins klösterliche Leben hinein gewachsen und fest mit Loccum verwurzelt. Man spürt die Zuneigung und Hochachtung, die er Barnewoldt in vielen Äußerungen seiner Chronik zollt: *„abtt Barnewolt der fromme man"* (I, 131), *„ein frommer auffrichtiger Man" (I, 170 r) „der gotteswürdige man"* (I, 173v).

1585 wurde Stracke Subprior (stellvertretender Prior) und 1589 Custos. Er war damit für die ordnungsgemäße Durchführung der Messen und Gebetszeiten zuständig, die noch ganz im überlieferten Ritus gehalten wurden. Nach dem Tod Barnewoldts wurden zunächst Johannes Fenger und dann Johannes Beese zum Abt gewählt. Nun aber im Jahr 1600 ist er der Abt und regiert 29 Jahre lang. Er scheint sich mit Feuereifer in die neuen Aufgaben gestürzt zu haben. Als er acht Jahre später mit den Aufzeichnungen seiner zweibändigen Chronik beginnt, spürt man noch den Stolz über seine Leistungen in den ersten Amtsjahren.

Er listet sie genau auf: U. a. ließ er die Teiche reinigen, den Kreuzgang und Zimmer renovieren und *„vermahlen"*, die Klostermauer in Stand setzen und er zahlte die Schulden seiner Vorgänger zurück (das allein waren 700 Reichstaler und 400 andere Taler). Außerdem: *„Anno 1600 in demselben Sommer, hab ich* *lassen de Decher hin und wieder festigen und bessern im Closter, welchs hat viele gekostett, den es war hin und wieder dackloß*". (I, 180v)

Der evangelische Abt Stracke

Über Abt Barnewoldt schreibt Stracke: „*er war ein rechter catholicus, und ein man von der alten welt, biß in seinen todt.*" (II, 226r). Barnewoldt konnte sich der neuen Lehre nicht völlig verschließen, und so gestattete er 1588, dass in der Frauenkapelle im Torhaus (der heutigen Klosterstube) evangelischer Gottesdienst gehalten werden durfte. Ansonsten hielt er aber an den katholischen Bräuchen wie Prozessionen, Marien- und Heiligenverehrung fest. Diese wurden erst von seinem Nachfolger Johannes Fenger abgeschafft:

„*alse aber abtt Barnewolt der fromme man ist verstorben, hatt es Fenger also balte abgeschaffet, auß unverstandt, Hovandt und Burstoltz (= Hochmut und Bauernstolz), er hatte nicht gestudierett, darumb vorstundt er auch des werk nicht, maledictus (= verfluchter) ille IF (= Johannes Fenger)*". (I, Blatt 131v)

Stracke schätzte Fengers eilfertige Maßnahmen nicht. In der Chronik schreibt er:

„*Von Verenderung der religion. Diesser Abtt Fenger hatt abgeschaffet die Catholische lehre und ... eingefuhret die lutterische lehre, sobalt D. Johannes Barnawolt ist todt gewesen, der ehrliche fromme Man, darauff seint die Conventualen muthwillig gewurden, also daß sie haben noch niemandt nicht gefragtt, darauff ist erfolgtt allerlei muthwillen, man hatt nitt mehr gefragt und gepasset auff gute Wercke, sondern auff böse Wercke, daß der Gottsdienst nicht mehr ist gehalten wurden wie bei Barnewolts Zeiten.*" (I,251r)

Auffällig aber ist, dass Stracke bei seinen Äußerungen zum konfessionellen Wandel nicht theologisch argumentiert, sondern lediglich die Abschaffung der Bräuche bedauert, die er als junger Mönch kennen gelernt und schön gefunden hatte. Da hat er früher beispielsweise die Fronleichnamsprozession miterlebt: Alle Klosterleute zogen feierlich durch den Kreuzgang, dann um das Kloster, die Bewohner von Loccum und Münchehagen folgten, es wurden „*herrliche cantica*" gesungen, die Wege waren mit Gras bestreut und, was das Beste war, sechs mit grünen Kränzen geschmückte Männer trugen einen Baldachin, unter dem der Abt ging (I,131). Nun ist er endlich selber Abt und diese prächtige Prozession gibt es nicht mehr! Auch von einer besonderen Fahne mit dem Bild der Mutter Gottes berichtet er, die nun nicht mehr gebraucht würde (I,131).

Als er Abt geworden ist, stellt er den Übergang zur lutherischen Lehre aber theologisch nicht in Frage. Im Gegenteil: Nun stattet er die Kirche gleich in seinen ersten Amtsjahren als Gemeindekirche mit Taufstein und Kanzel aus.

Seine vorliegenden theologischen Meinungsäußerungen sind reformatorisch; so übersetzt er z. B. einige lateinische Sätze Luthers in Gedichtform: „*Ob ich glich gelebtt hab sundlich, will ich doch darumb verzagen nicht, sondern mich mitt mein Sunden vor Gott, verbergen in Christi Wunden roth.*" (I,356)

Auch ganz im Geiste der Reformation stehen zwei andere Stellen in Strackes Notizbüchlein, das neben den Chroniken von ihm erhalten ist:

„*Waß ist die rechte christliche glaube? Die christliche Glaube ist eine rechte Zuversicht und Vertrauwent zu Godt, also daß wir faste glauben, Godt der Vater sei unß nu versöhnet durch Christum Jhesum seinen geliebten Sohne, durch welchen wir erlangen Vorgebunge der Sunde, die Gerechtigcheit und das ewige lebent.*" (S. 54v)

Schon 1597, also noch zu seiner Zeit als Prior (seit 1596), schrieb er an die Nonnen in Lilienthal in lateinischer Sprache:

„*Das Wort Gottes ist immer gewesen die Quelle, das Fundament und die Norm der reinen Religion. Die ursprüngliche Wahrheit ist für mich unser Herr Jesus Christus. Einem Christen und Laien, der das Fundament der Heiligen Schrift hat, ist mehr zu glauben als einem integeren Rat ohne das Wort und gegen Christus.*" (S. 25v)

So sehr Stracke sich um die Beibehaltung der klösterlichen Formen bemühte, die zu Beginn seiner Amtszeit noch bestanden (z. B. die Stundengebete), so kann er doch manche Lockerungen der Sitten nicht verhindern, warnt aber vor Maßlosigkeit. Ein Vers von ihm lautet:

„Scherz, spiel, sing, lache, trinck und iß,
Gottes und deines selbsten nicht vergiß.“ (I,388r)

An anderer Stelle überliefert er uns ein Gedicht, in dem er voller Ironie die Folgen des Trinkens beschreibt:

„Achtein eigenthumb der sauffereije.
Höret zu, junck, alt, fraw und man,
der sauffer orden hir sich fenget an,“

und dann folgt eine Aufzählung der unterschiedlichen Auswirkungen der Sauferei: u.a. Prahl- oder Fresssucht, Geschwätzigkeit oder Stummheit, manch einer wird zum Affen, ein anderer zum Ochsen (I,378r).

Stracke muss taktieren

Zu den besonderen Fähigkeiten Theodor Strackes zählt ein kluges Taktieren zwischen den politischen Mächten.

Im Jahr 1530 auf dem Reichstag in Augsburg hatte Karl V. dem Kloster Loccum das Privileg erteilt, sowohl dem Papst als auch dem Kaiser direkt unterstellt zu sein. Dieses Privileg der Reichsunmittelbarkeit wollten sowohl Abt Fenger wie Stracke nicht verlieren. Deshalb wurde der Forderung des evangelischen Herzogs von Braunschweig-Wolfenbüttel nachgegeben, ihm zu huldigen und damit seine Oberhoheit anzuerkennen.

Der Übergang zur lutherischen Lehre blieb dem Generalkapitel des Zisterzienserordens natürlich nicht verborgen. Im Jahr 1602 wurde ein Abgesandter Strackes nicht mehr als Visitator für das Nonnenkloster Rulle zugelassen. Darauf schrieb Stracke an den Generalabt in Morimont, Loccum wolle sich seinen Pflichten dem Orden gegenüber nicht entziehen. Nun wurde Stracke aufgefordert, die *„Gerüchte“* aufzuklären, die über Loccum zum Generalabt gedrungen waren: Lockerung der Fastenvorschriften, Feier des Messopfers nach Weise der Lutheraner, Abbau einiger Altäre, Abschaffung der Gottesdienste für die selige Jungfrau, für die Verstorbenen und die Heiligen.

Strackes Antwort ist leider nicht erhalten. Jedoch ist Loccum nicht formell aus dem Zisterzienserorden ausgeschlossen worden; allerdings ergingen auch keine Einladungen zum Generalkonvent mehr.

Abt Stracke war ein guter Haushalter, seine oft detaillierte Buchführung ist uns schon begegnet. Er hat Geld für Instandsetzungen und Verschönerungen im Kloster. Immer wieder berichtet Stracke von Forderungen vom Bischof von Minden oder vom benachbarten Adel, die er zurückweisen oder wenigstens reduzieren muss, oft indem er die verschiedenen Parteien geschickt gegeneinander ausspielt.

Aber dann beginnt 1618 der 30-jährige Krieg. In seinen Aufzeichnungen beschreibt Stracke die schrecklichen Auswirkungen für die Menschen hier und für das Kloster. Stracke zeigt Mitleid mit den „armen Leuten“, schildert die Folgen, die der Durchzug der Truppen hat, mal von der einen, mal von der anderen Kriegspartei. Auch das Kloster bleibt von Plünderungen nicht verschont. Die Lage ist so gefährlich, dass Stracke 1625 mit zwei Konventualen für einige Monate nach Hannover zieht. Zu dieser Zeit hatte er die Amtsgeschäfte – wohl aus Altersgründen – schon weitgehend an seinen späteren Nachfolger Johannes Kitzow übergeben.

Strackes Erbe

Taufstein und Kanzel

Seit der Öffnung der Kirche für die Gemeinde fanden dort nun auch Taufen statt. Es war ein Taufstein nötig geworden, und so schreibt Stracke nicht ohne Stolz *„Anno 1601 hab ich lassen in de Kirchen eine herliche* *tauffe machen, welche über 200 Taler hat gekostett"* (I,180v). An anderer Stelle gibt er eine Abschrift des Vertrages wieder, den er mit dem Steinhauermeister Henrich Klevemeyer aus Obernkirchen abgeschlossen hat. Dieser hatte zwei Jahre zuvor einen Taufstein für die Marienkirche in Minden angefertigt, der Stracke offenbar so gut gefallen hat, dass er einen ganz ähnlichen für Loccum bestellte. Im Vertrag legt Stracke genau fest, wie der Stein aussehen soll: Christus und elf Apostel, am Fuß Adam und Eva, *„allerley Creaturen"* und Engelsköpfe sind dort abgebildet.

Dem Steinhauer werden 88 Taler zugesagt, dazu kommen vier Taler und 18 Groschen „trankgeld" für den Gesellen, die Kosten für den Maler (Spuren der ursprünglichen Bemalung sind noch zu erkennen), für den Deckel, für die Ketten an denen dieser hängt, für den Kessel im Taufbecken und letztlich für das Gitter um den Taufstein. Im Vergleich zum Mindener Taufstein fällt auf, dass der Taufbefehl: *„Gehet hin in die ganze Welt und taufet..."* dort in Niederdeutsch, hier in Loccum bereits in Hochdeutsch steht. Ein weiterer Unterschied: Der Loccumer Taufstein ist 16 cm höher, Stracke hat ihn offensichtlich seiner beachtlichen Körpergröße anpassen lassen. Oben auf dem Rand steht die umlaufende Inschrift: *„D. Theodorus Strake Abbas Luccensis me fieri fecit Anno 1601"* (= Theodorus Strake, Abt von Loccum hat gemacht [veranlasst] dass ich gemacht werde im Jahr 1601). Stracke schreibt sich selbst übrigens meistens ohne c – Strake.

Der Abt muss dann eine Erfahrung machen, die wir auch kennen: Bestellte Ware wird nicht pünktlich fertig und wird teurer als geplant. Achtmal zahlt Stracke dem Steinmetz ein bis zehn Taler nach, zweimal drei Malter Roggen für fünf Taler. Der Grund für die Nachzahlungen:

„Meister Hinrich hatt sein Lohn all versoffen im Kruge ... darumb mußten wir ihm noch zugeben zu den vorigen Geldern 8 Taler; denn wenn er ein oder zwei Tage arbeitete so ging er danach wohl sechs Tage hin und säuft, wenn er dann wieder kam, so mußte er einen Tag stille halten, darumb mußte er einen Gesellen und Jungen halten, die das Werk verrichteten." (II,2,4; 180)

Im gleichen Jahr 1601 ließ Stracke auch einen *„Predigtstuhl"*, eine Kanzel, bauen. Sie wurde allerdings schon im Jahr 1685 durch eine neue ersetzt. Die erste wurde beiseite getan und 1713 in der Kirche in Münchehagen wieder aufgestellt, wo sie noch heute steht. Sie zeigt am Kanzelkorb Christus und die vier Evangelisten.

Bild und Grabplatte

Zum Dritten ist das große Bild erhalten, das im Kreuzgang hängt. Stracke ließ es 1611 vom Mindener Maler Matthemen malen, der auch den Taufstein *„vermalt"* hatte und zu anderen Arbeiten ins Kloster geholt worden war. Das Bild war offenbar das Mittelstück für ein Epitaph. Der ursprüngliche Rahmen mit reichem Zierrat und mit viel Text – den zwölf Glaubensartikeln – soll sehr überladen gewesen sein, er ist nicht mehr erhalten.

Das Bild zeigt Stracke nicht als Mönch, sondern als evangelischen Prediger, am unteren Rand ist sein Abts-Wappen gemalt.

Das Wappen finden wir auch auf der Grabplatte Strackes, die im Kapitelsaal rechts neben denen der Grafen von Hallermund liegt. Die lateinische Inschrift lautet übersetzt: *„In der Hoffnung auf die Auferstehung zum ewigen Leben hat dies Monument der Lebende für sich herstellen lassen, dessen Seele in Frieden ruhen möge."* Im Mittelfeld steht ebenfalls auf Latein: *„Christus spricht: Ich bin die Auferstehung und das Leben. Wer an mich glaubt, wird leben, auch wenn er stirbt; und wer da lebt und an mich glaubt, wird nicht sterben in Ewigkeit."* (Johannes 11,25)

Abt Stracke übt sein Wappen

Es folgt ein Gedicht auf Deutsch, in dem er sein Erbe zusammen gefasst hat: „*Gottes des vaters Gudt. Des Heren christi bludt. Des Heilign Geistes muth. Das ist mein ewigs Gudt.*"

Unten befindet sich ein Bild der Justitia mit der Umschrift: „*Die Gerechtigkeit ist unter den Tugenden die beste Tugend.*"

Die Horaglocke

Ein weiteres Zeugnis aus Strackes Amtszeit ist die Horaglocke. Das Kloster hatte im Jahr 1468 zwei Glocken bekommen, eine war gesprungen und wurde im Auftrage Strackes in Hannover neu gegossen. Dabei wurde der alte Spruch ersetzt, der auf der anderen Glocke noch steht (lat.): „*Lobt miteinander Christus, damit er euch und diesen Ort beschütze.*" Nun heißt es auf der neuen Glocke, ebenfalls auf lateinisch:

„*Im Jahre 1621 hat der in Christus verehrungswürdige Vater D. Theodor Stracke, der besonders umsichtige Abt des reichsunmittelbaren Loccum zur Zeit des Priors Burchard Beensen diese vormals klingende später jedoch durch einen Fall gesprungene Glocke von neuem zum Klingen gebracht.*"

In seinem Notizbuch ist der Name des Glockengießers, das Gewicht der alten und das der neuen Glocke eingetragen. Die neue Glocke ist schwerer, weil er eine Glocke aus Münchehagen mit einschmelzen ließ! Diese Glocke läutet heute zu den früheren Hora-Zeiten um sieben und elf Uhr und zur Hora um 18.00 Uhr (daher ihr Name), sie schlägt den Viertel-, Halb- und Stundenschlag. An hohen Feiertagen wird sie zusammen mit der alten Betglocke geläutet. (Die Betglocke läutet zu allen Gottesdiensten, schlägt die Stundenzahl und drei Mal drei Schläge beim Angelus- bzw. Vaterunser-Läuten in der Hora.)

Die Chroniken

Vor allem sind uns von Stracke die Chroniken erhalten. Im Jahr 1608 hat er begonnen, eine Chronik zu schreiben; das Deckblatt gibt Auskunft über den Beginn der Aufzeichnungen, nämlich den 3. Dezember 1608, und über die von ihm benutzten Quellen: Briefe, Urkunden, Verträge, Memorien und Bücher. Für seine Ausführungen zu den ersten Jahrhunderten der Klostergeschichte sind da, wo man vergleichendes Material heran ziehen konnte, einige Ungenauigkeiten nachgewiesen, aber anderes wäre verloren und vergessen, weil manche Quellen, die ihm zur Verfügung standen, nicht mehr vorhanden sind. Für uns ist nun aber besonders interessant, was Stracke für die Zeit seit seinem Klostereintritt schreibt.

Die zweite Chronik ist in großen Teilen eine von einem Schreiber ausgeführte, veränderte Abschrift mit vielen Einfügungen und Randbemerkungen Strackes. Dann gibt es noch das oben schon erwähnte Büchlein, es diente ihm schon vor Beginn der Chronik wohl als eine Art Notizbuch. Darin finden sich auch Rezepte und Heilmittel (z. B. über Quittenbrot, über die Verwendung von Salpeter, Mittel gegen Fieber, gegen die Pest).

Neben Nachrichten aus der Geschichte des Klosters, über die Äbte und ihre Zeit, enthalten die Chroniken auch viele Eintragungen über Naturereignisse, wie Kometen und Mondfinsternisse. Außergewöhnliche Naturerscheinungen wurden zu Strackes Zeit mit bevorstehenden Katastrophen in Zusammenhang gebracht. Seit der Antike sah man z. B. in den Kometen Boten für Unglücke, die die Allgemeinheit betreffen. Im 15., 16. und 17. Jahrhundert galten sie als Vorboten der Sündenstrafe Gottes.

Strackes Sohn

Die Tochter von Heinrich Kochberg, Anna, hatte von Abt Stracke einen Sohn bekommen. Eine Urkunde aus dem Jahr 1604 besagt, dass „*der Ehrwürdige und wohlgelehrter herr Theodorus Stracke aus väterlicher affection für seinen Sohn Dietrich*" Land gekauft hat und mit Billigung des Konventes ein Wohnhaus hat darauf setzen lassen. Die zweite Urkunde ist vier Jahre später ausgestellt und verleiht dem Heinrich Kohberg, wie er sich jetzt nennt, das Braurecht für seinen Krug und die

Wirtschaft. Außerdem soll er in jedem Jahr eine große Buche aus dem Locker Berge angewiesen bekommen. Dafür sollen er und seine Erben sich immer, auch in Kriegsgefahren, zum Kloster halten und diesem jährlich ein Fass Bier liefern. Hier wird der Sohn Strackes als *„Filio Adoptivo"* erwähnt, das heißt, dass Stracke das unehelich geborene Kind als seinen rechtmäßigen Sohn anerkennt.

Stracke heiratet aber nicht, erst sein Nachfolger Kitzow ist der erste Abt, der das tun wird. Vermutlich ist Stracke den Schritt zur Heirat, der ganz öffentlich die Abkehr vom Mönchtum deutlich und sichtbar gemacht hätte, nicht gegangen aus Rücksicht auf den Fortbestand seines Klosters.

In dem kleinen Notizbuch von Stracke steht:

„1625 des 2. Aprilis nachmittag des Abends zwischen 6 und 7 Uhr ist in Gott verschieden Diderich Stracke burger in Hannover, mein geliebter Sohn. Danach den 5. Aprilis war Dienstag ist er zu Hannover ehrlich gleich zu der erde bestattet worden, deme Gott seiner Seele gnedig sei." (S. 28r)

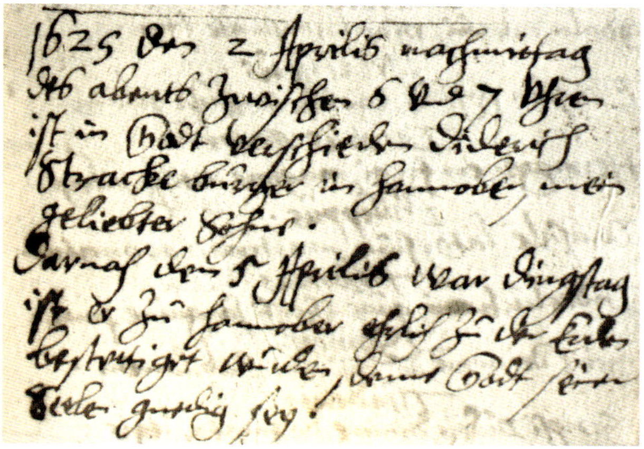

Das Loccumer Hotel Rode geht auf den Kohbergschen Hof zurück.

Stracke im Alter

In den letzten Lebensjahren hat Stracke offenbar unter Altersgebrechen, Einsamkeit und Melancholie gelitten und Trost in der Bibel gesucht. Eine seiner letzten Eintragungen in der Chronik lautet:

„Esai 46: Ich wil euch tragen biß ins alter, und biß ihr graw werdet, Ich wil es thun, ich will euch heben und tragen und erretten. Wen ein minsche alt und … wirt, si seint sie elende, verlassene, vorachtete, vorlachete und vorschmochtete minschen, haben auch keine pflege und wartung, mussen offte fur hunger und kummer vorgehen, und werden naken von den wurmern im sthro gefressen: Aber ich wil mich verlassen auf Got den heren, der wirt mich wol ernehren, hegen und pflegen, und wirt mich auch nicht vergessen, in meinem hohen alter, und wil allezeit also betten: verlaß mich nicht o Gott in meinem hohen alter, wen ich graw werde. Und daß sol alzeit mein dictum sein: Deus providebit (= Gott wird sorgen).

Es ist nit gut, dass ein Minsch allein ist, davon Eccl. 4 cap. wehe dem, der allein ist, den wenn er fällt, so ist kein anderer da, der ihm aufhilfet, darumb soll ein Minsch nit allein sein, denn Gott hat den Minschen geschaffen zur Gesellschaft und nit zur Einsamkeit. Den also Christus war in seiner großten Traurigkeit im Garten da nam er seine vertrautesten Jünger zu sich, also Petrum, Johann und Jakobum damitt er nit allein were.

Man sol auch die melancolischen leute ihre Schlafkammer nit allein lassen haben daweil sie altzeit zu dunklen örten lust haben.

Es ist ihnen nit besser als das sie sich halten zur Gesellschaft und zu der Kirche." (I, 388v)

Theodor Stracke starb am 24. September 1629 im Alter von 68 Jahren. Er war ein Abt, der in schwieriger Übergangszeit Gutes für das Kloster gewirkt hat. Er ist den Weg in die evangelische Kirche weitergegangen und hat das Kloster gegen die unterschiedlichsten Machtansprüche geschützt. Wirtschaftlich hat er es so gut gestellt, dass es den 30-jährigen Krieg überdauern konnte. Vor allem hat er uns mit seinen Chroniken viel Interessantes aus alter und seiner Zeit überliefert. Er war der erste bedeutende Abt des evangelischen Klosters Loccum.

Eike Christian Hirsch

Abt Georg Ebell gründet eine Brandkasse

Georg Ebell,
Abt 1732-1770

Zwei Herren entwickeln einen Plan

Im Herbst des Jahres 1747 fuhr eine Kutsche durch das hohe Tor auf den Innenhof des „Landschaftlichen Hauses" in Hannovers Osterstraße und hielt vor der Freitreppe. Das Stadtpalais war sehr prächtig, nach dem Schloss das vornehmste Gebäude in der Stadt, ein Schlösschen, das sich einige Jahrzehnte zuvor die „Calenberger Landschaft" hatte erbauen lassen. Eine Landschaft, das war die Vertretung derjenigen, denen der Grund und Boden gehörte, also der Gutsbesitzer, der Klöster und einiger Städte. Die Landschaft vertrat die Bevölkerung eines Landesteils. Gerade diese Calenberger Landschaft, zuständig für das „Fürstentum Calenberg-Göttingen-Grubenhagen" im Kurfürstentum Hannover, hatte viel Einfluss, man konnte es an diesem Prachtbau gut erkennen. Ihr Gebiet war groß.

Der Kutsche entstieg der Hausherr dieses Stadtpalais', Georg Ebell (1696-1770), der sich „Abt Georg" nannte und mit „Hochwürden" angesprochen wurde. Als Abt zu Loccum leitete er – wie ein Grundherr – dieses längst evangelische Kloster, das damals eine eigene kleine Herrschaft war. Während wir den Geistlichen und tatkräftigen Mann die Treppenstufen hinaufsteigen und in seine Diensträume gehen sehen, fragen wir uns, wieso er auch noch Hausherr in diesem Palais der Calenberger Landschaft war. Das lag daran, dass der Abt von Loccum traditionell auch der „Erste Landstand" im Fürstentum Calenberg-Göttingen-Grubenhagen war, heute würde man sagen, er war Präsident dieser Landschaft. Dass ausgerechnet ein Geistlicher die Calenberger Landschaft anführte und niemand aus dem Adel, dem sonst führenden Stand, beruhte auf einer Vereinbarung, die aus dem späten Mittelalter stammte und sich bis heute erhalten hat.

Für diesen Tag hatte sich bei Abt Georg sein höchster Finanzbeamter zu einer Unterredung angemeldet. Damit lernen wir eine weitere Funktion des Ersten Landstands, Hochwürden Ebell, kennen, er hatte zugleich den Vorsitz im wichtigsten Ausschuss der Landschaft inne, das war natürlich der Finanzausschuss, hier genannt das Schatz-Collegium.

Hochwürden Georg hat sich, so können wir uns das denken, in seinen Räumen von einem Lakaien den Mantel abnehmen lassen und es sich würdig in einem Sessel bequem gemacht, als ihm gemeldet wird, sein oberster Kassenwart sei schon zur Stelle. Nun betritt Albert Christoph von Wüllen, seines Zeichens Landrentmeister, den Raum. Er leitete die Landrenterei, die Kasse der Calenberger Landschaft, eine der bedeutendsten im Kurfürstentum. Der Landrentmeister wird dem Ersten Landstand mit Verbeugungen und allerlei Kratzfüßen seine Aufwartung gemacht haben, aber dann sprach er ihn recht vertraulich an, denn es verband die beiden Herren weit mehr als nur das Dienstverhältnis. Der Finanzmann war sein Neffe, der Sohn seiner älteren Schwester.

Der Landrentmeister kommt mit einer Idee

Hochwürden Abt Georg hatte den jungen Herrn von Wüllen schon vor acht Jahren, kaum dass der im Alter von 27 Jahren mit dem Jurastudium in Göttingen fertig geworden war, in die Verwaltung seiner Landschaft geholt, zuerst als Schatzsekretär, doch schnell stieg er auf zum Landrentschreiber. Und seit fünf Jahren war er sogar Landrentmeister.

Inzwischen hat der Abt, so wollen wir uns das vorstellen, seinen Neffen gebeten, Platz zu nehmen und zu beginnen. Was der Landrentmeister vorzuschlagen hatte, können wir einem Brief von ihm entnehmen, der uns erhalten ist. Darin hat er von sich gesagt, er habe den Abt dazu angeregt, eine Feuer-Versicherung zu gründen; doch setzte er gleich einschränkend hinzu, ihm seien *„nichts weiter, als die ersteren Ideen zuzuschreiben. Die Ausarbeitung, welche gewiß recht mühsam gewesen, hat der Abt von Loccum gemacht"*.

Das wird stimmen, denn zu umständlichen Ausarbeitungen hatte von Wüllen, der vor Ideen übersprudelte, wenig Zeit, er hatte immer reichlich viel zu tun, zum Beispiel gründete er im Jahre 1750 eine Zeitung, die Hannoverschen Anzeigen (wiederum mit Hilfe seines Onkels), er wurde ein weiteres Jahr darauf auch noch Landsyndikus, also Rechtsberater der Landschaft (höher konnte er dort als Beamter nicht steigen) und war sowieso Assessor am kurfürstlich-königlichen Hofgericht.

Der Plan gewinnt Gestalt

Jetzt entstehen im Gespräch die ersten Umrisse einer künftigen Feuerversicherung. Die beiden Herren könnten darüber recht lebhaft geworden sein. Der Abt als der ältere, er war 51 Jahre, trug wohl noch die Perücke, die damals schon altmodisch zu werden begann, der jüngere, er war 34 Jahre alt, trug wohl schon das natürliche Haar, das in einen Zopf auslief. Wie er, ein wahrer Feuerkopf, seine Ideen zu dieser Kasse gleich näher ausbreiten wollte, kann man sich vorstellen. Dass eine solche Kasse dringend gebraucht wurde, wird dem Abt sofort eingeleuchtet haben, er kannte das Elend der *„abgebrannten"* Familien, die mit *„Brandbriefen"*, die man ihnen ausgestellt hatte, betteln gingen, nur zu gut und mochte es nicht mehr mit ansehen.

Vielleicht fügte Landrentmeister von Wüllen jetzt schon hinzu, die Landschaft sei als Gründerin sehr geeignet, sie habe schließlich im ganzen Fürstentum schon ihre *„Schatzeinnehmer"* (Steuerbeamten), so könne die Landschaft die Brandkasse nebenbei, ganz ohne Unkosten, betreiben, zum Wohle des Landes. Und Abt Georg mag gleich erwidert haben, was er später noch des Öfteren aussprechen wird, dass er wie die fünf anderen Herren im Schatz-Collegium wahrlich noch Zeit frei habe und die Verantwortung für eine solche *„gute Anstalt"*, so nannte man damals wohltätige Einrichtungen, durchaus noch übernehmen könne. So ist es auch gekommen. Abt Ebell hat tatsächlich in den ersten Jahren noch viele

Albert Christoph von Wüllen

Policen eigenhändig bestätigt. Der Landrentmeister von Wüllen beeilte sich jetzt vielleicht zu entgegnen, die tägliche Arbeit werde natürlich seine Verwaltung machen. Außerdem habe man ja eine große Kasse, die als Sicherheit dienen und die Zahlungen (die Erstattungen nach Bränden) erst einmal vorstrecken könne.

Und noch etwas mag von Wüllen hier schon vorgebracht haben – vielleicht war es sogar sein eigentliches Motiv, schließlich hatte er gegenüber seinen Mitarbeitern eine gewisse Fürsorgepflicht: Demnächst werde wahrscheinlich eine wichtige Steuer, die die Landschaft erhob, wegfallen, der Scheffelschatz. Dann wären die Schatzeinnehmer ziemlich unterbeschäftigt. Da werde eine Brandkasse willkommenen Ausgleich schaffen.

Falls der kluge und erfahrene Abt in diesem Gespräch die Rolle des Bedächtigen übernommen hat, so musste sein wichtigster Einwand lauten: Es waren in vielen Orten und Regionen des Reiches schon Feuer- oder Brandkassen gegründet worden, doch viele waren bedroht, andere alsbald eingegangen. Seit siebzig Jahren arbeitete zwar eine Hamburger Feuerversicherung, die aus kaufmännischen Brand-Gilden hervorgegangen war und gut dastand, sie war aber geprägt vom Kaufmannsgeist einer Stadt und kaum auf einen ganzen Landesteil mit seinen vielen Bauern zu übertragen. Ebenso wenig zu lernen war von den Brandversicherungen, die sich in London, vor allem nach dem vernichtenden Brand von 1666, gebildet hatten, denn sie waren privater Natur und auf Gewinn aus.

In Preußen, das werden die beiden Herren, die hier mit einander diskutierten, recht genau gewusst haben, war der Staat seit Jahrzehnten dabei, eine Brandversicherung einzuführen, doch die Versuche von 1685 waren ebenso gescheitert wie die von 1701 und 1706, immer am Misstrauen der Bevölkerung gegenüber einem Staat, von dem man glaubte, er wolle nur an das Geld seiner Untertanen gelangen, also eine verdeckte Steuer einführen. Zwar gab es seit 1718 in Preußen die Feuersozietät in Berlin und woanders ähnliche kleinere Anstalten, aber der Widerstand gegen den fast allgemeinen Beitrittszwang blieb groß. In Sachsen hatten sich zwei privat betriebene Versicherungen in den Städten etabliert, doch sie hatten das platte Land nicht erreicht, und eine staatliche Gründung von 1729 war wieder eingegangen. Das richtige Konzept schien noch nirgends gefunden. Was der ideenreiche Neffe da vorschlug, konnte also, so musste Abt Ebell fürchten, zum Abenteuer werden.

Einiges sprach gleich dafür

Wie sollte das alles organisiert werden? Schon in diesem ersten Gespräch oder in einem der folgenden muss den beiden Herren aufgegangen sein, dass es zwei Umstände gab, die die Landschaft zur idealen Veranstalterin einer Brandkasse machen konnten. Erstens nahm die Landschaft als Ständevertretung eine Art Zwitterstellung zwischen Obrigkeit und Volksvertretung ein. Sie hatte sich oft gegenüber der kurfürstlichen Regierung einzusetzen gehabt für die gemeinsamen Interessen aller Bewohner. Es musste also der Landschaft daher möglich sein, das Vertrauen der Hausbesitzer zu erlangen. Erst recht würde die Landschaft nicht in den Verdacht geraten, eine private Gesellschaft zu sein, die mit schönen Policen lockt und doch auf ihren Gewinn zu sehen hat. Zwar musste von beiden Herren etwas Neues entwickelt werden, doch es mag sie schon jetzt gereizt haben, von allen bisherigen Versuchen, Brandkassen einzurichten, das Beste zu übernehmen.

Offenkundig bot die Landschaft noch einen zweiten Vorteil, wenn sie eine Kasse gründen wollte. Das war ihre Größe. Das Gebiet einer Versicherung (und damit die Zahl der Beteiligten) durfte nämlich nicht zu groß und nicht zu klein sein. In vielen Städten waren die Brandgilden zu klein, um das Risiko gehörig streuen zu können. In Preußen hingegen war, als die Regierung zunächst im ganzen Land die Kasse einführen wollte, das Gebiet viel zu groß und daher nicht mehr einheitlich zu verwalten gewesen. Das Fürstentum Calenberg-Göttingen-Grubenhagen konnte in seiner Ausdehnung gerade richtig scheinen für eine Brandkasse.

Damit ist wohl schon umrissen, was Albert Christoph von Wüllen an „ersten Ideen“ und Einsichten beigesteuert haben wird. Er wandte sich fortab seinen vielen anderen Plänen zu. Nun war es am Ersten Landstand Abt Georg, die Einzelheiten so festzulegen, dass er demnächst die Herren aus seinem Schatzkollegium mit einem Entwurf überzeugen, danach die Zustimmung der Regierung erlangen und am Ende die Bewohner des Landes gewinnen konnte.

Wochenlang muss Ebell gegrübelt haben, um in allen wichtigen Fragen die jeweils richtige Entscheidung zu fällen. Es ist ein großartiges Werk geworden – schon deshalb, weil Ebell damit das tiefe Misstrauen der Bevölkerung gegen alles, was vom Staat kam, überwunden hat. Von vielen Vorbildern war etwas zu lernen, und er hat sich nicht gescheut, seine Landschaft, deren Mitarbeiter und nicht zuletzt deren Kasse (die Landrenterei) massiv mit einzuspannen, um die Bedingungen, die er den Interessenten anbieten wollte, recht verlockend zu machen.

Eine Brandversicherung konzipiert und propagiert hatte zwei Generationen zuvor schon ein anderer Hannoveraner, der Hofrat und Universalgelehrte Gottfried Wilhelm Leibniz. Auch wenn seine Vorschläge damals nicht durchkamen und in Vergessenheit gerieten, hat die Brandkasse Hannover außer dem Abt Georg Ebell (und dem Landrentmeister von Wüllen) in Leibniz also noch einen geistigen Vater.

Nun saß, siebzig Jahre später, Abt Georg über den Einzelheiten – eine Arbeit, zu der Leibniz, von dessen Ideen er nichts wissen konnte, gar nicht erst gekommen war. Sein oberstes Ziel blieb, das Misstrauen gerade der einflussreichen Kreise zu überwinden, denn sie waren es gewesen, die in Preußen so heftig gegen die verordnete Feuerkasse rebelliert hatten. Und Ebell traf eine kühne, aber außerordentlich weise Entscheidung: Der Beitritt zur Versicherung sollte für die Stadtbürger freiwillig sein. Das war für jemanden, der Macht in einem Gebiet hatte, ein ungeheurer Entschluss.

Der Abt und Erste Landstand mag sich gesagt haben: Misstrauen kann man nur überwinden, wenn man auf Zwang verzichtet. Und nur ein Angebot, das man auch ausschlagen kann, weckt Vertrauen. Diese Einsicht stammte aus der Welt des freien Handels, doch von einer Regierung waren die Untertanen nur Anweisungen, aber keine Angebote gewohnt. Dieser Mut zur Freiwilligkeit barg ein bedrohliches Risiko für die Gründer, aber er schuf Vertrauen. Diesen Mut gehabt zu haben, ist Ebells größtes Verdienst.

Ob er in dieser frühen Phase schon festgelegt hat, dass die damals unfreien Bauern von dieser Freiheit ausgenommen sein sollten, ist den überlieferten Texten nicht mehr zu entnehmen. Jedenfalls scheint von Anfang an geplant gewesen zu sein, dass es eine einheitliche, also eine gemeinsame Versicherung für Stadt und Land geben sollte – zu gleichen Tarifen für alle. Damit kam Ebell den Bauern weit entgegen, die sonst nicht als gleichberechtigt angesehen wurden. Und diese Entscheidung wird bald noch böses Blut machen, weil einige Herren aus den Städten meinten, jetzt sollten sie das Bauernvolk mit durchbringen, wo es doch auf dem platten Lande mit seinen Strohdächern immerzu brenne.

Ebell wusste auch gut, dass er keine regelmäßigen Prämien verlangen durfte, denn das hätte die Leute zu sehr an eine Steuer erinnert. So legte er fest, nur jeweils nach jedem Brandschaden werde unter den Mitgliedern eine Umlage erhoben. Später heißt es wörtlich: *„damit keine beständige Last daraus werde, wodurch mancher sich mögte abschrecken lassen, so wird anders nicht contribuiret, als wenn ein Brand-Schade würcklich entstanden ist.“* Das war, verglichen mit der Hamburger Praxis, altmodisch, aber es wirkte vertrauenerweckend.

Bei all diesen Plänen muss Ebell sich mit seinen Kollegen aus dem Schatzkollegium abgesprochen haben, denn ein so großes Unterfangen konnte nur im

Konsens gelingen, und das Kollegium war es ohnehin gewohnt, alles im Einvernehmen zu regeln. Diese Phase mag etwa anderthalb Jahre gedauert haben.

Ebell und seine Kollegen legten, bedächtig wie sie waren, noch vor der Gründung eine Phase fest, in der geklärt werden sollte, ob sich genügend Interessenten fänden, um dem Werk eine breite Basis zu geben. Erst wenn der angemeldete Besitz vier Millionen Reichstaler ausmachen würde, wollte man mit dem Unternehmen beginnen – eine erstaunlich hohe Summe, nach heutigem Geld etwa eine halbe Milliarde Mark. Die Menschen waren damals solche Beträge nicht gewohnt und es wird ihnen davon fast schwindelig geworden sein. Vier Millionen Reichstaler, das entsprach dem Fünffachen des Staatshaushalts des Kurfürstentums Hannover. Eine Summe zum Staunen, die aber auch Sicherheit vermittelte. Es war gewiss klug und geschickt, die Kunden sich erst einmal einschreiben zu lassen. Eine Maßnahme ohne Vorbild, die weiteres Vertrauen wecken musste.

Das Landschaftliche Haus

Die Idee nimmt alle Hürden

Das Konzept stand. Am 18. Januar 1749 trat wieder das Schatz-Collegium zusammen und zwar ebenfalls im *„Landschafftlichen Hauß“*, jenem Stadtpalais, in dem schon der Plan zur Gründung einer Brandkasse entstanden war, dort nämlich haben auch immer die Ausschüsse der Landschaft getagt. Georg Ebell überzeugte seine Kollegen.

So legte die Landschaft schon nach zwei Monaten, am 18. März 1749 der Regierung des Kurfürstentums einen fertigen Vorschlag vor. Die Regierung prüfte den Vorschlag, und er wurde bereits zehn Tage später weitergereicht – nach England, denn der Kurfürst von Hannover, Georg August, regierte (wie schon sein Vater) in London als König von Großbritannien. Bald kam Antwort aus London, schon am 8. April 1749. Majestät erkannte, wie immer wohlwollend, in dem Plan *„ein unseren Landen und Leuten ersprießlich und gedeyhlich Werk“* und befürwortete das Projekt.

Innerhalb von nicht einmal drei Monaten (19. Januar bis 8. April) hatten damit drei Regierungsebenen das Projekt geprüft und gebilligt (Schatzkollegium, Regierung in Hannover, kurfürstliche Kanzlei in London). So schnell geht es heutzutage nicht.

Und schon am 25. April 1749 ging die erste amtliche Anweisung zur Durchführung an alle Rathäuser und an alle Amtsleute auf dem Lande, und sie verlangte eine vollständige Auflistung aller Gebäude im Fürstentum Calenberg-Göttingen-Grubenhagen. Eine ungeheure Aufgabe! Denn auf dem Lande gab es keine solchen Verzeichnisse (Kataster), in den Städten allenfalls aus anderem Anlass erstellte Unterlagen, auf die man zurückgreifen konnte. Die Regierung bestimmte in dieser Anordnung, *„dass eine völlige Beschreibung von allen Wohn- und Nebengebäuden, auch Scheuern, nebst Anführung des ohngefähren Werthes, Behuf der anzuordnenden Brand-Assecurations-Casse an die Regierung eingesandt werden soll.“* Man kann sich denken, dass vor allem die Amtsleute auf dem Lande von dieser ungewohnten, ja unvorstellbaren Aufgabe stark überfordert waren. Allein schon den Wert jedes Gebäudes zu schätzen war nur schwer möglich.

Diese vorbereitende Maßnahme weckte leider prompt das erste Misstrauen. Vor allem in Göttingen, damals die zweitgrößte Stadt des Landes, gab es gleich im Sommer 1749 Widerstand. Dass die Gebäude auch bewertet werden sollten, weckte nämlich den Verdacht, die Regierung werde die Unterlagen benutzen, um Steuerlisten daraus zu machen. Wohlgemerkt, jetzt ging es ein Jahr lang nur darum, sich als Interessent einschreiben zu lassen, das Versicherungsunternehmen hatte noch nicht zu arbeiten begonnen. Zunächst wollte das Schatz-Collegium nur wissen, ob die Versicherungssumme, die man für nötig hielt, immerhin vier Millionen Taler, zusammenkommen würde. In dieser Vorbereitungsphase zeichnete sich allmählich ein großer Erfolg ab, aus vielen Städten wurde gemeldet, die meisten oder gar alle Bürger wollten sich beteiligen. Das erstrebte Ziel, vier Millionen angemeldete Versicherungssumme, war bald erreicht und wurde übertroffen.

Nach einem knappen Jahr, am 27. März 1750, wurde die fertige Verordnung in London vom Landesherrn unterzeichnet, die Gründung der Brand-Sozietät erhielt damit Gesetzeskraft. Die Urkunde beginnt mit den üblichen Worten: *„Wir Georg der Andere, von Gottes Gnaden König von Groß-Britannien, Franckreich und Irrland...“*

Eröffnet wurde der Betrieb der Brandkasse, wie vorgesehen, nach einem weiteren Jahr, am 1. Juli 1751. Bis dahin waren Gebäude im Wert von über acht Millionen Reichstaler eingetragen worden, also doppelt so viel, wie erwartet. Es ließen sich auch viele Hausbesitzer aus anderen hannoverschen Landesteilen einschreiben, sogar aus Ländern außerhalb des Kurfürstentums Hannover.

Das genial Neue und seine Wirkungen

Die Gründung war eine historische Tat. Es gab kein wirkliches Vorbild, denn noch nie war in einem ganzen Landesteil (samt Bauernschaft) eine Versicherung etabliert worden. Was war nun so erstaunlich an der Ebellschen Konzeption? Um es noch einmal zu sagen: dass er Vertrauen erwecken wollte, indem er auf Freiwilligkeit setzte. Man kann es auch umgekehrt ausdrücken, weil er auf Freiwilligkeit setzte, musste es sein höchstes Ziel sein, um Vertrauen zu werben, eins bedingt das andere. Er hat sein Ziel erreicht, die Bürger sahen es am Ende so wie die Gründer: *„Die Vortheile fallen von selbst in die Augen.“*

Verordnung des Kurfürsten Georg zur Gründung der Brandkasse, 1750

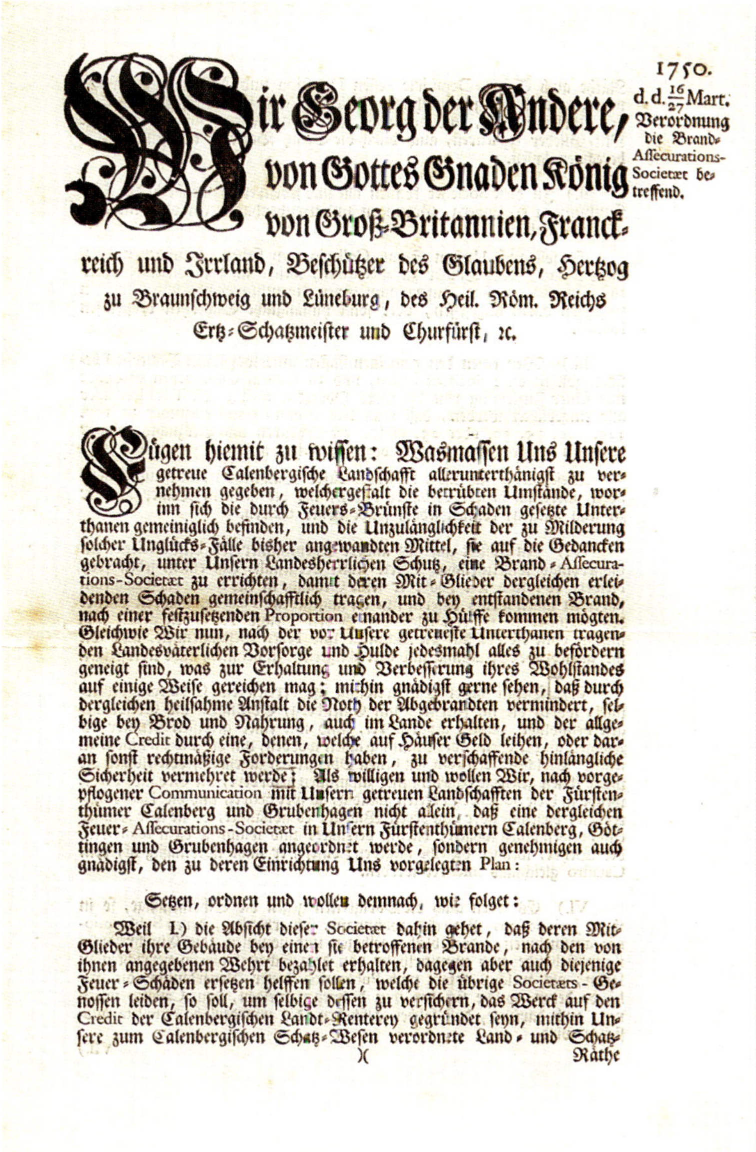

Wir Georg der Andere, von Gottes Gnaden König von Groß-Britannien, Franckreich und Irrland, Beſchützer des Glaubens, Hertzog zu Braunſchweig und Lüneburg, des Heil. Röm. Reichs Ertz-Schatzmeiſter und Churfürſt, &c.

1750. d. d. 16/27 Mart. Verordnung die Brand-Aſſecurations-Societæt betreffend.

Fügen hiemit zu wiſſen: Wasmaſſen Uns Unſere getreue Calenbergiſche Landſchafft allerunterthänigſt zu vernehmen gegeben, welchergeſtalt die betrübten Umſtände, worinn ſich die durch Feuers-Brünſte in Schaden geſetzte Unterthanen gemeiniglich befinden, und die Unzulänglichkeit der zu Milderung ſolcher Unglücks-Fälle bisher angewandten Mittel, ſie auf die Gedancken gebracht, unter Unſern Landesherrlichen Schutz, eine Brand-Aſſecurations-Societæt zu errichten, damit deren Mit-Glieder dergleichen erleidenden Schaden gemeinſchafftlich tragen, und bey entſtandenen Brand, nach einer feſtzuſetzenden Proportion einander zu Hülffe kommen mögten. Gleichwie Wir nun, nach der vor Unſere getreueſte Unterthanen tragenden Landesväterlichen Vorſorge und Hulde jedesmahl alles zu befördern geneigt ſind, was zur Erhaltung und Verbeſſerung ihres Wohlſtandes auf einige Weiſe gereichen mag; mithin gnädigſt gerne ſehen, daß durch dergleichen heilſahme Anſtalt die Noth der Abgebrandten vermindert, ſelbige bey Brod und Nahrung, auch im Lande erhalten, und der allgemeine Credit durch eine, denen, welche auf Häuſer Geld leihen, oder daran ſonſt rechtmäßige Forderungen haben, zu verſchaffende hinlängliche Sicherheit vermehret werde; Als willigen und wollen Wir, nach vorgepflogener Communication mit Unſern getreuen Landſchafften der Fürſtenthümer Calenberg und Grubenhagen nicht allein, daß eine dergleichen Feuer-Aſſecurations-Societæt in Unſern Fürſtenthümern Calenberg, Göttingen und Grubenhagen angeordnet werde, ſondern genehmigen auch gnädigſt, den zu deren Einrichtung Uns vorgelegten Plan:

Setzen, ordnen und wollen demnach, wie folget:

Weil 1.) die Abſicht dieſer Societæt dahin gehet, daß deren Mit-Glieder ihre Gebäude bey einen ſie betroffenen Brande, nach den von ihnen angegebenen Wehrt bezahlet erhalten, dagegen aber auch diejenige Feuer-Schäden erſetzen helffen ſollen, welche die übrige Societæts-Genoſſen leiden, ſo ſoll, um ſelbige deſſen zu verſichern, das Werck auf den Credit der Calenbergiſchen Landt-Renterey gegründet ſeyn, mithin Unſere zum Calenbergiſchen Schatz-Weſen verordnete Land- und Schatz-

)(Räthe

Gewiss, nur die Stadtbürger und Gutsbesitzer sollten freiwillig dabei sein dürfen. Das reichte jedoch schon, denn die Bauern konnten sich nun sagen, wenn den Städtern die Wahl frei steht und sie dennoch mitmachen, dann kann die Sache nicht ganz schlecht sein. Man mag heute versucht sein, den Zwangsbeitritt der Bauern als Makel anzusehen, doch hat sich die Maßnahme als richtig erwiesen: Bald darauf nämlich wurde zum Beispiel im hannoverschen Landesteil Bremen-Verden eine Kasse gegründet, die Freiwilligkeit auch für die Dörfer vorsah, doch musste diese Bestimmung bald wieder geändert werden.

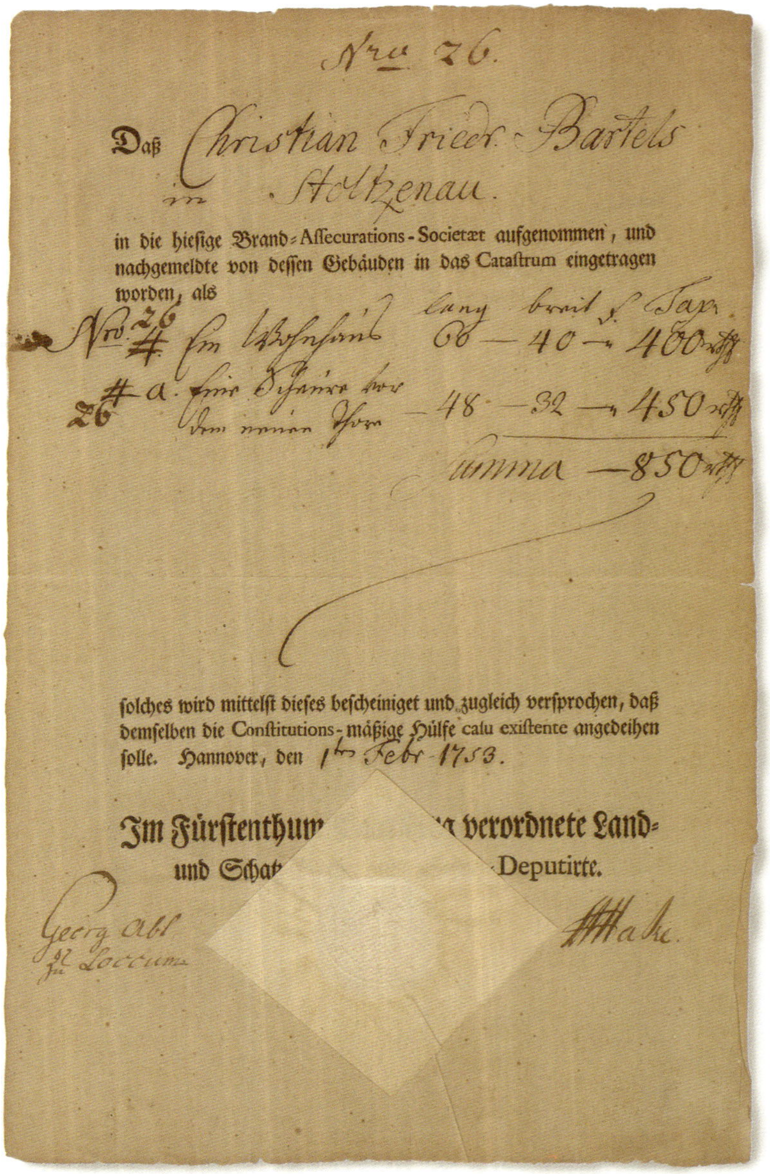
Nro 26.

Daß Christian Fried. Bartels in Stoltzenau.

in die hiesige Brand-Assecurations-Societæt aufgenommen, und nachgemeldte von dessen Gebäuden in das Catastrum eingetragen worden, als

Summa – 850

solches wird mittelst dieses bescheiniget und zugleich versprochen, daß demselben die Constitutions-mäßige Hülfe calu existente angedeihen solle. Hannover, den 1ten Febr. 1753.

Im Fürstenthum … verordnete Land- und Schat… Deputirte.

Versicherungspolice, 1753

Also Freiwilligkeit und Zwang – und damit eine interessante Verbindung von „Genossenschaft“ (Hamburger Modell) und „Anstalt“ (preußisches Modell). Ebell verstand es, die Vorteile beider zu bündeln, indem er Stadt und Land in einer Kasse zusammenführte. Das war noch nie gelungen, doch es war erstrebenswert, war doch der gescheiterte Versuch in Preußen, getrennte Kassen einzuführen, eine Warnung. Dieses Zusammenfügen der Ungleichen hatte, ohne dass Ebell das wohl ganz überblickt haben wird, den Effekt eines sozialen Ausgleichs zwischen Stadt und Land, denn auf dem Lande brannte es öfter, bei gleichen Tarifen.

Am großartigsten aber war, dass Ebell eine völlige Offenheit bei der Rechnungsführung versprechen konnte. In der letzten Fassung, die dann Gesetzeskraft erlangte, heißt es ausdrücklich, dass die Abrechnung (heute würde man sagen, die Bilanz) nicht nur dem Landtag auf Begehren vorgelegt würde, sondern die Einsichtnahme *„jedem Societaets-Genossen, so fern es ohne Kosten geschehen kan, verstattet“* sei. Die Societät wollte sich von allen kontrollieren lassen – das widersprach dem Prinzip jeder barocken Obrigkeit, doch die Calenberger Landschaft wollte und konnte sich das leisten.

Um die Menschen werben

Dass Ebell den künftigen Kunden anbot, alle Unkosten würden von der Landschaft getragen, musste ebenfalls verlockend wirken. Er und die Seinen konnten zusagen, dass die Verwaltung der Landschaft kostenlos für die Versicherung arbeiten werde. Auch die Mitglieder des Schatzkollegiums nahmen kein Geld, wenn sie tausende von Policen prüften und unterschrieben, auch das war nicht gerade selbstverständlich.

Ebenso wirksam war die Ankündigung, die Landschaft mit ihrer großen Kasse werde jeden Schaden sofort begleichen, werde also der Brandkasse den Betrag vorschießen, damit jeder Unglücksfall unverzüglich, bevor die Mitglieder ihre Umlage eingezahlt hatten, reguliert werden könne.

Ebell ist sogar noch weiter gegangen. Um seine Genossenschaft verlockend zu machen, legte er fest: Jeder Brandschaden wird ersetzt. Es gab sozusagen keine kleingedruckten Klauseln. In einer Weise, die uns heute weltfremd vorkommt, gab es keine Ausnahme, die Kasse zahlte selbst bei erkennbarer Überversicherung.

Die Gründung findet Nachfolger

Auch in den anderen Bereichen des Kurfürstentums Hannover hatte die neue Brandkasse bald so viele Mitglieder, dass eine Landschaft nach der anderen eine eigene Sozietät gründete, im Fürstentum Lüneburg schon 1752, in den Herzogtümern Bremen und Verden sowie in den Grafschaften Hoya und Diepholz im Jahre 1755. Es gab bald aber noch weit mehr Nachahmer des Calenberger Modells.

Ebells Konzept war derartig gelungen, dass es bald als Vorlage diente, nach der man im Reich Versicherungen gründete. Diese Wirkung ist ein Ruhmesblatt, das lange nicht erkannt und erst durch neuere Forschung nachgewiesen worden ist. Nicht Hamburg wurde Vorbild (weil es dort um Kaufleute ging), nicht Preußen (weil der Staat dort Regie führte und außerdem Stadt und Land getrennt organisiert waren), auch nicht Sachsen (weil dort eine Privatgesellschaft das Geschäft betrieb) – nein, die Calenberger Sozietät in Hannover wurde zum nachgeahmten Vorbild, dessen Regelungen man teilweise wörtlich übernahm. Beigetragen zur Verbreitung dieser Satzung im ganzen Reich hat auch, dass sie mit nur 20 Paragraphen auffallend kurz und eindeutig war, dazu hübsch gedruckt und gut erhältlich, wurde sie doch als eine Art Prospekt flugblattartig verteilt.

Es kam sogar, nachdem zuvor in Deutschland viele Ansätze gescheitert waren, zu einer wahren Gründungswelle. Errichtet nach diesem Muster wurden Kassen – außer in den schon genannten Gebieten – etwa in Lippe-Detmold (1752), Braunschweig (1753) und Waldeck-Pyrmont (1756). Den entscheidenden Sprung in die süddeutschen Länder, wo es noch gar keine Feuerkassen gab, brachte die Gründung in Ansbach (1754), in die Bayreuth 1770 einbezogen wurde, wobei man auch dort die Calenberger Satzung teils wörtlich übernahm.

Ähnlich war es in Hessen-Kassel (1767), das wiederum weiterwirkte auf Sachsen-Weimar (1768) und andere Teile Thüringens, ebenso auf Hessen-Nassau (1774). Vom Bistum Hildesheim (1765) ging die Calenberger Satzung über auf die Bistümer Münster (1768) und Paderborn (1769). Ebenso richtete man sich in den Bistümern Würzburg (1768) und Bamberg (1776) ausdrücklich nach dem Calenberger Vorbild. Gleichfalls war das Bistum Mainz (1780) mit seinen vielen anhängenden Gebieten von Calenberg beeinflusst und wurde seinerseits Vorbild für zahlreiche weitere Gründungen.

Die recht spät entstandenen Feuerkassen in Bayern, Österreich oder am Rhein konnten sich auf vielerlei Varianten und Erfahrungen berufen, wichen aber ebenfalls nicht weit ab von der Calenberger Vorgabe, denn sie war nun längst erprobt und hatte sich durchgesetzt. Auch die damalige Publizistik und die Wissenschaft haben dafür gesorgt, dass die Calenberger Satzung wie ein Standard-Modell verbreitet wurde. Eindrucksvoller konnten sich die Qualitäten der Ebellschen Gründung nicht zeigen als in dieser Wirkung. Seine Kasse war nicht nur die erste Brandversicherung der modernen Art, sondern wurde samt ihrer Einzelheiten zum Vorbild, weil ihre Konzeption kaum zu verbessern war. Auch in den hannoverschen Landen bewährte sich diese Satzung so gut, dass sie erst ein halbes Jahrhundert später erneuert werden musste.

So darf man sagen, dass der klassische Typ der öffentlich-rechtlichen Versicherung – nachdem er in Hamburg und Preußen recht unterschiedlich erprobt worden war – erst in Hannover von Abt Georg Ebell geschaffen wurde. Der Gründer ist nach zwanzig Jahren des Wirkens für seine Kasse am 8. Mai 1770 gestorben, hat also viele der Nachfolgegründungen noch erlebt.

Er wurde in Hannovers Gartenkirche beigesetzt; im Innern des neuen Kirchbaus von 1886 hat man seinen Grabstein an der Südwand eingemauert. Auch in Loccum ist er unvergessen. Im Eingang der Klosterkirche steht sein klassizistisches, von Ziesenis geschaffenes Denkmal. Es zeigt eine allegorische Figur, die Hoffnung, wie sie eine andere, das Kloster, tröstet und wieder aufrichtet.

Die lateinische Inschrift lautet, übersetzt: *„Klagst Du, dass er, der dir fünf Jahrzehnte gegeben, zu seinen Gestirnen zurückkehrt? Siehe, er leuchtet jetzt als schönerer Stern.“*

Vierspännig

Von Abt Friedrich Rupstein (1832-1876) wird erzählt, dass er das Recht hatte, vierspännig zu fahren. So geschah es jedes Mal, wenn er von Wunstorf nach Loccum reiste (die Bahn ging damals schon bis Wunstorf), und auch in Hannover, wenn er vom König geladen war.

Eines Tages war er jedoch nur mit zwei Pferden vorgefahren. König Ernst August hatte das von seinem Fenster aus gesehen. Als sich der Abt bei ihm melden ließ, kam vom König die Nachricht, er habe keinen Abt von Loccum vorfahren sehen. Dem Abt blieb nichts weiter übrig, als zunächst einmal umzukehren und statt mit zwei mit vier Pferden zurück zu kommen. Nun wurde er vom König freundlichst empfangen.

*In: „Geschichten aus dem Kloster Loccum“,
1. Aufl. – Hannover 1980, S. 97.*

Fritz Erich Anhelm

Die 1848er Revolution in Loccum – Ein kurzer Blick in die Geschichte des Klosters mit „seinen" Dörfern

In ganz Europa rebellierten Bürger und Arbeiter gegen die Herrschenden. Am 18. März 1848 lösten zwei Schüsse auf dem Berliner Schlossplatz die Revolution im zersplitterten Deutschland aus. Sie fielen bei der gewaltsamen Räumung des Platzes, auf dem sich eine große Menschenmenge versammelt hatte.

Zwei Tage später, am 20. März, brach in Loccum eine Gruppe von Bergleuten und Steinhauern aus Münchehagen, der viele Besucher des Frühjahrsmarktes folgten, das Klostertor auf, warf die Fensterscheiben der Gebäude ein, verbrannte das Mobiliar aus den Amtsräumen und mit ihm die Wertpapiere des Priors. Der Prior, die Konventualen und Hospites retteten sich durch die rückwärtige Klosterpforte oder über die Mauer in den Wald.

Die zeitliche Nähe der Ereignisse kommt sicher nicht von ungefähr. Aber es wäre weit übertrieben, den Rebellen aus Münchehagen zu unterstellen, sie hätten sich ausdrücklich als Teil der europaweiten Revolution gegen den Absolutismus verstanden und deren Parolen von Freiheit und nationaler Einheit vor sich her getragen. Dennoch: Die weniger großen Anlässe hinter den großen Erzählungen der Geschichtsschreibung werden oft unterschätzt. Unmittelbar sich entladende aufgestaute Ohnmachtserfahrungen standen am Beginn vieler Bewegungen, die das Gesicht der Welt veränderten. In der Regel entwickelten sie sich in langen Vorgeschichten mit auch sehr lokalen Bezügen.

Geschichte hat Vorgeschichten

Hier ist es die Vorgeschichte der Abhängigkeit von „Untertanen" gegenüber „Grundherren" mit der langsamen Ablösung von Jahrhunderte lang bestehenden Rechten. Es ist die Geschichte des Klosters und „seiner" Dörfer. Zwar gibt es schon seit dem 16. Jahrhundert in Loccum Ansätze einer dörflichen Selbstverwaltung. Aber erst 1845 unterzeichneten Gemeinden, Bauern und Kloster das Ablösedokument, das die Grundherrschaft beendete. 1833 erließ das Königreich Hannover in einem liberalen Augenblick seiner noch jungen Existenz eine entsprechende Ablöseordnung. Zwölf Jahre zogen sich die Verhandlungen in und um Loccum herum hin. Am Ende kam auf die Bauern eine Ablösesumme von 24 231 Talern zu. Erst damit gingen die durch sie schon Generationen lang bewirtschafteten Äcker, Wiesen und Wälder in ihren privaten oder in den Gemeindebesitz über. Die Dienste, die sie für das Kloster zu leisten hatten, waren dadurch aber keineswegs abgegolten.

Zu ihnen gehörten Hand- und Spanndienste, die nach Tagen und Fuhren berechnet wurden, und eine Vielzahl von Leistungen in Form von Geld oder Arbeitskraft. Sie alle gaben im Einzelfall oft genug Anlass zur Auseinandersetzung. Ein Beispiel dafür ist der fünf Jahre dauernde Gerichtsprozess (1835 bis 1840) zwischen den Gemeinden und dem Kloster um die Hand- und Spanndienste (175 Tage, 1140 Fuhren) beim Bau des neuen Pfarrhauses. Er mündete in einem Vergleich, der Loccum zwei Drittel und Münchehagen ein Drittel der Dienstleistungen auferlegte, dies dann aber nicht zur Saat- und Erntezeit. Noch 1952 beim Bau der Akademie wurde bei den nötigen Bodenbewegungen auf diese Hand- und Spanndienste zurück gegriffen. Nun allerdings mussten sie über die Gemeinde geleistet werden und wurden dem Kloster zur Verfügung gestellt.

Alteingesessene bewahren die von Generation zu Generation weiter gegebenen Erinnerungen an die herrschaftliche Funktion des Klosters bis heute auf. Dazu gehören auch die Umstände bei der Abgabe des Zehnten, der bis 1732 ein Viertel und von da an ein Achtel der ständigen Abgaben aus dem, was die Bauern erwirtschafteten, zu festen Zeitpunkten ausmachte. Ab 1829 wurde dieser „Zehnte“ nicht mehr vom Kloster selbst, sondern in seinem Auftrag eingetrieben. Erzählt wird vom Kontrollieren der Garben auf den Feldern und des Viehbestandes im Stall und ebenso von manchen Praktiken seitens der Bauern, das Ergebnis möglichst gering zu halten.

All dies hat seinen Ort in den Abhängigkeits- und Herrschaftsverhältnissen der jeweiligen Zeit und lässt sich ähnlich auch von anderen Orten erzählen. Aber es bleibt immer eine spezifische örtliche, hier eine Loccumer Geschichte. Was war darin der Anlass der Klostererstürmung am 20. März 1848? Warum geschah sie an diesem Tag? Und wie ging es dabei zu?

Torhaus des Klosters

Nicht nur im Klosterarchiv sondern auch in Kommoden und Köpfen alter Loccumer Familien finden sich Zeugnisse, die das alltägliche und von Zeit zu Zeit besonders gespannte Verhältnis zwischen den Dörfern und dem Kloster beschreiben. Ein Mal blockierten Bauern die Tore des Klosters wegen der zusätzlichen Steuer, die dem Dorf für die Finanzierung der „Türkenkriege“ auferlegt werden sollte, woran sich das Kloster selbst aber nicht beteiligen wollte (1654). Ein anderes Mal erklärten die Bewohner des Dorfes 1679 mit einer Beschwerde an Abt Molan in elf Punkten ihren Widerstand gegen die als „sklavisch“ empfundene Behandlung durch die Klosterverwaltung, die zugleich die Verwaltung des Stiftsbezirks innehatte.

Ein Tag nicht wie jeder andere

Spontan daran war nur der entscheidende Augenblick, zu dem sich aus dem Treiben des gut besuchten Frühjahrsmarktes heraus der Protestzug in Bewegung setzte. Schon am Tag zuvor gab es den Versuch der Brandstiftung am Haus des Ortsvorstehers von Münchehagen. Es wird von aufgebrachten Leuten berichtet und vom Aufruf zu einem Zug gegen das Kloster. Das blieb den Klosterherren und besonders dem Gerichtsassessor Neuss, der sein Amt seit 1837 in Loccum versah, nicht verborgen. Die Loccumer Konventualen hörten bei einem Besuch in Rehburg, es braue sich etwas zusammen. Die Leute seien wütend über das Verzögern der Erweiterung der Dorfschule in Loccum und des Umbaus der Kloster- zu einer Gemeindekirche, besonders aber über die gerade erfolgte harte Bestrafung von Laubsammlern im Klosterwald. Gerichtsbarkeit und Polizeigewalt waren Klostersache und lagen in der Zuständigkeit des Gerichtsassessors. Auch muss die Versorgung der Dorfbevölkerung mit Lebensmitteln in den Jahren 1846/47 sehr kritisch gewesen sein. Der Stiftsprediger und das Armenkollegium riefen das Kloster zu verstärkter Hilfe auf. Prior König (1834-1883) und Assessor Neuss schränkten stattdessen die bisher gewährten Zuwendungen stark ein. Der Abt des Klosters Rupstein (1832-1876) hatte seinen Sitz in Hannover und kam nur zeitweise nach Loccum.

Da Stiftssyndikus Meister, der den Berichten nach von der Bevölkerung hoch geschätzt wurde, schwer erkrankt war, oblag es in seiner Stellvertretung dem Assessor, angesichts des Rumors die nötigen Vorkehrungen zu treffen. Das tat er gründlich und forderte militärische Hilfe aus Wunstorf an. Sie nahm in Kompaniestärke auf Abruf Station in Rehburg. Für die Sicherheit auf dem Loccumer Frühjahrsmarkt bildete er eine Ordnergruppe und stattete sie der Erkennbarkeit wegen mit weißen Armbinden aus. Darüber hinaus erließ er ein Verbot des Branntweinausschanks.

Es kann kaum davon ausgegangen werden, dass dies der anderen Seite verborgen blieb. Gegen 17 Uhr erschien sie in Gestalt der Bergleute und Steinhauer aus Münchehagen, die sich nun ihrerseits mit roten Armbinden ausgestattet hatten. Die Situation eskalierte zu einer Schlägerei. Sie richtete sich gegen „Weiß" und bezog auch die anwesenden uniformierten Polizisten ein.

Die Besucher und Besucherinnen des Frühjahrsmarkts ergriffen Partei und gerieten in Bewegung. So formierte sich nach dem ersten Sieg der „Roten" der Zug gegen das Kloster. Er traf auf das verschlossene und verrammelte Klostertor und einige Klosterbedienstete zu seiner Verteidigung. Nach einer halben Stunde jedoch war das Tor mit Hebebäumen aus den Angeln gehoben, der Widerstand erlahmte, und die Hindernisse waren beiseite geräumt. Die Menge fand sich im Inneren des Klosters wieder, schien über das weitere Vorgehen jedoch unschlüssig. Rentmeister Franke stellte sich ihr entgegen und versuchte, sie zu beruhigen, was ihm später von Beteiligten hoch angerechnet werden sollte. Aber die akute Situation war nicht danach. Der erste Stein flog in ein Fenster des Klostergebäudes und löste weitere Würfe und die Erstürmung aus.

Allzu planvoll ging es dabei nicht zu. Ein wirkliches Ziel lässt sich nicht erkennen. Was weiter geschah, kann nur als Wutausbruch angesehen werden. Alle Fenster wurden eingeworfen und die Fensterkreuze im Erdgeschoss zertrümmert. Nach dem Eindringen suchte die Menge das Zimmer des Assessors, auf den sich die Wut zuallererst richtete. Sie fand weder das Zimmer noch ihn selbst. Einen Tag später schrieb er in seinem Bericht, allein die *„niedrigste Klasse und die Vermögenslosen"* hätten sich aktiv gezeigt. Auch *„Preußen"* und *„Bückeburger"* werden darunter gerechnet. Die ebenfalls anwesenden Loccumer seien jedoch wenig geneigt gewesen, energisch einzuschreiten. Er vermutet, sie hätten eigenen Schaden gefürchtet und im Übrigen dem Geschehen aus Missgunst dem Kloster gegenüber zugesehen.

Die Menge geriet in das Amtszimmer des Priors. Öfen und Mobiliar landeten im Freien, auch die Einrichtungen der Gerichtsstube und der Stube des Schreibers, Teile der Küchenausstattung und aus den Räumen der Bediensteten. Alles verbrannte im Klosterhof einschließlich der Papiere und Akten des Priors. Er bezifferte seinen Verlust später auf 640 Taler. Die Registratur wurde *„übersehen"*. Dem Speisemeister des Klosters gelang es gerade noch, das unter der Treppe gelegte Feuer zu löschen, ungehindert von den Umstehenden. Sie verlangten nach dem kranken Klostersyndikus. Ihm wollten sie ein „Vivat" ausbringen. Dazu kam es dank des umsichtigen Rentmeisters Franke nicht. Er verwies auf den schlechten Zustand des Patienten und versprach, ihm die gute Absicht auszurichten.

Mittlerweile trafen die Soldaten aus Rehburg ein, taten nun ihren Dienst und zerstreuten die Menge. Prior, Konventuale und Hospites kehrten ins Kloster zurück. Der über die Vorgänge informierte Abt machte sich am nächsten Tag auf den Weg nach Loccum, zog es dann aber vor, in Bad Rehburg zu logieren und die weitere Entwicklung abzuwarten.

Nach dem Eintreffen der Soldaten schien sich die Situation beruhigt zu haben. Aber ganz stimmte das nicht. In der Nacht zum 22. März zündeten unbekannt gebliebene Brandstifter das Haus des Loccumer Ortsvorstehers an. Im Kloster fürchtete man darüber hinaus einen Einfall der „Preussen" vom Schlüsselburger Markttag, der gerade stattfand. Die bereits präsenten Truppen wurden durch ein Garde-Jäger-Bataillon mit weiteren 100 Soldaten und zwei Kanonen verstärkt. Der kommandierende Major, der Klostersyndikus und der Gerichtsassessor ließen bekannt geben, dass die Soldaten Befehl hätten, auf alle diejenigen scharf zu feuern, die Gewalttaten verübten oder mit Waffen angetroffen würden.

Die eine und die andere Wahrheit

Man kann diese Vorgänge als puren Vandalismus einiger Hitzköpfe und als notwendige Aufrechterhaltung von Recht und Ordnung durch die Staatsgewalt werten, in die auch das Kloster eingebunden war. Das ist die eine Wahrheit. Die andere ist nicht ganz so vordergründig und darum auch schwerer zu fassen. Sie hat mit den Unterströmungen der Zeit zu tun und damit, ob und wie diese angesichts der bestehenden Herrschaftsverhältnisse und angesichts der Mentalitäten, auf die sie sich stützen konnten, sich überhaupt zu artikulieren vermochten. Das Herkömmliche sah sich einem Neuen gegenüber, dessen alltägliche Praxis weder als eingeübt noch als akzeptiert gelten konnte. Entsprechend unkontrolliert und – wo der Anlass das begünstigte – auch gewalthaltig erwiesen sich die Handlungsformen, die das Neue herbeiführen oder verhindern wollten. Das 19. Jahrhundert mit seinen sozialen, bürgerlichen und nationalen Revolutionen und Konterrevolutionen, seinem Säkularisierungsdrang und seinen zugleich restaurativen Bestrebungen ist dafür ein besonders aussagekräftiges Beispiel.

Diesen Hintergrund mit seinen Unterströmungen auch für die Loccumer Ereignisse in Anspruch nehmen zu wollen, kann nur mit Vorsicht geschehen und unter Berücksichtigung der lokalen Befindlichkeiten. Aber ganz von der Hand zu weisen ist das nicht. Die Verantwortlichen für das Kloster sahen sich in dieser Zeit gleichsam in der Zangenbewegung zweier einander verstärkender Entwicklungen. Beide berührten den Einfluss und die Unabhängigkeit des „freien Reichsstifts" und stellten seine Position in Frage.

Erst auf dem Wiener Kongress entstand 1814 das Königreich Hannover. 1833 gab es sich eine vergleichsweise liberale Verfassung, die die Basis für die Ablösung der Grundherrschaft bildete. 1837 wurde sie schon wieder durch Ernst August aufgehoben, der zur absolutistischen Staatsform zurückkehren wollte. In solchem Hin und Her geriet nicht zuletzt der Status des Klosters Loccum auf den Prüfstand. Insbesondere drohte die Übernahme in die staatliche Klosterkammer, die die säkularisierten Klöster verwaltete. Sie konnte abgewendet werden, nicht aber die fortlaufende Diskussion über den Entzug der Gerichtsbarkeit. Ebenso ging es um die Polizeigewalt, die Schulaufsicht, das Verhältnis zu den umliegenden Gebietskörperschaften und zur staatlich beaufsichtigten Landeskirche. Das Kloster sah sich der schleichenden Unterhöhlung der verbliebenen Eigenständigkeit von außen konfrontiert. Dafür, den Verlust an politischem Freiraum zu verhindern oder einzudämmen, war der Abt in Hannover zuständig.

Die andere Gefahr kam von innen und baute sich durch den Ablösungsprozess der abhängigen Bauern und das sich verstärkende Bemühen um Selbstverwaltung in den „politischen" und ebenso den „kirchlichen" Gemeinden auf. Die liberalere Gesetzgebung seit 1833 weckte zunächst manche Hoffnung und kräftiges Selbstbewusstsein bei denen, die ihre Sache nun in die eigenen Hände nehmen wollten. Solches Selbstbewusstsein drückte sich auch in Forderungen gegenüber dem Kloster aus. Die der liberalen Periode folgende absolutistische Restauration brachte herbe Enttäuschungen, weil sie es ermöglichte, den Veränderungsprozess hinauszuzögern und wenig Entgegenkommen zu zeigen. Der Hebel der noch immer existierenden Gerichtsbarkeit und Polizeigewalt konnte auch im Stiftsbezirk Loccum dazu genutzt werden, das herkömmliche Gefälle der Macht zu bekräftigen und erneut herauszustellen. Dies wurde zur Sache des

Priors und der Verantwortlichen vor Ort. Es kann kaum verwundern, dass eine solche Praxis der härteren Gangart zum zentralen Angriffspunkt der Ereignisse vom 20. März wurde und der Gerichtsassessor als ihr unmittelbares und von ihrer „Notwendigkeit" überzeugtes Ausführungsorgan zur Zielscheibe der nervösen Erregung.

Die Folgen und die Folgerungen

Doch stürmten eben nicht die Bauern das Kloster, sondern die Bergwerksarbeiter und Steinhauer. So mag man einwenden. Der Aufruhr ging von den Arbeitern aus, der „niedrigsten Klasse und den Vermögenslosen", wie der Assessor es beschrieb. Sie trugen Armbinden in Rot, in der Farbe, die seit 1834 nach dem Aufstand in Lyon zum Erkennungszeichen der gerade europaweit entstehenden Arbeiterbewegung geworden war. Ausgelöst wurden alle bürgerlichen Revolutionen des 19. Jahrhunderts vom massenhaften Protest derer, die am wenigsten und nicht genug zu essen hatten. Erst in der Aufarbeitungsphase stellte sich jeweils heraus, welches die wirklich politisch gestaltenden Gruppierungen waren, die sich nun neu miteinander arrangierten. Das geschah auch in Loccum und Umgebung.

Schon am 22. März trafen sich die Bewohner zu einer Gemeindeversammlung, um die Beschwerden gegen das Kloster aufzulisten. Trotz der Anwesenheit des Gerichtsassessors verlief sie in geordneten Bahnen. Während der folgenden Tage reichten die Gemeinden ihre Petitionen ein. Sie enthielten im Wesentlichen lange bekannte Forderungen besonders der Bauern. Von den Bergwerksarbeitern und Steinhauern lagen keine Petitionen vor. Am 28. März verhaftete die Polizei mit Beginn der Untersuchung zur Bestrafung der Schuldigen 16 von ihnen als Rädelsführer.

Zwei der Petitionen, die Loccumer und die Münchehagener, sehen sich nicht nur vom Schriftbild her sehr ähnlich, sondern weisen neben ortsspezifischen „Bitten" im Einzelnen auch längere wortgleiche Passagen auf. Am Ende der 84 Namen, die unter dem Loccumer Schriftstück stehen, findet sich der des ehemaligen Gerichtsschreibers Dr. Messerschmidt. Er versah ihn mit dem Zusatz „im Auftrag der Gemeinde" und kann daher als der Verfasser gelten. In Münchehagen unterschrieben 109 Bürger. Auch Wiedensahl und Winzlar (110 und 38 Unterschriften) schlossen

Klostermauer

sich mit weniger umfangreichen Petitionen an. Darüber hinaus kamen Beschwerdeschreiben aus Calenfeld, Ilvese, Heimsen und Döhren, wo das Kloster verpachtete Ländereien und Höfe besaß. Deutlich wird in diesen Petitionen, dass sie nicht nur auf der Höhe der Zeit waren, sondern ebenso eine lange Ortsgeschichte mit sich trugen.

Drei Argumentationslinien lassen sich in den eher ungeordneten Forderungskatalogen erkennen. Die erste bezieht sich auf das Recht der Selbstbestimmung der Gemeinden und größere Freiheiten für ihre Selbstverwaltung. Selbstverwaltung sei in den letzten Jahren von der Regel zur Ausnahme geworden. Die Petitionen nennen die freie Wahl und Unabhängigkeit der Gemeindebeamten, die Verfügung über einen eigenen Haushalt und seine Bewirtschaftung, das Abstellen von Schikanen bei der Planung *„freiheitsfördernder"* Volksfeste und das Einstellen der Bevormundung durch das Kloster beim Umgang mit dem Gemeindevermögen, z. B. beim Verkauf oder Tausch von Grundstücken. Die Selbständigkeit und Mündigkeit der Gemeinden müsse endlich „Wahrheit" werden, heißt es.

Die zweite Linie nimmt die Klagen über die klösterliche Gerichtsbarkeit und die Behandlung durch die Polizei auf. Unangemessene Polizeigewalt habe sich in jüngster Zeit verdoppelt und die Maßregelungen riefen Bitterkeit und Heuchelei hervor. Der Gerichtsbezirk Loccum erhebe die höchsten Gebühren und Strafzahlungen im ganzen Königreich, was besonders die ohnehin schon Armen bedrücke und einer unparteiischen Prüfung unterzogen werden müsse. Bei Hochzeitsfeiern seien Gäste verhaftet und mit Geldstrafen belegt worden, weil sie Geschenke mitbrachten, die als unerlaubte Mitfinanzierung der Feier eingestuft würden. Unterstrichen wird als *„Hauptgrund der Aufregung und Unzufriedenheit"* die *„versteifte und unerbittliche Behandlung"* durch das Gericht. Das richtete sich vor allem auf den Gerichtsassessor, während der kranke Syndikus Meister mit *„innigster Verehrung und Liebe"* erwähnt und sein Regiment als *„Gegensatz zu den jetzigen Zuständen"* hervorgehoben wird.

Die dritte Argumentationslinie listet eine Fülle von Forderungen an das Kloster in seiner Eigenschaft als Grundherr auf. Sie kann als Aufarbeitung der bei der Ablösung offen gebliebenen Fragen aus der Perspektive der Gemeinden angesehen werden. Dazu gehören ein Zinserlass bei den vom Kloster und den Gemeinden gemeinsam bewirtschafteten Waldstücken und der Schadensersatz für Wildschäden. Denn das Wild müsse als Eigentum des Stiftes angesehen werden. Diese *„hundertfältig"* wiederholte Bitte rufe wegen ihrer Nichterfüllung angesichts der zerstörten Felder immer wieder verbissene Empörung hervor. Wenigstens müsse die Erlaubnis zum Abschießen des Wildes erteilt werden. Obwohl das Kloster weiterhin auf seinem Recht der Stoppelhude (der Beweidung der dörflichen Felder nach der Ernte mit Klostervieh) bestehe, werde den Haltern von Schafen im Dorf dafür eine Steuer auferlegt. Das Festhalten am Bezug billigen Holzes aus dem Klosterwald wird angemahnt und die Beteiligung der Gemeinde an den Grundsteuern für die abgelösten Ländereien gefordert wie andersherum auch eine Mitbeteiligung des Klosters an der Unterhaltung der Gemeindewege, die von ihm ja mit benutzt würden. Die Verschmutzung des Ortes durch die wohl stark vermehrten Schwärme der Klostertauben bleibt nicht unerwähnt.

Besonders die immer wieder verschobene Verbesserung der Schulverhältnisse und die Verzögerung des Umbaus der Kirche, deren Innenraum als verwahrlost dargestellt wird, sind Gegenstand der Beschwerden. Abgelehnt wird mit Hinweis auf einen Beschluss der Gemeindeversammlung vom 22. März aber auch die Aufnahme eines *„jüdischen Handelsmannes"* aus Rehburg in Loccum, die *„obrigkeitlich durchgesetzt"* werden solle und vom Gerichtsassessor vorangetrieben werde. Die über die Köpfe der Gemeinde hinweg angeordnete Abhaltung von Jahrmärkten habe sich zudem als schädlich erwiesen. Von der Gemeinde Winzlar findet sich unter anderen Bitten auch die nach der Beibehaltung der jährlichen kostenlosen Lieferung einer Achtel Tonne Bier durch das Kloster zu Silvester.

Alle Petitionen klingen im Ton versöhnlich und sprechen sich für die Ablehnung jeglicher Gewalt aus. Bürgermeister Oetker aus Wiedensahl schreibt begleitend, die Anträge stützten sich auf die Hoffnung, dass das *„hochwürdige freie Stift"* und das *„verehrliche Gericht* *zu Loccum*" es nicht an dem fehlen lasse, was Könige und Fürsten ihren Untertanen ansonsten schon längst gewährten.

Die gründliche Prüfung der Eingaben wurde zugesagt. Sekretär Bodeker als Abgesandter der Konsistorialbehörde, die die staatliche Kirchenaufsicht wahrnahm und auch die über das Kloster, verbrachte dazu zwei Wochen in Loccum. Das hinderte Gerichtsassessor Neuss nicht daran, seinerseits tätig zu werden. Bis zum 1. April bewog er 98 Münchehagener, 77 Wiedensahler und 58 Loccumer zur Rücknahme ihrer Unterschriften. Die durchgängige Begründung hieß, sie hätten den vollständigen Inhalt der Petitionen nicht gekannt. In seinem am 28. März verfassten Bericht bezichtigt er den ehemaligen Gerichtsschreiber Messerschmidt, allein persönliche Interessen zu verfolgen, was ihn plötzlich von einem Ultrakonservativen zu einem Radikalen habe werden lassen. Es sei ihm vor allem aber um seine Wiedereinstellung beim Gericht gegangen.

Der Assessor deutete die Zeichen der Zeit und seine Rolle allerdings so falsch, dass er zwischen Gemeinde und Kloster in die Isolation geriet. Um von den Vorwürfen gegen ihn und seinen Zuständigkeitsbereich für Gericht und Polizei abzulenken, schlug er in alle Richtungen um sich. Im Bericht an das Ministerium bezeichnete er das im Kloster eingerichtete Predigerseminar als *„unzweckmäßig"*, die Kloster- und Stiftsverwaltung als *„mangelhaft"* und den Stiftsprediger als jemanden, der sich zu wenig um seine Gemeinde kümmere. Das Ministerium verlangte nach Fakten, da es bisher eher von gegenteiligen Beurteilungen ausgegangen sei.

Der Abt seinerseits kam allen Weiterungen zuvor, indem er den Assessor Ende April 1848 ablöste. Seitens des Ministeriums wurde dem Kloster mitgeteilt, ihm werde zugestanden, an seinen Rechten festzuhalten. Dies verband sich jedoch mit der Empfehlung, den Wünschen der *„Landleute"* weitgehend entgegen zu kommen. Ausdrücklich galt dies auch für den Wunsch der Winzlarer nach ihrer Achtel Tonne Bier zu Silvester. 1852 ging nach manchen Verhandlungen und nicht ohne Bezug zum Aufruhr, der nun vier Jahre zurück lag, die Zuständigkeit für Gericht und Polizei an Rehburg über.

„Alles bewilligt!" hieß der Jubelruf der Protestler in vielen deutschen Städten nach den Ereignissen des März 1848. Dass das keineswegs so war, stellte sich bald heraus. Es dauerte noch lange Zeit bis kommunale Selbstverwaltung und politische Mitwirkung wirklich „Wahrheit" wurden. „Der revolutionäre Stoß, an sich schwach", schrieb der Historiker Golo Mann, „ging ins Leere, weil die alten Mächte ihm auswichen und Versöhnung spielten. Aber sie selbst wussten das nicht, es war Sache des Instinkts, nicht des Planes, und zwar von beiden Seiten: ‚Revolution' liegt den Deutschen nicht, ihr Sinn für Legalität, für Rechtskontinuität war ein sehr stark ausgeprägter damals wie später". Das galt und gilt auch für die Bewohner des Loccumer Stiftsbezirks und ihr Kloster.

Das Zitat von Golo Mann findet sich in: Propyläen Weltgeschichte. Das Neunzehnte Jahrhundert, Band 8. – Berlin/Frankfurt a.M. 1986, S. 491.

Literatur

Akten des Klosterarchivs: Stift Loccum Acta: Loccum, Münchehagen, Wiedensahl, Winzlar, Calenfeld, Heimsen, Döhren und Ilvese 1848, XXXIX A = 13

Droste, Konrad: Loccum. Ein Dorf. Das Kloster. Der Wald. Beiträge zu einer bemerkenswerten Geschichte. – Rehburg-Loccum 1999

Schultzen, Friedrich: Geschichte des Klosters, in: ders.: Zum Jubiläum des Klosters Loccum. – Hannover 1913.

Hans Otte

Der Loccumer Hof – Ein Stück Klostergeschichte in der Stadt Hannover

Institutionen können Jahrhunderte nur überdauern, wenn sie sich immer wieder verändern und erneuern, manches auch aufgeben, weil es nicht mehr verstanden wird oder die weitere Entwicklung behindert. Gelegentlich bleiben Überreste erhalten; auf ihre Weise dokumentieren sie dann die Geschichte der Institution und zeigen deren Anpassungsfähigkeit angesichts veränderter Zeiten. Ein Beispiel für die Veränderungsbereitschaft des Klosters ist in Hannover der Loccumer Hof: Aus wirtschaftlichen Gründen eingerichtet, wandelte er sich zu einem repräsentativen Bau. Doch als er funktionslos geworden und wirtschaftlich nicht mehr zu halten war, wurden das Grundstück und die Überreste verkauft.

Rund hundert Jahre nach seiner Gründung hatte das Kloster Loccum begonnen, in benachbarten Städten sog. Stadthöfe zu erwerben. Es folgte dabei dem Vorbild anderer Klöster, die keinen direkten Zugang zu großen Märkten hatten. Ein „Hof" mit Scheunen, Räumen für die Mönche und Kapelle wurde eingerichtet, um von dort aus den Verkauf von Getreide und anderen Wirtschaftsgütern zu organisieren. In seiner Chronik notierte Abt Stracke für 1224: *„hatt dass Closter Locken einen Hoff zu Hannover gekaufft by Sünte Egidien belegen, für etzliche Gulden"*. Knapp hundert Jahre später wurde der ganze Komplex erweitert. Um vom hannoverschen Rat dafür die Genehmigung zu erhalten, verpflichtete sich das Kloster 1320, einen Teil der Stadtmauer – von seinem Grundstück bis zum Ägidientor – zu befestigen, direkt hinter der Mauer baute es ein steinernes Haus mit einer Länge von 60 Fuß [= 17,5 m]. Ursprünglich wohl eine Scheune, blieb dies Gebäude bis zur Zerstörung 1943 stehen.

Im Spätmittelalter erhielt der Abt auf dem Loccumer Hof ein eigenes Gebäude mit Kapelle, die zunehmende Trennung des Abts vom Konvent wurde in Hannover nachvollzogen. Später haben die großen Bauherren unter den Loccumer Äbten auch hier fleißig bauen lassen: Abt Barnewolt errichtete 1589 *„ein fyn losament* [Wohnung] *mit 2 Dönsche"*, [Räume mit Heizung], Abt Molan 1704 einen neuen Querflügel, 1734 Abt Ebell einen Gartensaal mit Terrasse zum neuen Georgsplatz hin. Kurz zuvor waren die Stadtmauern und die Wallanlagen zum Abbruch freigegeben worden, da sie militärisch sinnlos geworden waren. Nun konnte der Loccumer Hof großzügig umgebaut werden, denn der Loccumer Abt wünschte, als Präsident der Calenberg-Grubenhagenschen Landschaft in der Landeshauptstadt ein repräsentatives Gebäude zu bewohnen.

Der veränderte Charakter des Loccumer Hofs wurde augenfällig, als der damalige hannoversche „Stararchitekt" Georg Ludwig Laves 1832 den ganzen Gebäudekomplex neu ordnete: An der Vorderseite, zur Osterstraße hin, entstand ein Innenhof mit Blumenrabatten und Auffahrt, mit Räumen für den Abt und seine Familie, Wohnungen für den Kornschreiber und die Bedienten sowie mit einem Stall für 24 Pferde. Das war nötig, da der Loccumer Abt bis 1848 bei offiziellen Akten stets vierspännig fuhr, um seinen Rang als „Standesherr" sichtbar zu machen. Allmählich verlor der Hof in Hannover seinen ursprünglichen Charakter als Wirtschaftshof, denn mit dem Bau der Eisenbahnen konnte das Getreide über Rehburg direkt zum Käufer transportiert werden.

Das blieb so, als 1928 Landesbischof Marahrens zum Abt von Loccum gewählt wurde. Vor der Wahl war der Konvent des Klosters noch bereit gewesen, den Loccumer Hof an die benachbarte Reichsbank zu verkaufen, weil größere Reparaturen vor dem Einzug des neuen Abts unabdingbar waren. Dagegen hatte die Stadt Widerspruch eingelegt, die schöne Anlage sollte erhalten bleiben. Der Loccumer Hof wurde zum Sitz

Loccumer Hof um 1900

des Landesbischofs. Die Scheunen waren funktionslos geworden: Eine diente als Garage, als der Landesbischof 1935 ein Auto erhielt, und in der Kutscherwohnung wohnte der Chauffeur. So wurden schon vor dem Krieg Teile des Gebäudekomplexes nicht mehr gebraucht, aber dafür konnte man im großen Saal wunderbar Rollschuh fahren, wie die Kinder des Landesbischofs später berichteten.

Das Leben auf dem Loccumer Hof, von dem man durch den alten Wehrgang ganz schnell zum Aegidientorplatz und zur Straßenbahnhaltestelle laufen konnte, endete brutal in der Nacht vom 8./9. Oktober 1943. In Hannovers großer Bombennacht brannten die Gebäude bis auf die Grundmauern nieder. Die Bewohner des Loccumer Hofs verloren ihr ganzes Hab und Gut, in seinem ersten Rundschreiben an die Pastoren nach dem Angriff schrieb Bischof Marahrens, dass die hannoverschen Pastoren und ihre Familien, zu denen er sich selbst zählte, bewahrt blieben, nur den Verlust seiner Bibliothek erwähnte er. Der Loccumer Hof war unbewohnbar geworden: Der Bischof und seine Frau zogen nach Loccum, in Hannover erhielt er ein Zimmer in einem Haus des Henriettenstifts, um während der Woche seine Arbeit in Hannover zu erledigen.

Der Aufbauwille nach dem Zweiten Weltkrieg war an der Rekonstruktion alter Gebäude wenig interessiert. So ging das Kloster auf das Angebot der Niedersächsischen Landesbank ein, ihr das große Trümmergrundstück zu verkaufen. Die Niedersächsische Landesbank wollte das alte Reichsbankgebäude am Aegidientorplatz, das massiv gebaut war und die Brandnacht überstanden hatte, erweitern; dafür brauchte sie das Gelände des Loccumer Hofs. 1960 wurde der ganze Komplex endgültig verkauft, die Trümmer wurden abgeräumt. Als Bischofssitz kaufte die Landeskirche ein Haus in Hannovers Südstadt, ein „Loccumer Hof" wurde nicht mehr benötigt. Als Hanns Lilje als Landesbischof 1971 in den Ruhestand trat, musste er die Wohnung in der Bischofskanzlei aufgeben. Da er aber in Hannover wohnen bleiben wollte, kaufte das Kloster vom Geld, das es seinerzeit für den Loccumer Hof erhalten hatte, für den Abt ein Haus im hannoverschen Stadtteil Waldhausen. Das Haus, wenn man so will eine kleine Abtsresidenz, bewohnte Abt Johannes Lilje bis zu seinem Tode, heute ist es vermietet.

So ist der Loccumer Hof heute verschwunden, ein Hotel in der Stadtmitte trägt den Namen weiter. Doch ein kleines Stück der Stadtmauer, die vom Kloster seinerzeit zu unterhalten war, hat den Brand überstanden: Neben dem sog. Altbau der NORD-LB ist ein Stück der früheren klösterlichen Mauer zu sehen. Heute wird sie Touristen als Erinnerung an die wehrhafte Stadt gezeigt. Dass sie für mehr als 700 Jahre vom Kloster unterhalten wurde, ist kaum noch jemandem bekannt; als Teil des Klosters wurde sie wie der ganze Loccumer Hof aufgegeben. Doch sie erinnert an ein wichtiges Stück Loccumer Klostergeschichte mitten in Hannover.

Wilhelm Nöh

„Die Orgel brennt!" – Ein Augenzeugenbericht vom 4. August 1947

Friedliche Sommernacht lag noch über Kloster und Dorf. Es war jener heiße, furchtbar trockene Sommer 1947, wie sich keiner von uns erinnerte, ihn je erlebt zu haben, in dem wenige Wochen nach den Ereignissen fast sämtliche Teiche des Klosterbezirks austrockneten.

Es war jener Sommer, in dem infolge der „doppelten Sommerzeit" die Menschen erst spät zur Ruhe fanden, da die Nacht nicht kommen wollte, und sie darum am andern Morgen verschlafen und müde an die Arbeit gingen. Denn es graute erst langsam der Tag. Nur wen Berufspflichten hinaustrieben, befand sich um diese Stunde schon auf den Beinen.

Ein Hospes brachte seinen Sonntagsbesuch zum Frühzug. Als er gegen halb sechs Uhr durch den Lesegang wieder das Kloster betrat, umfing ihn die Stille eines schlafenden Hauses. Kein verdächtiges Geräusch aus der angrenzenden Kirche war vernehmbar.

Um sechs Uhr läutete die Klosterglocke den Tag ein und ließ ihren Ruf zum Beginn der Arbeit erschallen. Ruhig lag die Kirche. Nichts ließ darauf schließen, dass Verderben hinter der Tür des Verschlages lauert, in dem das Glockenseil gezogen wird. Auf dem benachbarten Gutshof beginnt das Summen der Dreschmaschine.

Da! Nur wenige Minuten, nachdem es ausgeläutet hat, gellt ein Schrei über den Konventshof: „Feuer! Feuer!" Eine Frau, die zur Arbeit auf den Gutshof ging, glaubte zunächst, in der Kirche brenne Licht. Da es aber so unruhig flackerte, erkannte sie bald, dass hier etwas nicht stimmte. Geistesgegenwärtig stieß sie den Schreckensruf aus. Ich hörte den Ruf im Unterbewusstsein, wusste darum nicht, ob ich wachte oder träumte.

Doch nur Sekunden konnten vergangen sein, als ein braves Mädel vom Hauspersonal mit dem gleichen Ruf über die Korridore stürmte, an alle Türen hämmerte: „Feuer! Feuer! Die Kirche brennt!" Alsbald nach der ersten Alarmierung eilte es, Wassereimer aus den Stuben zu holen.

Auf stob da das Hospiz, wie ein Bienenschwarm. In notdürftigster Kleidung rannte alles durchs Haus, noch ohne feste Absicht, nur mit dem Ziel: die Kirche. Mit zwei Wassereimern wollte ich durch den „Tettardgang" zum Slaphus, noch ohne eine Ahnung, welche Ausmaße das Feuer hatte.

Doch gleich bei den ersten Fenstern machte ich halt und erstarrte schier bei dem grausigen Bild, das sich mir bot: Der Westteil der Kirche war von einer feurigen Lohe erfüllt. Hoch loderten die Flammen. In ihrem Prasseln barsten die Fensterscheiben und züngelten schon heraus, hinaufstrebend zum Dach.

Mein erster Gedanke waren die wertvollen Kunstschätze, die die Kirche barg, und mein Herz wollte sich verkrampfen bei dem Gedanken, dass sie sechs Jahre des furchtbarsten Krieges, Brandbomben und Artilleriebeschuss überstanden haben sollten, um nun in friedlichen Zeiten so elend verloren gehen zu müssen.

Auch fürchtete ich weiter, durch Funkenflug könnte das Konventsgebäude Feuer fangen. Und da es von meinem Blickpunkt zwecklos erschien, in die Kirche einzudringen, brachte ich die Wassereimer auf den Boden des Konventshauses, um sie für den Augenblick der Gefahr bereit zu haben.

Dann wieder hinab, um zu sehen, ob nicht doch an der Kirche noch etwas zu retten sei. In der Vorhalle waren schon tatkräftige Hände dabei, den „Laienaltarschrein" und „Abt Stracke" abzunehmen. Höchste Eile tat not. Denn herabfallende Funken wollten bereits ihr Zerstörungswerk beginnen.

Aber mit dem Schaumlöscher gelang die Rettung, und mit vereinten Kräften konnte man den Schrein auf dem Friedhof in Sicherheit bringen.

Inmitten der zupackenden Männer aus Hospiz und Dorf, die die zur ungewohnten Zeit neu angeschlagene Glocke herbeigerufen hatte, stand hoch aufgerichtet unser Abt, hell bestrahlt von der feurigen Lohe, die aus den Fenstern der Vorhallenrückwand herausschlugen. Seine große Sorge galt den eifrigen Helfern, sie könnten durch Funken, herabfallende Glasscherben oder Gestein Schaden nehmen. Dankbaren Blickes verfolgte er das Rettungswerk, hier und da einen Rat erteilend.

An der Orgel war nichts zu retten; sie war ein loderndes Meer, und Löschversuche mit unseren primitiven Mitteln wären sinn- und zwecklos gewesen. Die einzige Möglichkeit zuzufassen, bestand darin, brennbare Gegenstände innerhalb des Kirchenschiffs aus dem Gefahrenbereich zu bringen.

Denn da die Glut von der Empore aus nur nach oben strebte, war noch kein weiterer Schaden angerichtet.

Darum wurden nur die Bänke der Kirche losgerissen und in die Seitenschiffe gerückt, die Läufer aufgenommen, damit von der Empore herab stürzende brennende Holzteile sie nicht entzünden könnten.

Auch der Hochaltar wurde mit unsäglichen Mühen geräumt, so dass nichts Brennbares blieb. Und das war gut, denn selbst die vordersten Bänke waren heiß von den Ausstrahlungen des Feuers, so dass sich die Altarbekleidung leicht hätte entzünden können.

Unterdessen polterten mit gewaltigem Getöse die ersten Stücke vom Putz und Gestein aus dem Gewölbe herab ins Schiff, immer Gefahr androhend dem, der sich unter dem ersten und zweiten Bogen zu schaffen machte.

Inzwischen – nach der Uhr gemessen sehr bald, aber bei der verzehrenden Glut der Elemente viel zu langsam – waren auch die Feuerwehren von Loccum und Leese herbeigeeilt, und aus mehreren Leitungen ergossen sich nun Wasserstrahlen, hell aufzischend und verdampfend, in das Flammengewoge.

Nun dachten wir, sei unsere Arbeit getan, den Rest könnten wir den erfahrenen Wehren überlassen. So ruhten wir und ließen unsere Blicke über das Feld der Verwüstung und weiter durch die ganze Kirche schweifen.

Als wir so auch zum Gewölbe hinauf blickten, erkannte einer eine neue Gefahr. Die dort oben befindlichen Luftschächte waren offen, und die heiße Luft musste durch sie hinauf ins Gebälk des Daches ausströmen und dieses, durch ein Jahrhundert vollständig ausgetrocknet, in unmittelbare Gefahr bringen. Darum eilten wir zu mehreren mit vollen Eimern und Schaumlöschern die enge Wendeltreppe hinauf.

Vollkommen erschöpft von dem eiligen Lauf, turnten wir in der von Rauch erfüllten Luft über die hoch und frei aufgehängten Balken und Träger hin in die äußerste gefährdete Ecke des Dachbodens. Und als wäre jene Erkenntnis vom Himmel geschenkt – kaum eine Viertelstunde verging, bis sich an der Südseite der Kirche im äußersten spitzen Winkel des Daches, dort, wo von Anfang an die Flammen aus den geborstenen Fenstern am Dach emporgezüngelt waren, ein Glimmen und alsbald auch ein Aufflackern zeigte.

Der erste Schaumlöscher versagte. Es stockte der Atem! Der andere her! Was tun, wenn auch dieser versagte? Denn die Wassereimer über die hohen Balken herbeizuschaffen, war schier aussichtslos. Doch – Gott sei Dank! – ein Strahl schießt heraus und erstickt das heimtückische Flackern.

Nun ist es wieder dunkel! Es war der entscheidende Augenblick gewesen! Denn nun machte sich allmählich schon die Wirkung der Feuerwehr bemerkbar. Die Flammen sanken immer mehr in sich zusammen, die Rauchentwicklung ließ nach.

Nur die ungeheure Hitze aus dem Gewölbe und die offenen Flammen, die von außen nach dem Dachsims griffen, hatten allmählich zur Entzündung der ausgedörrten Balken geführt. Wäre diese Gefahr nicht erkannt worden, hätte das Kirchendach erst gebrannt, so wären die Folgen bei dem geringen Wasservorrat infolge der Trockenheit für das ganze Kloster unabsehbar gewesen.

Nun war die Gefahr endgültig beseitigt. Das Feuer fand keine Nahrung mehr und konnte darum in seinen Resten erstickt werden.

Die im ersten Augenblick auf dem Friedhof geborgenen Kunst- und Wertgegenstände wurden wieder in die Kirche zurückgebracht. Erschöpft, aber mit Dank gegen Gott im Herzen, suchten wir unsere Stuben auf, noch längere Zeit zu gesammelter Arbeit unfähig.

Dieser Tag ist aber undenkbar ohne den Ausklang am Abend in der Hora.

In allen schwang das Geschehen des Tages und bewegte die Gemüter. Ein jeder hatte die Gefahren erkannt, die nicht nur dem Gotteshause, sondern dem ganzen Kloster, nicht nur den Gebäuden, sondern auch den in ihnen wohnenden Menschen gedroht hatten, vor allem aber denen, die an den Löscharbeiten beteiligt gewesen waren. Ein sicht- und fühlbarer Schutz hatte über ihnen gewaltet und eine tiefe Bewegung mich erfasst, als ich die Losung des 4. August 1947 gelesen hatte: Psalm 121,5 *„Der Herr behütet dich; der Herr ist dein Schatten über deiner rechten Hand."*

War es nicht dies, was wir am eigenen Leibe hatten verspüren dürfen? Kein Mensch war verletzt, weder durch Feuer noch durch herabfallendes Gestein; an Gebäuden war nichts zerstört…

Alles, was uns bewegte, brachten wir zum Ausdruck in den Worten des Tedeums: *„Herr Gott, dich loben wir – Herr Gott, wir danken dir."* Wohl selten hat der Chor des Hospizes zusammen mit seinem hochwürdigen Herrn Abt eine so dankbare Gemeinde gebildet, selten ein Choral in der Klosterkirche so feierlich getönt, wie an diesem Abend…

Als wir dann von Gottes Segen geleitet wieder vom Hohen Chor herabtraten und noch einen Blick hinwarfen zu der Stelle, an der gestern noch unsere Orgel gestanden, da war's, als sende Gott uns einen besonderen Trost: Durch die zerstörten Fenster und die Rosette in der Vorhallenrückwand fiel zum ersten Mal wieder der helle Schein der Abendsonne, die durch das große, wundervolle Westfenster schien. Wie herrlich muss die Lichtwirkung erst sein, wenn die Wand, die sie 100 Jahre gehindert hat, wieder weggenommen wird!

Ja, es ist wahr: Unser Gott versteht herrlich zu trösten.

Barbara Kruhöffer

Der Teppich der Prinzessin von Ahlden

Der kunstvoll gestickte Teppich, der im Kreuzgang hängt, wurde von Sophie Dorothea – besser bekannt als „Prinzessin von Ahlden" – gestickt und dem Kloster 1695 gestiftet. Er erzählt von Liebe, Verrat, Mord und Verbannung – ohne Happy End!

Beginnen muss man aber die Geschichte mit dem Vater der Prinzessin, mit Georg Wilhelm, dem Herzog von Braunschweig-Lüneburg-Celle (1624-1705). Im Alter von 30 Jahren ging er auf Brautschau und fand in Sophie von der Pfalz eine gute Partie. Sie feierten Verlobung, und der Ehevertrag für die Heirat wurde unterzeichnet.

Wieder zu Hause in Celle verging Georg Wilhelm aber offenbar zunehmend die Lust zum Heiraten. Nun hätte es sicherlich politische und diplomatische Probleme gegeben, hätte er seine Braut einfach versetzt. Schließlich war ihr Vater Kurfürst und die Mutter eine Tochter des englischen Königs!

Also überredete Georg Wilhelm seinen jüngeren Bruder Ernst August von Hannover (1629-1698), die Braut zu übernehmen! Er versprach ihm dafür ehelos zu bleiben und garantierte ihm den Erbanspruch auf sein Herzogtum. Ernst August war einverstanden, kam er doch mit dem Gebietszugewinn seinem Ziel Kurfürst zu werden näher. Sophie soll angeblich auch keine Einwände gehabt haben und so fand 1658 eine prächtige Hochzeit in Hannover statt. Damit könnte die Geschichte zu Ende sein, aber dann gäbe es den Teppich nicht!

Es kam also anders: Georg Wilhelm verliebte sich einige Zeit später in Eleonore d'Olbreuse, die Tochter eines französischen Landadligen. Er holte sie in sein Schloss nach Celle und 1666 wurde die Tochter Sophie Dorothea geboren! Die Verwandtschaft in Hannover war entsetzt. Erstens war Eleonore d'Olbreuse nur von niederem Adel, also in keiner Weise standesgemäß und vor allem sah Ernst August durch die Geburt der Nichte seine Erbansprüche auf das Herzogtum des Bruders dahin schwinden – vor allem als Georg Wilhelm Eleonore später offiziell heiratete. Diese offizielle Vermählung fand 1676 statt und Ernst August nahm an den Feierlichkeiten demonstrativ nicht teil! Das Verhältnis zwischen den Brüdern war also sehr unterkühlt und die neue Schwägerin wurde von den Hannoveranern ignoriert.

Aber auch für diese Schwierigkeit wurde nach einigen Jahren eine Lösung gefunden:

Georg Wilhelm und Ernst August beschlossen nämlich, ihre Kinder miteinander zu verheiraten. Georg Ludwig, der älteste Sohn von Ernst August war 22 Jahre alt und Sophie Dorothea 16 Jahre, als die Hochzeit der beiden 1682 beschlossen und durchgeführt wurde. Arrangierte Heiraten aus politischen Gründen, auch – wie hier – von Cousin und Cousine, sind in der damaligen Zeit keine Seltenheit.

Tragisch in diesem Fall ist jedoch, dass Sophie Dorothea in Hannover nie heimisch wurde. In Celle hatte sie eine unbeschwerte Jugend unter liebevoller Zuwendung ihrer Eltern verlebt; vor allem zu ihrer Mutter bestand ein besonders enges Verhältnis. Am Hannoverschen Hof litt sie unter der ablehnenden und herablassenden Haltung ihrer Schwiegermutter; vielleicht hatte diese Georg Wilhelm doch nicht verziehen, dass er sie damals versetzt hatte. Der junge Ehemann, Georg Ludwig entfremdete sich ihr nach der Geburt der Kinder zunehmend. Er hatte die Beziehung zu seiner langjährigen Mätresse, der Gräfin von der Schulenburg, auch nach der Hochzeit nicht abgebrochen und bevorzugte sie ganz öffentlich.

Sophie Dorothea, eine junge Frau von knapp 30 Jahren, musste den Eindruck gewinnen, dass ihre Anwesenheit am Hof eigentlich als überflüssig angesehen wurde, nachdem durch die Heirat der Gebietszuwachs und durch die Geburt der Kinder die Erbfolge gesichert waren. (1683 war der Sohn Georg Ludwig, 1687 eine Tochter Sophie Dorothea geboren.) Die Tage gingen eintönig dahin mit Spaziergängen in den Herrenhäuser Gärten im Gefolge von Kurfürstin Sophie und, wie wir sehen werden, auch mit Handarbeiten.

So wundert es nicht, dass die Aufmerksamkeit, die ihr Philipp Christoph Graf von Königsmarck (1662-1694) entgegenbrachte, gern erwidert wurde. Sie kannten sich aus Celle, wo von Königsmarck Page gewesen war. Er wurde Offizier, stand erst in kaiserlichen Diensten, später bei August dem Starken in Dresden. Seit 1688 diente er bei Ernst August in Hannover und nahm erfolgreich an verschiedenen Feldzügen teil. Von anfänglich lockeren Begegnungen zwischen ihm und Sophie Dorothea kam es zu einem intensiven Briefwechsel – über 600 Briefe wanderten hin und her. Diese enge Beziehung blieb am Hof natürlich nicht verborgen, und es kam zu einem heftigen Streit mit ihrem Mann. Sophie Dorothea fuhr zu ihren Eltern nach Celle und bat ihren Vater, sich für eine Scheidung einzusetzen. Aber wieder waren es politische Gründe, die das Handeln bestimmten: Wegen kriegerischer Auseinandersetzungen mit Dänemark und Schweden brauchte Dorotheas Vater die Unterstützung seines Bruders Ernst August, und so schickte er seine Tochter zurück nach Hannover. Es ist leicht vorzustellen, dass die Situation dort für sie jetzt noch unerfreulicher, schwieriger, ja unerträglich war. Besonders die Mätresse von Ernst August, Gräfin von Platen, ließ die beiden bespitzeln. Sie hatte sich selbst in von Königsmarck verliebt, und seine Zurückweisung machte sie zu einer erbitterten Feindin.

Sophie Dorothea und von Königsmarck beschlossen heimlich zu fliehen, aber ihr Fluchtplan wurde aufgedeckt und verraten.

In der Nacht vor der geplanten Flucht am 1. Juli 1694 verschwand von Königsmarck spurlos. Alles deutet darauf hin, dass er in höchstem Auftrag ermordet wurde. Seine Leiche wurde nie gefunden, Dokumente, die Aufschluss geben könnten, gibt es nicht. Alle Historiker stimmen aber darin überein, dass der Hof das Problem auf diese Weise lösen wollte. Von mehreren Seiten wurden Nachforschungen angestellt, denn von Königsmarck war an vielen Höfen bekannt. Es ergingen kritische Fragen an den Hannoverschen Hof –

Sophie Dorothea Prinzessin von Ahlden

ohne Erfolg! Allerdings war die „Ehre" von Georg Ludwig damit noch nicht wieder hergestellt. Schwerwiegender als die Liebschaft wurde die geplante Flucht nach Wolfenbüttel angesehen. Mit dem dortigen Herzog Anton Ulrich lag man in heftigem Streit, auch ihr Vater hat ihr die geplante Flucht – ausgerechnet nach Wolfenbüttel – nie verziehen.

Es wurde nun die Scheidung vollzogen und Sophie Dorothea wurde als der allein schuldige Teil verurteilt: Aberkennung aller Titel und lebenslängliche Verbannung auf das Schlösschen Ahlden! Sie durfte es nur für kleine Ausflüge unter Bewachung verlassen, ihre

Post wurde kontrolliert und – was für sie das Schlimmste war: Sie durfte ihre Kinder nicht mehr wiedersehen. Lediglich ihrer Mutter waren Besuche gestattet.

Im Jahr 1694 begann ihr Zwangsaufenthalt in Ahlden, er sollte 32 Jahre lang dauern.

Damit sind wir nun endlich beim Teppich der Prinzessin angekommen, er trägt nämlich auf dem Band, das sich um das Wappen in der Mitte schlingt, die Jahreszahl 1695.

Der Teppich hat eine Größe von 89 x 385 cm, ursprünglich ist er aber größer gewesen. Er wurde (wann?) auf das Maß des Sockels vom Reliquienschrein in der Klosterkirche, an dessen Vorderseite er viele Jahre hing, ohne Rücksicht auf die Muster zurecht geschnitten! Seit der Restauration des Schreins hat er nun einen Platz im Kreuzgang bekommen und ist hinter Glas geschützt.

Die geometrischen Motive sind mit Wolle in beige, rot und grün und mit silbernen Brokatfäden gestickt. Leider sind diese bei einer unsachgemäßen Reinigung oxydiert und stark gedunkelt, so lässt sich die ursprüngliche Pracht nur noch erahnen. Dicht an dicht bedecken kleine Kreuzstiche das Leinen. Auf eine Fläche von 10 x 10 cm kommen ungefähr 1700 Kreuze! Es steckt also eine enorme Fleißarbeit der Prinzessin dahinter, selbst wenn einige Hofdamen bei seiner Fertigstellung geholfen haben sollten.

Im oberen Teil der Mitte hat Sophie Dorothea ihr kunstvoll gesticktes Wappen appliziert. Dieses ist sicher von einem professionellen Sticker gearbeitet worden. In zwölf Feldern sieht man mehrere Löwen, ein Ross, einen Hirsch, ein Geweih und einen Adler. Darum windet sich ein Spruchband, auf dem steht:

VON GOTTES GNADEN SOPHIE DOROTHEE GEBOHRNE HERTZOGINNE UNDT VERMÄHLETE CHURPRINSES ZU BRAUNSCHWEIG UNDT LUNEBURG ANNO 1695.

Diese Jahreszahl hat zu der Vermutung geführt, Sophie Dorothea habe den Teppich in der Verbannung gestickt. Das ist aber nicht möglich: eine Handarbeit dieser Größe ist nicht in so kurzer Zeit fertig zu stellen, noch dazu wenn langwierige Scheidungsverhandlungen und die schmerzliche Eingewöhnung in die neue Lebenssituation in diese Zeit fallen. Außerdem führt sie auf dem Wappen noch alle ihre Titel auf. Diese wurden ihr bei der Scheidung aber aberkannt, sie durfte sich jetzt nur noch „Prinzessin von Ahlden“ nennen.

Sie wird den Teppich also schon in Hannover gestickt haben, sicher angeregt von ihrer Schwiegermutter Sophie. Diese hatte dem Kloster bereits 1691 ein gesticktes Antependium gestiftet (98 x 622 cm groß, mit ihrem Wappen und einem reichen Vasendekor). Wahrscheinlich hat Sophie Dorothea den Teppich in Ahlden beendet, die kleine Jahreszahl eingefügt und ihn dann dem Kloster Loccum geschenkt. Ob sie sich eine Fürsprache durch den Abt erhofft hat? Wir wissen es nicht.

Sophie Dorothea hat mehrfach flehendliche Briefe an ihren Schwiegervater und an ihren Mann geschrieben, aber weder zur Beisetzung ihres Vaters noch zu der ihrer Mutter durfte sie nach Celle reisen. Und als ihre Tochter – inzwischen schon verheiratet und Königin von Preußen – zu Besuch in Hannover war, wurde ein Treffen untersagt.

Im Jahr 1714 wurde Sophie Dorotheas Exmann durch die Erbfolge seiner Mutter Sophie zum König von England gekrönt. Er nannte sich nun Georg I. und lebte meistens in England. Seiner Maitresse Melusine von der Schulenburg, die er mitgenommen hatte, verlieh er zum Ärger der Briten den Titel einer Herzogin von Kendal, er heiratete sie nicht, hatte aber drei Kinder mit ihr.

Als Sophie Dorothea am 13. November 1726 starb, wurde der Bleisarg zunächst im Keller des Schlosses deponiert, um auf Anweisungen aus England zu warten. Nach zwei Monaten kam der Bescheid, die Prinzessin solle direkt in Ahlden bestattet werden. Es hatte aber wochenlang so stark geregnet, dass in dem auf-

Wappen Sophie Dorotheas

geweichten Boden kein Grab ausgehoben werden konnte. Das Grundstück liegt direkt an den Überflutungswiesen der Aller und die Grube lief immer sofort voll Wasser. Also wurde der Sarg wieder in den Schlosskeller gebracht! Im Mai 1727, ein halbes Jahr nach dem Tod von Sophie Dorothea, kam dann der Befehl, den Sarg ohne Aufsehen nach Celle zu bringen und in der Fürstengruft der Stadtkirche beizusetzen.

Das Schicksal von Sophie Dorothea hat immer wieder die Menschen bewegt, es wurde in Romanen und Filmen dargestellt und wenn man die Fürstengruft besichtigt, findet man häufig Blumen auf ihrem Sarg. Im Kloster Loccum wird die Erinnerung an die Prinzessin von Ahlden durch ihren kostbaren Teppich wachgehalten.

Horst Hirschler

Beim Treiben eines Kelches fürs Kloster

Es war ein altes Versprechen. 1954 sitzen wir im Schwedenheim in Hildesheim.

Ich arbeite schon als Elektriker im Bosch-Werk. Mein Freund Rudi Leder sitzt an seiner Meisterprüfung als Goldschmied. Ich sehe seine wunderbar getriebenen Silberbecher. „Das bringst du mir auch mal bei!" – „Klar", sagt er. Fast 50 Jahre später, durch seine Initiative als zuständiger Goldschmiedeobermeister für Unterfranken, sitzen wir im Missionsbenediktiner-Kloster Münster-Schwarzach bei Würzburg mit besonderer Genehmigung des Abtes zwischen den Gesellen in der Goldschmiede-Werkstatt des Klosters. Mein Freund lehrt mich Silber treiben und Gold schmieden. Ich möchte einen zusätzlichen Abendmahlskelch für das Kloster Loccum herstellen. Während ich mit dem Kugelhammer das Silber treibe, geht mir der Choral „Du großer Schmerzensmann" gar nicht aus dem Kopf, im Takt zum Hämmern lautlos gesungen:

„Dein Kampf ist unser Sieg,
dein Tod ist unser Leben;
in deinen Banden ist
die Freiheit uns gegeben.
Dein Kreuz ist unser Trost,
die Wunden unser Heil,
dein Blut das Lösegeld,
der armen Sünder Teil."

Es ist kurz vor 12.00 Uhr. Wir lassen alles liegen, ziehen mit den Mönchen ins Chorgestühl der Kirche ein. Die Mittagshora. Essen im großen Mönchssaal. Später wieder Arbeit am Kelch. Treiben, Löten, Polieren. Er muss noch hartvergoldet werden.

Über die Anfänge und die Kunst im Kloster

Ludolf Ulrich

Feierlicher Akt der Stiftung des Klosters 1163

Wer von den Anfängen des Klosters Loccum erzählen will, muss 35 km südwestlich von Loccum in der Stadt Minden beginnen – genauer gesagt, im Mindener Dom.

Dom zu Minden

Noch heute ist das romanische Westwerk des Doms mit seinem gewaltigen Glockenturm das Wahrzeichen der Altstadt von Minden.

Erfüllt von Geschichte ist auch die Eingangshalle unter dem Glockenturm, „Paradies" genannt. Durch sie schritten im Mittelalter bereits Kaiser und Könige.

Am Vormittag des 21. März des Jahres 1163, einem Gründonnerstag, versammelt sich in diesem „Paradies" eine Gruppe vornehmer Herrschaften: Ritter und Adlige mit Gefolge aus der näheren und weiteren Umgebung, unter ihnen Graf Wulbrand von Hallermund mit seiner Ehefrau Beatrix und seinen drei Söhnen Burchard, Ludolf und Wilbrand. Sie sind von ihrem Stammsitz in Eldagsen bei Springe angereist. Alle sind geladen, um an diesem Tag einen besonderen Gottesdienst mitzufeiern.

Während sie die Kathedrale betreten, zieht durch das an der Nordseite des Domes befindliche Bischofsportal in feierlicher Prozession die hohe Geistlichkeit des Bistums ein: das Domkapitel, Prälaten und kirchliche „Ministeriale", an ihrer Spitze Bischof Werner von Minden.

Der Bischof selbst hat vermutlich den 21. März, der in der katholischen Welt damals als Tag des Heiligen Benedikt gefeiert wird, für diesen besonderen Anlass gewählt. Denn Bischof Werner ist ein Freund der Klöster.

Der Gottesdienst beginnt mit der Feier der Messe. Danach – jeder hat darauf gewartet – ergreift Graf Wulbrand von Hallermund das Wort.

Vor dem Altar der Heiligen Petrus und Gorgonius erklärt er feierlich, er wolle der seligen Jungfrau Maria und dem Heiligen Georg *„die Stätte Lucka mit dem Dorf"* *(locum in Lucka, cum villa)*, dazu die Dörfer Suthfelde, Wagenrode und Wisinhorst darbringen und stiften. Diese Stiftung solle einem Kloster zugute kommen, dessen Brüder streng nach der Regel Benedikts leben und Gott *„mit höchstem Eifer in Demut"* dienen wollen – dabei hat Graf Wulbrand die Zisterziensermönche im Auge. Er fügt hinzu, er tue dies für sein eigenes

Seelenheil und das seiner Nachkommen. Außerdem geschehe dies auch zum Seelenheil des verstorbenen Grafen Burchard von Lucka, dessen rechtmäßiger Erbe er sei.

Bischof Werner bestätigt mit der Würde seines Amtes diese Stiftung und verkündet, dass er zugunsten des künftigen Klosters auf die Erhebung des Zehnten verzichten werde, also auf die Steuer, die man damals für frisch gerodetes Land an das Bistum Minden zu zahlen hatte.

Grabstein des Stifters Graf Wulbrand von Hallermund, Ende 12.Jh.

Dieser Bericht über die Stiftung Wulbrands von Hallermund, der hier nur wenig ausgeschmückt ist, findet sich in der ältesten, lateinisch verfassten Urkunde des Klosters Loccum, die Bischof Anno von Minden etwa 20 Jahre später, also um das Jahr 1183, ausgestellt hat. In ihr sind darüber hinaus eine ganze Reihe von Schenkungen aufgeführt – Ländereien, Mühlen, Häuser, Höfe –, die das Kloster Loccum inzwischen von frommen Förderern erhalten hatte.

Bischof Anno hat das in der besagten Urkunde sorgfältig festgehalten, er bestätigt darin die Privilegien des Klosters und die Schenkungen mit der Autorität seines Amtes und wünscht, dass *„der Kirche in Loccum … der Friede erhalten bleibt"*.

So also begann die feierliche Gründung des Loccumer Klosters.

Warum fiel die Wahl des Stifters, der sicher auch den Rat seines Bischofs eingeholt hat, auf den Orden der Zisterzienser? Die Antwort muss wohl lauten: Die weißen Mönche waren zu dieser Zeit in aller Munde. Sie galten als ein moderner und bedeutender Reformorden, der die Regeln des heiligen Benedikt, also das tägliche Gotteslob in Armut, Askese und Disziplin, besonders ernst nahm. Außerdem hatte die Welle ihrer Klostergründungen damals einen Höhepunkt erreicht. Allein im Jahr 1162 zählte man 14 Neugründungen. So legte sich diese Wahl nahe.

Die Hallermunds hatten übrigens bei der Stiftung „für ihr Seelenheil" noch ein weiteres Ziel im Auge: das neue Kloster sollte ihre Grabstätte werden. So ist es später auch gekommen. Wulbrand (der Vater) und seine beiden Söhne Ludolf und Burchard liegen im Kapitelsaal des Klosters begraben. Ihre schlichten Grabplatten, mit Familienwappen und Kreuz geschmückt, erinnern noch heute an die alte Stifterfamilie.

Ein schwieriger Anfang

Über die Ankunft der Mönche in *„Lucka"* gibt es keine Aufzeichnungen. Doch so könnte es sich abgespielt haben:

Nach langem Fußmarsch trifft im Frühsommer 1163 eine Gruppe von Zisterziensermönchen aus dem Mutterkloster Volkenroda (in Thüringen, nahe Mühlhausen) in Loccum ein.

Mit Sicherheit gehörten zur Gründungsmannschaft erfahrene Handwerker. Zur Neugründung eines Klosters brauchte man viel handwerkliches Können. Das war vorhanden in der Laienbruderschaft in Zusammenarbeit mit Handwerkern aus der neuen Umgebung: Zimmerleuten, Tischlern, Steinmetzen und Leuten, die sich in der Landwirtschaft auskannten. Die Zisterzienser sind damals schon berühmt wegen ihrer Fähigkeiten beim Trockenlegen von Sümpfen wie im Ackerbau.

Das Abenteuer einer Klostergründung beginnt für sie zunächst mit der Suche nach einem passenden Gelände. Die wichtigste Voraussetzung dafür ist Wasser, viel Wasser – für das Anlegen von Brunnen und Teichen und für den Betrieb von Mühlen. Am besten eine sumpfige Niederung, gespeist von Quellen und durchzogen von einem Fluss oder Bach.

Ebenso wichtig ist für spätere Bauten hartes Felsgestein; der Weg zum Steinbruch sollte nicht zu weit sein. Die Fuldeniederung und die Rehburger Berge bieten in Loccum den Mönchen beides.

Man kann annehmen, dass die Mönche in Volkenroda mit einem Ochsenkarren aufgebrochen sind, um ihr Werkzeug zu transportieren. In ihrem Gepäck befanden sich vermutlich auch Nahrungsmittel, Medizin in Form von Heilkräutern und Saatgut. Da sich die Zisterzienser das Ziel gesetzt hatten, so konsequent wie möglich ein Leben in der Nachfolge Jesu zu führen, gehörte für sie das Gotteslob zum täglichen Brot. Daher werden sie als erstes ein Oratorium aus Holz, ein Bethaus, errichtet haben. Daneben dann ein Refektorium (Speisesaal), ein Dormitorium (Schlafsaal) und den Kapitelsaal – alles aus Holz, zunächst ein Provisorium.

Erst als diese wichtigsten Gebäude bezugsfertig waren, zogen die Chormönche ein, die mit ihrem Abt Ekkehard etwas später aus Volkenroda eintrafen. Sie hatten auf ihre Reise sicher auch liturgische Texte und Gesänge für die heilige Messe und die sieben Tagesgebete mitgenommen, die nun täglich gefeiert wurden.

Aber die Anfänge in Loccum waren für die Mönche offenbar schwierig.

In seiner 1608-1629 verfassten Chronik berichtet Abt Theodor Stracke, dem offenbar noch alte Berichte vorlagen, die Mönche aus Volkenroda hätten *„angefangen zu bowuen, bey der vogelsangs muhlen, doch geringe und slecht gebew, von holtz gebowuet, darselbst siehet man noch heutigs tags die alten vestigia und graben*“. (I, Blatt 18r)

Etwa 70 m nördlich der Rehburger Straße stößt man heute noch auf archaische Fundamente einer alten Wassermühle – Reste der Vogelsangsmühle? Die Fulde führt hier auch im Sommer reichlich Wasser und stürzt an einer alten Staustufe ca. 4-5 m in die Tiefe. Der Weg, der über den Bach führt, trägt noch immer den Namen **„Zur Wassermühle“**.

Es ist gut vorstellbar, dass man hier mit dem Bau eines Klosters begonnen hat.

Doch der Versuch, das Kloster bei der Vogelsangsmühle anzusiedeln, schlug fehl. Man gab den Ort wieder auf. Die alte Chronik berichtet: *Sie „haben allda mußen aufbrechen und die stette verlassen, darumb, dass eine gemeine heerstraße allda ist furuber gegangen, den es seint alda beide tag und nacht voll fremder leute gelegen, so daß geringe gutlin haben verzehren helfen“*.

Durchreisende und Pilger, die in großer Zahl auf der am Kloster vorbeiführenden Handelsstraße unterwegs waren, erbettelten sich einen Teil der wenigen Nahrungsmittel, die den Mönchen zur Verfügung standen. Schlimmer noch: Die Mönche sind *„auch darumb von dar gewichen, von wegen dero vielen rövery und mordes halben“*. (I, Blatt 18r)

Dass die Zisterzienser an „Orten des Schreckens“ siedeln, ist schon früh zum Allgemeinplatz geworden. Doch auf dem in der Nähe der Vogelsangsmühle vorbeiführenden Handelsweg ist damals offenbar auch Räubergesindel unterwegs, das den Loccumer Mönchen das Überleben schwer macht.

So suchten sie nun nach einem versteckteren Ort und fanden ihn, laut Stracke, *„hinter der Breitenhorst"*. (I, Blatt 19r) Der neue Siedlungsplatz könnte nordwestlich vom heutigen Loccum gelegen haben, in einer Senke des damals waldreichen Geeströckens, durch den sich der Mehringer Bach schlängelt. Der ist heute allerdings zu einem Rinnsal verkümmert.

Doch auch dieser Versuch scheiterte. Der Grund, laut Chronik: zu wenig Wasser!

Erst im dritten Anlauf fanden die Mönche die Stelle, auf der sie dann das heutige Kloster errichteten – ein fast ideales Gelände: ein fester Grund zum Bau eines Klosters mit einer mächtigen Kirche, und südlich davon ein wasserreiches Sumpf- und Moorgebiet. Im oberen Teil dieses Moores hatte Graf von Hallermund seine Fluchtburg, die Luckaburg (von der Loccum seinen Namen ableitet). Am unteren Ende der Mulde wurde nun das Kloster gebaut und aus dem Moor eine Kulturlandschaft geschaffen, indem das Wasser aus Sumpf und Moor in Bächen kanalisiert, ins Kloster geleitet und in Teichen aufgestaut wurde.

„In summa", um noch einmal Stracke zu zitieren: *„es ist ein lustig und gesundes ort, da es ietz liggt"*. (I, Blatt 19r)

Wie lange dieser mühselige Prozess von Aufbauen, Abbrechen, Suchen und Neubauen gedauert hat, wissen wir nicht. Fest steht, für die Neugründung eines Zisterzienserklosters waren vom Generalkapitel bezugsfertige (Holz)Bauten vorgeschrieben (Beschluss von 1134).

Zwischen Stiftung und ordensrechtlicher Gründung lag immer ein gewisser Zeitraum. So wird es auch in Loccum gewesen sein.

Nachdem die Mönche aus Volkenroda den endgültigen Standort in Loccum gefunden hatten, fassten sie schnell Fuß. Es wird nicht mehr lange gedauert haben, bis sie begannen, ihr Kloster in Stein zu bauen. Die Steinbrüche in den Rehburger Bergen lagen nur 3 000 m (Münchehagen) bis 5 000 m (Wölpinghausen und Asbeke) entfernt.

Die Fundamente der Klosterkirche, wie auch bestimmte Teile der Klausur – Kapitelsaal und Laienrefektorium –, reichen deutlich ins 12. Jahrhundert zurück. Um die Kirche und das Kloster ganz fertig zu stellen, brauchte man dann allerdings noch mehr als ein halbes Jahrhundert (vgl. dazu das Folgekapitel: Urs Boeck, Zisterzienser bauen eine Kirche).

Dass Loccum heute neben Maulbronn und Bebenhausen die am besten erhaltene mittelalterliche Zisterzienserabtei Deutschlands ist, haben wir wohl vor allem seiner versteckten Lage und den Zufällen der Geschichte zu verdanken.

Literatur

Stiftungsurkunde des Bischofs Anno von Minden, in: Calenberger Urkundenbuch, hg. von Wilhelm von Hodenberg, 3. Abteilung (CUB III). Archiv des Klosters Loccum. – Hannover 1858, Heft 1, Urk.6

Stracke, Theodor: Chronika und Beschriebung des keiserlichen freien Stiffts Lucka... 1608-1629, 2 Bände, Handschrift, Archiv Kloster Loccum

Urs Boeck

Zisterzienser bauen eine Kirche

Im Herbst 1912 – im Vorfeld des 750-jährigen Jubiläums – unternahm Professor Uvo Hölscher mit einigen Studierenden der damaligen Königlichen Technischen Hochschule zu Hannover eine Studienreise nach Loccum. Ganz im Sinne der damaligen Ausbildung von Architekten galt es, sich in die Gestaltung mittelalterlicher Baukunst einzuleben. Der Vermittlung der notwendigen Kenntnisse diente es, in der einstigen Zisterzienserabtei Teile der Kirche und der Kreuzgänge aufzumessen. Den noch immer starken Eindruck der mittelalterlichen Architektur hatte der Bauforscher, selbst nach Lektüre der vorliegenden Baubeschreibungen von Conrad Wilhelm Hase, Wilhelm Lübke und Heinrich Wilhelm Hektor Mithoff, nicht erwartet. Um das überraschende Bild des Klosters aus künstlerischer und kulturgeschichtlicher Sicht einer breiteren Öffentlichkeit und der Wissenschaft weiterzugeben, fasste Hölscher die Erkenntnisse früherer Forscher und Architekten mit seinen eigenen Erkenntnissen zusammen und legte sie 1913 im Druck vor. Alle seitherigen Beiträge beziehen sich auf den seinerzeit erreichten Stand. Dies gilt ebenso für Gustav Andrés weitverbreitete Einführung in der Reihe der Großen Baudenkmäler 1959, für Oskar Karpas eindringliche Monographie 1963 wie für spätere Veröffentlichungen. Dies gilt erst recht für die Überschau, wie sie zur Baukunst des Zisterzienserordens seit Friedrich Ostendorf 1914 und Hans Rose 1916 bis heute wiederholt geleistet wurde.

Baugeschichte kontrovers

Die Mehrheit der Autoren folgte damit der schriftlichen Überlieferung. Sie legte eine Bauzeit von Loccums Klosterkirche zwischen 1239 und 1277 nahe. Wie öfter in der Wissenschaft, wurde dabei eine widersprechende Stellungnahme – hier von Georg Dehio im fünften Band seines Handbuchs der Deutschen Kunstdenkmäler von 1912 – übergangen. Dehio, bedeutender Kunsthistoriker, Verfasser eines monumentalen Überblicks über die kirchliche Baukunst des Abendlandes, kam aufgrund seiner umfassenden Denkmalkenntnis zu einer abweichenden Datierung. Er schloss aus den Eigenheiten des Bauwerks „auf Bauführung wesentlich im zweiten Viertel des 13. Jahrhunderts". Der Widerspruch zwischen der aus den Urkunden abgeleiteten Stellung der Architektur – Wolfgang Bickel benannte sie als die eines archaisierenden Spätlings wie eines Beispiels längst überholter Tendenzen – und der Dehio überzeugenden Qualitäten in Großform und handwerklicher Durchführung wurde verdrängt. Dabei forderte er im Grunde zur Überprüfung der Zusammenhänge heraus.

Was nun berichten uns die Quellen? Der Stiftungsakt von 1163 und eine darauf bezogene, zwanzig Jahre jüngere Urkunde sagen für Bauvorgänge nichts aus. Angeblich wurde der Bau der Kirche unter Abt Hermann I. (1239-1262) begonnen. Die Erwähnung eines „*Bado structor nostre ecclesie*" im Totenregister des Klosters ist nicht datiert. Erst 1244 schrieb Bischof Johannes von Minden eine allgemeine Kollekte und damit verbunden zehntägigen Ablass aus. Am 28. Oktober des Jahres weihte er im Nordquerhaus – *partem illius septentrionalem choro proximam* – einen Altar zu Ehren Christi und der Muttergottes. Am 5. Dezember 1249 erteilte Papst Innozenz IV. allen Besuchern der Kirchweihe einen vierzigtägigen Ablass. Von einem Vollzug hören wir allerdings nichts. 1267 schrieb Bischof Otto von Minden einen weiteren Ablass, diesmal ausdrücklich zugunsten der structura, der Bauhütte, aus. 1271 soll nach der Chronik des Abtes Theodor Stracke (1600-1629) der Blitz den Dachreiter umgestürzt haben, während der Konvent die Horen hielt. 1276 und 1277 gelten vier Urkunden, von Bischöfen und dem Generalkapitel des Ordens ausgestellt, einer abermals

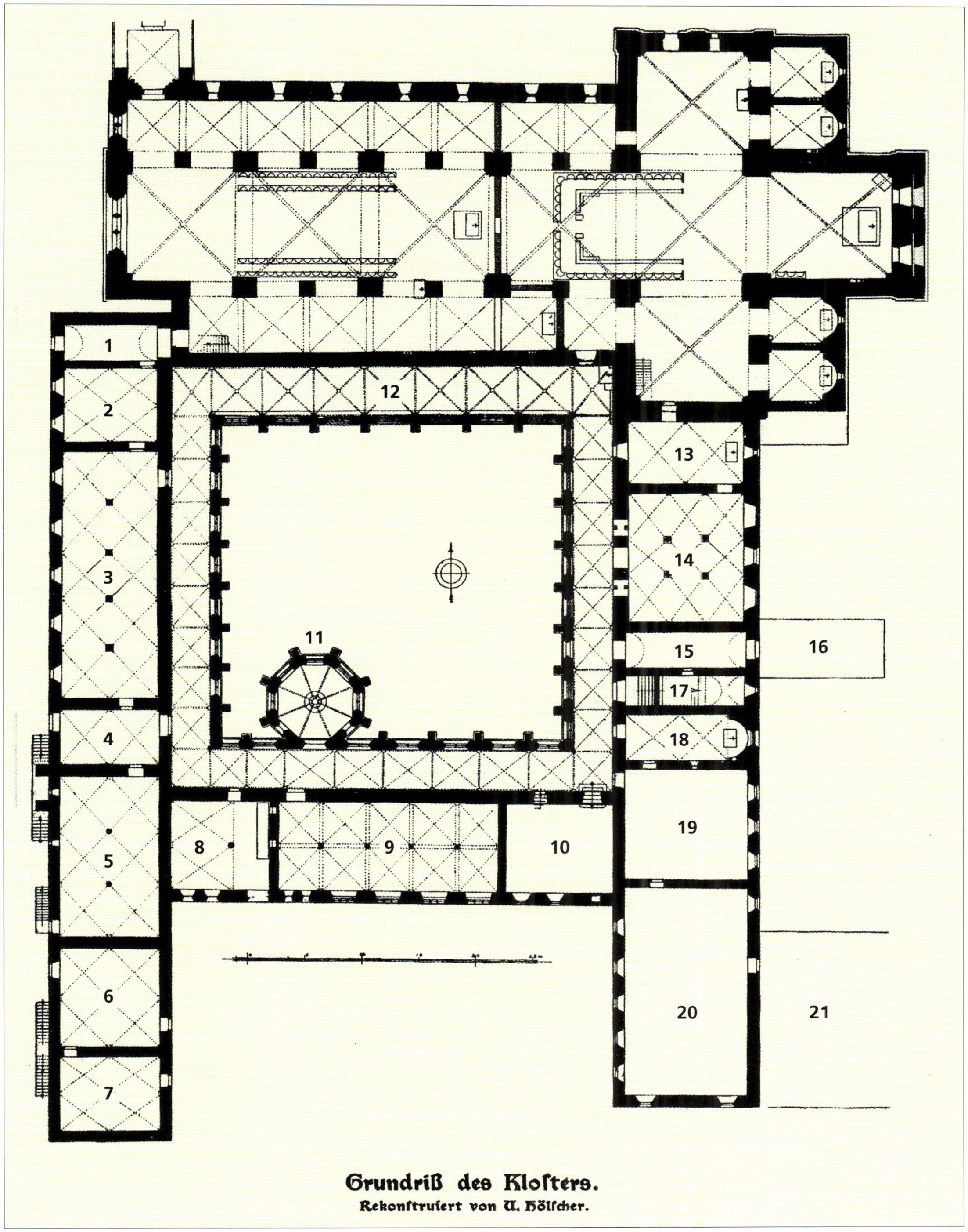

Mittelalterlicher Grundriss des Klosters, rekonstruiert von Uvo Hölscher 1913.

1 Westeingang
2 Laienbrüdersaal
3 Laienrefectorium
4 Haupteingang
5 Keller
6 Keller
7 Keller
8 Küche
9 Refectorium
10 Calefactorium
11 Bornhaus
12 Lesegang
13 Sacristei
14 Kapitelsaal
15 Durchgang
16 Donnergang (darüber Bibliothek)
17 Pilgerzelle
18 Kapelle S. Benedicti
19 Auditorium
20 Frateria
21 Noviziat

vorgesehenen und diesmal auch vollzogenen Weihe. Den vorläufigen Schlussstrich zieht die Nachricht, unter Abt Hermann II. (1273-1278) sei der Bau des Kreuzgangs erfolgt. Im Ergebnis: Die vermutete Bauzeit der Kirche liegt zwischen 1239 und 1277.

Folgen wir jetzt den mutmaßlichen Wegen Dehios, ergänzt um seither gewonnenes Wissen zur Baukunst in der Jugendzeit Loccums. Dabei dürfen wir das Feld unserer Beobachtungen weit fassen. Die belegten Reisen kirchlicher Würdenträger – zu Synoden, Konzilen, an den päpstlichen Hof, bei Zisterziensern zu Visitationen und Generalkapiteln des Ordens – geben uns freie Hand. Nicht weniger die Wanderschaft auswärtiger ordenszugehöriger Fachleute und ortsfremder Bauleute. In Loccum waren letztere, wie ihre Steinmetzzeichen erkennen lassen, gemeinsam mit dem Kloster verbundenen Konversen am Werke.

Die frühen Klostergründungen im deutschen Raum bedienten sich für ihre Oratorien gerne der örtlichen Tradition. Dies gilt unter Vielen – in Niedersachsen nennen wir Amelungsborn und Mariental – auch für Loccums thüringisches Mutterkloster Volkenroda. Eine folgende Generation suchte dagegen in den Jahren vor 1200 den Anschluß an die Frühzeit des Ordens. Vorbild wurden die unter den Augen Bernhards entstandenen – der Französischen Revolution zum Opfer gefallenen – Anlagen von Clairvaux; erhalten blieb stattdessen die nahe stehende Abtei im burgundischen Fontenay. Deren oder einen engverwandten Plan griffen die Mönche von Loccum auf. Ihn charakterisieren das kubische Altarhaus, die das Querschiff begleitenden Seitenkapellen und ein gestrecktes basilikales Langhaus. Für letzteres sind, wie auch für das Querhaus, die Maße übernommen. In den Kapellen fallen versteckte Apsiden auf, wie sie südfranzösische, aber auch deutsche Ordenshäuser besitzen. Eine weitere zeichnet in der Klausur die Benedicti-Kapelle aus. So spricht alles für eine Formulierung des Grundrisses noch im 12. Jahrhundert. Ihm folgte die Fundamentierung. Nach verspringender Höhenlage und abgewandeltem Profilaufbau der Sockel wurde sie in wenigstens drei Abschnitten bewältigt: für Altarhaus und Querschiff, schließlich für das Langhaus.

Der Beginn des 13. Jahrhunderts bringt neue Vorbilder. Diesmal sind es die Erweiterungs- und Neubauten der im Orden zentralen Klöster. So beeinflusst Citeaux Riddagshausen, Morimond Walkenried, Clairvaux das rheinische Heisterbach. Damit kommt eine burgundische Frühgotik zum Zuge. In Loccum ist der entscheidende Schritt gegenüber Fontenay ein abweichendes Konzept der Wölbung. Die dort acht tonnengewölbten Joche des Langhauses werden nach dem einheimischen Grundsatz des „Quadratischen Schematismus“ in vier Joche gegliedert, begleitet von acht Jochen der Seitenschiffe. Entscheidender noch ist die Übernahme einer westfranzösischen Prägung. Im Anjou wurden in der Mitte des 12. Jahrhunderts unter dem Eindruck nordfranzösischer Gewölbe der Frühgotik kuppelige und rippengegliederte Wölbungen entwickelt. Westfälische Bauleute griffen diese „Domikale“ um 1200 auf, zuerst wohl am Dom von Osnabrück. Dort lässt sich die zunehmende Vertrautheit mit einer ungewohnten Technik deutlicher ablesen als in dem 1222 geweihten Bau der Zisterzienserkirche von Marienfeld. In Loccum kommt zu der erreichten Erfahrung die den Ordensbauten eigene Perfektion. Bereichert wird der Eindruck durch rheinische hängende Schlusssteine und, auf den Rippen und Kappen, westfälische Zierscheiben. Als altertümlich überrascht die Verkröpfung der Dienste unterhalb der Gurtbögen und Rippen auffangenden Konsolen: ein Motiv, aus dem 1187 geweihten österreichischen Heiligenkreuz bekannt.

Der äußere Aufbau wird von sorgfältig ausgeführten Quaderflächen beherrscht. Alle Gliederung wird den Öffnungen – Portalen und Fenstern – vorbehalten. Nur im Osten sind die Kanten von rückgestuften Streben sparsam akzentuiert, wie sie ähnlich die Nordfasade des Osnabrücker Doms gliedern. Wie in

Marienfeld fehlen Strebepfeiler, wie sie am Mittelrhein bereits dominieren. Rundbogenfenster folgen im Osten noch romanischem Brauch. Die monumentale Ostwand des Altarhauses ist von einer Dreiergruppe beherrscht, wie sie an der Westfassade in Heiligenkreuz vorgebildet ist. Der Abschluss der paarig geordneten Fenster wird erst am Langhaus zugespitzt. Das von Westen den Raum erhellende monumentale Fenster hat seine unmittelbaren Vorläufer an dem zwischen 1219 und 1227 errichteten Oktogon von St. Gereon in Köln. Ein Stufenbogenfries schließt das zwischen Lisenen zurückgesetzte Fensterfeld nach oben ab. Er gehört zum „Magdeburger" Repertoire zur Zeit des Bischofsganges am Dom (1230-1238). Schon vor 1240 wurde er an der Turmfront von St. Katharinen in Braunschweig aufgegriffen. Müßig schließlich der Hinweis, dass die Steinmetzarbeiten – Würfel-, Kelchblock- und Knospenkapitelle – dem Gang der modischen Entwicklung in der ersten Hälfte des 13. Jahrhunderts folgen und den Gang der Bauarbeiten von Ost nach West belegen.

Schon vor 1250 vollendet

Alle vorgetragenen Beobachtungen rücken Planung und Fundamentierung von Loccums Abteikirche in die Jahre vor 1200, die Vollendung des Baus in die Zeit vor 1250. Ein Schwerpunkt der Bauarbeiten lag sicher in dem von Georg Dehio dafür beanspruchten Jahrhundertviertel. Diese Einordnung fand vor knapp zwei Jahrzehnten durch das naturwissenschaftliche Verfahren der Dendrochronologie überraschende Unterstützung. Eine Analyse der historischen Dachwerke wurde 1995 vom Niedersächsischen Landesamt für Denkmalpflege angeregt. Die Auswertung der Jahrringe verbauten Eichenholzes konnte hinreichend wahrscheinlich machen, dass 1223 für die Verzimmerung über dem Altarhaus, 1240 für die Bedachung von Querhaus und Langschiff Holz eingeschlagen und vom Zimmermann verarbeitet wurde.

Ein Fund des Historikers Bernd Ulrich Hucker trägt zu weiterer Klärung bei. Er wies in anderem Zusammenhang 2009 auf des Johann Renner Chronica von Bremen hin. In ihr wird berichtet, der vertriebene Erzbischof von Bremen, Waldemar Prinz von Dänemark (verstorben 1235), habe nach seinem Eintritt ins Kloster Loccum 1217 *„de halven kercken ser schone"* bauen lassen. Damit rückt die Rolle Abt Hermanns I. in anderes Licht. Unter ihm, seit 1239 im Amt, war mit den Zimmerarbeiten zugleich die Vorbereitung für eine Wölbung geleistet. Diese gelang in den folgenden Jahren. So konnte Bischof Johann 1244 den Altar im nördlichen Querhaus weihen. 1249 dann rechneten Abt und Konvent mit baldiger Vollendung; zu den Voraussetzungen der Schlußweihe gehörte die Einholung des kostspieligen päpstlichen Ablasses. Diese Jahre zwischen 1240 und 1250 sind – erinnern wir uns – nach heutigem Stand der Forschung auch die Zeit, in der der Hochaltarschrein und das spätromanische Chorgestühl entstanden, in der das einst über dem Lettner hängende Bild des Gekreuzigten nach Ordensvorschrift vom Maler geschaffen wurde. Abt Hermann I. verdanken wir so die Vollendung des von seinen Vorgängern beförderten Gotteshauses. Abt Hermann II. verantwortete den Bau des gotische Gedanken gekonnt vortragenden Kreuzgangs, des Kernstücks der Klausur. Für Kloster Loccums Kirche bedeutet das Gesagte: Ihr Bau gewinnt gemeinsam mit dem Bau von Marienfeld gegen die beiden zeitgenössischen Großbauten von Riddagshausen und Walkenried in Norddeutschland einen eigenen Rang. Alle vier – Zeugen westfranzösisch/westfälischer Spätromanik oder burgundisch/sächsischer Frühgotik – werden als Avantgarde durch die Zisterzienserbauten von Marienstatt, Altenberg und durch das 1248 grundgelegte Projekt des Kölner Doms abgelöst.

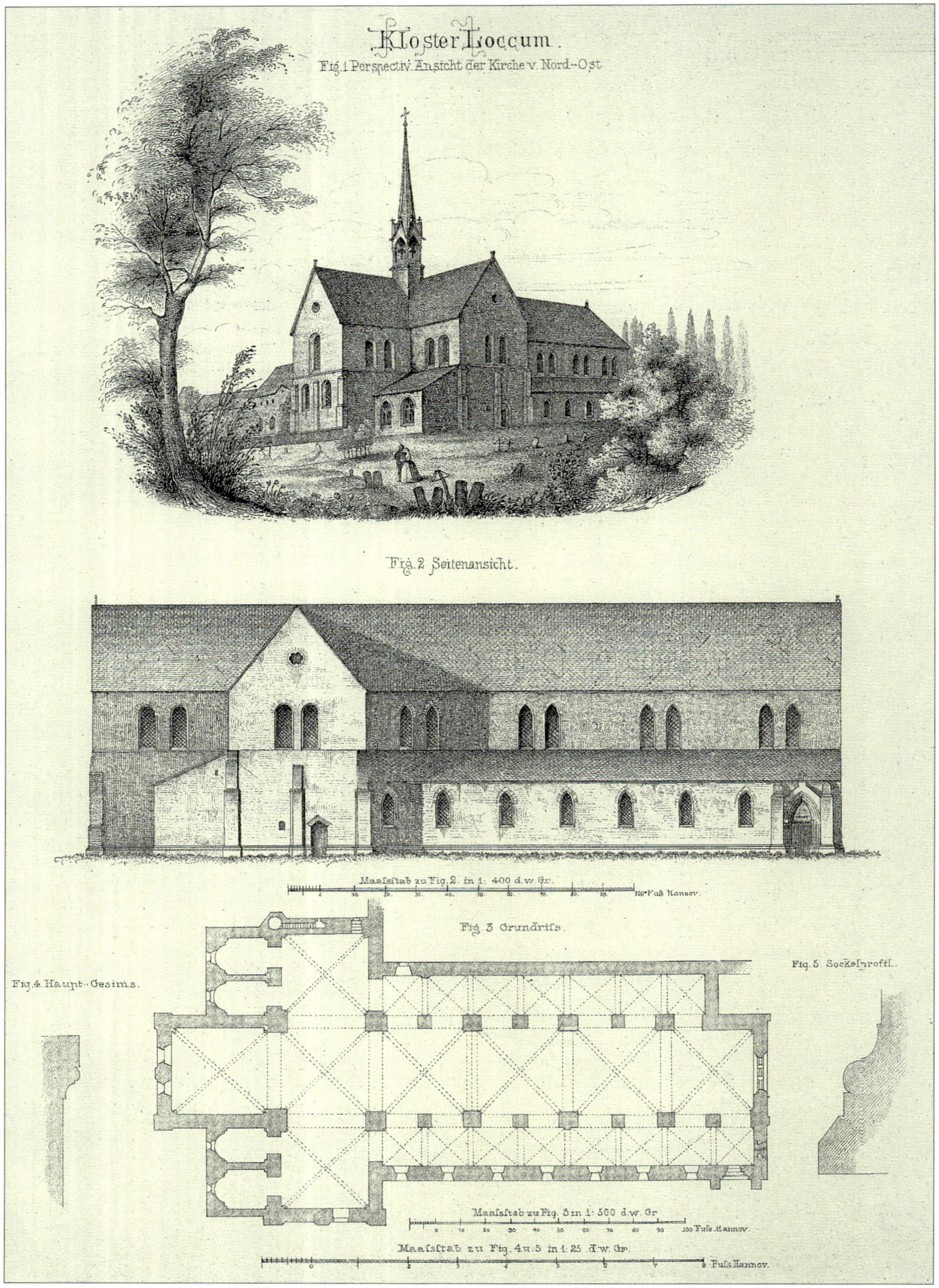

Conrad Wilhelm Hase.
Kloster Loccum.
Blatt 70 aus Baudenkmäler
Niedersachsens 1882.

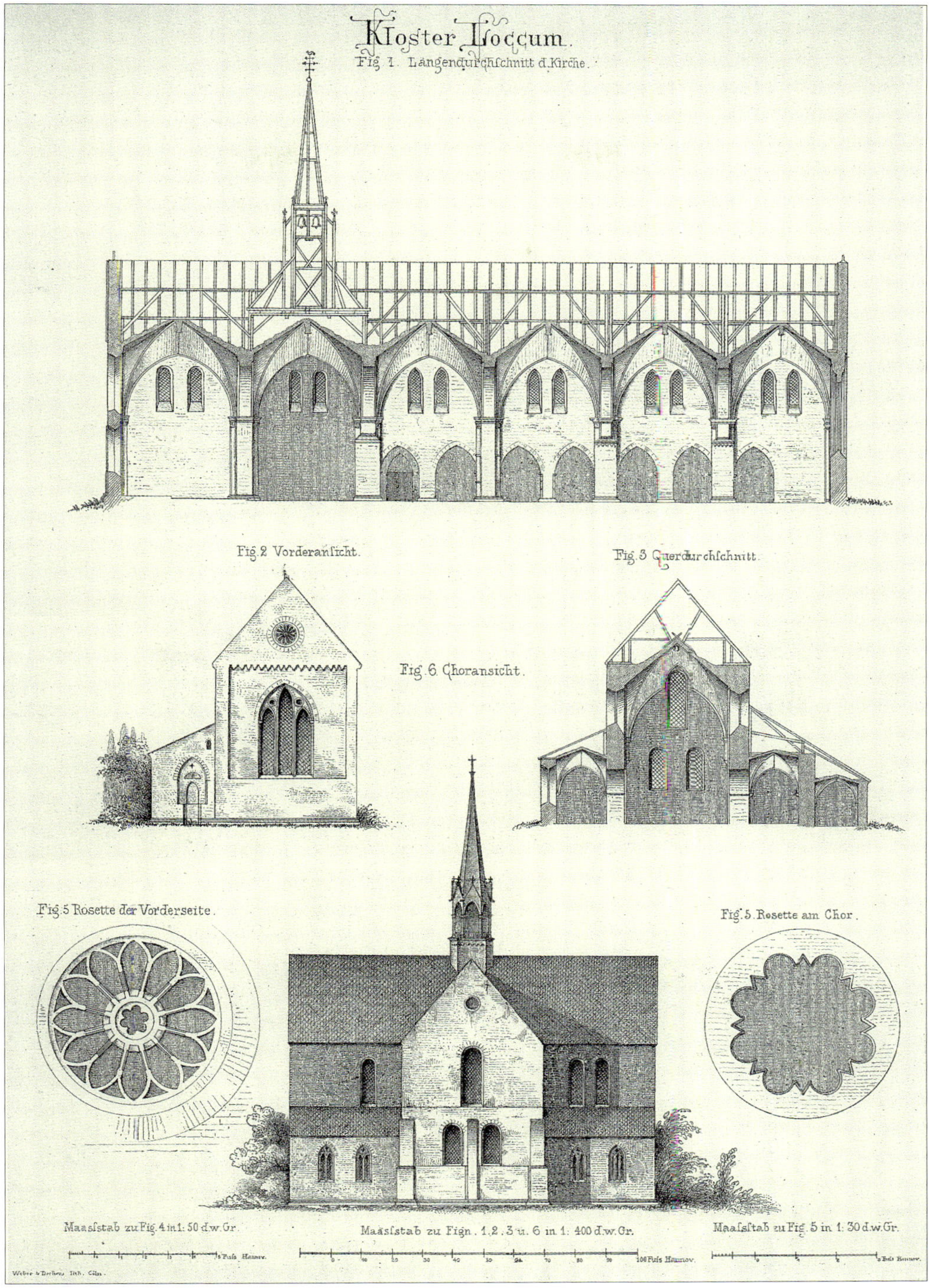

Conrad Wilhelm Hase.
Kloster Loccum.
Blatt 71 aus Baudenkmäler Niedersachsens 1882.

Conrad Wilhelm Hase.
Kloster Loccum.
Blatt 72 aus Baudenkmäler
Niedersachsens 1882.

Literatur
(aufgeführt in der Reihenfolge ihres Erscheinens)

Hase, Conrad Wilhelm: Mitteilungen über die Restauration der Stifts-Kirche zu Loccum, in: Notiz-Blatt des Architecten- und Ingenieur-Vereins für das Königreich Hannover, Bd. 1, Heft 2. – Hannover 1851-1852, S. 121 ff. – und Bd. 11, Heft 1. – Hannover 1852, S. 9 ff.

Lübke, Wilhelm: Die mittelalterliche Kunst in Westfalen nach den vorhandenen Denkmälern dargestellt. - Leipzig 1853, S. 119-122, Taf. VIII

Mithoff, Heinrich Wilhelm Hektor: Kunstdenkmale und Altertümer im Hannoverschen. Band 1: Fürstentum Calenberg. – Hannover 1871, S. 122 ff.

Hase, Conrad Wilhelm: Das Cistercienser Kloster Loccum, in: Die mittelalterlichen Baudenkmäler Niedersachsens, hg. von dem Architekten- und Ingenieurverein für das Königreich Hannover, Bd. 11. – Leipzig 1882, S. 227 ff.

Dehio, Georg: Handbuch der Deutschen Kunstdenkmäler Bd. 5. Nordwestdeutschland. - Berlin 1912, S. 317 ff.

Hölscher, Uvo: Kloster Loccum. Bau- und Kunstgeschichte eines Cisterzienserstiftes. – Hannover/Leipzig 1913

Ostendorf, Friedrich: Die Zisterzienser-Klöster Deutschlands. In: Zeitschrift für Bauwesen, Bd. 64. – Berlin 1914, Sp. 453 ff. u. 675 ff.

Habicht, Curt Victor: Die niedersächsischen mittelalterlichen Chorgestühle. – Straßburg 1915, S.3

Rose, Hans: Die Baukunst der Cistercienser. – München 1916.

Hahn, Hanno: Die frühe Kirchenbaukunst der Zisterzienser: Untersuchungen zur Baugeschichte von Kloster Eberbach im Rheingau und ihren europäischen Analogien im 12. Jahrhundert. Frankfurter Forschungen zur Architekturgeschichte Bd. 1. – Berlin 1957, S. 132 f.

Lutze, Eberhard: Das bemalte Triumphkreuz in Loccum, in: Niedersächsische Denkmalpflege 3. – Hannover 1958, S. 35-44

André, Gustav: Kloster Loccum. Große Baudenkmäler, Heft 160. – München/Berlin 1959.

Karpa, Oskar: Kloster Loccum. 800 Jahre Zisterzienser Abtei in Niedersachsen. – Hannover 1963.

Knauf, Tassilo: Die Architektur der Braunschweiger Stadtpfarrkirchen in der ersten Hälfte des 13. Jahrhunderts. – Braunschweig 1974 (= Quellen und Forschungen zur Braunschweigischen Geschichte 21)

Maué, Hermann: Rheinisch-staufische Bauformen und Bauornamente in der Architektur Westfalens. – Köln 1975 (= Veröffentlichungen der Abteilung Architektur des Kunsthistorischen Instituts der Universität Köln, 7)

Schäfke, Werner: Kölns romanische Kirchen, Architektur, Ausstattung, Geschichte. – Köln 1984

Bickel, Wolfgang: Die Kunst der Cistercienser, in: Schneider, Ambrosius / Winand, Adam / Bickel, Wolfgang / Coester, Ernst: Die Cistercienser-Geschichte, Geist, Kunst. 3. Aufl. – Köln 1986, S. 178 ff.

Boeck, Urs / Gomolka, Joachim: Wann entstand Kloster Loccums Kirche? Archivalien, Bauanalysen und die Dendrochronologie, in: Berichte zur Denkmalpflege in Niedersachsen 20. – Hameln 2000, S. 55-60.

Laabs, Annegret: Malerei und Plastik im Zisterzienserorden, Zum Bildgebrauch zwischen sakralem Zeremoniell und Stiftermemorie 1250-1430. - Petersberg 2000 (= Studien zur internationalen Architektur- und Kunstgeschichte 8), S. 29 ff.

Untermann, Matthias: Forma ordinis, Die mittelalterliche Baukunst der Zisterzienser. – Berlin/ München 2001, S. 241 ff., 257 ff., 267f.

Hucker, Bernd Ulrich: Der imperiale Monumentalstil in Deutschland 1206-1218, Kaiser Otto IV., der Magdeburger Dom und die Zisterziensergotik, in: Aufbruch in die Gotik, der Magdeburger Dom und die späte Stauferzeit, Bd. 1, Essays. – Mainz 2009, S. 85-97, hier S. 95

Brandl, Heiko/ Forster, Christian: Der Dom zu Magdeburg. – Regensburg 2011

Interview zur Restaurierung der Klosterkirche

„Wer baute das siebentorige Theben?
In den Büchern stehen die Namen von Königen.
Haben die Könige Felsbrocken herbeigeschleppt?“
(Bert Brecht)

Interview mit Herrn Arno Bloehm, der an der Restaurierung der Kirche arbeitet

(Das Interview führte *Ludolf Ulrich* am 23. 04. 2012.)

Ulrich: Herr Bloehm, Sie sind ein Fachmann für Natursteinbearbeitung – was ist Ihre Berufsbezeichnung?

Bloehm: Ich bin gelernter Steinmetz und werde von meiner Firma ausschließlich für Restaurationsarbeiten eingesetzt. Ich arbeite am Sandstein und am Kalkstein. Wir restaurieren z. B. alte Kirchen, Klöster, Herrenhäuser, Scheunen.

Ulrich: Die Klosterkirche in Loccum wird z. Zt. umfassend renoviert. Können Sie mal beschreiben: Was machen Sie genau?

Bloehm: Wir räumen die Fugen aus, den alten Fugenmörtel. Bis zu 10-12 cm tief. Mit Druckluftwerkzeugen.

Ulrich: Warum muss der Mörtel raus?

Bloehm: Bei der Renovierung in den 50er/60er-Jahren nahm man Zementmörtel für die Fugen. Der macht den Sandstein kaputt. Eine chemische Reaktion. Die Salze im Zement machen den Sandstein mürbe. Das Bindemittel im Sandstein ist Kalk. Der Kalk wird durch die Salze angegriffen und der Verwitterungsprozess beschleunigt sich.

Ulrich: Was tun Sie dagegen?

Bloehm: Wir fugen die Steine neu, mit verträglichem Mörtel. Kaputte Steine werden weitgehend erhalten, teilweise ersetzt durch neue – in allen Größen. Die nennen wir „Vierungen“. Die werden dann farblich angeglichen durch eine Lasur.

Ulrich: Bearbeiten Sie die gesamte Klosterkirche? Wie lange brauchen Sie dafür?

Bloehm: Ja, die gesamte Außenfläche von Kirche und Torhaus, das sind zusammen 3 900 m² Wir haben im August 2010 begonnen. Die Wintermonate mit Frost fielen aus. Ich rechne mit 18 bis 19 Monaten.

Ulrich: Sie haben viele Steinmetzzeichen an der Kirche entdeckt. Stammen die aus der Bauzeit der Kirche, und was bedeuten sie?

Bloehm: Ja, die meisten stammen aus der Zeit, als die Kirche erbaut wurde, sind also 750-800 Jahre alt. Es sind auch neuere dabei. Die Jahreszahl 1774 entdeckte ich am Schlussstein des Westgiebels. Die Steinmetzzeichen waren erst mal wichtig für die Abrechnung. Man wurde früher nach Steinen bezahlt. Und dann sagen die Zeichen etwas über den Berufsstand – Geselle, Polier oder Meister. Ein Steinmetzzeichen wurde erst nach Abschluss der Lehre verliehen.

Ulrich: Sie haben viel Erfahrung gesammelt im Umgang mit dem Sandstein, aus dem die

Kirche erbaut wurde. Ist die Klosterkirche nun aus Obernkirchener Sandstein gebaut, oder stammt der Stein hier aus der Nachbarschaft – aus den Rehburger Bergen?

Bloehm: Aus der Nachbarschaft, den Rehburger Bergen.

Ulrich: Woran erkennen Sie das? Wie unterscheiden sich die beiden Sandsteinarten?

Bloehm: Der Rehburger ist kohlehaltig. Da sind schwarze Adern drin. Daran kann man das sehen. Außerdem ist er etwas härter als der Obernkirchener. Beim Bearbeiten splittert er wie Glas. Es spalten sich kleine Linsen ab. Außerdem ist seine Farbe beige-hellbraun. Der Obernkirchener Stein ist grau oder ockerfarben. Er ist etwas weicher, die Korngröße, die Struktur ist feiner.

Ulrich: Herr Bloehm, ist es für Sie etwas Besonderes, an einer so alten Klosterkirche zu arbeiten?

Bloehm: Das ist schon interessant. Ich sehe das vor allem beruflich. Manchmal habe ich das Gefühl, den Kollegen, die damals die Kirche gebaut haben, über die Schulter zu gucken. Ich sehe ihre Gedankengänge.

Ulrich: Wie meinen Sie das?

Bloehm: Ich sehe z. B., wie einer beim „Beilen“ ansetzt (das ist das Glätten, die abschließende Bearbeitung eines Steinquaders) oder wie einer „einen Randschlag zieht“ (die 3 cm breite Linie nach dem Spalten eines Steins), sehe genau, ob einer Rechtshänder oder Linkshänder ist. Erkenne auch, ob einer sorgfältig und präzise gearbeitet hat oder schlampig.

Ulrich: Herr Bloehm, ich danke Ihnen für dieses Gespräch.

Arno Bloehm bei den Restaurierungsarbeiten an der Klosterkirche

Hans Werner Dannowski

Baukunst im Kloster Loccum – Ein Spiegel zisterziensischer Frömmigkeit

Orte der Einsamkeit

„Die Benediktiner bauen auf dem Berg, die Zisterzienser im Tal", so lautet ein bekannter Spruch. Man mag, um die Höhenlage benediktinischer Klöster zu charakterisieren, sich das auf dem Felsen im Meer hochsteigende Kloster des „Mont-Saint-Michel" in der Normandie vor Augen führen. Ein Bild, das man nie vergisst, wenn man es einmal gesehen hat. Auch das Ursprungskloster des „Monte Cassino" spricht eine deutliche Sprache. Burgen auf dem Berg hat man häufig in Benediktinerklöster verwandelt, wie in dem „Kloster Großcomburg" im Schwabenland. In der ewigen Liturgie, die die Benediktiner anstimmen, ist man eben manchmal auch räumlich dem Himmel näher. Was nicht bedeuten muss, wie genügend Beispiele zeigen, dass die Benediktiner sich nicht auch unten – aber dann doch häufig auf einer Hochebene – angesiedelt haben.

Dass die Zisterzienser „im Tal" ihre Klöster gebaut haben, muss allerdings – um den spirituellen Gehalt dieses Vorgangs zu erfassen – eingehender erläutert werden. Weitab von den Städten, in einsamen und unkultivierten Gegenden, die der Aufgabe der Rodung und der Kultivierung der Wälder und des Landes harrten, haben die Zisterzienser ihre Klöster angelegt. Von der sorgfältigen, aufwändigen und langwierigen Wahl eines Ortes mag man sich einen Eindruck verschaffen in dem wunderbaren Roman des Architekten Fernand Pouillon „Les pierres sauvages" von 1962, der im „Deutschen Taschenbuch Verlag" mit dem etwas geschönten Titel „Singende Steine" erschienen ist. Der Bau des Zisterzienserklosters „Le Thoronet" in der

Kloster Sénanque in der Provence

einsamen, rauen, sonnendurchfluteten und waldreichen Gegend der Provence Mitte des 12. Jahrhunderts ist dort – aus der Sicht des Baumeisters Wilhelm Balz – hinreißend beschrieben. „O beata Solitudo, O sola Beatitudo" steht auf den Giebeln vieler Zisterzienserklöster: „O glückselige Einsamkeit, O einsame Glückseligkeit".

Das deutet schon darauf hin, dass die Ansiedlung der Klöster an dem vielzitierten „Ort des Schreckens", der auch im Bezug auf die Gründung des Klosters Loccum immer wieder bemüht wird, eher einem gängigen zisterziensischen Topos entspricht, als dass es eine Ortsbeschreibung darstellt. Die Ablehnung von weiten, offenen Gegenden mit Blick in die Ferne und die Vorliebe für abgeschlossene Gegenden, die in Wäldern liegen, die verborgen sind, die in jeder Beziehung klimatisch, auch wirtschaftlich zunächst undankbar, vielleicht sogar ungesund sind: Das hat einen theologischen Grund. Der Gott, der hier gesucht und gefunden wird, ist nicht der Gott mit der donnernden Stimme vom Felsen herab oder der das Lob auf dem Thron entgegennimmt in der himmlischen Liturgie. Es ist der Gott, der in die Tiefen hinab gestiegen ist. Der Gott der Zärtlichkeit und Sinnlichkeit. Der Gott, der ein Gott des Vertrauens und der Vertraulichkeit ist. Wie es Bernhard von Clairvaux einmal ausgedrückt hat: „Der Bräutigam meidet aus Scham die Menge und sucht die Freuden an einem einsamen Ort zu genießen." Im Rhythmus der Natur leben und darin und im Miteinander der Brüder die Nähe dessen spüren, der unser Bruder geworden ist: Das ist ein gutes Stück der Spiritualität, die an diesem Ort gelebt worden ist und die ihn prägt.

Nichts als ein Bethaus

In dieser theologischen Denklinie liegt auch ein weiteres Merkmal zisterziensischer Frömmigkeit, das sich im Kloster Loccum in herausragender Qualität ausgebildet hat. Einfach, schlicht soll die Gestalt der Kirche sein. Die Reduktion der Formenfülle auf das Notwendigste – das ist das Prinzip der zisterziensischen Architektur. Die Wand bleibt eine spürbare Raumgrenze, die Decke bleibt ein fühlbarer Raumabschluss und behält die Nähe zur frühchristlichen Flachdecke der vorromanischen und romanischen Kirchen. Pfeiler und Dienste und Gurt und Rippe sind klar erkennbar in ihrer die Wand und die Decke tragenden Funktion. Zur Reduktion auf das Notwendige gehören die rechten Winkel, wie sie sich in der rechtwinkligen Form selbst der Apsis in Loccum gestaltet und erhalten haben. Schon die Rundung ist in dieser Frühzeit offenbar als ein schmückendes, nicht notwendiges und deshalb störendes Element empfunden worden. Pflanzenornamente werden zum Höchstmaß dekorativer Gestaltung, ein Tier mag sich manchmal einschleichen, auch hier bleibt man der Natur und ihrem Rhythmus nahe. Kein Glockenturm führt diese Kirche in die Höhe. Aus der Ferne weist nichts auf die Existenz eines Klosters hin, das unter dichten Bäumen verborgen liegt. Der Dachreiter behält seine schlichte Funktion als Glockenturm, der – in der Deutung Bernhards von Clairvaux – wie der „Mantel Marias" schützend über dem Kloster liegt.

Aber, das ist das Überraschende, aus dieser Reduktion auf das Einfache und Schlichte erwächst eine neue Ästhetik. Das Einfache und Schlichte braucht auf die Schönheit nicht zu verzichten. Glücklicherweise erweist sich gerade in diesen Bauten die Schönheit als Folge der Notwendigkeit. Durch die strenge Klosterregel bleibt die seelische Kraft der Schönheit unangetastet, ja wird vielleicht sogar noch extrem gesteigert. Schönheit kann nicht ohne Gleichgewicht bestehen, und die Ausgewogenheit der Teile führt die Einheit herbei, deren letzten Grund die Glaubenden in Gott suchen und finden. „Einfachheit und Demut müssen die Haupteigenschaften der Zisterzienser bleiben": Diese Grundregel der Mönche setzt sich um in die Architektur der Bauten, in denen wir noch heute leben. Eine vierte Dimension eröffnet sich, die das Unsichtbare schaut und die sich aus dem bewegten

Blick des Betrachters heraus entwickelt. Eine Kirche ist niemals vollständig ohne die bewegte Wahrnehmung des Raumes.

Zeitgeschichtlich steht die Architektur der Einfachheit und Schlichtheit in radikaler Opposition zur Kaiserkirche, wie sie – einhundert Jahre früher – im Dom zu Speyer als einer architektonischen Machtdemonstration Heinrichs IV. Gestalt gewonnen hatte. Dem Triumphsymbol kaiserlicher Macht stellt sich die Reformarchitektur der Hirsauer, aber dann auch die der Zisterzienser diametral entgegen. Kirchen sind in diesem Sinne nicht mehr das sichtbare Zeichen für die Symbiose des Gottkönigtums, für das Da-Sein des Imperators in der Ekklesia. Ganz anders, ganz von unten her entwickelt sich diese Theologie und Baukunst. Die nahezu maßlose Polemik eines Bernhard von Clairvaux gegen den Prunk der clunyazensischen Kirchen richtete sich nicht nur gegen den materiellen und finanziellen Aufwand, sondern auch gegen die theologischen und damit ästhetischen Ideale. Zur Reduktion der Formen tritt eine Negation der Inhalte hinzu. Die Kathedrale, insbesondere die gotische Kathedrale, ist mit ihren unendlich in die Höhe schießenden Gliederbündeln, in ihrer rhythmischen Reihung, in ihrem Übergang zur Immaterialität des flutenden Lichtes in den farbigen Fenstern ein Abbild einer anderen Welt.

Ein sinnliches Bild der unsichtbaren Welt Gottes war und ist die Kathedrale, ein symbolisches Bild des Universums in Gottes Hand. Das wird in dem Denken der Zisterzienser anscheinend anders. Die Kirche ist kein Symbol des himmlischen Jerusalem, keine anschaubare Spiegelung des übernatürlichen Kosmos in dieser Welt. Ein Haus zum Beten ist die Kirche. Ein „Oratorium", wie es im Sprachgebrauch der Zisterzienser lange heißt. Eine Annäherung an eine protestantische Denkweise vollzieht sich hier. Deshalb fühlt man sich in der lutherischen Landeskirche Hannovers mit der zentralen Stellung des Klosters Loccum offensichtlich sehr wohl. Dass diese klare, nahezu rationalistische Funktionsbestimmung einer Kirche nicht den Verzicht auf Ästhetik oder gar Schönheit bedeutet, kann man hier erleben. Geradezu im Gegenteil: Die Erkennbarkeit der Formen hat eine große Konzentration zur Folge. Eine Kirche wie die Klosterkirche in Loccum lenkt nicht ab, sie lenkt hin.

Zu dieser Konzentration gehört ein weiteres entscheidendes Element. Es ist der Ton, der Klang. Zisterzienserkirchen sind für den Gesang gebaut. Das Sprechen, die Predigt in ihnen haben ihre Schwierigkeiten. Der tiefste Eindruck, den ich mit mir trage von der Klosterkirche in Loccum, wie auch in Amelungsborn etwa, ist der Gesang. Wie er sich in der Kirche ausbreitet, geradezu in alle Ecken kriecht und in mein Herz. Die Polemik des Bernhard von Clairvaux gegen die Bilder, die sich so leicht in die Veräußerlichung begeben, hat diese Konzentration nach innen zum Ziel. „Du möchtest gerne sehen", hat er gesagt. „Höre! Das Hören ist eine Stufe der Vision." Und natürlich hängt die Harmonie der Zisterzienserkirche mit den ausgewogenen Proportionen von Maß und Zahl zusammen, die wiederum in die musikalische Konsonanz hinüberspielen, die in die kosmische Harmonie hinüberreicht. Von einer „unhörbaren Musik" der Zisterzienserkirchen hat man gesprochen, in deren Bereich der gesungene Ton dann nur die Umsetzung dessen ist, was die Sinne längst schon wahrgenommen haben.

Wichtige physiologische Erkenntnisse sind damit aufgegriffen und gestaltet. Das Ohr ist in der Ontogenese des Menschen nicht nur das erste, sondern auch das wichtigste Organ. Das Ohr sichert das Überleben, denn es ist nicht nur immer aktiv, selbst beim Schlafen, sondern es ist auch „ubidirektional", hört Geräusche aus allen Richtungen und beträchtlicher Entfernung. Direkt mit dem vegetativen Nervensystem ist das Ohr verbunden, die Kulturen haben sich das immer zunutze gemacht: als Antriebskraft bei der Arbeit, als Anreger zum Tanz, zur Veränderung der Gefühle und des Bewusstseins. Ja, Möglichkeiten der Heilung und Stärkung der Lebensbejahung und des Willens zur Gemeinschaft hängen eng mit der Musik

Blick in den westlichen
Kreuzgang,
„Rationalistengang"

zusammen. Es nimmt daher nicht wunder, dass in der Reformation Martin Luthers, die die Kirche neu als eine Gemeinschaft der Glaubenden und Hoffenden, als Volk Gottes begriff, die Musik und das Singen eine zentrale und entscheidende Funktion gewann. Ein nahtloser Übergang zwischen der zisterziensischen und reformatorischen Spiritualität, zwischen damals und heute ist sicher hier am zwingendsten.

Der Kreuzgang – die Mitte

Eine räumliche, geistige und theologische Ortsverschiebung muss auch in einem weiteren Punkt unternommen werden. Völlig selbstverständlich erscheint es einem evangelischen Christen, dass der Mittelpunkt eines Klosters die Klosterkirche sei. Dies ist aber, im Sinne der Zisterzienser und anderer Orden, die die Stabilität des Ortes in ihre Statuten geschrieben haben, nicht der Fall. Der Kreuzgang ist die Mitte eines Klosters, und dies nicht nur im räumlichen Sinne. Ein Kloster wird geistig um den Kreuzgang herum gebaut. Und es zeigt das evangelische Unverständnis für die Bedeutung des Kreuzganges, dass in Loccum nicht nur das Brunnenhaus verschwunden ist, sondern beim Umbau des Klosters 1778 auch der Westteil des Kreuzganges zerstört worden ist. Damit ist ein wesentliches Element des ehemaligen Zentrums dieses Klosters dahin. Denn ein Kreuzgang lebt von einem Gehen und einer Bewegung, die nicht aufhört und die einen Zeit und Raum vergessen lässt. Für das Brunnenhaus ist ein ansprechender Ersatz gefunden. Aber die Diskussionen über eine Wiederherstellung des Kreuzgangs in Loccum müssen unbedingt zu einem praktikablen Ergebnis geführt werden.

Als das „Herz des Klosters" wird der Kreuzgang immer wieder bezeichnet. Darum herum gruppiert sich alles. Im Norden liegt der hohe Bau der Kirche, die die Nordwinde abhält. Zumeist im Süden der Kirche ist der Kreuzgang vorgesehen, damit der Schatten der Kirche nicht auf diesen fällt. Die Anordnung der anderen Klostergebäude rund um den Kreuzgang ist weithin nach dem St. Galler Plan festgelegt. Zum Innenhof hin ist die Wand des Kreuzgangs durchbrochen, die oft mit Kreuzgratgewölben gedeckten Gänge öffnen sich zum Innenhof hin in breiten, rundbogigen Arkaden. Die Kapitelle der Arkadensäulen weisen hier und da Schmuckformen auf.

Eines der faszinierendsten Elemente des Kreuzgangs ist mit Sicherheit die Stille. Gegenüber den Tönen und Klängen der Liturgie in der Kirche: Der Kreuzgang saugt den Lärm auf und lässt Stille hörbar werden. Jedes laute Reden stört, das merke ich bei jedem Besuch in einem Kloster, das einen Kreuzgang hat. „Dieses kleine Geviert des Gebets und der Versenkung" nennt es Fernand Pouillon in seinem Roman. Das leise Plätschern des Wassers aus dem Brunnenhaus unterstützt in seiner Einförmigkeit das Schweigen. Das Spiel von Licht und Schatten, das vom Innenhof in die Gänge fällt und die Wege im Kreuzgang zu einem Abbild des Lebensweges durch Höhen und durch Tiefen werden lässt.

Und dann das Stück Himmel in der Mitte, über dem Innenhof, mit den Wolken, die über ihn hinziehen, mit den Sternen der Dämmerung, der mächtigen Mittagssonne, mit Wind und Regen. Dieses Wunder eines kleinen Stücks Himmel. Ich stelle mir vor, dass Mönche jahrelang nur dieses kleine Stück Himmel gesehen haben. Diese Ausschnitthaftigkeit, das Begrenzte und Fragmentarische führt nach innen. Der Konzentration dient das alles. Ein Ohr für das Schweigen und für die Sprache Gottes, die in der Stille zu uns redet, ist wiederzugewinnen.

Gelebte Gemeinschaft

Noch ein anderer Ort des Klosters muss herausgestellt werden. Gegenüber den asketischen Mönchsbewegungen der frühen Christen gewinnt das Refektorium als Raum des Mahles eine selbstständige Gestalt. Es liegt sogar, in der Anordnung des Kreuzgangs, der Kirche diametral gegenüber, hier in Loccum – wenn auch erheblich kleiner natürlich – in gleicher Ausrichtung von West nach Ost. Dort findet sich die Gemeinschaft im Gebet, hier in der Gemeinschaft dessen, was der Mensch empfängt und teilt. Schon die Häufigkeit der Speisegebote und Ernährungsregeln in der Ordensliteratur deutet an: Das Essen wird zu einem eigenständigen Bereich. Nicht nur von innen nach außen, auch von außen nach innen baut sich der Mensch sein Haus des Lebens. Die Urweisheit der Mönche ist das, dass die rituelle Begehung des Lebens, im Gottesdienst, in Arbeit und Ruhe, im Essen und Fasten das christliche Leben baut. Man sieht, wie sich diese Grundstrukturen eines rhythmisierten Lebens, wie das Anlegen von Karpfenteichen, in manchmal bis zur Unkenntlichkeit verwandelten Fragmenten bis in die Gegenwart erhalten haben. Auch hier scheint die présence, die Konzentration auf die Gegenwart der geschenkten Zeit, das Wichtigste zu sein. „Schau, er genießt das Essen, während wir uns nur ernähren."

Diese Herausstellung des Refektoriums kann in den Zisterzienserklöstern geradezu Monumentalcharakter annehmen. Aber welch ein schöner, festlicher Raum ist auch das Loccumer Refektorium. Damit und mit anderen, gerade auch wirtschaftlich klugen und weiterführenden Bereichen führt der Zisterzienserorden ein Prinzip in die Geistesgeschichte des Abendlandes ein, das auch für die reformatorischen Kirchen bestimmend geworden ist. Ganz hier auf dieser Erde will man sein, in den Tiefen, in den Niederungen des Lebens. Aber dann dort daran arbeiten, dass Gott in uns und mit uns in dieser Welt Raum gewinnt und gestaltet. Dass dieses realistische Prinzip am Ende des Mittelalters auch zur Verleugnung der christlichen Grundlagen und weitgehend zum Untergang dieser Reformbewegung führt, ist nicht von der Hand zu weisen. Eine Gratwanderung ist das, die auch die reformatorischen Kirchen mit den Gefahren des Absturzes zur Genüge kennen. Die Spannung zwischen transzendenter Utopie, eschatologischer Erwartung und diesseitiger Verwirklichung auszuhalten, ist überall die Nagelprobe des christlichen Glaubens.

Will man die mönchische Tradition, in der auch die Zisterzienser sich verstehen, also die benediktinische Tradition, auf einen Nenner bringen, dann scheint der Begriff am besten geeignet zu sein, den vor allem französische Erforscher der Geschichte des Mönchtums in den Mittelpunkt stellen: den der Solidarität. Solidarität ist die Basis der Regel Benedikts. Das muss ja auch so sein, wenn das Zusammenleben zahlreicher Menschen – und die Großklöster zählten Tausende – in den unterschiedlichsten Funktionen, auf engem Raum und dann auch noch in der besonderen Art des klösterlichen Arbeitens und Lebens geregelt werden soll. Die Strahlkraft der Benediktinerregel zeigt, dass sie diese Aufgabe in einer weisen Beschränkung auf menschliche Grundbedürfnisse bewältigt hat. Solidarisches Verhalten kann dann aber auch weit über den klösterlichen und christlichen Bereich hinausgehen. Die geistigen, von der antiken Welt geerbten Schätze wären weitgehend verloren gegangen, wenn sie nicht in den Klöstern einen sicheren Zufluchtsort gefunden hätten. Solidarität war offenbar zu einem Grundverhalten der Mönche im Kloster geworden, die – nicht nur in der beispiellosen Gastfreundschaft und Krankenfürsorge – alles und alle einschloss.

Die Zisterzienser brachten neue Elemente in diese Ausformung des gemeinschaftlichen Lebens hinein. Nicht nur, dass sie – erstmalig – die Laienbrüder, die Konversen, als nahezu gleichberechtigt in den Orden eingeschlossen sahen. Diese Erweiterung, die die Wirtschaftsführung des Ordens von zinspflichtigen Bauern unabhängig machte, kann in seiner Tragweite gerade für den wirtschaftlichen Erfolg der Zisterzienser gar nicht überschätzt werden. Aber eines kam noch hinzu. Solidarisches Verhalten bezog sich auf die Klöster untereinander und zum gesamten Orden. Die Autonomie der Einzelklöster, wie sie in anderen Orden galt, war weithin aufgehoben. Die Töchterklöster unterlagen der ständigen Visitation der Mutterklöster. Das jährliche Generalkapitel hielt alle Klöster zusammen, regelte die strittigen Fragen, genehmigte und bestimmte auch die Zahl und die Gegend der Tochtergründungen. Genügend Spielraum für die Eigenentwicklung der Klöster blieb offenbar erhalten, wenn man die unterschiedliche Entwicklung hier und dort betrachtet. Aber der Zisterzienserorden war eine große Einheit, und ohne dieses Phänomen lässt sich die Strahlkraft und geradezu kometenhafte Ausbreitung dieses Ordens nicht erklären. Schon 1153, im Todesjahr Bernhards von Clairvaux, gab es 343 Zisterzienserklöster, Ende des 13. Jahrhunderts waren es – inklusive der Frauenklöster – 1500 Abteien in fast allen Ländern Europas. Eine solche Ausbreitung einer Mönchsbewegung in so kurzer Zeit hatte man noch nie erlebt.

Ein Abbild zisterziensischer Frömmigkeit

Der Zisterzienserorden hat mit seinen Kirchen und Klöstern wie bei uns in der Hannoverschen Landeskirche vor allem mit dem Kloster Loccum ein Erbe hinterlassen, das wir in seiner Tiefe und Vielfalt erst allmählich zu begreifen beginnen. Dabei geht es nicht in erster Linie isoliert um ein architektonisches oder theologisches Erbe, sondern gerade um den Zusammenhang von Bauen und Glauben, von Architektur und Frömmigkeit. Es ist schon ein Phänomen, dass eine Bewegung wie der Zisterzienserorden, der die Raumfunktionen des Kirchen- und Klosterbaus so sehr von ihrem Eigengewicht entkleidet hat, Kirchen und Klöster bauen konnte, die gerade als Bauten eine unglaublich ästhetische Schönheit demonstrieren. Die anscheinend von Jahrhundert zu Jahrhundert immer stärker empfunden wird. Das anthropologische Grundgesetz mag also auch für die Baukunst gelten, dass man am stärksten zu sich selbst kommt, wenn man von sich absieht. Oder, um es theologischer auszudrücken: Baukunst ist mehr als eine „geometrische Harmonie" und Frömmigkeit mehr als eine von Gottes Geist bewegte „Innerlichkeit". Die Bauten des Zisterzienserordens sind Abbilder gelebter Frömmigkeit, und die Konturen des Gottesglaubens und Gottesverständnisses sind aus allem herauszulesen, was uns in diesen Klöstern begegnet. Es bleibt natürlich die Frage, ob wir unser Gespür dafür weiterentwickeln können, und ob wir Glaubensformen finden, die diesem großen geschichtlichen Erbe angemessen sind.

Literatur

Badstübner, Ernst: Kirchen der Mönche. – Berlin1980

Berneburg, Ernst / Kalko, Christine: Kloster Loccum. Große Baudenkmäler. Heft 160. – München [17]1997

Bubmann, Peter (Hg.): Menschenfreundliche Musik. – Gütersloh 1993

Dannowski, Hans Werner: Das Kloster Loccum als Ort christlicher Spiritualität. Eine Annäherung, in: Leitlinien politischen Handelns, hg. von Wolfgang Jüttner, Oskar Negt und Heinz Thörmer, FS Rolf Wernstedt. – Hannover 2005, S. 57-70

Grégoire, Réginald / Moulin, Leo / Oursel, Raymond: Die Kultur der Klöster. – Stuttgart/Zürich 1995

Pouillon, Fernand: Singende Steine. Roman. – München 1999

Hein Spreckelsen

Laienaltar und Sakramentshaus – Der Meister von Osnabrück

In der Mitte der Kirche, dort wo der Lettner die Laienmönche von den Priestermönchen trennte, stand einst der Laienaltar. Heute ist er zum Hauptaltar avanciert und hat den alten Reliquienschrein, der einst im Chorraum stand, in das Querhaus abgedrängt. Wer die Anmutung der Kirche in sich aufgenommen hat, kann nur staunen. Da leuchtet nun im Chorraum in hellem Gold und tiefdunklem Rot ein Altarschrein, wo doch der übrige Kirchenraum eher karg, asketisch und minimalistisch wirkt – so, wie Bernhard von Clairvaux es sich vorgestellt hatte.

Dieser Eindruck verstärkt sich, wenn wir näher an den Altar herantreten. Seit der Restaurierung 1963 sind die Figuren neu vergoldet, so dass sie unendlich kostbar erscheinen. Nicht nur die Figuren. Erst recht tritt das sie umgebende Gesprenge, 1980 restauriert, glanzvoll hervor und zieht unsere Blicke sofort auf sich. Auf jeder der zwei Etagen des Altaraufsatzes schaffen Halbsäulen an den Rändern und vier volle Säulen im Innern fünf Kammern für die Altarfiguren. Jede von ihnen überwölbt ein Baldachin aus miteinander verflochtenen Ranken. In der unteren Zeile sind diese Baldachine jeweils durch Säulenschäfte voneinander getrennt, die sich von den Kapitellen der darunter stehenden Säulen abstoßen. Ganz anders die obere Reihe. Die einzelnen Baldachine sind vollständig ineinander verwoben, ohne dazwischen gestellte Säulen. Von den Seiten her fließt das Blatt- und Rankenwerk auf die Mitte zu und fasst auf diese Weise auch die darunter stehenden Skulpturen zusammen. Das Auge wandert an den flamboyanten Blättern und ausufernden Ranken entlang wie am Notenbild einer Fuge, sucht ein Thema, stößt auf Veränderungen und Wiederholungen, glaubt ein Zentrum zu erkennen, wird aber sofort weitergezogen zum nächsten Bogen, zur nächsten Schleife, bis es sich am Rahmen stößt: Fermate. Bis dahin ist alles Bewegung, Musik, spätmittelalterliches Kunsthandwerk in der Vollendung. Und doch ist es nur rahmendes Beiwerk für die Heiligenfiguren, die ihm eingefügt sind. Nein, dies sind keine Kammern wie an dem Reliquienschrein, der hier einmal gestanden hat. Die Menge der Reliquien war dem Altar der Priestermönche vorbehalten. Dies ist der Altar der Laienmönche, ausgestattet „nur" mit den Holzgebilden von Heiligen dieses Hauses, Schnitzwerken aus Eichenholz, gefasst in Gold und satte Farben. Lassen wir sie zu uns sprechen.

Figuren des Laienaltars

In der unteren Reihe, ganz rechts, begegnen wir, ausgewiesen durch einen beschrifteten Nimbus im Hintergrund, der Heiligen Lucia. Frontal steht sie uns gegenüber, mit unbewegtem Gesicht, aber reichlich aufgefaltetem Gewand. Auf dem Arm trägt sie ein

Kirchenmodell, als wäre sie eine Stifterin. Freilich erinnert dieses Attribut auffällig an die ehemalige Kirche S. Lucia in Venedig, in der sie einst beigesetzt war. Ähnlich frontal und unbewegt steht an zweiter Stelle von links die Heilige Ursula. Nur sind ihr zu Füßen exemplarisch einige der elftausend Jungfrauen beigesellt, die mit ihr zusammen bei der Landung am Gestade von Köln einst ihr Leben lassen mussten.

Beide Skulpturen lassen erkennen, dass sie Verwandte haben am und im steinernen Sakramentshäuschen aus dem späten 15. Jahrhundert, das sich links vom Altar an der Wand zum Gewölbe emporstreckt. Dort stehen sie zwischen Giebeln und Fialen, ruhig und hieratisch, als wollten sie heute noch die Hostie bewachen, die dort eingelagert war: drei Heilige im Unterbau; oberhalb des eigentlichen Tabernakels, in dem einst die Monstranz verwahrt wurde, Maria, die Mutter Jesu, und der Heilige Georg als Patrone dieser Kirche sowie der Apostel Thomas mit dem Winkelmaß als Schutzpatron der Baumeister; ganz oben – wie im nahegelegenen Liebenau – der Pelikan, Symbol des Gekreuzigten, denn er hat seinen Nachwuchs mit eigenem Blut ernährt. Das Sakramentshaus mit seinen Skulpturen mag früher entstanden sein als der Laienaltar, spätgotisch sind sie beide und entstammen dem Umkreis des sogenannten Meisters von Osnabrück.

Bernhard von Clairvaux

Kehren wir zurück zum Altaraufsatz, dessen eben besprochene Gestalten, Lucia und Ursula, uns nun ein wenig konservativ erscheinen wollen. Um Vieles lebensvoller stehen vor uns der Heilige Erasmus, der das Instrument seines Martyriums – eine Kurbelwinde, um die seine Eingeweide gewickelt sind – links neben sich trägt, und Anna Selbdritt, die ihre Tochter Maria und ihren Enkel Jesus mit dem linken Arm an sich presst.

In der darüber liegenden Etage erkennen wir den Evangelisten Johannes. Er hält mit der Linken den Kelch, aus dem sich eine Schlange herauswindet. Die Schlange steht für das Gift, das den Johannes umbringen sollte, aber beim Schlagen des Kreuzes dem Kelch entwich. Johannes ist gekleidet in ein Gewand, dessen Faltenwurf demjenigen der Anna Selbdritt auffallend gleicht. Bleibt noch hinzuweisen auf den Apostel Andreas, unten in der Mitte, der kraftvoll sein Marterkreuz umklammert und ähnlich natürlich dargestellt ist wie Erasmus, Johannes oder Anna.

Raumgreifend stehen oben der Erzengel Michael, dessen weite Schwingen seine Macht demonstrieren, während er mit erhobenem Arm das Böse bekämpft (das Schwert scheint verloren zu sein), und ganz rechts in voller Rüstung Georg im Kampf mit dem Drachen.

Oben im Mittelpunkt des Altars aber sehen wir Maria mit dem Jesuskind, das in Herrscherpose, mit der Weltkugel als Zeichen seiner Macht, auf dem Arm seiner Mutter sitzt. Sie trägt ein Gewand, dessen halbrunder Saum noch an die Mondsichel denken lässt, die der Maria als Himmelskönigin zugeordnet war. Der Meister aber, der diese Figur geschaffen hat, brauchte keine zusätzlichen Attribute, auch keine kostbare Rahmung, um sie herauszuheben. Ihre Würde bezieht diese Madonna allein aus ihrer Haltung. Die Ekstatik des Erzengels Michael und Georgs ist zurückgenommen zugunsten der majestätischen Ruhe, die von ihr ausgeht.

Der Höhepunkt an Gestaltungskraft aber ist erreicht in der Figur Bernhards von Clairvaux. Der ruhige Fluss des Gewandes, die leichte Neigung des Hauptes, Hände, die ein Buch in die Schräge und den Abtsstab mit dem Paninellum, einem Tüchlein unter der Krümme, zur Seite halten, – das alles zeugt von einer Meisterschaft, die wir nur dem Hauptmeister der Gruppe „Meister von Osnabrück“ zuordnen können. Diese Bernhardsfigur nähert sich wieder einer Schlichtheit an, die das Wesen der Loccumer Stiftskirche ausmacht und die dem ersten Eindruck entspricht, den wir bei ihrem Betreten empfanden.

Ohne Zweifel haben an diesem Altar viele Künstler gearbeitet: Einer war für das Rankenwerk zuständig, ein anderer für die frontal dargestellten und etwas steif geratenen Figuren der Lucia und der Ursula. Vielleicht können wir eine weitere Hand an den Aposteln Andreas und Johannes und an Anna, sowie an Michael und Georg ausmachen, ehe wir bei der Madonna und bei Bernhard die Meisterhand wahrnehmen. Um Vergleichbares zu finden, müssen wir das Landesmuseum Westfalen-Lippe für Kunst- und Kulturgeschichte in Münster mit dem Holzbildwerk des Heimsener Altars und die Domschatzkammer des Diözesanmuseums in Osnabrück mit den Steinfiguren des Meisters von Osnabrück besuchen. In größerer Nähe finden wir die Steinplastiken in der Clemens-Kirche zu Marklohe, sicher datierbar auf das Jahr 1521, und die „Zwölf Apostel" aus Baumberger Sandstein in der Martinskirche zu Nienburg. Die Letzteren müssen unmittelbar nach den Markloher Figuren entstanden sein. Die Ähnlichkeit dieser steinernen Kunstwerke mit den Loccumer Holzskulpturen ist – abgesehen von der materialbedingten Vereinfachung der Gewänder – stellenweise frappierend.

Gerade mit der unterschiedlichen Auffassung der menschlichen Gestalten sowie durch den Gegensatz zwischen den Skulpturen und ihrer Rahmung ist der Altar ein Abbild seiner Zeit. Sie war einerseits in einem herkömmlichen Heiligenkult befangen. Andererseits breitete sich damals eine Weltfrömmigkeit aus, wie sie uns im „Buch von der Nachfolge Christi" des Thomas von Kempen (Gerrit Grote) begegnet und in den „Brüdern vom gemeinsamen Leben" ebenso wie unter den Laienmönchen, den sogenannten Konversen in den Klöstern, ihren sichtbaren Ausdruck fand. In dieser Übergangszeit bildeten sich landauf, landab Gruppierungen von Menschen, die sich zu gemeinsamer Andacht trafen, daneben aber durchaus weltlichen Berufen nachgingen. Das zisterziensische *„Ora et labora"*, *„Bete und arbeite"*, feierte fröhliche Urständ.

Die Werkgemeinschaft mit dem Notnamen „Meister von Osnabrück" dürfte in einem solchen Umfeld gearbeitet haben. Es ist auffällig, welch große Rolle das Buch in dem Loccumer Retabel spielt. Ursula und sogar die Jungfrauen zu ihren Füßen, Erasmus und Bernhard und selbst das Kind Jesus im Arm der Maria bei deren Mutter Anna tragen ein rotes, goldgeschnittenes, wohl liturgisches Buch. Traditionell zeichnet das Buch im Mittelalter vor allem Apostel und Evangelisten aus. Es scheint aber so, als handele es sich hier nicht um ein beiläufiges Attribut. Wie aufmerksam lesen Erasmus und Bernhard in ihren Büchern! Die Zeit um 1520 drängt weg von der Äußerlichkeit kultischer Frömmigkeitsübungen und hin zu einer Spiritualität des Wortes. Die Skulpturen des Laienaltars passen also nicht nur in formal-ästhetischer Hinsicht, sondern auch in ihrer sachlichen Aussage in diese Kirche, die von Anfang an ein Haus der Anbetung, ein Oratorium, also immer auch eine Kirche des Wortes sein wollte.

Freilich, als sich um 1600 das Kloster zur Confessio Augustana bekannte und lutherisch wurde, genügte den Verantwortlichen die Reihe der Heiligen nicht mehr. Dem Retabel wurden Seitenflügel angepasst, die in geschlossenem Zustand die Auferstehung Jesu und aufgeklappt seine Passion in dramatisch-manieristischer Weise darstellten. Als Sockel wurde eine Predella hinzugefügt. Solche Predellae zeigten seinerzeit fast immer eine Darstellung des letzten Abendmahls Jesu oder erhielten als Inschrift die Einsetzungsworte des Abendmahls. So geschah es auch hier. Der Meßopferaltar war damit zum Abendmahlstisch geworden. Und wie am Eingang der Kirche ein neuer Taufstein verkündete: „Gehet hin in die Welt", so lud dieser Altar mitten in der Klosterkirche „die Welt" zum Mahl des Herrn.

Barbara Kruhöffer

Steinmetzarbeiten im Kreuzgang

Der Kreuzgang

Der Kreuzgang befindet sich im innersten Bereich des Klosters. Fremde dürfen ihn nicht betreten, er ist von der Welt abgeschlossen. Im Lateinischen heißt er darum claustrum (von claudere: schließen, abschließen). Für den deutschen Ausdruck „Kreuzgang" lautet eine Erklärung, dass hier an besonderen kirchlichen Feiertagen Prozessionen stattfanden, bei denen von den Mönchen ein Kreuz voran getragen wurde.

Über den Kreuzgang können – und konnten auch in Loccum – die Mönche alle für sie wichtigen Räume (Kirche, Schlafraum, Speiseraum, Kapitelsaal und Brunnenhaus) erreichen. Obwohl der Kreuzgang also viel begangen wurde, waren nur die Schritte der Mönche zu hören. In der Regel herrschte Schweigen. In der Mitte liegt der quadratische Innenhof des Klosters.

Am reichsten ist der Lesegang ausgestaltet. Er grenzt an die Kirche, ist breiter als die anderen drei Gänge und hat ein Kreuzrippengewölbe mit schlichten Schlusssteinen. An der Fensterseite laufen die Gewölberippen in Wandsäulen zusammen. Auch die Fenster im Lesegang sind kunstvoller gestaltet, sie haben dreiteiliges Maßwerk, in den anderen Flügeln sind sie zweibogig.

Im Lesegang kamen die Mönche bei Sonnenuntergang zusammen, um eine Lesung aus den Kirchenvätern zu hören. Auch die wöchentlichen Fußwaschungen fanden hier statt. An jedem Sonnabend wuschen die Brüder, die Wochendienst gehabt hatten, und diejenigen, die ihn am Sonntag beginnen würden, den anderen Mönchen die Füße. Es ist eine Demutsübung der Mönche. Sie erinnert sie an die Fußwaschung, die Jesus an seinen Jüngern vollzogen hat. (Johannes 13, 14f.) An der Wand zum Innenhof ist noch der Abfluss für das Brauchwasser zu sehen. Die Bodenfliesen mit der „Zisterzienser-Lilie" sind beachtenswert, stammen aber nicht aus der ersten Zeit.

Die Besonderheiten des Ostflügels sind der offene Durchgang zum Kapitelsaal und die beiden Arkadenfenster. Diese hatten die Funktion, dass auch Novizen und in ausgewählten Fällen Gäste oder Konversen vom Kreuzgang aus die Geschehnisse und Verhandlungen im Kapitelsaal verfolgen konnten. Die vier mächtigen Säulen, die hier stehen, stammen – wie die Säule im Gebhardtssaal – aus romanischer Zeit.

Der vierte, westliche Kreuzgang-Arm wurde 1778 abgebrochen und mit flacher Decke und rechteckigen Fenstern wieder aufgebaut, als man das Gebäude aufstockte.

Die Steinmetzarbeiten

Wer durch den Kreuzgang geht, registriert den Formenreichtum und die liebevolle Ausgestaltung der Kapitelle.

Bernhard von Clairvaux, der bedeutendste Zisterzienser-Abt aus der Gründungszeit des Ordens, hatte sich bekanntermaßen strikt und drastisch gegen üppigen und phantasievollen Zierrat in den Klöstern gewandt. Der Generalkonvent des Ordens machte sich diese Anschauung zu eigen und legte im Jahr 1134 verbindlich fest: „*Wir verbieten, dass in unseren Kirchen oder in irgendwelchen Räumen des Klosters Bilder und Skulpturen sind, weil man gerade auf solche Dinge seine Aufmerksamkeit lenkt und dadurch häufig der Nutzen einer guten Meditation beeinträchtigt und die Erziehung zu religiösem Ernst vernachlässigt wird. Wir haben jedoch bemalte Kreuze.*" Auch die Darstellung von Pflanzen war erlaubt.

Die Loccumer Mönche haben sich beim Bau des Klosters weitgehend an diese Vorschrift gehalten.

In der Hauptsache sehen wir sogenannte Blatt-Kapitelle, bzw. Konsolen. (Kapitell = Bekrönung einer Säule oder Halbsäule, Konsole = Wandvorsprung, auf

dem Gewölbeteile oder Kreuzrippen aufliegen). Sie tragen sorgfältig und naturalistisch gearbeitete Pflanzenformen. Viele Pflanzen lassen sich genau bestimmen und zu manchen finden sich Deutungen in mittelalterlichen Symbolsammlungen.

Sehr zahlreich sind **Weinblätter** und **Trauben** (zum Teil erkennt man sogar die dünnen Ranken). Hier ist die Symbolik klar erkennbar. Die Darstellungen weisen hin auf Christus, der sagt: *„Ich bin der wahre Weinstock, und mein Vater der Weingärtner.“* (Johannes 15,1) Und im Hinblick auf die Gemeinde: *„Ich bin der Weinstock, ihr seid die Reben. Wer in mir bleibt und ich in ihm, der bringt viel Frucht; denn ohne mich könnt ihr nichts tun.“* (Johannes 15,5) Außerdem liegt natürlich der Bezug zum Abendmahl auf der Hand, das die Mönche bei der täglichen Messe feierten.

Die Symbolik der **Rose** ist besonders vielfältig, sie ist sowohl Marien- als auch Christusblume. Die weiße Rose weist hin auf die jungfräuliche Reinheit der Mutter Jesu; die rote Rose auf das Martyrium, damit wird sie zum Christussymbol. Fünf rote Rosen bedeuten die fünf Wunden Christi; Bernhard von Clairvaux sieht sie in den fünf Blütenblättern der Heckenrose abgebildet.

Die **Eiche** gilt als Symbol für Stärke und Beständigkeit. Sie wird einige Male im Alten Testament erwähnt. Häufig markiert sie einen besonderen geschichtlichen Ort im Leben des Volkes Israel (so z. B. 1. Mose 35,8; Josua 24,26; Richter 6,11; nach der Vulgata, der im Mittelalter maßgeblichen lateinischen Bibelübersetzung). Auch wird die Stärke der Eiche hervorgehoben (Amos 2,9).

Die symbolische Bedeutung der Beständigkeit meint hier im Kreuzgang sicher die Beständigkeit im Glauben.

Die **Akelei** ist zum einen auch eine Marienblume. In der gotischen Malerei („Paradiesgärtlein“) taucht die Akelei vielfach auf. Zum anderen ist sie volkstümliches Symbol für die Dreifaltigkeit wegen ihrer dreigelappten Blätter.

Der **Efeu** ist wie alle immergrünen Pflanzen im Mittelalter Sinnbild für ewiges Leben. Außerdem symbolisiert er Treue und Anhänglichkeit wegen seiner Fähigkeit am Untergrund anzuhaften und wegen seiner Klettereigenschaften.

Akanthus ist eine Distelart mit großen gezackten Blättern. Darstellungen finden sich schon in der Antike häufig als dekoratives Element, vielfach auch bei Grabdenkmälern. Dadurch brachte man den Akanthus mit der Unsterblichkeit in Verbindung, eine Symbolik, die besonders in der romanischen Kunst bei Kapitellen aufgegriffen wurde.

Weitere Pflanzenteile, die sich bestimmen lassen, die aber vermutlich keine christliche Bedeutung haben, sind **Ahornblätter**, **Hopfen** und **Buchenblätter**. Einige Konsolen sind mit glatten, stilisierten, zum Teil aufgerollten Blättern verziert. An vielen Stellen finden sich Blätter mit halbkugelförmigen „Beulen“. Vermutlich zeigen sie Galläpfel, die zur Herstellung von Tinte verwendet wurden und deshalb für das Kloster bedeutsam waren.

Neben ihrer speziellen symbolischen Bedeutung sollen die Pflanzendarstellungen im Kreuzgang auf die göttliche Schöpfung hinweisen. Hier wurde sie den in

strenger Klausur lebenden Mönchen täglich vor Augen gestellt.

An drei Stellen im Kreuzgang wichen die Steinmetze vom strengen Verbot Bernhards ab, Tiere darzustellen.

Versteckt in der Ecke neben der Tür zur Bibliothek kauert ein kleiner **Dämon**. Sein Gesicht ist hinter einem Blatt versteckt, an den Füßen zeigt er seine vier Krallen, aber er kann kein Unheil mehr anrichten. Er ist in Dienst gestellt und muss die Gewölbestreben tragen – eine Warnung an alle Dämonen, die sich ins Kloster einschleichen sollten.

Ein besonders kunstvoll gestaltetes Kapitell befindet sich im Lesegang. Es ist mit Weinblättern, Trauben und wunderschönen Rosen geschmückt. Interessant sind die beiden Tiere, versteckt rechts und links an der Wand: auf der einen Seite pickt ein **Vogel an einer Traube**, gegenüber posiert ein **Äffchen**, leider ist sein Gesicht zerstört. Der Vogel, wohl eine Taube, die an den Trauben pickt, symbolisiert die Seele des glaubenden Menschen, die nach Erlösung strebt. Auch wird hier der Bezug zum Abendmahl deutlich.

Typische Eigenschaften der Affen sind ihre Geschicklichkeit und ihr Nachahmungstrieb. Das hat sie im Christentum zum negativen Symbol gemacht: Sie ahmen das Heilige in gottesfeindlicher Absicht nach und führen die Christen so in Versuchung. Eine weitere symbolische Deutung für das Abbild des Affen ist der sündige Mensch.

Die schönste Tierdarstellung ziert die **Adlerkonsole** in der Mitte des Leseganges, ein prächtiger **Adler** hält in seinen Fängen ein Junges. An dieser Stelle des Leseganges saß der Abt bei der abendlichen Lesung aus den Schriften der Kirchenväter. Ihm gegenüber hatten die Mönche ihren Platz. Es ist klar, dass an dieser exponierten Stelle die Darstellung eine besondere Symbolik hat. Es ist das Symbol des fürsorglichen Gottes.

„Der Herr behütet sein Volk wie seinen Augenstern, wie der Adler, der sein Nest beschützt und über seinen Jungen schwebt, der seine Schwingen ausbreitet, ein Junges ergreift und es flügelschlagend davonträgt."
(5. Mose 32,11, nach der Vulgata)

Der Kreuzgang war für die Mönche ein Ort der Stille und Besinnung. Diese wohltuende Atmosphäre kann er auch noch heute für uns spürbar werden lassen.

Eberhard Sievers

Das verschwundene Brunnenhaus

Wer bei einem Gang durch den Kreuzgang des Klosters den Innenhof betritt, dem fällt der Brunnen auf, in dem aus einer großen weißen Steinschale Wasser sprudelnd hervortritt. Dieser Brunnen ist neueren Datums. Er steht an der Stelle, wo sich früher ein schönes Brunnenhaus mit gotischen Fenstern befand.

Die Zisterzienser bauten Brunnenhäuser als festen Bestandteil in viele ihrer Klöster, ihrer Kreuzgänge und Innenhöfe ein. In ihnen füllte fließendes Wasser, das in der Mitte aufstieg, eine oder zwei Brunnenschalen, die von einem höher gelegenen Teich durch Gefälledruck in geschlossenen Röhren gespeist wurden. Diese Schalen von etwa zwei Metern Durchmesser ermöglichten, dass sich mehrere Mönche gleichzeitig waschen konnten. Die Lage des Loccumer Brunnenhauses direkt gegenüber dem Eingang zum Refektorium, dem Speisesaal, zeigt uns deutlich seine Funktion: Nach der Arbeit und vor dem Essen wusch man sich, Hygiene war bei den Mönchen groß geschrieben.

Das Brunnenhaus im Innenhof wird, wie an vielen noch erhaltenen Beispielen zu sehen ist, ein bewundernswertes Schmuckstück unserer Klosteranlage gewesen sein.

Auch das Geräusch plätschernden Wassers kann man sich ausmalen, das die Stille, die den Besucher hier umgibt, nicht durchbricht, sondern in meditativer Sanftheit untermalt.

Solche Brunnenhäuser kann man zum Beispiel in Bebenhausen, Maulbronn und Walkenried und in Österreich in Zwettl und Heiligenkreuz sehen, hören und bewundern.

Im Kloster Loccum erkennt man im Innenhof hinter dem neuen weißen Brunnen an den Seiten des vermauerten Spitzbogens Abbruchkanten von Säulen und Bögen als klägliche Überreste eines wohl schönen Brunnenhauses an dieser Stelle. Wie mag es ausgesehen haben? Und wann und warum wurde es später wieder abgerissen?

Abbruchkanten des alten Brunnenhauses am südlichen Kreuzgang

Das Brunnenhaus ist beim Bau des Klosters noch vor dem Kreuzgang errichtet worden. Denn es musste schon während der langen Bauphase genutzt werden. Es gab einen offenen Zugang (keine Tür!) vom Kreuzgang her zum Brunnenhaus. Dieses erhielt Licht durch große Fenster, hatte aber keine Öffnung zum Innenhof. Es war also ein fester Bestandteil des südlichen Kreuzganges. Ursprünglich mag es wohl romanisch

Brunnen im Innenhof
des Klosters

gestaltet gewesen sein. Darauf deuten einige mit einfachen Lanzettblättern versehene Kapitelle außen an den Säulenresten hin. Später wurde das Brunnenhaus im gotischen Stil gebaut, wie es in den meisten Zisterzienserklöstern üblich war.

Eine neuere Studienarbeit auf der Grundlage von Beobachtungen, Messungen und Grabungen kommt zusammenfassend zu folgenden Vermutungen über das frühere Brunnenhaus (Baumgart/Kischlat, Studienarbeit Kloster Loccum, Uni Hannover 2006):

- eingeschossiger gotischer Bau mit einem Zeltdach, angegliedert an den südlichen Kreuzgang am sechsten Joch von Osten
- achteckiger regelmäßiger Grundriss mit einem Durchmesser von ca. 9 m
- umlaufend zweiteilige gotische Maßwerkfenster, ähnlich denen des Kreuzganges
- vom Kreuzgang ausgehendes Gesimsprofil verlief unter der Traufe um das ganze Brunnenhaus herum und ging wieder in die Kreuzgangfassade über
- Bodenniveau etwa auf derselben Höhe wie das des Kapitelsaales, heute ca. 0,80 m unter der Grasnarbe
- Eintritt über mehrere Stufen nach unten
- mittig in einer Bodenvertiefung stehender, zweischaliger Laufbrunnen, gespeist durch einen in Nord-Ost-Richtung verlaufenden unterirdischen Kanal

Aussagen über das Brunnenhaus sind in den historischen Unterlagen des Klosters ausgesprochen rar. Aber ein wichtiges historisches Zeugnis ist die Chronik des Abtes Theodor Stracke (1600-1629). In seiner Chronik beschreibt er zwar nicht das Brunnenhaus an sich, wohl aber die darin befindliche Bronzeschale. Und er gibt sogar den Namen des Meisters an, der diese Schale im 15. Jahrhundert gegossen hat. Eine kleine, fast unscheinbare Notiz in der Chronik des Abtes Stracke ist der sicherste Beleg und damit das glaubwürdigste authentische Zeugnis über das Brunnenhaus und die Brunnenschale:

„Anno 1467 ist der Sprinkbrunnen von Meister Hinrik Setteghest von Warborg gegossen worden, welcher pro Refektorio und … Rempter im gange springet in einem hauß, heißt noch heutigs tags daß Bornehauß und umb daß oberste Faß stehen diese worte:

„MARIA + In dem Namen Jhesu wartt ditt fatt gegotten von Mester Hinrik Settegehst von Warborg in dem jahre da man schreff 1467.“

Dem Abt Stracke ist überliefert worden, dass das Brunnenhaus, welches er in seinem Kloster *„noch heutigs tags“* sieht, unter Abt Arnold Holtevoigt (1458-83) eine neue Schale erhalten hat. Die Bezeichnung *„Sprinkbrunnen“* deutet auf dauernd aufsteigend fließendes Wasser hin, das eine Druckleitung in geschlossenen Röhren und ein entsprechend hohes Gefälle voraussetzt. Der Standort wird *„pro Refektorio“*, also gegenüber der Tür zum Refektorium (auch Rempter genannt), dem Speisesaal der Mönche, beschrieben.

Die neue Brunnenschale ist *„daß oberste Faß“*, so dass man sich einen fließenden Brunnen mit zwei Schalen übereinander vorstellen muss, von denen die untere größer gewesen sein muss, um den Überlauf der oberen, kleineren Schale aufzunehmen. Die von Stracke beschriebene neue Schale ist aus Bronze „gegossen“ worden. Einen Bronzeguss von solchem Ausmaß konnten nur leistungsfähige Glockenguss-Werkstätten anfertigen. Glockengießer beherrschten die Metallgusstechnik so, dass sie nicht nur Glocken, sondern auch andere Metallgegenstände, wie zum Beispiel Taufschalen herstellten. Wir dürfen es als einen Glücksfall für die Suche nach dem verschwundenen Brunnenhaus im Kloster Loccum ansehen, dass der Glockengießer seinen eigenen Namen, Anschrift und Datum an den Rand der Schale eingegossen hat, so dass es möglich ist, diesen Spuren nachzugehen.

Eine Brunnenschale von etwa zwei Metern Durchmesser zu gießen und aufzustellen, war zweifellos im 15. Jahrhundert ein bedeutendes Werk großartiger, gewaltiger und schwieriger Handwerkskunst. Wir können nur ahnen, welcher große Aufwand hinter dem unscheinbaren Vermerk in Strackes Chronik steckt. Die Brunnenschale wurde wie auch alle Glocken in jener Zeit nicht in der heimatlichen Werkstatt des Glockengießers hergestellt, sondern vor Ort an ihrem künftigen Standort. Es war einfacher und sicherer, das Material und die Werkzeuge mit Pferd und Wagen nach Loccum zu transportieren, als die fertige schwere Schale. Wir dürfen uns den Innenhof des Klosters Loccum als Bronzeguss-Baustelle vorstellen, wo Settegehst mit seinen Knechten wochenlang mit Lehm oder Ton, mit riesigen Kesseln und Feuerstellen zum Verflüssigen des Metalls hantierte. Natürlich wurden die Männer in dieser Zeit im Kloster untergebracht und versorgt. Die fertige Brunnenschale wurde dann durch eine Fensteröffnung in das Brunnenhaus gehievt und dort an die Wasserleitung angeschlossen.

Im Kloster Loccum sind also weder Brunnenhaus noch Brunnenschale vorhanden, wohl aber ist die Inschrift überliefert, die eine früher existierende Brunnenschale als umlaufenden Satz zierte. Nach dem Zitat dieser Umschrift durch Abt Stracke ist ihr Wortlaut mangels anderer Erkenntnisse in alle Berichte über die Geschichte des Klosters aufgenommen worden und deshalb vielfach überliefert.

Die Tatsache, dass die beschriebene Brunnenschale von 1467 spurlos verschwunden ist, gibt viele Rätsel auf. War ihre Errichtung ein sehr aufwändiges Unternehmen, so muss auch ihre Entfernung ein großes Projekt gewesen sein. Man weiß nicht, in welchem Jahr genau Abt Stracke seine Notiz über die Brunnenschale geschrieben hat. Aber er hat den 30-jährigen Krieg, der 1618 ausgelöst wurde, bis zu seinem Tode 1629 erlebt. Kriegerische Ereignisse betrafen das Kloster Loccum schon 1615, besonders dann 1625-28, als „das Kloster, wie die ganze umliegende Gegend von den kaiserlichen Truppen hart mitgenommen“ wurde.

Das Kloster hatte schwer unter Abgaben, Besatzung und Plünderung zu leiden. Stracke schildert bis in die Einzelheiten hinein die kriegerischen Ereignisse um den König von Dänemark einerseits und Graf Tilly andererseits. Er listet den erlittenen Schaden des Klosters genau auf in Form von Schweinen, Schafen, Pferden, Fischen, Korn und so weiter im Gesamtwert von 2016 Talern. In der weiteren Folge des 30-jährigen Krieges ist von schweren Schäden im Kloster Loccum nichts bekannt.

Die Annahme, die bronzene Brunnenschale sei im 30-jährigen Krieg von plündernden Soldaten eingeschmolzen worden, um aus dem Material Kanonen oder Kugeln zu gießen, muss darum, weil sie keinerlei Erwähnung findet, verworfen werden. Auch später gibt es keinen Hinweis über ihren Verbleib. Entweder sie wurde irgendwann – spätestens mit dem Abbruch des Brunnenhauses – unauffällig „entsorgt“ – was bei der Kostbarkeit allein des Bronze-Materials unwahrscheinlich ist – oder sie schlummert noch irgendwo vergessen, zweckentfremdet, unerkannt und unbeachtet. Ihr Schicksal bleibt weiter ein Geheimnis.

Wann wurde das Brunnenhaus abgerissen? Von dem Küster Droste, der im 20. Jahrhundert jahrelang Besucher durchs Kloster Loccum führte, ist eine historisch völlig unzutreffende, aber rhetorisch meisterhafte Anekdote überliefert. Im Innenhof vor den Abbruchkanten stehend erklärte er mit lauter Stimme: „Meine Damen und Herren, dieses wunderschöne Brunnenhaus hat vor 250 Jahren der Abt Ebell abreißen lassen. Wir sind dem Abt Ebell dankbar…“ – und hier legte Droste eine deutliche Pause in seinen Erklärungen ein, um den Zuhörern Gelegenheit zu geben, die Spannung zwischen der Entrüstung über den frevelhaften Abriss und dem Ausdruck der Dankbarkeit innerlich auszukosten, um dann mit sichtbarem Schmunzeln seine folgende Pointe zu genießen und fortzufahren: – „…dass er nicht noch mehr hat abreißen lassen!“

Ursache und Auslöser des Zusammenbruches war wohl die große Baumaßnahme 1593-96 unter Abt Fenger, als der sogenannte Warmoffen – ein heizbarer größerer Raum – abgerissen und das Refektorium neu gebaut wurde. Die neue riesige Dachkonstruktion des Südflügels über dem Refektorium entwickelte eine so starke Schubkraft auch über den Kreuzgang hinweg, dass die Außenmauern in Mitleidenschaft gezogen wurden. Weil das Brunnenhaus einen Baukörper mit dem Kreuzgang bildete und beide Teile durch einen gemeinsamen Sims miteinander verbunden waren, bekam das kunstvoll im gotischen Stil gestaltete Brunnenhaus Risse und fiel schließlich zusammen. Dann musste man an der Außenwand des Kreuzganges nachträglich schräge Stützpfeiler anbringen. Deren unregelmäßig behauene Steine könnten sogar dem zusammen gebrochenen Brunnenhaus entnommen worden sein. Der weitere Abbau des ruinösen Brunnenhauses ist dann, weil es weder ein Ruhmesblatt noch ein Ereignis war, nicht weiter notiert worden.

Erst im 21. Jahrhundert wurde diese Dachkonstruktion stabilisiert und wurden die Außenwände von Refektorium und Kreuzgang zusätzlich mit weiteren Stützpfeilern versehen. Die Gesimsverschiebungen an den Seiten des Brunnenhauses sind deutlich erkennbar. Ein solcher schleichender Verfall mag das jahrelange Schweigen um das Brunnenhaus erklären. Der Verbleib der riesigen bronzenen Brunnenschale bleibt allerdings weiterhin rätselhaft.

Der Initiative des Abtes Horst Hirschler und des Konventes ist es zu verdanken, dass 2009 eine neue steinerne Brunnenschale mit Hilfe eines Sponsors aus Obernkirchener Sandstein angefertigt wurde, dass Ausgrabungen im Fundament archäologische Erkenntnisse brachten und dass damit der historische Standort des Brunnens im Innenhof des Klosters wieder anschaulich und geschmackvoll markiert ist. Zugleich ist die Diskussion um das frühere, abgebrochene Brunnenhaus neu herausgefordert.

Jedenfalls hat das Kloster Loccum mit der Aufstellung einer neuen steinernen Brunnenschale am Original-Standort ein schmuckvolles Anschauungs- und Erinnerungsstück erhalten anstelle einer bedauerlichen Leerstelle mit nichts als Abbruchkanten. Somit ist es für alle, denen das Kloster lieb und wert ist, leichter, mit den noch offenen Fragen einer rätselhaften Brunnengeschichte zu leben. Aber der Eindruck einer vollkommenen schönen mittelalterlichen Klosteranlage in Loccum wäre erst dann hergestellt, wenn wieder ein Brunnenhaus mit offenem Zugang vom Kreuzgang her errichtet würde, das die wunderbare ästhetische und spirituelle Funktion im sinnlich erfahrbaren Zusammenklang von Brunnenhaus, Brunnenschale und fließendem Wasser anschaulich darstellt.

Literatur:

Sievers, Eberhard: Rätsel um das Brunnenhaus und Brunnenschale im Kloster Loccum, in: Jahrbuch der Gesellschaft für Niedersächsische Kirchengeschichte, Bd. 108. – Hannover 2010, S. 151-172

Kloster Loccum ca. 1850.
Stahlstich von Joh. Poppel,
gezeichnet von L. Robock.
Druck und Verlag von
G. G. Lange in Darmstadt

Anhang

Vikarinnen und Vikare

Unter Abt Eduard Lohse (1977-2000)

Konventual-Studiendirektor Jürgen Johannesdotter (1988-1992)

Kurs 39

1132.	Andreas, Petra	1991-92
1133.	Breymann, Angelika	1991-92
1134.	Feddersen, Uta	1991-92
1135.	Foeth, Nora	1991-92
1136.	Galle, Christiane	1991-92
1137.	Haarnagel, Elke	1991-92
1138.	Hoidis, Hartmut	1991-92
1139.	Jäckel, Thomas	1991-92
1140.	Karneboge, Wilfried	1991-92
1141.	Kehlenbeck, Heike	1991-92
1142.	Kröncke, Torsten	1991-92
1143.	Kütemeyer, Kai	1991-92
1144.	Linke, Annegret	1991-92
1145.	Pannen, Friedemann	1991-92
1146.	Prassler-Kröncke, Bettina	1991-92
1147.	Reller, Jobst	1991-92
1148.	Röhrs, Thekla	1991-92
1149.	Rudnick, Ursula	1991-92
1150.	Scheepker, Andreas	1991-92
1151.	Schmidt, Uwe	1991-92
1152.	Schmidtmann, Dietmar	1991-92
1153.	Schoon, Christoph	1991-92

Konventual-Studiendirektor Hartmut Keitel (1992-1995)

Kurs 41

1154.	Boehnke, Bodo	1992-93
1155.	Brand, Uwe	1992-93
1156.	Briese-Roth, Susanne	1992-93
1157.	Frerichs, Thea	1992-93
1158.	Grabow, Alexander	1992-93
1159.	Heldt, Achim	1992-93
1160.	Henkel-Niebuhr, Dieter Georg	1992-93
1161.	Jacobskötter, Gesine	1992-93
1162.	Keller-Denecke, Uwe	1992-93
1163.	Kondschak, Nikolaus	1992-93
1164.	Krause, Ulrich	1992-93
1165.	Krey, Gabriele	1992-93
1166.	Liebenehm-Degenhard, Gert	1992-93
1167.	Najda, Kerstin	1992-93
1168.	Ott, Heidrun	1992-93
1169.	Ott, Roman	1992-93
1170.	Quittkat, Lars	1992-93
1171.	Reershemius-Wilk, Eimelt	1992-93
1172.	Stecher, Martina	1992-93
1173.	Steinke, Martin	1992-93
1174.	Stumpe, Detlef	1992-93
1175.	Uschmann, Marco	1992-93
1176.	Wilk, Florian	1992-93

Kurs 43

1177.	Bach, Ulrich	1993-94
1178.	vom Brocke, Christoph	1993-94
1179.	Bugdahn, Rainer	1993-94
1180.	Chrzanowski, Andreas	1993-94
1181.	Foerster, Frank	1993-94
1182.	Goudschaal, Johann	1993-94
1183.	Goudschaal, Ulrike	1993-94
1184.	Hartmann, Hans-Jürgen	1993-94
1185.	Hegeler, Viola	1993-94
1186.	Hirschler, Johannes	1993-94
1187.	Hoidis, Astrid	1993-94
1188.	van Hove, Bonna	1993-94
1189.	von Jutrczenka, Dirk	1993-94
1190.	Kiparski, Cornelia	1993-94
1191.	Maack, Andreas	1993-94
1192.	Maaß, Christoph	1993-94
1193.	Neukirch, Johannes	1993-94
1194.	Ostermeyer, Kerstin	1993-94
1195.	Retzko, Karsten	1993-94
1196.	Schmidt, Dorothea E.-M.	1993-94
1197.	Schulz, Detlef	1993-94

1198. Sieling, Annette 1993-94
1199. Uschmann, Elke 1993-94

Kurs 45

1200. Bock, Christian 1994-95
1201. Borchers-Schmidt, Karin 1994-95
1202. Brauer, Bernd 1994-95
1203. Burandt, Bogislav Christian 1994-95
1204. Drewes, Michael 1994-95
1205. Fischer, Holger Karsten 1994-95
1206. Glatte, Christiane 1994-95
1207. Hallbauer, Katharina 1994-95
1208. Hausfeld, Andreas 1994-95
1209. Holze, Michael 1994-95
1210. Hustedt, Barbara 1994-95
1211. Karottki, Ekkehard 1994-95
1212. Kuhland, Susanne 1994-95
1213. Lambrecht, Sabine 1994-95
1214. Mercker, Katrin 1994-95
1215. Meyer, Frauke 1994-95
1216. Mustert, Silvia 1994-95
1217. Opitz, Dietmar 1994-95
1218. Otte, Birgit 1994-95
1219. Pröve, Jens 1994-95
1220. Rabe, Ricarda 1994-95
1221. Seelemeyer, Andreas 1994-95
1222. Stichweh, Nicola 1994-95

Kurs 47

1223. Ackermann, Heike 1995-96
1224. Brandt, Dirk 1995-96
1225. Büttner, Stephan 1995-96
1226. Friederich, Dirk 1995-96
1227. Half, Sabine 1995-96
1228. Held, Michael 1995-96
1229. Hillmer, Ulrich 1995-96
1230. Hoffmann, Rainer 1995-96
1231. Horn, Petra 1995-96
1232. Kleihauer, Jutta 1995-96
1233. Kramer, Sven 1995-96
1234. Lesinski, Markus 1995-96
1235. Lüder, Andreas 1995-96
1236. Petersen, Anja 1995-96
1237. Rauchfleisch, Petra 1995-96
1238. Richter, Frank 1995-96
1239. Rocker, Silke 1995-96
1240. Stasch, Christian 1995-96
1241. Teille, Christoph 1995-96
1242. Uchtmann, Holger 1995-96

Konventual-Studiendirektor Michael Wohlgemuth (1996-2003)

Kurs 49

1243. Braun, Kirsten 1996-97
1244. Fluß-Scheepker, Angelika 1996-97
1245. Gerdes, Hans-Joachim 1996-97
1246. Haar-Rathjen, Christa 1996-97
1247. Jahn, Marcus 1996-97
1248. Köhler, Hermann 1996-97
1249. Küchenmeister, Johanna 1996-97
1250. Molthan, Petra-Irmgard 1996-97
1251. Müller-Brandes, Rainer 1996-97
1252. Orths, Anke 1996-97
1253. Richter, Matthias 1996-97
1254. Schröder, Jörn Michael 1996-97
1255. Schulz, Isabell 1996-97
1256. Seiferth, Arnd 1996-97
1257. Stelter, Dirk 1996-97
1258. Wittmann-Stasch, Bettina 1996-97
1259. de Vos, Christiane 1996-97

Kurs 51

1260. Bein, Sören 1997-98
1261. Berndt, Christian 1997-98
1262. Blessing, Marc 1997-98
1263. Bremer, Lisa 1997-98
1264. Büttner, Ruth 1997-98
1265. Bultmann, Julia 1997-98
1266. Dreyer, Susanne 1997-98
1267. Eimterbäumer, Stephan 1997-98

1268. Fliegner, Lars 1997-98
1269. Gehlen, Roger 1997-98
1270. Hachmeister, Eva 1997-98
1271. Jaschke, Uwe 1997-98
1272. Kärst, Thomas 1997-98
1273. Petersen, Jens 1997-98
1274. Schneider-Smietana, Ute 1997-98
1275. Schwegmann-Beisel, Guido 1997-98
1276. von Stemm, Sönke 1997-98
1277. Wegner, Astrid 1997-98
1278. Wohlfahrt, Rolf 1997-98

Kurs 53

1279. Bliek, Stephan 1998-99
1280. Brömer, Otto 1998-99
1281. Dreyer, Jürgen 1998-99
1282. Hödicke, Thorsten 1998-99
1283. Hüttmann, Christian 1998-99
1284. Lienau, Detlef 1998-99
1285. Oppermann, Kay 1998-99
1286. Riedel, Maike 1998-99
1287. Simmering, Karoline 1998-99
1288. Uhlhorn, Frank 1998-99
1289. Vasel, Stephan 1998-99
1290. Wasmuth, Jennifer 1998-99
1291. Willemer, Karsten 1998-99

Kurs 55

1292. Bausmann, Michael 1999-2000
1293. Breden, Bettina 1999-2000
1294. Flebbe, Jochen 1999-2000
1295. Greunig, Ilka 1999-2000
1296. Jürgena, Astrid 1999-2000
1297. Nisch, Falk 1999-2000
1298. Piorunek, Bernd 1999-2000
1299. Spekker, Alfred 1999-2000
1300. Stäblein, Christian Martin 1999-2000
1301. Rast, Carsten 1999-2000
1302. Hinrichs, Henning 1999-2000
1303. Schuster, Christiane 1999-2000
1304. Cordes, Harm 1999-2000
1305. Aippersbach, Andrea 1999-2000
1306. Schaede, Stephan 1999-2000

Unter Abt D. Horst Hirschler (ab 2000)

Konventual-Studiendirektor Michael Wohlgemuth (1996-2003)

Kurs 57

1307. Ahlers, Elke 2000-01
1308. Elster, Christiane 2000-01
1309. Fröhlich, Klaus 2000-01
1310. Heimann, Alexandra 2000-01
1311. Herzberg, Thomas 2000-01
1312. Herzer, Michael 2000-01
1313. Kleffken, Frank 2000-01
1314. Koch, Sabine 2000-01
1315. Kotterba, Silke 2000-01
1316. Kuck, Silke 2000-01
1317. Maczewski, Harriet 2000-01
1318. Mäkinen, Uwe 2000-01
1319. Milkowski, Volker 2000-01
1320. Petersen, Wiebke 2000-01
1321. Schmager, Marion 2000-01
1322. Schmale, Mirjam 2000-01
1323. Smid, Hillard 2000-01
1324. van Veldhuizen, Claus 2000-01

Kurs 59

1325. Ahlbrecht, Sabine 2001-02
1326. Bischoff, Dirk 2001-02
1327. Blackstein, Achim 2001-02
1328. Bösemann, Arnhild 2001-02
1329. Brand, Ortwin 2001-02
1330. Bülchmann, Sabine 2001-02
1331. Cochlovius, Gero 2001-02
1332. Deutsch, Joachim 2001-02
1333. Gelshorn, Karsten 2001-02
1334. Hauschild, Martin 2001-02

1335. Krug, Johannes 2001-02
1336. Kürschner, Kathrin 2001-02
1337. Lau, Joachim 2001-02
1338. Leonhardt, Stefan 2001-02
1339. Ockuhn, Esther 2001-02
1340. Piehl, Marcus 2001-02
1341. Rüttgardt, Antje 2001-02
1342. Schipper, Arne 2001-02
1343. Winkelmann, Kristin 2001-02

Kurs 61

1344. Arnheim, Stefanie 2002-03
1345. Behnken, Annette 2002-03
1346. Dohrmann, Dietmar 2002-03
1347. Donadell, Nils 2002-03
1348. Dürkop, Bettina 2002-03
1349. Gellermann, Corinna 2002-03
1350. Grohs, Birgit 2002-03
1351. Haecker, Cord 2002-03
1352. Heinemeyer, Marc 2002-03
1353. von Heyden, Wichard 2002-03
1354. Heuer, Dirk 2002-03
1355. Jeska, Joachim 2002-03
1356. Jonas, Dirk 2002-03
1357. Krarup, Martin 2002-03
1358. Kühne, Christian 2002-03
1359. Kuhrmeyer, Susanne 2002-03
1360. Ladwig, Anne-Christin 2002-03
1361. May, Tobias 2002-03
1362. Schmidt, Miriam 2002-03
1363. Schmidt, Stefan 2002-03
1364. Spörl, Birgit 2002-03
1365. Strehlow, Ilka 2002-03

Konventual-Studiendirektor Dr. Matthias Schlicht (2003-2007)

Kurs 63

1366. Baumhauer, Birgit 2003-04
1367. Baumhauer, Uwe 2003-04
1368. Dierßen, Michael 2003-04
1369. Dietrich, Matthias 2003-04
1370. Funke, Martin 2003-04
1371. Hesse, Ulrike 2003-04
1372. Kürschner, Verena 2003-04
1373. Klatt, Mareile 2003-04
1374. Konnerth, Daniel 2003-04
1375. Kotterba, Lars 2003-04
1376. Krause, Marcus 2003-04
1377. Kronast, Manuel 2003-04
1378. Maier, Rita 2003-04
1379. Manzek, Markus 2003-04
1380. Niehoff, Anja 2003-04
1381. Paul, Bernd 2003-04
1382. Rohloff, Thorsten 2003-04
1383. Trebing, Mark 2003-04
1384. Wasserberg, Sigrid 2003-04
1385. Winkelmann, Matthias 2003-04
1386. Wißmann, Anna Katharina 2003-04
1387. Wolthoff, Theda 2003-04

Kurs 65

1388. Ahlswede, Katrin 2004-05
1389. Asche, Iris 2004-05
1390. Behrens, Anna-Maria 2004-05
1391. Bettex, Annegret 2004-05
1392. Buchholz, Marcus 2004-05
1393. Cuno, Marika 2004-05
1394. Gansel, Ute 2004-05
1395. Halbrügge, Ralf 2004-05
1396. Jahn, Gunnar 2004-05
1397. Kahrs, Sven 2004-05
1398. Lonkwitz, Wibke 2004-05
1399. Lübcke, Katharina 2004-05
1400. Matzdorf, Kerstin 2004-05
1401. Meyer-Stiens, Lüder 2004-05
1402. Pabst, Vera Christina 2004-05
1403. Schneider, Florian 2004-05
1404. Schröder, Christine 2004-05
1405. Selbach, Ralf 2004-05
1406. Selmayr, Maike 2004-05

1407. Störmer, Imke 2004-05
1408. Strüve, Torsten 2004-05
1409. Wilke, Matthias 2004-05

Kurs 67

1410. Emrich, Felix 2005-06
1411. Emrich, Britta 2005-06
1412. Flanz, Julia 2005-06
1413. Flanz, Oliver 2005-06
1414. Harting, Jürgen 2005-06
1415. Heitkamp, Karsten 2005-06
1416. Kertess, Jens 2005-06
1417. Krömer, Markus 2005-06
1418. Linke, Alexandra 2005-06
1419. Martinsen, Raute 2005-06
1420. Mennrich, Leif 2005-06
1421. Schenk, Julia 2005-06
1422. Schmalz, Sandra 2005-06
1423. Schridde, Andrea 2005-06
1424. Schwarz, Norbert 2005-06
1425. Steen, Nora 2005-06
1426. Wagner, Stefan 2005-06
1427. Wilke, Alexa Friederike 2005-06

Kurs 69

1428. Bernhardt, Stephan 2006-07
1429. Bernhardt, Verena 2006-07
1430. Ilsemann, Tineke 2006-07
1431. Kahle, Torsten 2006-07
1432. Kramer, Simon 2006-07
1433. Kreuch, Jan 2006-07
1434. Ley, Friedrich 2006-07
1435. Thamm, Iveta 2006-07
1436. Wilken, Alexander 2006-07
1437. Thamm, Cord-Michael 2006-07

Konventual-Studiendirektor Dr. Christian Stäblein (ab 2008)

Kurs 1

1438. Bochow, Matthias 2006-08
1439. Hedel, Katja 2006-08
1440. Hoffmann-Buskohl, Cathrin 2006-08
1441. Kampermann, Jakob 2006-08
1442. Kleingeist, Christina 2006-08
1443. Kopp, Anderson 2006-08
1444. Miertschischk, Thomas 2006-08
1445. Plitzko, Christian 2006-08
1446. Schwabe, Gudrun 2006-08
1447. Wieland, Sonja 2006-08
1448. Willing, Meike 2006-08
1449. Schnabel, Patrick Roger 2006-08

Kurs 3

1450. Achtermann, Stephan 2007-09
1451. Göbert, Inga 2007-09
1452. Jain, Eva 2007-09
1453. Lerch, Sabrina 2007-09
1454. Oberheide, Franziska 2007-09
1455. Schirrmacher, Christine 2007-09
1456. Valerius, Mirjam 2007-09
1457. Rademacher, Dirk 2007-09

Kurs 4

1458. Buck, Marina 2007-09
1459. de Vries, Simon 2007-09
1460. Deutsch, Katrin 2007-09
1461. Hallwaß, Susanne 2007-09
1462. Hoppe, Christina 2007-09
1463. Krafft, Silke 2007-09
1464. Kramer, Helga 2007-09
1465. Lück, Rieke 2007-09
1466. Lütge, Udo 2007-09
1467. Maske, Angelika 2007-09
1468. Meyer-Do Santos, Daniel 2007-09
1469. Müller, Meike 2007-09
1470. Oltmanns, Sarah 2007-09
1471. Rakowski, Torben 2007-09
1472. Schipporeit, Dennis 2007-09
1473. Trottner, Sandra 2007-09

Kurs 5

1474.	Brandes, Daniela	2008-10
1475.	Herterich, Florian	2008-10
1476.	Hinkelmann, Riikka	2008-10
1477.	Kurzewitz, Christian	2008-10
1478.	Othmer, Michael H.	2008-10
1479.	Rabe, Elisabeth	2008-10
1480.	Simon-Hinkelmann, Benjamin	2008-10
1481.	Voß, Matthias	2008-10
1482.	Winnen, Jens Valentin	2008-10

Kurs 6

1483.	Averbeck, Birgit Simone	2008-10
1484.	Fromm, Benjamin	2008-10
1485.	Giebel, Michael	2008-10
1486.	Haarmann, Nora Johanna	2008-10
1487.	Heyden, Katharina	2008-10
1488.	Janköster, Jörg	2008-10
1489.	Knoblauch, Debora	2008-10
1490.	Kopp, Christian	2008-10
1491.	Luber, Dorothea	2008-10
1492.	Möller, Cornelia	2008-10
1493.	Mücke, Ramona	2008-10
1494.	Schröder, Andrea	2008-10
1495.	Ubben, Jens	2008-10

Kurs 07/08

1496.	Bauermeister, Hilke	2009-11
1497.	Buck, Thorsten	2009-11
1498.	Danckwerts, Hilko	2009-11
1499.	Danckwerts, Julie	2009-11
1500.	Dietzel, Stefan	2009-11
1501.	Erdwiens, Eyleen	2009-11
1502.	Erdwiens, Holger	2009-11
1503.	Fröchtenicht, Nicole	2009-11
1504.	Gnügge, Richard	2009-11
1505.	Jarecki, Thies	2009-11
1506.	Krüger, Margrit	2009-11
1507.	Nieser, Teresa	2009-11
1508.	Pautsch, Renata	2009-11
1509.	Plath, Malte Christian	2009-11
1510.	Reinhold, Christoph	2009-11
1511.	Schilde, Lara	2009-11
1512.	Siggelkow-Berner, Birke	2009-11
1513.	Störmer, Anne	2009-11
1514.	Wachtmann, Antje	2009-11
1515.	Wagner, Hanna	2009-11
1516.	Wilts, Enna	2009-11
1517.	Witzler, Anne-Kathrin	2009-11
1518.	Wöller, Dorothea	2009-11
1519.	Wollek, Philipp	2009-11
1520.	Wutkewicz, Jan	2009-11

Kurs 9

1521.	Dittmer, Wiebke	2010-12
1522.	Drösemeyer, Christoph	2010-12
1523.	Engelmann, Till	2010-12
1524.	Giebel, Isabell	2010-12
1525.	Grasekamp, Indra	2010-12
1526.	Hallwaß, Dietmar	2010-12
1527.	Jähnert-Müller, Jessica	2010-12
1528.	Jannasch, Stephan	2010-12
1529	Kaiser, Franziska	2010-12
1530.	Kalmbach, Meriam	2010-12
1531.	Kettler, Julia	2010-12
1532.	Lohmann, Stefanie	2010-12
1533.	Pehlke, Stefanie	2010-12
1534.	Müller, Imke	2010-12
1535.	Wenk, Christine	2010-12
1536.	Wutkewicz, Anika	2010-12
1537.	Zechel, Jan	2010-12

Kurs 10

1538.	Becker, Christoph	2010-12
1539.	Burmester, Kai Arne	2010-12
1540.	Hildebrand, Arne	2010-12
1541.	Iven, Christopher	2010-12
1542.	Kattner, Annabelle	2010-12
1543.	Keller, Friedemann	2010-12
1544.	Kuhlmann, Silke	2010-12

1545. Lüskow, Barbara 2010-12
1546. Lüskow, Matthias 2010-12
1547. Menge, Sabine 2010-12
1548. Meyer, Hans-Angelus 2010-12
1549. Oswich, Dennis 2010-12
1550. Peper, Eva-Maria 2010-12
1551. Runte, Merle 2010-12
1552. Schmidt, Peter-Christian 2010-12
1553. Schnelle, Ricarda 2010-12
1554. Spehr, Nina 2010-12
1555. Vajen, Nico 2010-12
1556. Wiesenfeldt, Almuth 2010-12

Kurs 11

1557. Ahlers, Burkhard 2011-13
1558. Beißner, Björn 2011-13
1559. Engelmann, Michaela 2011-13
1560. Gartmann, Fabian 2011-13
1561. Mölder, Verena 2011-13
1562. Liedtke, Simone 2011-13
1563. Kreuch, Tetje 2011-13
1564. Kurzewitz, Nora 2011-13
1565. Mordhorst-Mayer, Melanie 2011-13
1566. Riegert, Christina 2011-13
1567. Rohrlack, Dominik C. 2011-13
1568. Rucks, Timo 2011-13
1569. Schröder, Torben 2011-13
1570. Tunder, Imke 2011-13
1571. Weiß, Lena 2011-13
1572. von Fintel, Hans-Peter 2011-12
1573. Sarod-Wichmann, Sina-Maria 2011-13
1574. Witte, Carolin 2011-13

Kurs 12

1575. Crins, Tobias 2011-13
1576. Grimmsmann, Michael 2011-13
1577. Isensee, Anja 2011-13
1578. von Issendorff, Anja 2011-13
1579. Jäckel, Ina 2011-13
1580. Koeppler, Daniela 2011-13
1581. Krönke, Florian 2011-13
1582. Müller, Sebastian 2011-13
1583. Nguyen-Fürst, Thien Huong 2011-13
1584. Noordveld, Diederik 2011-13
1585. Opalka, Katharina 2011-13
1586. Overlach, Jonathan 2011-13
1587. Pflüger, Dagrun 2011-13
1588. Rathje, Maria 2011-13
1589. Rempel, Inna 2011-13
1590. Rose, Johanna 2011-13
1591. Rösler, Daniel 2011-13
1592. Schwarz, Maik 2011-13
1593. Sievers, Sebastian 2011-13
1594. Söffing, Martin 2011-13
1595. Voß, Steffen 2011-13
1596. Weseloh, Markus 2011-13

Kurs 13

1597. Barth, Sascha 2012-14
1598. Behrens, Katharina 2012-14
1599. Behrens, Michael 2012-14
1600. Bergau, Julian 2012-14
1601. Bernau, Anna Dorothea 2012-14
1602. Best, Anke 2012-14
1603. Brouwer, Christian 2012-14
1604. Brouwer, Rebekka 2012-14
1605. Eichhorn, Martin 2012-14
1606. Freytag, Matthias 2012-14
1607. Jäckel, Benjamin 2012-14
1608. Meyn, Tina 2012-14
1609. Möllhoff, Marcus 2012-14
1610. Mohr, Vitali 2012-14
1611. Schmidtke, Sabine 2012-14
1612. Schrader, Anne 2012-14
1613. Worbs, Juliane 2012-14

Menschen im Kloster Loccum

Aufgeführt ist, wer im Jahr 1980 oder später im Kloster gewirkt hat.

Äbte
Eduard Lohse 1977-2000, seit 2000 Alt-Abt
Horst Hirschler seit 2000

Prioren
Dieter Andersen 1979-1994
Horst Hirschler 1994-2000
Dieter Zinßer 2000-2008
Arend de Vries seit 2008

Konventualen
Eduard Lohse seit 1971
Walter Ködderitz 1951-1980
Henry Holze 1971-2008
Werner Knüllig seit 1971
Jürgen Uhlhorn 1977-2000
Horst Hirschler seit 1977
Günter Linnenbrink seit 1981
Hans-Wilheim Hube seit 1981
Ludolf Ulrich seit 1985
Dieter Zinßer seit 1989
Hein Spreckelsen seit 1993
Jürgen Johannesdotter 1993-2002
Peter Baum als Klosterbaumeister 1993-2009
Klaus Grüneklee seit 1998
Ralf Tyra seit 2002
Hans Christian Brandy seit 2004
Arend de Vries seit 2007
Jörg Antoine seit 2008
Helmut Aßmann seit 2010

Ehrenstiftsherren
Martin Kruse seit 1977
Philipp Meyer seit 1981, verstorben
Theodor Schober seit 1983, verstorben
Philip Potter seit 1984
Jürgen Johannesdotter seit 2002
Friedrich-Otto Scharbau seit 2002

Konventual-Studiendirektoren
Jan-Olaf Rüttgardt 1977-1982
Dieter Zinßer 1982-1988
Jürgen Johannesdotter 1988-1992
Hartmut Keitel 1992-1996
Michael Wohlgemuth 1996-2003
Matthias Schlicht 2003-2007
Christian Stäblein seit 2008

Studieninspektoren
Hans-Hermann Hammersen 1979-1986
Hans-Peter Hoppe 1986-1992
Friedrich-Wilhelm Baltruweit 1992-1998
Gabriele Arndt-Sandrock 1993-1997
Susanne Briese-Roth 1998-2004
Michael Kalla seit 2004
Eva Hadem seit 2008
Marianne Gorka seit 2009
Jeanette Kantuser seit 2012

Stiftsprediger
Ewald Dubbert 1979-1990
Michael Flämig 1991-2000
Joachim Köhler seit 2001

Stiftskantoren
Rudolf Rienau 1977-2004
Christian Auhage 2004-2007
Michael Merkel seit 2008

Pastor(in) für Pilger und Geistliches Leben
Maike Selmayr 2005-2010
Gabriel-Alexander Reschke seit 2010

Hausdamen
Inge Dannenberg 1965-1980
Ilse Manthey 1980-1994
Christa Frey 1994-2000
Nicole Schulze seit 2000

Köchinnen und Wirtschafterinnen
Ilse Manthey 1977-1980
Traute Kirchhoff 1980-1983
Karin Hofmann 1985- 1989
Elke Evers 1989-1991
Marion Schröder 1991-1997
Anneliese Strohmeier 1991-2000
Renate Becker 1993-1994
Antje Broihan 1994-1995
Silke Piske seit 1995
Heidrun Dreß seit 2000
Elisabeth Richter seit 2007
Sylke Gräper seit 2007

Mitarbeiterinnen im Haus
Gisela Müller 1964-1991
Minna Tillack 1971-1994
Ursel Bultmann 1949-1994
Gerda Blank 1988-1991
Annemarie Böker 1976-2000
Marianne Engelke 1982-1994
Renate Lübkemann 1985-2004
Luise Bulmahn 1993-2012
Edith Reinhardt 1994-2007
Waltraud Müller 1994-2008
Marianne Wesemann seit 1995
Heidi Cub seit 2000
Karin Salge seit 2001
Ingrid Dieckmann 2002-2010
Irina Goldyn 2008-2011
Heike Rode seit 2008
Rosa Schwagerus seit 2008
Birgit Schumacher seit 2010
Ilonka Schmidt seit 2012

Bibliothek und Archiv
Ursula Haupt 1963-1974
Ernst Berneburg 1972-1992
Regine Droste 1992-1999
Jörg Fiedler seit 2000

Bibliotheksassistentin
Ina Stahlhut 2010-2012

Klostervögte und Küster
Heinrich Böker 1974-1998
Lieselotte Kahle 1999-2006
Frauke Brohs seit 2006

Kirchenaufsicht
Herbert Bultmann 1986-1998
Klaus Bultmann 1999-2007

Hof- und Hausmeister
Günther Zierfuß 1968-1994
Robert Kellner seit 1995

Sekretärinnen
Erika Windheim 1973-1998
Ulrike Kriegs 1991-1998
Susanne Semisch seit 1999
Ines Pabsch seit 1999
Anke Hartmann 2001-2005
Marion Graw seit 2008

Forstbeamte
Helmut Struß 1969-1991
Karsten Sierk seit 1991

Forstaufseher und -arbeiter
Erich Helms 1963-1992
Wilfried Heidorn 1971-1995
Günter Rust seit 1977
Karsten Dreier seit 1992

Haus- und Hofpfleger
Gerhard Kroll seit 1983

Gutspächter
Klaus Ziegler 1978-1982
Werner und Lieselotte Eggers 1982-1997
Hans Werner und Ulrike Eggers seit 1997

Leiterin der Kindertagespflegestelle
Susanne Burfeind seit 2011
Aushilfe: Ilona Voss seit 2011

Personenregister

Zahlen in Fettdruck weisen auf Abbildungen oder Fotos der genannten Personen hin.

Literaturverzeichnis

Beer, Peter: Hexenprozesse im Kloster und Klostergebiet Loccum. – Göttingen 2007

Berneburg, Ernst/Kalko Christine: Kloster Loccum. Große Baudenkmäler. Heft 160. – München [17]1997

Bley, Fritz: Kloster Loccum, in: Die Kunst für alle. – München 1887, Bd. 2, S. 195-201.

Boeck, Urs: Wann entstand Kloster Loccums Kirche? Archivalien, Bauanalysen und die Dendrochronologie, in: Berichte zur Denkmalpflege in Niedersachsen 20. – Hameln 2000, S. 55-60

Calenberger Urkundenbuch, hg. von Wilhelm von Hodenberg, 3. Abteilung (CUB III). Archiv des Klosters Loccum. – Hannover 1858

Dannowski, Hans Werner: Das Kloster Loccum als Ort christlicher Spiritualität. Eine Annäherung, in: Leitlinien politischen Handelns, hg. von Wolfgang Jüttner, Oskar Negt und Heinz Thörmer, FS Rolf Wernstedt. – Hannover 2005, S. 57-70

Droste, Konrad: Loccum, ein Dorf, das Kloster, der Wald. Beiträge zu einer bemerkenswerten Geschichte. – Rehburg-Loccum 1999

Eberl, Immo: Die Zisterzienser. Geschichte eines europäischen Ordens. – Stuttgart 2002

Eine interessante Vergangenheit: Kloster Loccum und die Zisterzienser, in: Journal/Freunde der Abtei Morimond. – Rheinberg-Borth 1996

Falland, Christian / Schlicht, Matthias: Das Foucault-Pendel im Kloster. – Loccum 2006

Gundlach, Jens: Zwischen Loccum und Volkenroda. Ein Pilgerbuch. – Hannover 2005

Haendler, Gert: Bischof Berno von Schwerin: Ein Mönch in der Kirchenpolitik des 12. Jahrhunderts, in: Jahrbuch der Gesellschaft für Niedersächsische Kirchengeschichte 88. – Hannover 1990, S. 13-25

Hase, Conrad Wilhelm: Das Cistercienser Kloster Loccum, in: Die mittelalterlichen Baudenkmäler Niedersachsens, Bd. 10. – Hannover 1864

Heutger, Nicolaus: Das Kloster Loccum im Rahmen der zisterziensischen Ordensgeschichte – zum 100. Geburtstag von Johannes XI. Lilje, Abt zu Loccum und zur EXPO 2000. – Hannover 1999

Heutger, Nicolaus / Heutger, Viola: Niedersächsische Ordenshäuser und Stifte. – Berlin 2009 (= Forschungen zur niedersächsischen Ordensgeschichte Bd. 7)

Hirschler, Horst u.a. (Hg.): Ein lustig schön Gemach ... die Klosterbibliothek Loccum in der Vergangenheit und Gegenwart. Handschriften, Reliquien und Predigthilfen. – Stolzenau 2008

Hirschler, Horst / Berneburg, Ernst (Hg.): Geschichten aus dem Kloster Loccum. Studien, Bilder, Dokumente. – Hannover [4]2000

Hirschler, Horst / Wohlgemuth, Michael: Kloster Loccum. Mit Aufnahmen von Jutta Brüdern. – München [17]2008

Hirschler, Horst / Selmayr, Maike: Loccumer Wegbegleiter. Texte und Lieder für Pilger. – München 2007

Hölscher, Uvo: Kloster Loccum. Bau- und Kunstgeschichte eines Cisterzienserstiftes. – Hannover/Leipzig 1913

Karpa, Oskar: Kloster Loccum. 800 Jahre Zisterzienser Abtei in Niedersachsen. – Hannover 1963

Kirche in reformatorischer Verantwortung: Wahrnehmen – Leiten – Gestalten. Festschrift für Horst Hirschler, hg. vom Konvent des Klosters Loccum. – Göttingen 2008

Lausecker, Thilo: Zur Entstehungsgeschichte des Klosters Loccum. Die Verbindung derer zu Hallermund mit der Lukkaburg und dem Kloster. – Göttingen 2002

Lilje, Hanns: Loccum. Kunstgeschichtliche Einführung von Hermann Deckert. Bilder von Helga Schmidt-Glassner. – Nürnberg 1952

Loccum sehen: Augenblicke der Begegnung, hg. vom Loccumer Arbeitskreis für Meditation e.V., Fotos von Andreas Hoffmann. – Rehburg-Loccum 1996

Der Loccumer Zisterzienserpfad, hg. vom Kloster Loccum. – Loccum 2001

Nosko, Ralf: Der Einfluss der Loccumer Zisterzienser auf die Entwicklung der Kulturlandschaft zwischen Leine und Weser: Diplomarbeit im Studiengang Landschafts- und Freiraumplanung. – Hannover 2001

Riepe, Hartmut: Kloster Loccum – „Es steht das Kreuz"... ein Dokumentarfilm. – Nienburg 2008
(1 DVD + Begleitheft)

Ruppel, Erich (Hg.): Loccum vivum. 800 Jahre Kloster Loccum. – Hamburg 1963

Rüttgart, Jan Olaf: Das Kloster Loccum im Dritten Reich, in: Jahrbuch der Gesellschaft für Niedersächsische Kirchengeschichte 85. – Hannover 1887, S. 197-222

Schultzen, Friedrich: Geschichte des Klosters, in: ders.: Zum Jubiläum des Klosters Loccum. – Hannover 1913

Schuster, Carl Friedrich Theodor: Das Kloster Loccum. Blicke auf die Geschichte, Alterthümer und Kunstschätze des Klosters. – Hannover 1876

Sievers, Eberhard: Rätsel um Brunnenhaus und Brunnenschale im Kloster Loccum, in: Jahrbuch der Gesellschaft für Niedersächsische Kirchengeschichte 108. – Hannover 2010, S. 151-172

Sievers, Eberhard: Wasserforschungen im Kloster Loccum, in: Cistercienserchronik 110. – Loccum 2003, S. 79-86

Wasserbaukunst im Kloster Loccum / Arbeitskreis Wasserwirtschaft der Zisterzienser. Erstausg. in: Studien zu Geschichte, Kunst und Kultur der Zisterzienser. – Berlin 2006

Weerth, Otto: Die Burg Lucca beim Kloster Loccum. Mit Vor- und Nachsätzen von Carl Schuchhardt. – Hannover 1916

Weidemann, Christoph Erich: Geschichte des Klosters Loccum. Nach Weidemann's Manuskripte bearbeitet, fortgesetzt und hg. von Friedrich B. Köster. – Göttingen 1822

Autorinnen und Autoren

Anastasiou, Constantin, Dipl. Ing., Bauingenieur, Hannover

Anhelm, Fritz Erich, Dr. der Sozialwissenschaften, Direktor i. R. der Evangelischen Akademie Loccum, Rehburg-Loccum

Auhage, Christian, Kirchenmusiker, Ronsdorf

Antoine, Jörg, Dr. jur., Stellv. Direktor des Diakonischen Werkes, Hannover

Boeck, Urs, Dr. phil., Dipl. Ing., Hauptkonservator i. R., Hannover

Brandy, Hans Christian, Dr. theol., Landessuperintendent, Stade

Dahling-Sander, Christoph, Dr. theol., Pastor, Sekretär der Hanns-Lilje-Stiftung, Hannover

Dannowski, Hans Werner, Stadtsuperintendent i. R., Hannover

Eggers, Ulrike, Dipl. Ing. agr., Rehburg-Loccum

Hirsch, Eike Christian, Dr. theol., Schriftsteller und Journalist, Hannover

Hirschler, Horst D., Landesbischof i. R., Abt zu Loccum, Rehburg-Loccum

Holze, Heinrich, Dr. theol., Professor der Theologie, Rostock

Hube, Hans-Wilhelm, Propst i. R., Uelzen

Kalla, Michael, Pastor, Rehburg-Loccum

Köhler, Joachim, Pastor, Rehburg-Loccum

Kück, Thomas Jan, Dr. theol., Superintendent, Stade

Küttler, Thomas, Superintendent i. R., Leipzig

Kruhöffer, Barbara, Studium der Germanistik u. Theologie, Rehburg-Loccum

Kruhöffer, Gerald, Dr. theol., Pastor und Dozent i. R., Rehburg-Loccum

Lohse, Eduard, Dr. theol., Landesbischof i. R., Professor der Theologie, Göttingen

Meister, Ralf, Dr. theol., Landesbischof, Hannover

Merkel, Michael, Stiftskantor, Rehburg-Loccum

Nöh, Wilhelm, Pastor i. R.

Otte, Hans, Dr. theol., Archivdirektor des Landeskirchlichen Archivs, Hannover

Reuter, Ralf, Pastor, Göttingen

Rienau, Rudolf, Stiftskantor i. R., Biedenkopf

Schaede, Stephan, Dr. theol., Pastor, Direktor der Ev. Akademie Loccum, Rehburg-Loccum

Selmayr, Maike, Dipl. Kffr., Pastorin, Selsingen

Sierk, Karsten, Forstamtsrat, Rehburg-Loccum

Sievers, Eberhard, Dipl. Päd., Dozent i. R., Rehburg-Loccum

Spreckelsen, Hein, Landessuperintendent i. R., Nienburg

Spreckelsen, Irene, Gymnasiallehrerin, Nienburg

Stäblein, Christian, Dr. theol., Konventual-Studiendirektor des Predigerseminars Loccum, Rehburg-Loccum

Tyra, Ralf, Pastor, Direktor des Hauses Kirchlicher Dienste, Hannover

Ulrich, Ludolf, Pastor i. R., Verden

Wohlgemuth, Michael, Pastor, Celle

Bildnachweis

Titel: Stahlstich des Klosters Loccum (Ausschnitt), vgl. S. 114
S. 7: Michael Flämig
S. 12, 13, 17, 20, 21, 23: Jutta Brüdern
S. 14, 23, 24, 29, 55, 58, 59, 60, 65, 87, 101,103, 126, 127, 130, 144, 168, 171, 174, 203, 219, 229, 230, 232: Ulrich Ahrensmeier
S. 19: Heidemarie Wolf
S. 22: Ursula Hirschler
S. 25, 215: Ludolf Ulrich
S. 27: Patrice Kunte
S. 33, 34: Roger Heimann
S. 36, 73, 75, 118, 119, 155: Beate Ney-Janßen
S. 39, 123, 125, 138: Kloster Loccum
S. 43, 44: Michael Wohlgemuth
S. 48: Thomas Küttler
S. 52: Horst Hirschler
S. 64, 95: Janko Woltersmann
S. 66, 159, 163, 165, 173, 184, 187, 197, 199, 224, 227, 228: Barbara Kruhöffer
S. 70: Hans Jürgen Wagner
S. 78: Michael Merkel
S. 80: Maike Selmayr
S. 85: Michael Eberstein
S. 91: Kloster Volkenroda
S. 98, 114, 156, 236: Privatbesitz Hirschler; Foto: Ulrich Ahrensmeier
S. 105: Dethard Hilbig
S. 117: Roswitha Löhmer-Eigener
S. 124: Karsten Sierk
S. 128: Constantin Anastasiou
S. 135: Eduard Lohse
S. 153: Kristoffer Finn
S. 167: Predigerseminar Wittenberg
S. 175, 178, 179, 180, 191: Eike Christian Hirsch
S. 200: Jens Schulze
S. 202: Arnold Weigelt
S. 207: Uvo Hölscher, Kloster Loccum, Hannover 1913, Tafel 26.
S. 210, 211, 212: Conrad Wilhelm Hase, Das Cisterzienser Kloster Loccum, in: Die mittelalterlichen Baudenkmäler Niedersachsens, Heft 10, Hannover 1864, Blatt 70ff.
S. 216: fotolia, pixelwolf2
S. 231: Eberhard Sievers

Der Verlag und die Herausgeber haben sich bemüht, alle Inhaber an Bildrechten zu ermitteln, das war nicht in jedem Fall möglich. Nicht erwähnte Rechteinhaber sind gebeten, diese beim Verlag anzumelden.

Innere Ruhe finden...

„Mein Interesse hat der Band gefunden, eben weil er nicht nur offenkundig geistliche Worte enthält, sondern die Bandbreite moderner Lyrik mit einbezieht.

Um Lebensfindung geht es hier im weiten, nicht nur kirchlichen Sinn, um Natur, Frieden, menschliche Perspektiven und unsere Grenzen."

Volkhard App,
Bücherwelt NDR 1

Loccumer Arbeitskreis für Meditation (Hg.)
Verstehen durch Stille
Loccumer Brevier

440 Seiten, gebunden, € 24,90
ISBN 978-3-7859-0982-9

Ein treuer Begleiter...

Dieser schön ausgestattete „immerwährende" Buchkalender bietet dafür 366 Texte, Bibelworte und Meditationen, unter anderem von Martin Buber, Paul Gerhardt, Hermann Hesse und Dorothee Sölle. Eigene Texte des Loccumer Arbeitskreises für Meditation runden den Band stimmungsvoll ab.
Die Texte führen durch die Monate des Jahres mit je unterschiedlichen Themen, zum Beispiel Natur und Schöpfung, Zeit und Ewigkeit, Heiliges und Heilendes, aber auch Zweifel, Kummer und Leid werden angesprochen.

Loccumer Arbeitskreis für Meditation (Hg.)
Nichts ist mir so nah
Ein spiritueller Begleiter für jeden Tag

208 Seiten, gebunden, € 19,90
ISBN 978-3-7859-1015-3

Lutherisches Verlagshaus GmbH | Postfach 3849 | 30038 Hannover | **www.lvh.de** LVH